読書漫筆《どくしょまんぴつ》

吉川忠夫
Tadao Yoshikawa

法藏館

目次

Ⅱ　書　評

Ⅲ　学界動向

読書漫筆

はじめに

本書には、かつて世に問うた文章のなかから、おもに解説解題や書評の類のものを、新旧、長短、硬軟とりまぜて選んだうえ、ひとまず「解説解題」、「書評」、「学界動向」、「編著序文」、「三余余録——『中外日報』社説から」の五章仕立てとして一つにまとめ、「読書漫筆」を全体の書名とする。

本書を読み進めていただくのに先だって、あらかじめいくつかのことを説明しておくならば——、「解説解題」の章の『高僧伝』の解説が、唐突にも途中で打ち切りになっているのではないか、との感をもたれる向きがあるかもしれないが、岩波文庫の解説では、私の執筆にかかる部分に引きつづいて、共訳者である船山徹さんによる『高僧伝』の版本問題と先行研究を概観する文章が、「『高僧伝』のテキストと関連の文献」と題して収められており、それ故に私は、劉孝標がもたらした華北の情報が慧皎の『高僧伝』に反映されているのではないか、との叙述をもってひとまずの結末としたのである。またその章に、「杏雨書屋蔵『毛詩正義』単疏本解題」が収められているのはどうしてなのか。ひょっとしてそのような疑問をいだかれるかもしれない。現在では武田科学振興財団杏雨書屋の所蔵に帰している北宋刊『毛詩正義』単疏本は、そもそもは内藤湖南旧蔵のいわゆる恭仁山荘善本の一種なのであり、やはり恭仁山荘善本である唐鈔本『説文解字』木部残巻、北宋刊本『史記集解』とあわせて、それら三点が国宝に指定されているのだが、二〇一一年のこと、杏雨書屋が『毛詩正義』単疏本影印の刊行を企画するにあたって、その時あたかも館長の職にあった私が解題を書きそえることとなったのだった。なお解説解題とよぶべき文章として、これまでに「夢の記録――『周氏冥通記』」を『中国古代人の夢と死』（平凡社、一九八五年刊）に、また「史書の伝統――『史記』から『帝王世紀』まで」、「『史記』の十表と八書」、「顔師古――班固の忠臣」、「范曄と『後漢書』」、「陳寿と譙周」、「裴松之のこと」、「道教の大百科全書――『雲笈七籤』」、「仏教という異文化――『弘明集』『広弘明集』」の八篇をいずれも『読書雑志――中国の史書と宗教をめぐる十二章』（岩波書店、二〇一〇年刊）に収めている。それらをもあわせて読んでいただけるならば幸いである。

「学界動向」の章に収めた二篇は、各年度の歴史学界の「回顧と展望」をテーマとする『史学雑誌』の企画のうち、一九六四年度と一九七三年度の中国「魏晋南北朝史」のパートを担当したものであるが、それらの年度に発表された関連の著書と論文をもっぱらあつかっており、本書の趣旨にそうものと考えて採録することとした。さらにまた「『中外日報』社説から」をサブ・タイトルとして「三余余録」の一章を設けているのは、『中外日報』社説欄に寄せた文章を適宜集成して、すでにこれまでに一九九六年には『三余録――余暇のしたたり』（中外日報社）を、また二〇二一年には『三余続録』（法藏館）を刊行しており、「三余余録」とはそれらの二書に収めたものを除いた残余、との意味にほかならない。とはいえ、既刊の二書に収めなかった文章のすべてを収めているわけではない。収めるのはやはり広い意味で解説解題なり書評なりの類のものにかぎられる。

「書評」の章に、私にはいささか不似合いにも、林屋辰三郎氏と飛鳥井雅道氏の著書の書評を『人文』から採録しているのはつぎの理由による。「所報」と呼びならわされる『人文』は、私がおよそ四半世紀にわたって在籍した京都大学人文科学研究所、すなわち略して京大人文研の広報を主たる目的として毎年発行されているパンフレットであって、二篇いずれとも所員が他の所員の著書について語る「書評」欄に寄せた文章なのである。『人文』掲載の二篇はごくごくの短篇にすぎないが、「編著序文」の章に収めた六篇のうち、「『魏晋清談集』解説」の一篇を除く他の五篇、さらに加えて「解説解題」の章の「『漢書』五行志　解説」と「「笑道論」訳注・解題」、それらはもっぱら京大人文研が個人研究とならんで主要な研究活動の柱としている共同研究に深く関わる文章なのであって、研究所の内外から参加された研究者のかたがたとともに鋭意進めた共同研究の成果にほかならない。すなわち「『漢書』五行志　解説」は「漢書の研究」を、「「笑道論」訳注」は「六朝・隋唐時代の道仏論争」を、『浄住子浄行法門」語彙索引稿』は「中国中世の文化と社会」を、『中国古道教史研究』、『六朝道教の研究』、『真誥研究（訳注篇）』の三書は「六朝道教の研究」を、『唐代の宗教』はその名のとおりの「唐代の宗教」を、それぞれ表看板とした共同研究班の成果報告として世に問うたところの訳注であり、索引であり、また論文集なのだ。

それにしても、他人様の著書を批評するのはけっして容易な仕事ではない。往々にして、一篇の論文をものするよりも書評の方がよほどむつかしい、そのように思うのがいつわらざる実感としてある。

本書の「解説解題」の章に取り上げた先師宮崎市定先生の『史記を語る』の解説の末尾に述べているように、他人の著書を評するにあたっては著者の立場を十二分に咀嚼したうえでなされなければならぬ、というのが先師の訓戒であった。著者の立場を十二分に咀嚼するためには、何よりも評者のしかるべき見識を必要とするであろう。著書の主旨をただなぞるだけでは書評にならない。だがかと言って、悪口をならべたてるだけでは著者に対して非礼というものだ。西脇常記さんの『唐代の思想と文化』の書評において、やはり宮崎老師の訓戒を引きつつ、某氏の某書の書評についてこう述べている。「最近、某学術誌上に掲載された書評が自己の立場を一方的に主張するだけで誹謗に終始することに一驚も二驚もし、そのことを著者（西脇さん）との話題としたこともあった。書評の責を負った者は著者の考えと立場を十分に咀嚼したうえで発言すべしとは宮崎老師の戒めであった」。気に食わないのであれば、はじめから書評を引き受けなければよいのである。

西脇さんの書評に、私はこうも書きとめている。「編集子から本書の書評の依頼を受けた時、いったんは辞退したい旨の意向を伝えた。一つには、評者は著者と三十年来の知己であり、公正をかくことを恐れたからである・・・」。書評はかくも容易な仕事ではない。本書の「書評」の章に収めた文章は、すべて学会誌なり新聞なりの依頼を受けてのものであるが、しかし「三余余録」の章に選んだものはそうではない。折々の読書で印象にのこった著書や論文の読後感を短文にまとめたのであって、あつかう対象からして、すべてが私自らの意志の産物とよんでよい。今にして思えば、それはけっこう楽しい仕事であった。

この「はじめに」の文章の冒頭に、「新旧、長短、硬軟とりまぜて選んだうえ」云々と述べているものの、長短、硬軟はともかくとして、最も「新しい」文章とて、「三余余録」の章の末尾に、すなわちほかでもなく本書の最末尾に収めた「信仰と一線画した陳国符氏の道教学」であり、それですらすでに八年前のものである。ましてや「旧い」ものに至っては、たとえば「学界動向」の章に収めた二篇のごとき、半世紀以前も昔の一九六五年とそれを下ること九年の一九七四年執筆の文章であるのはなんとも恥ずかしいかぎりだが、老人の心の軌跡をいささかなりとも理解していただけるならば、と思う次第である。

本書の刊行にあたっては、またまた法藏館編集部今西智久さんのひとかたならぬお世話にあずかった。二〇一九年一月刊の『顔真卿伝』を最初として、それ以後、『六朝隋唐文史哲論集』ⅠとⅡ、『三余続録』、『劉裕』とつづき、今回をもって実に六冊目をかぞえることとなる。心より感謝したい。今西さんには、中国仏教史を学びはじめられた学生時代に、われわれの「六朝・隋唐時代の道仏論争」共同研究班の成果報告である「「笑道論」訳注」を読まれてのなつかしい思い出があるとも聞く。私としては、やはりうれしいことだ。

二〇二二年十一月

吉川忠夫

I 解説解題

内藤湖南『支那史学史 1・2』解説（平凡社東洋文庫）

一

十七世紀明末清初の中国に滞在したイエズス会宣教師のマルティン・マルティーニ Martin Martini（中国名、衛匡国）は『支那史概説』につぎのように記している。

――支那人が初帝より、歴代天子の系譜を疑問の余地なきものと認めていることは事実である。そして支那人ほど精励恪勤であり、時代の観念に対して深い知識を有する国民の存在しないことも亦、事実である。歴朝の皇帝が常に時代を尊重し、最も学殖を有する儒者を選抜して前帝の史伝を編纂せしめるのである。かの支那人が時代観念に秀ずる所以は天子の斯かる配慮に基くのである。（後藤末雄『中国思想のフランス西漸』、養徳社、一九五六年刊、の引用による。歴史的仮名遣いは現代仮名遣いに改めた。後藤氏は書名 *Sinicae Historiae decas prima* を『支那上古史』と訳すが、『支那史概説』と改めた）

中国滞在のイエズス会宣教師から続々とヨーロッパに送られてくる情報に接してすっかり中国の

文明のとりことなった哲学者のライプニッツG. W. Leibnizは、みずから『最新中国情報 *Novissima Sinica*』を編むこととなるが、その序文のなかにも、つぎのような一節を見出すことができる。

——現在においてすべての権力をもっている偉大な皇帝が、後代の人間に対して宗教的なまでの恐れを抱き、ヨーロッパの皇帝が等族会議や議会を気にする以上に、正史に載せられるであろう記述を気にし、皇帝の治世を記すための材料の蒐集を任とする史官が、後世のそしりをよぶ恐れのある記録を、いったん密封されれば誰も手が触れられない箱にしまい込みはしないかと真剣にうれえているのをみることほど報告のしがいのあることが他にあるだろうか。（山下正男訳、『ライプニッツ著作集』第一〇巻、工作舎、一九九一年刊）

文中の「偉大な皇帝」とは清の康熙帝のこと。『最新中国情報』には、イエズス会宣教師ヨアヒム・ブーヴェ Joachim Bouvet（中国名、白晋または白進）がルイ十四世に奉呈した『康熙帝伝』も収められた。『康熙帝伝』に右の文章にみあう記述の見あたらないのは不審だが、ともかくこのように、十七世紀のヨーロッパ人であったマルティーニも、またライプニッツも、中国人が時代観念、すなわち歴史意識とよびかえてもよい観念に秀でていること、中国では史書の編纂が制度として確立していること、歴史記述とそれを任務とする史官の存在が皇帝の恣意に制限を加えるほどの重い意味をもっていること、それらのことのなかに、ヨーロッパとは異なった中国の情況を見出し、驚嘆の念を禁じ得なかったのである。たしかに中国では、他の文明圏とは明らかに異なって、早くから歴史意識と歴史記述の顕著な発達をみたのであって、そのことがまちがいなく中国文明の際立った特長の一つをなしていると言ってよいであろう。

十七世紀のヨーロッパ人の証言を通してこのように言えるだけではない。ヨーロッパ文明の源流をなすギリシアにおいても、私にはいささか意外なことのようにすら思えるのだが、やはり中国とは事情を異にしたようである。ブチャーS. H. Butcherの『ギリシア精神の様相』（田中秀央・和辻哲郎・寿岳文章訳、岩波文庫、一九四〇年刊）、その第五章「書かれた言葉と話された言葉」のなかに、ヘーロドトスの『歴史』の誕生がまったく新たな紀元を画するものであったほど、ギリシアでは「歴史的感覚は遅く発達した」と述べられているのを知るからだ。ブチャーが「彼ら」と呼んでいるのはもとよりギリシア人のこと。

——彼らは詩的の伝説や神話に心を奪われているので、現前の事件の記憶は、よしこれらの事件が時の人全体の関心事であった場合にさえも、それを伝えようとする欲望を余り示さなかった。ヘーロドトスが、「人間の功績が時の経過によって消え失せないためにも、また一部はヘルレーネス（ギリシア人）によって一部はバルバロイ（野蛮人）によってなされた偉大な驚嘆すべき仕事がその高名を失わないためにも」との願望を感謝溢るる動機として、一つの歴史を書いたとき、歴史的探究のためにも文学のためにも新しい紀元がここに始めて開けた。初期のギリシア人は精密な年代記をつくることにも心を煩わさなかった。彼らの歴史的記録は神殿の司祭によって書かれ、その含むところの教化的な教えの中に、これらの記録の起源の刻印が押されていた。歴史的感覚は遅く発達したのである。

たとえもしヘーロドトスの『歴史』を司馬遷の『史記』に比擬することができるとし、『史記』をもって中国における本格的な史書の成立とみなすとしても（後述参照）、しかしやはり中国においては、『史記』出現以前に、歴史的感覚はすでに十分に蓄積されていたとみとめるべきであろう。『尚書』や『春秋』や『国語』等々、『史記』の材料ともなったこれらの書物について私はそう考えるのである。

歴史意識の発達、歴史記述の伝統に関して、中国とヨーロッパ、またヨーロッパの源流をなすギリシアとのあいだには右にみたような隔りが存在すると思われるのであるが、さらに中国の場合とインドの場合とを比較してみるならば、その隔りは一層はなはだしいと言わざるを得ない。歴史的感覚の欠落こそがインド文明の特長である、とすら言えそうなのだ。ひとまず、レヴィ S. Lévi の『インド文化史——上古よりクシャーナ時代まで』（山口益・佐々木教悟訳、平楽寺書店、一九五八年刊）の一節を借用する。

——疑いもなく、文明をもつ諸大民族の中で、ただインドだけが歴史をもっていない。その余の国民たちは、その観念が制約せられた一つの地平線でつねに限られているにしても、やはり世代から世代への経験を一つの教訓として利用するような観念に支配せられることもあって、錯雑した感情の影響のもとに、かれらの過去の記憶を文書によって不朽なものとすることに専心している。しかしながら、輪廻の教義によって無限というものの上に開かれて、眩暈《めま》いするような景色の中にあっては、筋書は乱れ毀れ、個性は分解して消えうせている。宇宙と呼ばれるこの劇場の諸模様の上では、詩人や話し好きな人間たちの頭脳から出た幻術による人物ばかりが実在するものである。積極的な歴史のもっとも偉大な相貌は、集団が、互いにその喜びや苦しみや譏《そし》りや憧れを共用してその上に置いているところの象徴というものの前に抹殺せられている。一万年もの間、幅を利かせたラーマ Rama については誰も疑わないが、アレキサンダー大王の名は、文学の中に一度も出てこない。他方、そこでは歴史に入りまじるフィクションが、独占的な支配権の下に君臨する。

中国の伝統とはおよそ異質のインド文明。仏教に接することによってはじめてインド文明の一端にふれることとなった中国人は、「大を好んで経《つね》ならず、奇譎にして已《や》むこと無き」、つまり常識を絶した誇張癖、奇怪千万なることこのうえなき仏典や仏説におおいにとまどわざるを得なかった(『後漢書』西域伝論)。このようなインド文明とはおよそ対照的に、またヨーロッパ文明やギリシア文明とも異なって、中国においては、歴史に対する観念が疑いなくあらゆる観念に優越したのである。『史記』の「太史公自序」において司馬遷は、「我は之れを空言に載せんと欲するも、之れを行事に見《あら》わすの深切著明なるには如《し》かざるなり」、このような言葉を孔子のものとして伝えている。「空言」とは哲学的言説ないしはフィクショナルな言辞を意味するであろう。「行事」とは具体的事実、歴史的事実であり、「空言」によるよりも「行事」にもとづく説示の方が格段にものごとの核心をずばりとつき、明らかにすることができるというのだ。そしてやがて中国においては、王朝の交替のたびごとに新王朝が前王朝の歴史を正史として編纂することがならわしとなった。そこには、過去の歴史を鏡として教訓をひき出そうとする意識の存在を否定し得ぬにしても、「国は滅ぶ可きも、史は滅ぶ可からず」（黄宗羲『南雷文案』巻七「旌表節孝馮母鄭太安人墓誌銘」の語。もとづくところは『元史』董文炳伝）との信念が貫流する。またライプニッツは、史官の記録に対する皇帝の忌憚の感情を伝えているけれども、春秋時代の董狐《とうこ》や南史氏の物語りにみとめられるように、中国においては史官は極めて誇りだかい職業であり、天子日常の言行の記録である「起居注」、それはいずれ正史編纂のさいの一材料となったのだが、本来その「起居注」は天子の目から秘匿され、天子の権威をもってしてすら執筆への容喙や改筆の命令はもってのほかのことであるとされたのであった。かく、史官ないしは史官の手になる史書は、歴史を裁く権威として存在したのである。

歴史意識の顕在と歴史記述の伝統を濃密に有する中国。このような中国の歴史意識と歴史記述の発達の歴史について語ることは、中国文明の特質を明らかにするための極めて有効な方法となり得るであろう。内藤湖南の『支那史学史』は、まさしくそのような書物としてわれわれの前に存在する。董狐と南史氏の物語りや「起居注」に関する逸話にももとより頁がさかれている。

例言にみられるように、内藤湖南は京都帝国大学文学部において、前後あわせて三度、中国史学史を講じた。第一回目は大正三・四年（一九一四・一五）、第二回目は大正八・九・十年（一九一九・二〇・二一）、そして第三回目は大正十四年（一九二五）であり、第三回目の時には、内容に即して「清朝の史学」を講義の題目とした。大正十四年はあたかも湖南の定年退官の前年にあたっている。湖南は生前においてみずからそれらを整理のうえ刊行したい考えをもち、いくらかの準備を進めていたようであるけれども、ついに実現することなく終った。かくして第二回目と第三回目の講義の受講者のノートをもとに、令嗣の内藤乾吉氏と高弟の神田喜一郎氏とによって整理され、湖南没後十五年の昭和二十四年（一九四九）に弘文堂から刊行されたのが本書である。

二

「支那の歴史といふもの即ち記録の起源に就ては、記録の起源と記録者即ち史官の起源とを同時に考へることが出来る」。このような言葉をもってはじまる本書は、「史」の起源から説き起こして湖南の同時代の史学の状況にまで説き及ぶ、掛け値なしの中国史学通史である。湖南が、みずから深い傾倒を示す鄭樵や章学誠とともに、史書はすべからく通史たるべしとの態度を共有したことは、断代史の『漢書』にくらべて通史の『史記』に与えられている格段にたかい評価、三家分晋の戦国時代から五代までの歴史を編年体でつづる『資治通鑑』に対する賛辞、今日では失われてしまったが、ずばり『通史』と名づけられた梁の武帝編纂の史書への言及などにうかがい得るであろう。また南北朝の歴史を、目まぐるしい王朝の交替にかかわりなく一貫してあつかう『南史』と『北史』、および五代の歴史をやはり一貫してあつかう『新五代史』について、断代史を正史の体裁と定める立場から非難されることがあるにせよ、「今日より見れば、この方がよく当時の事情に合致したもの」、「今日から云へば、・・・・不可とすべきではない」とそれぞれ述べているのも、それらにみとめられる通史の精神を評価してのことにほかならない。湖南の考えによれば、断代史は「相因るの義」を失うもの、それに反して通史によってこそ古今の沿革を通覧することができ、歴史の変遷の原因結果を明らかにすることができるのであり、さればこそ通史に対してたかい評価が与えられたのであった。

かくして中国史学史の通史として講じられる本書は、それ故にまた中国史全般にわたる該博な知識と透徹した史観によって裏うちされている。該博な知識が端倪すべからざる読書に由来すること、言をまたない。本書にとりあげられている書物は、本書第二冊目の書名索引を通覧すれば一目瞭然たるように、狭く史書にかぎることなく多彩を極め、しかも内容に深くたちいった論述がなされ、評価がくだされている。たとえば十二「清朝の史学」の章で張匡学の『水経注釈地』を「取るに足らぬ」書物と貶めたうえ、「張之洞の書目答問及び梁啓超の清代学術概論に張匡学の釈地を挙げてゐるが、恐らくその書を読んで居らぬからであらう」と鎧袖一触しているのは、面目躍如たるものがある（本書第二冊、一五七頁）。おなじくその章で陳登龍の『蜀水攷』に言及し、「実際は水路の地志としてどこまで確実なものか否かはまだ研究してゐない」と告白するのなどは、良心の言葉であるとともに、むしろかえって自信の言葉とすべきであろうか。

かく本書には、中国史学通史であると同時に中国学術通史としての概が備わるのであるが、その中国史学通史ないしは中国学術通史がまたジェネラル・ヒストリーとしての中国史全般の流れのなかで語られているのである。見やすい例をいくつか挙示するならば——、

『史記』に列伝が設けられた意義について。「元来古い時代には、世禄世官であつて、一個人の才力によつて特別の働きをすることは殆どなく、単に世族の家に生れたといふことで仕事をなし得たので

ある。ところが春秋戦国以後は、単に一個人の才力で功名を立てる者が現はれた。その点を注意したのであつて、七十列伝はその為めに出来たのである」。

『南史』『北史』が『魏書』にならって「家」を単位とする列伝を作ったことについて。「当時の事情は、魏書・南北史の書いたやうな体裁を必要としたのであつて、そこに当時の時勢が表はれてゐる。当時の名族は、皆な已れの家を重んじ、朝代の変化には関心せず、自己の家柄を主としたから、南北史は自然かかる書き方になつたのである」。

宋代に至り、従来のすぐれた伝統が廃棄され、「起居注」の記事を編纂して天子に見せるようになったことについて。「これは支那が君主制政治に移り行くと共に、歴史の著作も変化したことを示すもので、興味あることと云ふべきである」。

『冊府元亀』と『資治通鑑』がともに帝王の参考に供することを目的として編纂されながら、両者の間にみとめられるちがいについて。「前代には、辞学即ち詔勅奏議等朝廷の用ひる文章も皆な儀式的に芸術的に飾られたものに作り上げるための学問が行はれたが、新時代には、外形よりも内面の鑑戒になることを努めるやうになつたのであつて、これは天子の生活が、中世の貴族的生活から新らしい独裁君主的生活に変つて、特別の修養を要求されるやうになつたことに関係してゐる」。

さらにまた本書に一層の彩をそえるのは、的確な比擬のもとに、中国の事象がしばしば日本の事象を借りて説明されていることである。九流百家が古の官職に由来するという『漢書』芸文志の説の説明として、がんらい卜部の家であった吉田家がそれだけでは営業にならなくなり、神祇のことに侵入して自家の営業とするに至ったようなものだと説くのなどは、その一例である。

すでに本書を読みおえられた読者にとっては無用かつ余計なこととは思われるけれども、論述の順序にそいつつ、私なりに本書の概略を以下に摘んでみることとしよう。

一「史の起源」において、まず「史」の文字についての解説を行ない、「史」は計算器の筭を盛るための器である「中」を手に持った形であり、かくして殷代頃までにおける史のそもそもの職務は、射礼において射あてられた矢の数を計算することであったろうと述べる。湖南がこのような結論に達したのは、羅振玉および王国維との相互啓発、とりわけ王国維の「釈史」からの刺激が大きかったようであるが、史と射礼との関係を重視するのは、古代においては文事よりも武事が優先したとの考えにもとづくのであり、このような湖南の考えは、殷代においては巫の勢力が盛んであったのが周代になると史の勢力が盛んとなったわけを説明するつぎの言葉にもうかがうことができる。「殷代はなほ宗教の時代であつて、周は多少之を脱して神人の区別のついて来た時代である、と同時に幾分武人の政治になつて来た時代である。そこで武事から発達した史が勢力を得るやうになつたのであらう」。

かくそもそもは射あてられた矢の数をかぞえる簡単な職務であった史が、周代においてようやく勢力を得るようになった次第を語る二「周代における史官の発達」では、『周礼』春官の大史、小史、馮相氏、保章氏、内史、外史、御史についての説明を行なったうえ、『周礼』の記事を他の書物の関連記事との比較のもとに検討を加え、周代における史官の実際がどのようなものであったのかについて蘊蓄を傾ける。『周礼』は古来議論のやかましい書物であるにもかかわらず、湖南がそれをひとまずの判断の材料として用いるのは、『周礼』が「漢代までに現はれた周代の書籍の残欠を寄せ集め、それに多少当時の考を加へて、一部の書に纏めたもの」であって、「周の制度に関する貴重な史料が含まれてゐる」と考えるからであり、その晩出の故をもってすべてを信用せぬのはただしくないとの態度にもとづいてのことである。以上の一章、二章の内容は、大正四年（一九一五）十二月六日に中等学校地理歴史教員協議会で行なった講演の筆録、「支那に於ける史の起源」（『研幾小録』、全集第七巻）と重なるけれども、たがいに発明するところも多い。たとえば、史の本来の職務があたった矢の数をかぞえることであるところから、そのほかの数を記憶することに関係する暦日や天文の仕事も史官の職務となったと説いているのなどはその一つである。

つづく三「記録の起源」では、現存する記録の古いものとして亀板と彝器《いき》と刻石の三種を挙げ、亀甲に刻まれた卜辞と卜辞を判断するための繇辞、彝器すなわち青銅器の銘文、また刻石では石鼓について説明し、鉥（璽）印すなわち印章、それに封泥、銭幣についても附言したうえ、四「史書の淵源」において、それまでは簡策に書かれ、あるいは諷誦その他言語によって伝えられてきたものがいかなる手続きをへてさまざまの書物となったのか、『史記』出現以前における情況が語られる。すなわち、ひとまず『漢書』芸文志の分類を基準としつつ、六芸の書、諸子の書、六芸の外伝ともいうべき『逸周書』『韓詩外伝』『司馬法』『国語』『戦国策』『世本』等、詩賦の代表である『楚辞』、術数・方技の書、さらに『漢書』芸文志に載らぬ書の順序で、それぞれの成立の過程が語られるのである。

その随処について湖南の卓見がうかがわれるが、『尚書』諸篇のなかでは周書の五誥の部分がもっとも早くに編纂されたとすること、そのことは本書の附録として収められている「支那歴史的思想の起源」、ならびに『研幾小録』に収められている「尚書稽疑」にも詳論されている。また詩の大雅生民篇にみえる周の開闢説をとりあげて、西周末年の夷厲宣幽の諸王の頃に作られたものであろうとしたうえ、「何れの国でも、古い事の思ひ出されるのは、幾らかその国の全盛期の過ぎた後のことであつて、歴史の作られるのも全盛期が過ぎて衰亡期に入る時にあるものである」、「言はばこの時が支那に於て初めて伝説的の歴史を詩として作り出した時代である」と語っているのは、歴史的観念の発生に関する湖南の見解をうかがうに足る発言とすべきであろう。さらにまた三礼の成立の順序を『漢書』芸文志が『儀礼』『礼記』『周官経』すなわち『周礼』の順序で著録するのに従うべきであるとみとめ、それを仏教のたとえをもって、『儀礼』は孔子を去ること百年か二百年後の第一回の結集、『礼記』は西漢代における第二回の結集、『周礼』はそれ以後の第三回の結集であるとし、「経学に古文家の生じたのは、仏教の方で云へば、従来小乗だけで三蔵が出来上つて居つたのが、その間から一種大乗に近いものが発達した為めに、後になつて大乗部の結集の必要が生じたのと同じ形」であるというのは、まことに巧妙で適切な譬喩とすべきであろう。六芸の書と同様に諸子の書にも経と伝とが存すること、すなわち『墨子』に経篇と経説篇とが存するのみならず、『老子』においても経と伝とが渾然と一体となっているとの指摘、緯書の起源が秦漢以前にあるとの指摘などなど、貴重な意見は応接に暇がないが、春秋時代から戦国時代までの著述の発達の過程を、帛書の発達や隷書体の発明などの書写方法にまで丁寧に説き及んだうえ、ひとまずつぎのように結論づけている。すなわち、史官その他の専門の官司はかつての職を失ったことから一家言をなすに至り、それが経書および諸子百家その他の書の起源をなした。「すべて従来官職のあつた家が著述をする場合は、必ずその家業が衰へて、前の盛な時代を回顧する時であつて、これは古代の著述の出来た始まりに一般に通ずる原則」なのである。かくさまざまの著述があらわれはしたけれども、しかしその当時、今日のわれわれがいうところのごとき歴史、すなわち「年月を経とし事実を緯として組立てた歴史」はいまだ存在せず、それには『史記』の出現をまたなければならなかったと述べ、いよいよ五「史記——史書の出現」に話を進める。一章から四章まではいわば中国史学史の前史にあたるわけである。

『史記』に対する湖南の絶大な評価は、ほとんど手放しの絶賛というべきつぎの言葉に如実にうかがうことができるであろう。「史記が出来てから以後、支那では殆どそれ以上の歴史は出来なかつた。・・・・史記を評論することは、殆ど支那の歴史全体を評論すると同じ位の価値があるのである」。湖南は『史記』を、「全く当時の要求・風尚より離れて、自らの優れたる天才により、古今を綜括した一家言をなしたもの」と評し、「当時に於ては、えたいの知れぬ一家言の著述であつた」とすら評しているのだが、それを「識見ある書」とみとめるのは、ほかでもなく湖南の識見にもとづくものというべく、「前代より今代に至る原因結果を察し、その盛衰を観」、古今の沿革の相因る意味をさぐった通史であること、また義法すなわち史法をそなえた書であるところに無限の価値を見出しているのである。『史記』に与えられたこのようなたかい評価は、六「漢書」の章においても、断代史の『漢書』を『史記』と比較したうえ、「何と云つても漢書の劣つてゐることは疑ひなきところである」と述べる断定的な言葉となっている。ちなみに、湖南の京大における同僚であった狩野直喜が湖南とほとんど時をおなじくして大正十四年（一九二五）と十五年（一九二六）に講じた「両漢文学考」の「史記と漢書」の章、それはもっぱら文章の面から両書をとりあげているのだが、それをあわせ読めば興味深いものがあろう（狩野の講義録は『両漢学術考』、筑摩書房、一九六四年、として刊行）。

ともかく湖南によれば、班固の『漢書』は空前絶後の『史記』に遠く及ばなかったものの、『漢書』以後には『漢書』ほどの出来ばえのものもあらわれることはなく、『漢書』が後の歴史の型を示すこととなった。さりとは言え、『史記』『漢書』をもって中国の歴史記述と歴史学がすべての幕を閉じたわけではない。七「史記漢書以後の史書の発展」では、漢唐間の情況として、『漢書』芸文志から『隋書』経籍志に至る書籍目録に即しつつ史書の発展の有様と史部が学術の一つの独立したジャンルとなるに至った過程を概観するほか、紀伝体のほかに編年体のスタイルがおこったこと、范曄の『後漢書』から本来の材料に潤色の手が加えられるようになったこと、唐以前の正史は私の著述であってしかも多くは家学の産物であったのが唐初における『晋書』『隋書』の編纂の時点から多人数による分纂の方法が用いられるようになって史法が失われたこと、史注が盛んとなったこと等を論じ、論述は劉知幾の『史通』にまで及ぶ。『史通』が大識見の史評の書であることを、紀昀《きいん》の『史通削繁』の考えの至らぬところを俎上にのぼせつつ巧みに説明し、鄭樵、章学誠などの史論家の先河を開いたもののとしてのたかい評価が劉知幾に与えられている。

八「六朝末唐代に現はれた史学上の変化」では、史実を集めて類別する類書の発生、『梁書』『陳書』の文体が中唐期における古文復興の元祖であることを説き、また『南史』『北史』が一個人一個人を主とすることなく、天子の朝代を無視して数代を連ねる家伝の体裁をもって列伝を書いたことについて、門閥が重んぜられた六朝時代の実情にかなった方法であり、これによって当時の風気が知られると論じている。さらに、司馬貞の『索隠』と張守節の『正義』に代表される『史記』の注、顔師古の『漢書』の注、李賢の『後漢書』の注のごとく史書に忠実に注することは唐代をもって終りを告げ、宋代以後にはむしろ古書の校正と事実の訂誤に重点が移ること、また唐代に至って宰相が監修国史を兼ねたこと、これらのことを指摘したうえ、「支那が君主専制政治に移り行くと共に、歴史の著作も変化した」次第を、九「宋代に於ける史学の進展」で語るのである。

この章ではまず『旧唐書』に対する『新唐書』、『旧五代史』に対する『新五代史』の新しい史風について語って一家の著述の旧に復したことを指摘し、『資治通鑑』の「一家の見識を具へた著述」である点をおおいに推奨している。湖南は『通鑑』ならびに『通鑑紀事本末』『通志』の三書を「実に宋代史学の後世まで影響を及ぼした有益な書」とよんでいるが、それは何よりもこれら三書がいずれも古今の沿革を通覧する通史として書かれているからにほかならない。すなわち、『通鑑』は「古今の通史を作るために編年体によつたが、その中に記事の始末が照応するやうになつて居つて、一貫した歴史の体裁を十分に備へ」ている。宋初には、事実を見易くするための『冊府元亀』のごとき類書が作られたが、北宋の中頃から、「史上の事実を単に或る場合に故事来歴を知る為めに必要とするのみではなくして、歴史全体を治乱興亡の因果を知るべき一のまとまつた系統ある事柄と考へ、その目的に適つた歴史上に一貫した因果の上からそれを記憶する必要あり」という考えがおこり、かくして通史の体の『通鑑』が生まれたというのである。そしてなおそのうえに、『冊府元亀』のごとき索引的類書ではなく、「事件の類別によつて因果をつなぐ為め」に『通鑑紀事本末』が作られたのであり、これは「歴史に対する考の進歩」であった。『通志』に関しても、その実際の出来ばえはともかくとして、歴史はすべからく「相因るの義」、すなわち各時代のあいだの因果関係を明らかにするところの通史たるべしとする鄭樵の主張に、湖南は深い共感を示しているのである。この章では、『通鑑』の刺激として史論や古史研究が盛んとなった次第をあわせて説き、欧陽修と朱子の正統論のみならず清の王夫子(船山)の『読通鑑論』に至るまでのそれが概観されている。正統論は以下の章でも折にふれて言及されるが、それと言うのも、「正統論の如きは余計のことのやうであるが、支那人は今日でも之に拘はれて居り、支那人の思想を知る上には最も注意すべきことである」との考えにもとづく。また宋代において金石学が顕著な発達をみたこと、目録学に関して、解題のある目録と解題のない目録の二派の生じたことなどを述べたうえ、最後に馬端臨の『文献通考』と王応麟の『玉海』をとりあげ、前者は科挙の論策のために必要な策学を、後者は天子の詔勅を書くために必要な辞学を目的として作られたことを指摘し、清朝乾隆期の整斉類比の史学の淵源は馬端臨にあり、考逸捜遺の史学の淵源は王応麟にありとする章学誠の説が紹介されている。本章の目録について語るところでも、『玉海』の芸文が高似孫の『史略』『子略』とともにたかく評価されているのだが、湖南はあらためて『玉海』および『困学紀聞』にうかがわれる王応麟の学殖と識見を称揚し、その「特別な天才」をみとめて、

「考証が学問の形をそなへたのは王応麟からと云つてよい」、「清朝一代の考証学は、大部分は王応麟から出たと云つてよい」と述べ、王応麟の方法は宋代においては「時代不相応」のものであったとさえ言っている。

「元朝の時代は、正史の編纂では堕落時代と云つてよい」、このように語り出される十「元代の史学」では、まず宋遼金の三史について、『金史』にはいくらか見るべき点があるものの極めて粗雑な出来ばえであることを述べたうえ、『元朝秘史』その他の元朝史に関するいくつかの史書・史料を紹介する。十一「明代の史学」の章（この章以下、東洋文庫本では第二冊）でも、『元史』が歴代の正史のなかでもっとも蕪雑なものであることをまず指摘したうえ、特につぎのような人物と書物について論ぜられている。明の嘉靖万暦以後、掌故の学を従来の野史本位から実録本位に一変し、清代における『明史』編纂に連続する風を開いた王世貞と焦竑。焦竑の『国史経籍志』も、鄭樵以来の目録学上の名著であると称賛されている。「古今未曾有の過激思想の史論」である李贄の『焚書』と『蔵書』。明代唯一の考証家として顧炎武などの魁をなし、『文心雕龍』と『史通』の二書ならびに諸子に注目した楊慎。「清朝の古文の開ける基」となった帰有光。「博覧で立派な著述」の『少室山房筆叢』を遺した胡応麟。ただし胡応麟については、「異聞を広めるには面白いが、学問上よりいへば大した価値のあるものではない。何でもないことを気の利いたやうに書く明末の風をよく代表してゐる」とつけ加えることを忘れない。さらにまた王光魯の手に成る沿革地図の『閲史約書』。本書には省略されているが、地図のことは「地理学家朱思本」（『読史叢録』、全集第七巻）を参看すべきである。かくして、楊慎の考証の風と章潢の『図書編』のごとき経世実用の類書の作り方とが「清朝の考証学を形作るに与つて力があつた」と述べて本章をおえ、いよいよ本書全体のおよそ三分の一の分量を占める最後の章、十二「清朝の史学」に移るのである。

本書の白眉と称すべきこの章は、『明史』が反朱子学と実録尊重の風、それに朱子の『通鑑綱目』の書法を採用しないことを編集の方針としたことによって宋代以来数百年間の史論が一変し、その出来ばえが『宋史』『遼史』『金史』『元史』の上に出ることから説き起こし、つづいて浙東学派の祖である黄宗羲とその弟子の万斯同、浙西学派の祖である顧炎武、湖南の王船山と湖北の胡承諾について論ぜられる。清初三大家の顧炎武、黄宗羲、王船山、かれらは「ともに時局に対する深い感慨から著論したのであつて、いはば史論即時勢論であつたのである」と論じているが、とりわけ顧炎武の学問に関して、その方法論としての考証の淵源を王応麟と楊慎とにもとめるとともに、清代における各方面の学問の開祖たる地位をそれに与えている。ちなみに、王船山の『読通鑑論』と『宋論』、胡承諾の『繹志』史学篇に比較的多くの言葉が費やされているのは、二人の著述が世に知られて学界に影響を及ぼすようになったのが、湖南にとっては「近く三四十年以来」のことであった事情によるのであろう。

つづいて顧炎武の甥にして康熙帝のおおぼえめでたかった徐乾学とその周辺の学者について語り、とりわけ顧祖禹の『読史方輿紀要』を歴史地理学の空前絶後の書、不朽の名著と絶賛する。一方、閻若璩の学問を全くの考拠の学と評し、「顧（炎武）・黄（宗羲）等の経世の学は、閻若璩に至つて単なる学究の学問となつた」と述べていることにも注目されよう。これ以後、清朝の学問はまさしくこの評語の方向に向かって加速されたのであった。

湖南は乾隆中頃までの学風を修補旧史の学とよび、それが四庫全書の編纂が大きな刺激となって旧史を修補するにも精密な考証の方法による考訂が加わるようになった結果、乾隆中頃以後から考訂旧史の学が主流となったと述べている。かくしてまず馬驌の『繹史』その他の修補旧史の史学に関する書について説明し、あわせて清初の天文暦算学の発達に附言したうえ、考訂旧史の史学へと論述を進めるのである。

これ以下の論述は、例言に説明があるように、大正十四年(一九二五)度の講義「清朝の史学」にもとづくのであり、その年度の講義の前置きとして話されたものが「支那史学史概要——史記より清初まで」と題して本書の附録に収められている。それはおよそこれまでに紹介してきたなかの五「史記——史書の出現」からここにいたるまでのまとめにほかならぬから、いったん息抜きとして湖南自身によるこのまとめを読み、あらためて「考訂旧史の史学」の節にもどるのもよいかも知れぬ。ここにはとりあえず、修補旧史と考訂旧史の学の由来について説く「概要」の論述を引用しておこう。

「大体この人(万斯同)のやり方は、古来ある歴史の欠を補ふもので、旧史を修補する学問とも云ふべきものである。徐乾学の方に集まつた中には、閻若璩の如きは、古書の校訂を好んだ。従つてこの一派よりは旧史を校訂する学問といふべきものが出た。尤もこの校訂は、古く王応麟がその根本をなし、楊慎などもその風があり、顧炎武に至つてその方法が定まり、一派の人が之を受けついだのである。この旧史修補と旧史校訂との二つが、乾隆以前の清朝の史学の全体を総括すると云つてよい」。

さて、校訂旧史の史学の代表として湖南がとりあげるのは王鳴盛、趙翼、銭大昕の三人であり、なかでももっともたかい評価が与えられているのは銭大昕である。王鳴盛に関しては、「新たに学問の途径を開くといふ力はなかつた」と評し、趙翼についても、「世故になれた中々気の利いたもの」がありはするものの、「根柢のある学問ではない」と評するのに対して、銭大昕には、「当時の学風である考証の方法を史学に応用し、清朝一代の史学の研究法を立て、その他に従来の人の注意しなかつた新方面を開き、以後の史学の風を一変せしめた」ところの「清朝風の史学の創立者」としてのたかい評価が与えられているのである。これら三人に対するこのような評価はほぼ定論というべきものと思われるけれども、すでに紹介した『梁書』『陳書』の文体が中唐期の古文の魁であるという湖南の指摘が実は趙翼の『廿二史劄記』巻九「古文自姚察始」を襲うのを一例として、歴史を大づかみに提示してみせる『廿二史劄記』が湖南の愛読書の一つであったことも忘れてはなるまい。そのほか、主に浙西学派に属する校訂旧史の史学者たちのめぼしい業績にも言及するが、その末流の弊風も随処に指摘されている。弊風のよってきたる所以は、銭大昕には歴史の著述をなす心算が存したにもかかわらず、けっきょく材料の精選だけで一生を終ったため、材料の選択が学問であると思いこむ人間が附和し、考証のみが学問のようになったためだというのであり、湖南はつぎのような辛辣な言辞を吐いてすらいる。「清朝の学者は明の理学を空疎であるとて攻撃するが、空疎であつても理論を知らねば理学は分らない。考証さへすれば学問になるといふのであれば、大して学問の素養のない人でも、例へば富豪の子供などで本を読み得る暇さへあれば、本を校正して学者の顔をすることが出来るので、これが永く続いた。故にかかる著述は校正してもそれが皆な正確とは云へぬ」。

ともかく、銭大昕に対する極めてたかい評価、それにつづいて語られる浙東学派に対する湖南の傾倒ぶりにもよほどのものがある。浙東学派の本領はまさしく史学にあった。いわく全祖望、いわく邵晋涵、いわく「浙東学派の完成者」であり、「清朝の真の史学を建設するに功のあつた」章学誠。なかでも章学誠が湖南によってその価値を発見された天才的学者であったことは人のひろく知るところであり、そのことは本書附録の「章学誠の史学」にも語られている通りであって、湖南が『支那学』第一巻三・四号に発表した「章実斎先生年譜」(『研幾小録』)の刺激のもとに胡適の同名の書も作られたのであった。章学誠の説は本書の随処に引かれているけれども、ここに至って勢い熱のこもった語り口となっている。

これ以下には、史学のさまざまの分科についての論述がつづく。すなわち、『水経注』の研究とそれに関連しておこった『漢書』地理志の研究、とりわけ水道に関する研究、および斉召南の『水道提綱』のごとき現代の水道を記述する書物。畢沅の『関中勝蹟図志』のごとき古蹟の研究。そこでは賦や詩の体による地志にも言及し、「乾隆以後は歴史や地理でも、一方では考証化すると共に、一方之を文学化する傾きがあり、これらの書は学問を芸術化しようとする傾きのあつたことを示してゐるのである」と述べている。『竹書紀年』や『世本』などの古史の研究。そこではまた古史研究の大家として崔述と林春溥とをとりあげ、崔述については、『考信録』の釈例にもとづいてその学問方法のすぐれた点を説明するかたわら、「崔述の研究法は、現在の常識によつて古代の伝説を推して考へるので、時に判断の当を得ぬことがある」と批判するが、一方、林春溥に対しては、「崔述とは違ひ、常識から考へて不信用な古伝説を巧みに取扱つた」といささかの共感を示している。上古史研究にはそれ独自の方法が必要であるとする湖南の立場をうかがうべき発言として傾聴に値いするであろう。また清朝の版図が拡大したのにともなって発達をみた西北地理の学、すなわち塞外研究。銭大昕以来の古史料にもとづいて研究する塞外史学と事実上よりする西北地理の研究とが次第に一つとなった過程を述べ、「支那の史学は支那史より段々東洋史の方向に傾いて来た」と語っている。ちなみに、いわゆる支那史と東洋史との関係については、『宮崎市定全集』の第二巻（岩波書店、一九九二年刊）、すなわち「東洋史」を総題とするその巻の自跋が参考となろう。宮崎博士によれば、東洋史なる概念は、後に湖南の同僚となる桑原隲蔵の『中等東洋史』（一八九八年刊）に始まるものであって、支那史が東洋史の上に占める意義は重大ではあるけれども、支那史が支那自身の沿革を記述するのを最終の目的とするのに対し、東洋史の目的は東洋が含む全民族の運命を明らかにすることにあり、東洋に居住する各民族は平等な立場におかれてその間に差別が設けられてはならない。そしてその自跋には、湖南の業績についてのつぎのような言及もみえる。「内藤博士の支那学は、その研究対象は決して支那本部に限定されず、蒙古や満洲、さてはチベットにおいて、基本的な業績を残して居られる。これはむしろ東洋のほぼ全域に及ぶものと言わねばならない」。宮崎博士は、本書整理の基礎となった講義ノートの提供者の一人であった。

さて湖南は、塞外研究から一歩進めば外国の地理の研究に及ぶのは自然の勢であるとの観点から魏源の『海国図志』をとりあげ、あわせて「清代の現代史」ともいうべきおなじく魏源の『聖武記』について語る。清末の西北地理研究についても詳論されるが、それは中国人学者との親密な交流をもまじえて、ほとんど湖南にとっての現代学界事情を語っているのにもひとしい。そこに登場する盛昱に関しては、ともに『研幾小録』に収められている「盛伯羲祭酒」、「盛伯羲遺事」の二文がある。また金石の学。金石を書法・愛玩の趣味的対象から史料として役立てる方法が銭大昕によって開かれたことから説き起こし、金石の学がいっそう分科した結果としての鏡鑑、古泉、印鉢（璽）、封泥、瓦当および磚の研究、さらに湖南にとっての同時代のできごととして、邙山冢墓発見にともなって墓誌研究が盛んとなった次第、殷墟遺物の発見、西域所獲の簡牘について説き及ぶ。また校勘の学。清初は校勘即考証、考証即校勘であったのが、乾隆以後、考証から独立した考証の基礎としての校勘学が発達し、それが古書の影刻をともなうに至ったことを説く。

以上は史学のさまざまの分科についての論述であるが、歴史叙述としてはまず野史がとりあげられる。明末の余風をうけて清初には盛んに著わされた野史も、雍正・乾隆期にいったん衰えたものの、道光以後になって、阿片戦争、長髪賊すなわち太平天国、日清戦争、拳匪すなわち義和団、さらに革命すなわち辛亥革命に関する野史がふたたび陸続とあらわれた。野史復活のきっかけを作ったのは、「嘉慶同光までのことを現代史として面白く書い」た魏源の『聖武記』であった。「その材料を野史に採つてゐるので、官書と照すと事実に於ては不確かな所があるが、これを読んでは面白く、宛かも小説を読むが如き所がある」。このように湖南はしきりに面白がっているが、いかにもジャーナリスト出身らしい資質がうかがわれて面白い。さらに、「現代でも支那人は野史を好む傾きがあつて、何か事件のある毎に野史が出現する。いづれかといへば近年は説部類の全盛時代となつた」と述べたうえ、野史とともに「多少野史と似て清朝の目録家が雑史に収める」ところの掌故の書について言及し、野史が裏とすれば表にあたる実録その他の官書について説明したところで、いささか唐突に本書の叙述は終っている。湖南には「史評」についても講ずる予定があったようであるが、講ぜられるべきはずの項目のメモがのこされているに過ぎないのは、まことに残念というほかはない。

本書の附録として収められている三篇についてはすでにふれるところがあったが、そのうち「支那歴史的思想の起源」は、大学における講義の補いとして退官後に行なった講演の筆録。『尚書』諸篇のなかで召誥と洛誥とがもっとも古い西周時代のものであるとしたうえ、召誥にみえる夏殷周三代の革命、すなわち三代の変化という考えに歴史的思想がうかがわれること、そして綜合的な史学思想としての孟子の一治一乱、『公羊伝』の三世の思想が生まれるまでのことが述べられている。その透徹した中国古代史観はもとよりのこと、湖南の歴史的感覚について味わうべき名篇である。

およそ以上を主要な内容とする本書を、もし一言もって蔽うとするならば、見識の書と評するのがもっとも妥当なのではあるまいか。「見識」ないし「識見」は、実は湖南愛用の言葉であった。「識見ある書」の『史記』、「識見の卓越」した司馬遷、「自己の歴史家的見識のこもつた、・・・一家の見識を具へた著述」である『資治通鑑』、「非常な識見のあつた人」である邵廷采、等々。本書からこれらの批評の言葉を容易に拾い出すことができるのだが、すでに『史記』評価のことに関して語ったように、これらはいわば問わず語りに湖南がみずからの見識を誇った言葉であったとみとむべきであろう。高似孫と王応麟の方法を評して、「よほど学殖が深く、識見の長じた人でないと、その編纂の意味もよく分らない」と述べているところなどに、その間の消息と湖南の自信のほどがうかがわれるように思われる。その反対に、見識なき人物と書物とはきびしく排撃されているのだが、それらを見識なしと判断するのはもとより湖南の見識にもとづいてのことであった。たとえば黄奭の『漢学堂叢書』と陳逢衡の『竹書紀年』『逸周書』『穆天子伝』の研究を、「揚州商人が学問の真似事をした者の著述の標本」、「愚書の標本」と一蹴し、あるいはまた有名な学者の著述のなかにも存外つまらないものがあることを指摘して、徐松の『新斠注地理志集釈』を槍玉に挙げているのなどは、ほんのその一例にしか過ぎない。

三

内藤湖南。慶応二年（一八六六）―昭和九年（一九三四）。名は虎次郎。南部藩鹿角《かづの》の毛馬内《けまない》に儒者の子として生れた。毛馬内は現在では秋田県鹿角市に属し、号の湖南は十和田湖の南の生れであることにちなむ。明治四十年（一九〇七）、京都帝国大学文科大学（現在の京都大学文学部）が開設されると、史学科東洋史学の担当教官として招聘され、世にいう京都シナ学の確固たる礎をきずいた天才的学者として知られるが、それまでの湖南は、大内青巒《せいらん》が主宰した仏教雑誌『明教新誌』にはじまり、

『万報一覧』『大同新報』『台湾日報』『万朝報』『大阪朝日新聞』等々に健筆を揮うジャーナリストとして、また在野の学者としてすでにはなはだ有名であった。しかし、秋田師範卒業の学歴しかもたぬ湖南が京都帝国大学に職を得るにあたって、文部省から横槍が入り、ひとまず講師に就任、教授に昇進したのは二年後のことであった。大正十五年（一九二六）、定年により退官。その後は京都府相楽郡瓶原《みかのはら》に営んだ恭仁《くに》山荘に退休の生活を送ったが、京大時代の京都市田中野神町の住まいと同様に、そこにも訪問客が跡を絶たなかったという。

アメリカの東洋史学者フォーゲル J. A. Fogel はその著『内藤湖南――ポリティックスとシノロジー』（井上裕正訳、平凡社、一九八九年刊）において、湖南をパブリシスト publicist と規定し、つぎのように述べている。「湖南は社会に対する歴史家の役割をパブリシストの役割に似たものと考えていた。ここで私が言うパブリシストとは、その時々の政治の渦中に巻き込まれることなく、公共の事柄について絶えず自分の意見を表明する人を指す。歴史家は政治の世界の外に身を置いて社会批判の役割を果たすべきである、と湖南は確信していた」。かくしてフォーゲルは、湖南にもっとも大きな影響を与えた歴史家は司馬遷であったと言っている。その当否はともかくとして、中国における歴史家の存在が、フォーゲルが言うように、つぎのようなものであったことは疑いがないであろう。「司馬遷によれば、歴史家とは、皇帝と同様に神聖な存在であり、したがって歴史家のくだす価値判断は、自分やその一族を賛えるために往々にして過去の歴史を改竄しようとする政治家たちも侵すことのできない高みに存するものであった」。史官ないし史官の手になる史書は歴史を裁く権威として存在したと私が述べたのも、このような意味においてのことにほかならない。フォーゲルはもっぱら湖南の時事評論をとりあげて以上のように論じているのであり、従って本書には、湖南がいわゆるパブリシストとしての姿を現わすことはほとんどないけれども、もしフォーゲルの湖南評がただしいとするならば、湖南は中国の史官の伝統を忠実に生きたのであった。

附　『史記』びいきの内藤湖南と『漢書』びいきの狩野君山

一

司馬遷の『史記』か、それとも班固の『漢書』か。この二書のいずれに軍配を上げるべきかは古来議論のやかましいところである。こころみに書架から取り出した『班馬異同』に付されている明の楊士奇の「序刻班馬異同後」も、「古称すらく、史才最も難しと。左氏より下、惟《こ》れ子長（司馬遷）と孟堅（班固）を史家の宗と為すも、優劣の評、紛々として迄《つい》に未だ定まること有らず」と書きおこされている。

たとえば恐らくは司馬遷と班固の比較論の最初のものとすべき西晋の張輔の文章につぎのようにある。「遷の著述、辞は約にして事は挙がり、三千年の事を叙するに唯だ五十万言。班固は二百年の事を叙するに乃ち八十万言。煩省同じからず。遷に如《し》かざるの一なり。良史の事を述ぶるや、善は以て奨勧とするに足り、悪は以て監誡とするに足り、人道の常（人の世のよしなしごと）、中流の小事（ありきたりのつまらぬ事柄）は亦た取ること無し。而るに班は皆な之れを書す。如かざるの二なり。晁錯を毀貶し、忠臣の道を傷つけり。如かざるの三なり」。かく張輔は『漢書』が『史記』に及ばざる三点をかぞえあげたうえ、さらに言葉を継いでいう。「遷は既に造創、固は又た因循なれば、難易は益々同じからず。又た遷は蘇秦、張儀、范睢、蔡沢の為に伝を作り、辞を逞しくすること流離、亦た以て其の大才を明らかにするに足る。故に弁士を述べては則ち辞藻華靡、実録を叙しては則ち隠核名検（正確でぴたりときまる）、此れ遷の良史と称する所以なり」（『晋書』巻六〇・張輔伝）。

張輔のこの文章は『芸文類聚』巻二二・人部品藻にも「名士優劣論」として収められており、そちらでは司馬遷と班固とを比較して司馬遷に軍配を上げるだけではなく、あわせて曹操と劉備、楽毅と諸葛孔明を取り上げてそれぞれ劉備と諸葛孔明に軍配が上げられているのだが、それはともかくとして、『芸文類聚』の引用では右に示した『晋書』の文章に先立って、「世人は司馬遷と班固とを論じて多く固を以て勝れりと為すも、余は以て失せりと為す」と前置きされていることに注目されなければならない。つまり張輔はそもそも世評に異議を唱えることを主眼としてこの文章を著わしたのであり、『史記』の人気が『漢書』を大きく上まわるであろう今日の状況とはおよそ異なって、張輔の西晋の時代、また六朝時代の全般を通じての世評では、『漢書』の人気がむしろ『史記』を上まわったのであった。『隋書』経籍志・史部正史類の小序にも述べられているように、「史記は伝うる者甚だ微」であったのである。そのことは、隋志に数多くの『漢書』の注釈が著録されているのに対して『史記』の注釈はまことに寥々たる事実が何よりも証するであろう。

司馬貞の「史記索隠後序」につぎのようにある。「夫《そ》れ太史公の事を紀すや、上は軒轅（黄帝）に始まり、下は天漢に訖《おわ》る。博く古文及び伝記諸子を采ると雖も、其の間の残闕は蓋し多ければ、或いは異聞を旁捜して以て其の説を成す。然れども其の人は奇を好みて詞は省く。故に事は覈なれども文は微なり。是を以て後の学者は未だ究めざる所多し」。だが『漢書』はそうではなかった。「其の班氏の書は後漢に成る。（班）彪（班固の父）は既に（司馬）遷を後《つ》いで述べたれば、所以《ゆえ》に条流は更に明らかなり。且つ又た兼ねて衆賢を采り、群理畢《ことごと》く備わる。故に其の旨は富み、其の詞は文なり。是を以て近代の諸儒の共に鑽仰する所にして、其の訓詁も蓋し亦た多門、蔡謨の集解の時、已に二十四家の説あり」。蔡謨は東晋の人物。後漢の応劭以来の『漢書』の注釈を総合し、かつまたそれらの注釈を本文に散入する「集解」本を著わしたのである。つづいて司馬貞があらためて『史記』について述べるところはつぎのごとくである。「太史公の書は既に上は軒黄（軒轅黄帝）を序し、中ごろは戦国を述べ、或いは之れを名山壊宅に得、或いは之れを取るに旧俗風謡を以てす。故に其の残文断句は究詳し難し」。かくして「古今の注解を為す者は絶えて省《すくな》く、音義も亦た希《とぼ》しく」、『史記』の本格的な注釈はようやくにして劉宋の裴駰が先輩の徐広の「音義」を増広して成ったところの「集解」をもって嚆矢としたのであった。

二

この拙文が主題としたいのは、いわゆる京都シナ学の創始者の双璧であった内藤湖南（虎次郎）と狩野君山（直喜）、この二人の『史記』と『漢書』に対する姿勢やいかん、ということである。

まず手始めに内藤湖南が大正二年（一九一三）に行なった講演の筆録「史記の話」（『内藤湖南全集』第六巻、筑摩書房）をのぞいてみると、つぎのような言葉がある。「正史の体裁の元祖は史記である。それが不思議な点であります。形式の元祖であつて、一口に言へば、史記は形式に囚はれない歴史である。これが史記の作者司馬遷の非常に天才たる所以であらうと思ひます」。『史記』が紀伝体という正史の形式の元祖でありながら、しかもその形式に少しも囚われるところがないとはどういうことなのかといえば、「自由に筆法を揮つて居るところの歴史であつて、当時の統一思想にも囚はれず、倫理思想にも囚はれない」、そのような史書であるからなのであった。

そして湖南の『支那上古史』（全集第一〇巻）を繙いてみるならば、「支那にて純粋の記録より出来た歴史は漢書を以て初めとする。尤も漢書には種々の欠点があり、今日の史学の立場より考へて、それが史記より劣れり点はあるが・・・」と、ひとまず『史記』と『漢書』とを比較した言葉があり、さらに読み進むならば、司馬遷の天才を賛歎する言葉を随処に見出すことができるのだ。たとえば張輔が『史記』は「造創」であると述べていることに関連して、「顧炎武の言ふ如く、春秋に重んじた宗姓氏族は戦国時代には皆亡び、士に定主なく、何人も才力ある者は何処へ仕へても力を伸ばすことが出来、立身の道が大いに開かれた。これがやがて統一を容易ならしめるのである。而して史記に列伝を置いたのはその為めであつて、世家などの如く一の天子・家に関係するものの外に、個人の力を重んじ、個人の為めに働いた者を記したことは太史公の史家として偉大なる処である」。あるいはまた、司馬遷は「異聞を旁捜して以て其の説を成す」と司馬貞が述べていることに関連して、「司馬遷は歴史家として単に文書記録の如きものに重きを置くのみならず、親しき見聞に重きを置いてゐるので、史記には到る処その実歴を書いて居る。（漢の）高祖の如き草創の英雄の言行に就いては、余程よく且つ正直に伝へて居る。それでその筆に表はれた事は皆精彩があり、いきいきして居る。単に案牘のやうなものによつて書いたものとは違ふ。・・・・司馬遷の如き立派な歴史家に書かれたといふことは、高祖の人物が今日まで伝はるに都合がよかつたのである」。そして漢の武帝時代の経済政策を詳述するのに先立ってつぎのように述べているのは、湖南の自信と見識とを示す言葉にほかならない。「此の時代は此の時代相応に財政上の天才が出て種々新しい思ひ付を行つて居る。故に後世の史記の注釈を書いた平凡なる学者などの頭に入り難いことが有つて、注は信用し得ざる所がある。大体本文をよく読み、今日の事情より考ふれば、そのやり方は略ぼ見当がつくのである」。漢の武帝の財政政策に関する講義は、湖南にとってよほど得意なものであったようであって、全集のその巻の令嗣内藤乾吉氏の「あとがき」によると、湖南は講義だけではものたりず、講義を傍聴された小島祐馬氏の自宅まで押しかけて大いに気焔をあげたという。

『支那上古史』からあらまし以上のごとき文章を拾うことができるのだが、しかし湖南の『史記』についてのまとまった考えをもっともよくうかがうことができるのは、もとより『支那史学史』（全集第一一巻）としなければならない。私は『支那史学史』が平凡社の東洋文庫に収められるに当たってその「解説」の一文を草したことがあった。いささか長文にわたるけれども、拙文の関連箇所をあらためて引くことを許されたい。

『史記』に対する湖南の絶大な評価は、ほとんど手放しの絶賛というべきつぎの言葉に如実にうかがうことができるであろう。「史記が出来てから以後、支那では殆どそれ以上の歴史は出来なかつた。・・・・史記を評論することは、殆ど支那の歴史全体を評論すると同じ位の価値があるのである」。湖南は『史記』を、「全く当時の要求・風尚より離れて、自らの優れたる天才により、古今を綜括した一家言をなしたもの」と評し、「当時に於ては、えたいの知れぬ一家言の著述であつた」とすら評しているのだが、それを「識見ある書」とみとめるのは、ほかでもなく湖南の識見にもとづくものというべく、「前代より今代に至る原因結果を察し、その盛衰を観」、古今の沿革の相因る意味をさぐった通史であること、また義法すなわち史法をそなえた書であるところに無限の価値を見出しているのである。『史記』に与えられたこのようなたかい評価は、・・・・断代史の『漢書』を『史記』と比較したうえ、「何と云つても漢書の劣つてゐることは疑ひなきところである」と述べる断定的な言葉となっている。

「史記と漢書との間は僅かの年数であるけれども、そこに明らかに時代が劃され、司馬遷の史記はかくて空前絶後のものとなり、班固の漢書が後の歴史の型を示すこととなつたのである」、湖南はこのように後世の断代史の型を開いた点において『漢書』にひとまずの意義をみとめてはいるものの、しかしながら『漢書』よりも『史記』を断々乎としてすぐれた史書と評価するのは、何よりもそれが通史であるからであった。『史記』と同様に、湖南がまた『資治通鑑』や『通志』を推奨するのも、それらが古今の沿革を通覧する通史であり、「相因るの義」、すなわち各時代の因果関係を明らかにしている点に共感を示してのことであった。

湖南晩年のその書屋には北宋刊本の『史記』集解（現国宝）と南宋刊本の『史記』集解とがあわせて珍蔵されることとなるのだが、湖南と『史記』とのそもそもの出会いはやはり評林本によってなされたのであったろうか。明治十六年（一八八三）、湖南十八歳、その年の四月二十四日に秋田師範学校生徒寄宿舎から父の十湾に宛てた書簡に、「鳳文館史記の事に付一昨日も通運間合せ候得共未た到着不相成由申候」とあり、つづいて同年九月二十日の書簡に、「本日秋田日報相閲候処鳳文館にて史記評林幷に康熙字典全刻成に相成由見得候」（全集第一四巻）と見えるからである。鳳文館は書家として知られる前田默鳳が東京京橋に営んだ書肆。『史記評林』もまた鳳文館が刊行を手がけたなかの一書であった。

ともかく、湖南に与えた『史記』の影響は絶大であった。貝塚茂樹氏の文章に、湖南の青年時代における仏学の影響に焦点を当ててのことではあるけれども、「かれ（湖南）が後年、司馬遷の『史記』をもとにしてつくり上げた歴史哲学」との表現すらあり、それは「仏教の運命観についての省察によって裏付けられている」のだという（「内藤湖南――開化した国民主義者」。『貝塚茂樹著作集』第七巻、中央公論社）。またアメリカの東洋史学者であるJ・A・フォーゲル氏は、『内藤湖南――ポリティックスとシノロジー』（井上裕正訳。平凡社）において湖南をパブリシストと呼び、湖南に最も大きな影響を与えたのは『史記』であったと断言している。フォーゲル氏によれば、パブリシストとは「その時々の政治の渦中に巻き込まれることなく、公共の事柄について絶えず自分の意見を表明する人」のことであって、「湖南は社会に対する歴史家の役割をパブリシストの役割に似たものと考えていた」といい、さらに司馬遷もそのような類の人間であったとしてこう述べているのである。「歴史家は政治の世界の外に身を置いて社会批判の役割を果たすべきである、と湖南は確信していた。その意味で、・・・・司馬遷は、湖南に最も大きな影響を与えている。湖南にとっての司馬遷は、国家の最高権力者たちでさえ左右できない、献身的な真理の探究をみずから体現した歴史家であった」。

三

しからば一方の狩野君山の『史記』と『漢書』に対する姿勢はどのようであったのか。君山の『史記』と『漢書』についての見解は、京都帝国大学文学部における大正十四年度と十五年度の講義を自筆底稿に基づいて整理した「両漢文学考」（『両漢学術考』、筑摩書房、一九六四年刊）についてうかがうことができる。「班固は詩賦銘等に於いても有名なる著作を後世に遺して居るが、何というても其最も勝れたるは散文にして、其標本として漢書あり」。君山はこのように説述を開始し、つづいて『史記』と『漢書』の優劣論に説き及ぶ。「而して漢書に就いては之れを史記と比較し、其優劣論といふものが昔より有り。恰も李杜の優劣論の如く、各観者の嗜好によりて、馬遷を揚げて孟堅を抑ふるものあり。又反対に孟堅を以て馬遷に優れりとし、紛々として決する処なし。而して其優劣といふ内にも、歴史として優劣を論じて居るかと思へば、又それが文辞の優劣論にもなり、両者混乱して居るから、遂に帰着する所を知らず」。そして君山は、張輔が『漢書』よりも『史記』が優る理由の第一点に挙げているところの『史記』は簡、『漢書』は繁ということについて、具体的に両書の文章を例示しつつ必ずしも然らざることを指摘し、「文章の点よりいつて簡なるものがよいか繁なるものがよいかといふに、是れは一概には優劣をいへぬ」、「果して史記が簡にして漢書が繁なりやといふも、これも文字数によるものにして、局部的には必ずしも史簡にして、漢繁なるにあらず」などと述べたうえ、つぎの言葉をもって結論としているのである。「知るべし史記必ずしも簡にして漢書必ずしも繁ならず。而して文必ずしも繁簡を以て其価を定むべからざる事を」、「蓋し文字は唯之を使用する力量によりて、其巧拙を論ずべきものにて、繁簡といふ事は問題とするに足らず」。

かく「両漢文学考」についで見られるところの『史記』と『漢書』に関する君山の議論は、もっぱら文章の面から両書を取り上げているのであり、また両書のいずれかに軍配を上げているわけではない。敢えて言えば、そこには是々非々の姿勢がうかがえるであろう。それにまた君山には「司馬遷の経学」なる論文もある（『読書籑余』、弘文堂、一九四七年刊）。だがしかし、先考が終世の師として敬仰した君山の『支那文学史』（みすず書房、一九七〇年刊）に寄せた「解説」（『吉川幸次郎全集』第二三巻、筑摩書房）に、君山が「ことに熟読したのは漢の班固の『漢書』であり・・・・」と述べていること、またとりわけ「狩野先生と中国文学」（全集第一七巻）、それはそもそも君山逝去の翌年の一九四八年、『東光』五号に「先師と中国文学」と題して載せたものなのだが、その一段につぎのように述べていることをやはり紹介しないわけにはいかない。「秦漢の文のうち、晩年最も力を用いられたのは「漢書」であるが、「漢書」を愛好されたのは、早くからのことであったらしい。またそれは島田篁村先生以来の伝統でもあった。島田篁村とは君山が東京帝国大学文科大学漢学科において師事した島田重礼。「何でも島田先生は、朝起きられると、楊枝をくわえながら、もう漢書を読んでおられたそうだ。そう先生の家の人から聞いたよ」。このように君山の言葉を写し、こう伝えているのである。「「漢書」を推重される一面、「史記」は読めないと、よくいわれた。「史記」がある場合には示す古怪な句法が、後人の咀嚼の範囲外にあることを、洞察された言葉であろう」。

昭和三年（一九二八）に京都帝大を退き、東方文化研究所の所長となった君山は、研究所の所員たちと『漢書』の講読を行ない、その産物として、王先謙の『漢書補注』をさらに補う「漢書補注補」が『東方学報　京都』に数回にわたって分載された。同所の天文暦算研究室に属した能田忠亮と藪内清の研究成果が『漢書律暦志の研究』としてまとめられる過程においても、この講読会の存在が大きく寄与したという。もっとも、『漢書』の律暦志を、その顔師古注のみならず王先謙の補注まで付き合わされていささかげんなりしたと、当時の参加者の一人がもらしたという余計なことを聞かぬでもない。

四

三田村泰助氏の『内藤湖南』（中公新書、一九七二年刊）によって、湖南と君山の二人が京都帝大において同僚となって間もなくのこと、二人に富岡謙蔵（また謙三とも）を加えた三人で『史記』の会読が持たれたことを知った。なるほど、湖南のつぎのような書簡が遺されている。明治四十一年（一九〇八）二月二十五日富岡宛、「史記会は君山兄も水曜が都合よろしきも今週丈は木曜と致度よし就ては明後廿七日晩六時頃より第一回を貴宅を煩し度候君山兄とも打合候間御差支なくばその御つもりに願上候」。同年同月廿七日稲葉岩吉宛、「狩野君山、富岡桃華、小生と三人にて毎週一回、太史公史記研究会相始め申候五帝本紀の標題丈で一日かゝり埒明かぬなど滑稽なほど骨が折れ申候」（全集第一四巻）。富岡謙蔵、号は桃華は富岡鉄斎の嗣子。京都帝大の講師をつとめ、父鉄斎と室町中立売上るの居をともにしたが、大正七年（一九一八）、四十六歳をもって没した。湖南はその一周忌に遺稿として上梓された『古鏡の研究』に、また君山は七回忌の記念に刊行された『桃華盦古鏡図録』に、それぞれ序を寄せている。湖南と君山と桃華の三人によって持たれた『史記』会読の様子は想像するだけでも壮観である。時として湖南と君山との間に火花の散ることはなかったか。そんな場を、神田喜一郎氏によって「両先生を援けて大きなワキ役的な役割を演ぜられた」（「支那学者富岡桃華先生」、『神田喜一郎全集』第九巻、同朋舎）と評されている桃華がとりなす役をつとめることもあったのではなかったか、などとあらぬ想像までしてみたくなるのである。

『史記』びいきの湖南と『漢書』びいきの君山。そこには歴史家湖南と文学者君山との自ずからなる好尚の違いが端的に示されていることを認めるべきではあるまいか。湖南の『支那史学史』につぎの言葉がある。「柳宗元が司馬遷の文を評して潔と云つた。元来司馬遷の文は粗雑であつて洗煉せられたものではないが、それを潔と評したのは、文辞の上に関することではなく、その体要に明かであつて、載せたことが雑でないことを云ふのである。如何にもぞんざいな蕪雑な書き方のやうではあるけれども、実は至つて簡潔なのである」。柳宗元が司馬遷の文を「潔」と評しているというのは、「答韋中立論師道書」に「之れを穀梁氏に参じて以て其の気を厲まし、・・・之れを太史公に参じて其の潔を著《しる》けくす。此れ吾の旁推交通して以て之れが文と為す所以なり」とあり、「報袁君陳秀才避師名書」に「穀梁子、太史公は甚だ峻潔」とあるのをふまえるのであろう。

君山が『史記』は読めないと言ったのは、『史記』の文辞が「粗雑であつて洗煉せられたものではない」とか「古怪」であるとかと評される、そのような点を嫌ってのことであったろう。それに対して湖南は『史記』の「体要に明か」な点を、つまり史書の本義にかなっている点を高く評価したのである。君山がつぎのごとく湖南を評している文書を引いてこの拙文の結びとすることとしたい。湖南が長逝した昭和九年（一九三四）、その年の『懐徳』一二号に「内藤君を偲んで」と題して寄せた文章である（『読書籑余』所収）。「内藤博士は・・・博覧で生字引のやうにどんなことでも知つて居られたが、其本領はやはり歴史家である。その歴史家といふ立場から、普通の歴史家よりもつと以上に幅が広くて、色々な方面のことを知られて居る。さうしてそれを要約して、歴史家の立場でそれを纏められた。そこにえらい所がある」。

〈補記〉
楊樹《ヤンシュー》達《ダア》氏の『積微翁回憶録』、すなわち積微居を書斎名とした楊樹達氏の日記体の自叙伝の一九二七年十月三十一日条につぎの記事がある。楊氏（一八八五—一九五六）は二十世紀の中国を代表する古文字学、訓詁学の大家の一人だが、若くして日本に留学し、最初は東京、ついで一九〇九年から一九一一年までは京都の第三高等学校に在籍した。そのためか、後々まで日本人学者との往来が盛んであり、とりわけ狩野直喜に対する熱い想いが随所に語られているのであって、一九二七年のその日、狩野を北京飯店に訪ねた楊氏とのあいだにつぎのようなやり取りがなされたのであった。「先生、余の書（『漢書補注補正』）を誉めて已《や》まず。余は昔、京都に留学し、時に先生は京都大学教授に任じ、毎日先生の門を過ぐ。余因って言わく、先生の此《かく》の如く過褒せらるるは、蓋《けだ》し後進を激励せんとの意より出でんと爾《しか》云うと。先生曰わく、此れ殊に然らずと。因って言う、平生最も『漢書』を読むことを喜み、之《この》れを愛して手より釈《す》つるに忍びず。向《さき》に嘗つて英（イギリス）、法（フランス）の文学を治めしも、文章の工《たく》みなること、未だ『漢書』の若《ごと》き者有らず。蓋《けだ》し各国小説の上に超出すと云う。此れを以て先生の確として真知灼見有って、其の他の日本人の能く望む所に非ざることを知るなり」。『積微翁回憶録』の詳細については、その書名をそのままタイトルとした拙文「『積微翁回憶録』」（『三余続録』、法藏館、二〇二一年刊、に収録）を参照されたい。

附　湖南と『真誥』

内藤湖南に『真誥』の詩の書幅のあることを知ったのは、いささかの驚きであった。そのことを知ったのは一九七八年秋刊行の『書論』一三号、特集「内藤湖南」の口絵一〇五によってである。雄渾な書体で書されているのはつぎの五言詩。

玄波振滄濤　　玄波　滄濤を振い
洪津鼓万流　　洪津　万流を鼓す
駕景眄六虚　　景に駕して六虚を眄《なが》め
思与佳人遊　　佳人と遊ばんことを思う
妙唱不我対　　妙唱　我に対せず
清音与誰投　　清音　誰の与《ため》にか投ぜん
雲中騁瓊輪　　雲中に瓊輪を騁《は》せよ
何為塵中趨　　何為《なんす》れぞ塵中に趨《おもむ》くや

そしてつぎの跋がそえられている。「『真誥』の一書、弔詭恍惚なること方物す可からず。然れども其の中に収むる所の五言詩は超詣幽深、当時の靡弱の体に異なる。戊午九月、内藤虎書」。戊午は大正七年（一九一八）。時に湖南五十三歳。

『真誥』は神仙道教の書物であって、そこには東晋の興寧年間（三六三―三六五）を中心に降臨した道教の神々、すなわち神仙たちのお告げが集成されている。東晋時代のお告げの記録はやがて次第に散佚を始めたのだが、それらを熱心に蒐集し、集成し、『真誥』と名づける書物に編纂したのは、南斉から梁の時代にかけての道士であり、茅山を本拠としたところの上清派道教の宗師の陶弘景であった。『真誥』は断片的なお告げの集成ではあるけれども、全体の構成がないわけではなく、神仙たちが楊羲なる霊媒を介してお告げを授け、許謐とその息子の許翽の二人を教育して仙界に誘い導こうというのがそのメイン・テーマなのである。この許謐のすぐ上の兄の許邁は、王羲之の尺牘にしばしば「先生」とよばれて登場し、『晋書』王羲之伝に「道士の許邁と共に服食を修す」とか、「羲之の与《とも》に共に游ぶ所の者の許邁」などと伝えられているように、王羲之と親しく交わった道士にほかならなかった。

かく『真誥』は神と人との交感を内容とするところの書物であり、それ故に湖南は、『荘子』斉物論篇の語を用いて「弔詭」、すなわち奇々怪々と評し、また『老子』十四章や二十一章に基づいて「恍惚」、すなわちぼんやりとして定かでないと評し、「方物す可からず」、わけが分らぬと言っているのだ。『国語』の楚語に「民と神と雑糅し、方物す可からず」とあるのだから、まことにふさわしい表現とすべきである。湖南がこのように記したのからおよそ一年後、大正八年七月十五日のデートを備える「遺香画集序」（『湖南文存』巻四）、それは谷口香嶠の画風を評した文章なのだが、その中によく似た言葉が用いられているのが面白い。「明治の季年、予は之れを京都絵画審査会の座上に見るに、静穆温雅、尤も長者と推す。近日の画家、相い競いて新を標し異を領し、怪詭にして方物す可からざるも、君は則ち具《つぶ》さに前輩の典刑を存して妄りに変化を求めず、而して自然にして高華明秀、人の企《たくら》む所に非ず。蓋し猶お其の人と為りのごとしと云う」。コンテキストはまったく異なるけれども、『真誥』評に用いた言葉があらためて湖南の頭によぎったのであったろうか。

『真誥』はわけの分らぬ書物であるとしても、ただそこに収める五言詩だけは「超詣幽深、当時の靡弱の体に異なる」として湖南が書している五言詩は、『真誥』の巻四、運題象篇第四に収められているもの。いつの年のことかは定かではないが、四月十四日の夕に「右英夫人が此の曲を歌吟す」との注記がある。右英夫人とは滄浪山を治所とするところの女仙の滄浪雲林右英夫人であって、西王母の第十三女の王媚蘭、字は中林であるという。北宋代に編纂された道教百科全書である『雲笈七籤』は、この詩を「雲林右英夫人が楊真人と許長史に口授せし詩二十六首」の「其の十七」として収めているが、楊真人とは楊羲、許長史とは許謐のことである。その詩にうたうところは、およそつぎのような意味であろう。

黒い波が滄浪の島の波を震わせ、波の逆巻く岸にさまざまの流れがこだまする。光の馬車を駕して上下四方の天空を眺めやれば、佳き人と一緒にありたいとの思いがつのる。妙なる歌を唱っても私にこたえてくれる人はなく、清らかな音色を誰のために奏でればよいのでしょう。雲の中に瓊玉の車を走らせなさい、どうして世俗の塵の中ばかりを駆けまわるのですか。

　余事をつけ加えるならば、湖南の『玉石雑陳』（全集一四巻）「先唐詩十首」の条に、陶隠居すなわち『真誥』の編者である陶弘景の詩を評した一文が見出される。そこには、「山中何の有る所ぞ」との天子の問いに、陶弘景が答えて、「山中何所有、嶺上多白雲、只以自怡悦、不堪持寄君（山中何の有る所ぞ、嶺の上に白雲多し、只だ以て自ら怡悦す可きも、持ちて君に寄するに堪えず）」とうたったところの詩がまず示され、つぎの案語がそえられている。「陶隠居の詩は唐の王孟諸人の出づる所。以て靖節に出づと為す者は非なり」。王孟とは王維と孟浩然、靖節とは陶淵明。そしてその一条前においては、范記室すなわち梁の范雲の詩（『芸文類聚』巻二九「之零陵郡次新亭（零陵郡に之《ゆ》き新亭に次《やど》る）」を、「江干遠樹浮、天末孤煙起、江天自如合、煙樹還相似、滄流未可源、高飄去何已（江の干《きし》に遠樹浮かび、天の末《はて》に孤煙起る。江と天と自ずから合するが如く、煙と樹と還《ま》た相い似たり。滄《あお》き流れは未だ源《たず》ぬ可からず、高き飄《つむじかぜ》は去って何ぞ已《や》まん）」と引いたうえ、「斉梁の詩の唐調を胚胎すること、特《ただ》に其の声響の然るのみには非ざるなり。范記室の此の詩の意致の如き、已に王孟の諸公に近し」と、王維や孟浩然の詩の淵源が斉梁の詩に求められている。このこと、湖南によって古文の淵源が姚察、姚思廉父子の『梁書』と『陳書』に求められているのにあるいは呼応するであろうか。『支那史学史』の第八章「六朝末唐代に現はれた史学上の変化」に湖南はこう述べている。「この父子は歴史を書くのに、宋斉二書まで用ひられた従前の駢文の体裁を変じて散文の体裁で書いた。六朝には駢文が尚ばれ、叙事文に至るまで四字句を用ひ、散文の用ひられることが少かつたが、姚察は梁書を初めて古文で上手に書いた。特に紀伝の論賛は駢文の未だ盛でなかつた古より四字句をよろこんだが、彼は論賛にまで散文を用ひた。梁書の総論は魏徴の書いたもので、それは猶ほ駢文を用ひてゐるが、姚氏父子は断然駢文は用ひなかつたのである。これが史学に於ける古文復興の元祖と云つてよく、実に文章家のそれに先だつてゐるのである」。

湖南が『真誥』の収める五言詩を「超詣幽深、当時の靡弱の体に異なる」と評していることに判断を下すだけの鑑識眼を私は持たない。それにしても、湖南と『真誥』との出会いはどのようなものであったのであろうか。いささか過熱気味の道教ブームの昨今とは異なり、『真誥』が人々の意識に上ることはそれほど多くはなかったであろう。湖南の『支那中古の文化』にはもとより『真誥』の言及はなく、道教に関しても、わずかに『抱朴子』のことにふれ、また「文学の中に、老荘並びに神仙の考が盛になり」として郭璞の「遊仙詩」のことを言うにとどまる。にもかかわらず『真誥』が湖南の読書のなかにあったことに、さすがと驚かざるを得ないのだ。『全集』の年譜には、湖南が『真誥』所載の五言詩を揮毫した大正七年九月前後のこととして、「四五月頃、上京区田中野神町二十番地へ転居。十月、満洲に赴き、満鉄読書会のため各地にて講演し、張作霖に面会し、奉天宮殿を一覧す」と記されている。

宮崎市定『史記を語る』解説（岩波文庫）

今では岩波書店刊『宮崎市定全集』の第五巻に収められている本書『史記を語る』を、先師宮崎市定（一九〇一―一九九五）が、そもそも岩波新書黄版の一冊として著わしたのは一九七九年のこと。その年、宮崎は満年齢で七十八歳を迎えるが、筆力にいささかの衰えもなく、語り口は至って歯切れがよい。それもそのはず、それから先まだなお十年以上にわたって、宮崎は健筆を揮《ふる》いつづけたのであった。

十二本紀、十表、八書、三十世家、七十列伝のあわせて百三十篇から成り、中国の正史の第一に位する『史記』。「この史記が出来てから以後、支那では殆《ほとん》どそれ以上の歴史は出来なかった。．．．．史記を評論することは、殆ど支那の歴史全体を評論すると同じ位の価値があるのである」。『史記』に深く切りこんだうえ、このようにほとんど手放しで『史記』を絶賛しているのは、宮崎の先師にあたる内藤湖南の『支那史学史』であるが、宮崎にとっても、『史記』は自家薬籠《じかやくろう》中の書物であった。内藤の『支那史学史』は、内藤の没後に、京都帝国大学における講義が整理されたものであり、その際、宮崎もノート提供者の一人になっているけれども、宮崎と『史記』との出会いは京大入学に溯る松本高校在学時のことであり、それ以後、『史記』を正しく読むことこそ中国古代史を正しく理解することであるとの信念のもとに、『史記』とのつきあいを深めた。

『史記』を直接の題材とした諸論考はもとよりのこと、宮崎の独創と発明にかかる中国古代史の体系は、『史記』を正しく読むこと、まさしくそのことのうえに構築されたのであった。ないしはあるいは、『史記』を正しく読むことによって構築された中国古代史の体系、その体系の視座からまたあらためて『史記』を読みなおすこと、そのような往復運動が繰り返された、と言うべきであろうか。とは言え、宮崎にとって、『史記』を正しく読むこととは、一語一句の意味を穿鑿《せんさく》し、一語一句の意味に拘泥《こうでい》することでは必ずしもなかった。本書の「列伝」の章で語っているように、「一語一句を考証して、微に入り細を穿《うが》って見ても、それで『史記』が分かるというものではない」からである。それよりも、ここぞと見当をつけた目ぼしいところに深くボーリングを試みることなのだ。宮崎はどこまでも歴史家なのだ。そのような宮崎が、六十年の経験をふまえた先達として、一般読者むけに『史記』の世界を説き明かしてみせようとするのが本書にほかならない。そこには、『史記』を語りの素材として悠々として楽しむおもむきさえ感じられる。

さて本書の第一章として設けられた「『史記』読法」では、『史記』テキストの本文をぶった切るかっこうでその中間にやたらと冗長な注釈がはさみこまれては、「文章本来のリズムが阻害されるのを如何《いかん》ともし難い」、かと言ってまったくの注釈なしでは『史記』を読み解くことはできぬと言い、段落ごとの終りに一括して挿入する中華書局版『史記』の方法に賛成するかのごとくである。『史記』

テキストの体裁の変遷という極めて具体的なことがらに即しつつ、その章が副題とする「『史記』はどう読まれてきたか」の問題を説き明かしているのは、すでにしていかにも宮崎らしく、面目躍如といったところである。

第二章「正史の祖」では、『史記』の著者の司馬遷に「史学の創始者」としての地位が与えられているが、それはさておき、つぎのような発言に注目したい。「司馬遷の立場からすると、歴史を書く者はその当然の権利として、総《すべ》ての存在から超越したものでなければならない。帝王といえども歴史家の前に立っては、その光輝を失わなければならぬものであって、それあるが故にこそ、歴史家はその任務を遂行できるのである」。「歴史家はその筆の力によって、帝王の大権を代行することができる、いな帝王すらもその批判を免れることができぬのであるから、むしろ帝王をも超越した絶対的な存在であらねばならぬ」。つまり歴史家は歴史を裁く不可侵の権威として存在したというわけであって、このような発言に注目したいと思うのは、そこに指摘されていることがらこそ、ひとり司馬遷にとどまらず、ひろく中国の歴史家に貫流する伝統であったからにほかならない。

それ以下の章では、おおよそ『史記』の篇次にそいながら叙述が進められるのだが、『史記』の本来では、本紀、表、書、世家、列伝と排列されているにもかかわらず、宮崎が「本紀」の章につづいて「世家」の章を設け、その後に「年表」の章を設けるのは、『史記』の十表は世家と密接な関係があり、本紀よりもむしろ世家を読むためにこそ必要なものであるとの考えに基づく。司馬遷は帝王ではない項羽や呂后のために本紀を設け、封建諸侯ではない孔子や陳渉を世家に列した。そのことについて、宮崎はつぎのように語っている。「司馬遷の考えによれば、本紀と言い、世家と言い、列伝と言っても、これは彼自身が樹立した体例であるから、これを運用するのは全く彼自身の自由である。そして歴史を記述する便宜のためにこそ体例が立てられるべきであった。そこでもしもこの体例があるためにその拘束を受けて、思いのままに自由に筆が振るえぬとしたならば、これほど馬鹿げたことはないであろう」。宮崎も、司馬遷と同様に、自分の信ずるところに従って自由に筆を揮うわけだ。

そして最後の「列伝」の章で、「列伝七十巻は『史記』の中でも、司馬遷が特に心血を濺《そそ》いで書き上げた部分と思われる」と語っているのは、『史記』について語るだれしもが一致して口にする定論とすべきものであって、とりたてて言うほどのことはない。だがしかし、列伝の背景にあるのはどのような社会であるのか、列伝に描かれているのはどのような人々であるのか、そのことを語るに至って著者の真骨頂が示される。宮崎の考えるところ、列伝の背景にあるのは都市の自由市民の生活であり、そこに描かれているのは、その章が副題としているように、「古代市民社会の人々」なのであった。すでに第二章にも、「世家の次にくる列伝は、主として庶民の記録である。・・・・そこに描かれた中国は、あたかも西洋におけるギリシア、ローマに見られるような、古代的市民生活の社会なのである」と語られているが、そのことがあらためてつぎのように強調されるのだ。「中国においては古代封建制の基盤には都市国家があった。この都市における自由市民の生態を無視しては、中国古代史は理解できない。上流階級が封建制に束縛されるのはやむをえない運命であったとしても、そのような圧力を無視して、都市には自由市民の生活があった。都市の市民はいずれの世界においても、自由を信条として生きるものなのである」。かく、中国の古代も都市国家の時代であり、ギリシア、ローマにおけるアゴラ、フォーラムになぞらえられる「市」を中心として自由な市民の生活がくりひろげられたのであるとは、中国史を世界史全体の体系のなかの一環としてとらえなければならぬと考えつづけてきた宮崎の、信念とも称すべき年来の持論なのであった。『史記』の列伝が光彩陸離たる理由は、都市国家を基盤とした古代市民社会のなかで交錯する人間模様が描かれているからにほかならない。「封建制は元来人間を画一的な類型に押しこめてしまいがちなものであるが、そのような体制下におかれても、都市国家の伝統である自由の精神を失わず、個性的な生き方を求めて行動した、各種各様の人間像を集めて、それを各種各様に描きあげた。漢代以後、中国社会に貴族制度、官僚制度が普及徹底してくると、この多様性が失われてしまう。『史記』の列伝が後世の史書に比べて、遥かに精彩に富み、人物が活き活きと描写されているのは、このような理由によるのである」。

かくして、『論語』にあらわれる「仁」を自由と訳してこそ最もよく意味が通ずる場合があると指摘し、列伝第一の伯夷列伝が引用するところでもある『論語』の言葉を、すなわち孔子が伯夷と叔斉を「仁を求めて仁を得たり。又た何ぞ怨みんや」と評した言葉を、「自由を求めて自由を得たのだ。信念があったればこそ、やれたのだ。どこに迷いがあろうか」と訳してみせもする。そしてそのうえで、列伝七十篇の各処に散見する自由人の伝記を拾いあげる。「俗世界の総ての係累より脱却し、完全に自由な境地に立って真の人間生活を享受すべきだ」と主張した老子、「自由な身分で私の生き方を捜したいと思います」と語って楚王からの宰相就任の要請を拒絶した荘子、「身の自由を犠牲にして窮屈極まる宮仕えするのを断わった」閔子騫《びんしけん》、「貧乏暮らしで位がなくても世間に媚《こ》びず、言いたいことを言わせてもらうのが好きです」と志を述べた魯仲連《ろちゅうれん》たち。

本書の「列伝」の章には、宮崎独自の考えがほかにもまだぎゅうぎゅうと詰まっている。たとえば伍子胥《ごししょ》列伝、信陵君の伝記である魏公子列伝、それに刺客列伝の荊軻《けいか》伝を起承転結の四段の構成で考えるのもその一つ。漢詩の作法である起承転結によって歴史の発展を考えようとすること、「本紀」の章にも「四段弁証法」として語られているけれども、宮崎にはつとに『東風西雅』（全集第二十巻）に収める「起承転結」と題した文章があり、またそれを『史記』列伝の読法に応用したものとして、「史記李斯《りし》列伝を読む」（全集第五巻）の論文がある。ちなみに、伍子胥列伝の承の段とされているなかの、専諸《せんしょ》が呉王を刺殺する場面は実は伍子胥列伝にはなく、刺客列伝に基づくのだが、このようなことは、原典に一々あたらずとも記憶をたよりにモノを書くことができる大家にはかえってよくあるためし。敢えてあげつらうには及ぶまい。

さて宮崎は、めりはりのきいた起承転結の構成をとるこれらの列伝は、いずれも語り物に由来するのであろうと考える。そのような語り物が演ぜられる場がとりもなおさず都市国家の市場であったのであり、古代の市場は、ただ単に商業取引の場であるにとどまらず、市民の憩いの場、有閑階級の時間つぶしの娯楽の場なのであった。宮崎はまた「偶語」とよばれて史料に登場するものが、宮廷や市場で公演されたところの、二人が一組となり、対話や舞踊によって劇を演じたり、議論を進行させる娯楽であったと解釈して、滑稽列伝の優孟《ゆうもう》や優旃《ゆうせん》の話が「偶語」に由来することを説き明かしている。

このように司馬遷が、「しばしばこの偶語劇を史料として取り入れ、『史記』の叙述に使っている」というのも、宮崎のみごとな『史記』読法の一つなのであって、語り物や偶語劇が『史記』の重要な材料となり、それに由来する部分が構成も文章もとりわけすぐれるとすること、そのことは「史記李斯列伝を読む」のほか、「身振りと文学」（全集第五巻）に一層詳細かつ説得的に述べられている。

中国の古代には、それなりに古代資本主義の発達があり、「資本家の財力は、都市国家の市民生活の中から生まれてきたものであって、ある点から言えば政治権力に対抗する性質を持つ。言わば自由主義の旗手として現われた所にその性質がある」、そのように語ったうえで取り上げられている貨殖列伝に関しても、宮崎の創見はみずみずしい。そのもととなった「史記貨殖伝物価考証」（全集第五巻）において、「これから魔法のような手品を御覧に入れようと思う」と自信たっぷりに語っているが、まことにその通り、「牛蹄角千」についての謎解きなど、とりわけ得意中の得意とするところであったろう。貨殖列伝につづいて、おなじく経済に関わる平準書について語るのは、これまた自由な筆法の然らしむるところか。本書には『史記』の八書に関する章は特別に設けられてはいないものの、このように「列伝」の章のなかで、便宜に従って平準書について語り、はたまた時として天官書や封禅書にも筆は及ぶのだ。

本書を読みおえた読者は、「私の個人的な意見になるが」とか、「ここでもし私の個人的な意見を述べることを許されるならば」とか、そのような言葉がリフレインのごとくにあらわれることに気づかれたであろう。そのような言葉を枕として語り出される一段は、これまた宮崎が自分独自のユニークにして大胆な考えを披瀝するところなのである。「周が殷を滅ぼした武王伝説と、周が陝西の本拠を棄てて東に都を遷《うつ》したという平王伝説とは、同一の歴史事実が分離して、二回に述べられた結果、現今考えられている西周の歴史が成立したのであろう」。「周室の東遷は歴史事実には相違ないが、・・・・平王の洛邑遷都は、武王の紂《ちゅう》討伐と同様、周民族が東方へ侵出して植民地を形成する間に生まれた多くの伝説の一として考うべきではないかと思う」。このように語るところのいわゆる西周抹殺論。あるいはまた、学界で殷墟と称せられている場所が殷の都の都市遺蹟なのではなく、真の殷墟はもっとほかの場所にもとめられるべきであろうとの推論。周公が定めた封建五等爵の制度が守られたとされる黄金時代は夢物語りに過ぎまいと疑っているところ、などがそれらである。

本書のはしばしには司馬遷に対する寸評のような言葉がさしはさまれ、往々にしてシニカルな響きをともなう。「司馬遷は優れた歴史家ではあるが、国家については政治よりも戦争を、人物については事業よりも佚話《いつわ》を好む癖があった」。「司馬遷は自分が太史であったせいもあるが、こういう不思議な話を有難がる男であった」。「司馬遷は何でも断わることが好きな男であった」。そして恐らく極めつけとすべきは、つぎの言葉であろう。「司馬遷という男は、何か書いたものを見せれば、すぐ騙《だま》されやすい性質の学者であった」。かくして宮崎は、「何でも書いてあることならば直ぐに信じこむ司馬遷の態度を笑う私は、当然の帰結として、司馬遷が書いたことを、何でもそのまま呑み込む気にはなれないのである」と語るのだ。『史記』が史料をよく保存してくれたという「純然たる史学の基本作業の上の功績」に対して無限の感謝の気持ちを捧げながらも、そこに盛られた史実の信憑性にしばしば疑いの目を向けていることは、本書の随処についてみられる通りである。

かく、往々にして司馬遷をシニカルに品隲《ひんしつ》する宮崎ではあるが、自由人としての司馬遷の立場には深い共感を示している。自由人の群像を列伝中に描いた司馬遷は、またもとより自由人なのであった。「かの李陵事件でも武帝の権威に屈せずに、所信に従って天子を諫《いさ》めた。これこそ外部の何物にも動かされない自由人の誇りを示したのだ」。「司馬遷は国を譲るとか、君主をやっつけるとかいう話が大好きで、個人の自由を礼讃するが、おそらくこれは彼が李陵事件によって災難にあってから、最後に到達した心境なのであろう」。かく司馬遷が個人の自由を礼讃するのと同様に、宮崎が司馬遷の自由人としての立場に共感を示すのは、自由人として生きることこそが宮崎にとっての生活信条であったからではなかったか。本書がつぎの言葉をもって結ばれているのは、すこぶる印象的であるとしなければならない。「司馬遷があたかも目前に起こった事象に対するかの如き情熱を以て、過去を語ることができたのは、彼が本来の自由人に立ち返り、現在を忘れて、後世の人に向かって語りかけようとしたからに外ならないのだ」。ただし私の観察するところ、宮崎は「本来の自由人に立ち返」るまでもなく、終始一貫して本来的に自由人であり、そのような一生を全うした。

本書の「はしがき」には、本書の執筆にあたって、「自分が書きたいことは、結局これまで書いてない材料の方へと、自然に傾いて行った」と記されているけれども、しかし折にふれて指摘したように、本書執筆に先立って発表された論文とたがいに呼応しあう叙述はもとより少なくない。また、一般読者を対象とする新書として執筆された本書は、学術論文にくらべて、「どこかこくが足りない点がある」と正直に告白している。その点を補うためにも、著者自身が希望しているように、本書を読みおえた読者は、さらに一歩進んで、巻末の「著者『史記』関係論文一覧」に挙げられている諸論文をぜひともあわせ読むべきであろう。それらの内容はいずれも高度ではあるけれども、行文は至って平明である。

他人の著書を評するにあたっては、著者の立場を十二分に咀嚼《そしゃく》したうえでなければならぬとは、先師宮崎から訓《おし》えられたことの一つであった。先師が「游俠に就て」（全集第五巻）の補記のなかで、内藤湖南に捧げている言葉を今そのままに用いるとするならば、「知らず、先生在《いま》して採点し給わば果して幾何《いくばく》を贏《か》ち得可《べ》きか」。

付言一則。私が架蔵する岩波新書版『史記を語る』は、先師からの寄贈をかたじけなくしたものである。そのなかには、私の礼状にこたえて送られてきた一枚のコピーが大切にはさみこまれている。『信濃毎日新聞』の昭和五十四年、すなわち『史記を語る』が刊行されたその年の五月十九日号に掲載された先師の一文のコピーである。そしてそのコピーには、つぎのような挨拶状がそえられている。

拝復、今般は拙著をお読み頂いて誠に有難うございました。所でこの新書には盛り切れないで書き残した部分があり、たまたま故郷の信濃毎日新聞から誘いを受け、短文を寄稿しましたから左にお目に掛けます。実はこんな所に史記の秘密を解く最後の鍵があり、ここまで行かねば真相に迫れぬのではないかという気が致します。或いは、何だこりゃ、シムノンの「メイグレ罠を張

る」の焼直しではないか、とお笑いになっても結構です。敬具

昭和五十四年六月二日　　　　　　　　　　　　宮崎市定

先師が『信濃毎日新聞』に寄せた一文のタイトルは「『史記』の中の女性」(全集第二十四巻)。今回、本文庫に付載することとした。

一九九六年二月

附　『史記』の魅力

一

武田泰淳は、一九六五年講談社新版『司馬遷――史記の世界』に寄せた序文につぎのように書いている。「・・・・また日本国内でも、この大きすぎる中国古典『史記』が、戦後こんなにまで国民に親しまれるようになろうとは、戦争中、ひとりっきりで『司馬遷』を書いていたころの私には、とても予想できなかった」。武田の著書が、現在のような副題をともなわずに、ただ『司馬遷』の書名をもって日本評論社から上梓されたのは一九四三年。現在ではそれ自体すでに古典となったこの著書が、著者自身も予想しなかった戦後の『史記』ブームに一役も二役もかったことは、私の体験からもまちがいなくそのように言えると思う。「司馬遷は生き恥さらした男である」、というあの書きだしの文章は、いまでもその言葉そのままに暗誦することができる。そして中島敦の「李陵」。『史記』と『漢書』に材を取り、李陵と司馬遷と蘇武の三人を軸として展開されるこの作品が『文学界』に発表されたのは、中島の死の翌年、あたかも武田の著書が上梓されたのとおなじ一九四三年であったが、これもまた戦後のわれわれを『史記』に近づける準備をしたように思われる。

私と同世代のものは、おおかれすくなかれ、このようなかたちで『史記』との出会いの体験をもったのではなかったか。そして私の場合には、このようないわば間接的な『史記』との出会いの後に、明の凌稚隆撰『史記評林』、その明和七年（一七七〇）再刻の和刻本を買いもとめた。一九六〇年前後には、そのようなものはまだいくらも古本屋にころがっていたのである。やがて瀧川亀太郎の『史記会注考証』の海賊版も台湾から逆輸入され、興のおもむくままにあちらこちらの拾い読みをはじめたが、和刻本や会注考証をたよりとしても、『史記』の文章はけっして読みやすいものではなかった。この思いはいまも変ることがない。おなじ正史でありながら、『漢書』以下のそれらにくらべて、正史の首位に位置する『史記』の文章は格段に難解であり、一筋縄ではゆかぬのである。宮崎市定の「身振りと文学」（『アジア史論考』中、朝日新聞社、一九七六年刊。後に『全集』5「史記」、岩波書店、一九九一年刊）は、『史記』のこのような難解は、実はひとつの仕掛けがしくまれているからだと説き、その仕掛けの秘密をみごとに解きあかしている。一読をおすすめしたい文章である。しかしともかく、「太史公自序」の司馬遷と壺遂との問答は印象的であった。孔子の『春秋』を継いで『史記』を著わしたいという決意をかたる司馬遷にむかって、同僚の壺遂は水をさすようにいう。「孔子の時、上には明君無く、下には任用を得ず。故に春秋を作り、空文（哲学的言辞）を垂れて以て礼義を断じ、一王の法に当つ。今、夫子《そなた》は上は明天子に遇い、下は職を守ることを得、万事は既に具《ととの》い、咸な各々其の宜しきに序す。夫子の論ずる所、以て何をか明らかにせんと欲するや」。孔子が生きたのは絶望的な乱世であった。乱世であればこそ、あらまほしき理想を『春秋』に託したのだけれども、いまこの明世に生きるあなたは、いったい何を論じようとするのか。このような質問に太史公司馬遷がこたえるくだりである。「太史公曰わく、唯唯、否否、不然・・・」。はいはい、いやいや、ちがいます。「唯唯、否否、不然　wei-wei, fou-fou, bu-ran」。原文ではたったわずか六音節のこの言葉に、あいて壺遂の質問に一瞬たじろぎ、しかしただちにそれを打ち消して反攻に転じる司馬遷の心の機微がみごとに表現されているではないか。『史記』の文章はとてつもなく難解ではあったけれども、私をとらえたのはなによりもまずこのような文章表現であり、文章表現に託せられたその構成であった。

二

『史記』は、通史であるとともに世界史である。司馬遷が生きた漢の武帝の時代は、そのような史書の書かれるべきことを要請していた。「唯唯、否否、不然」のあとに、司馬遷はおよそつぎのように述べている。「漢興《おこ》りて以来、明天子に至って符瑞を獲《え》、封禅し、正朔を改め、服色を易《あらた》め、(天)命を受くること於穆《ああうるわ》しく清し」。明天子とはいうまでもなく漢の武帝。「符瑞」は太平の世を祝福すべく出現する祥瑞のしるし。さまざまの符瑞を得た武帝は、伝説のなかの天子が行なったという天地の祀り、「封禅」の大典を泰山において挙行した。また元封七年（前一〇四）には、「正朔」、すなわち暦法の改正が行なわれて太初と改元され、太初暦とよばれるこの新暦の採用とともに、黄色が王朝のシンボル・カラーとなった。太初暦の制作には、ほかならぬ太史令司馬遷が、その職掌として重要な役割を果たしたのだが、従来は秦制が踏襲され、四分暦とよばれる暦法を用い、黒色をシンボル・カラーとしていたのであって、王朝創業からおよそ百年が経過した時点におけるこの太初の改制は、漢王朝が秦王朝とはことなる独自の存在であることの宣言にほかならなかった。『史記』は、ものの始原を意味する「太初」と改元されたこの年に執筆が開始されたという。そして、『史記』が「黄帝より以来、太初に至るまでを述歴す」というように、黄帝から太初までの通史として書かれたことの意味を深く考えてみなければならない。黄帝はやはり黄色をシンボル・カラーとする「土」徳をうけた皇帝とされ、黄帝からはじまった歴史は太初元年にいたって一つのサイクルを完了し、あらたなサイクルが開始される。そのような観念を、司馬遷は『史記』に託したと考えられるのである。

この改制のことにつづけて、司馬遷は「沢《めぐみ》は極《はて》し罔《な》きに流れ、海外の殊俗は訳を重ねて塞を款《たた》き、来りて献見を請う者は勝《あ》げて道《い》う可《べ》からず」と述べている。かく、中国と塞外諸民族との接触は、漢の武帝時代に飛躍的にました。司馬遷がいうように、それが武帝の恩沢によるものであったのか、そのことは保証のかぎりではない。また匈奴のように、たえず敵対的でありつづけた民族もある。だが武帝の時代は、西洋の地理上の発見の世紀にも比すべき時代であった。たとえば、于窴《うてん》国より西方では「水は皆な西流して西海に注ぐ」、という大宛列伝の記事である。地勢が東方にむかって傾斜する中国では、河川は東流するのこそ自然の道理であり、「海は東流を辞せず（広大な海は東流する河川を拒むことなく、すべてを受け入れる）」（『荘子』徐無鬼篇）といわれるように、「東流」は河川の代名詞ですらあったのである。大宛列伝の「西流」の語には、漢の武帝時代に行なわれた張騫の西域遠征、それがもたらしたあらたな発見にたいする驚きの気持ちがこめられている。かくして『史記』は、黄帝から太初までの通史であるとともに、匈奴列伝、南越列伝、東越列伝、朝鮮列伝、西南夷列伝、大宛列伝など、中国を囲繞する諸民族の歴史をも含む世界史として書かれなければならなかった。それは当時の中国人に考えられた世界のすべてであった。「雄材大略」と評せられる漢の武帝の時代が、世界を、いな宇宙までをもとりこもうとするとてつもない活力にあふれた時代であったことは、中野美代子の『中国の妖怪』(岩波新書、一九八三年刊)に興味深い考察がある。

三

わがくににおける『史記』ブームがようやく戦後におこった現象であったことを武田泰淳は述べているのだが、過去の中国においても、『史記』は他を圧倒して読まれた史書ではかならずしもなかった、と言えば、あるいは奇異の感をいだかれるであろうか。だが、すくなくとも『漢書』との比較のもとでは、そのように言わざるをえない。前漢の司馬遷の『史記』とならんで後漢の班固の『漢書』が後世の正史の典型となったこと、ただし『漢書』が『史記』が創造した紀伝体のスタイルを襲いつつも、『史記』が通史であったのにたいして前漢一代だけをあつかう断代史として完成されたこと、などは周知の事実であろうが、むしろ『漢書』が『史記』よりも多くの読者をもち、たかい評価をかちとったのであった。そのような情況については、二、三の文章に述べたことがあるので、ここには再論しない。

しかし勿論、そのような情況のなかでも、『漢書』よりも『史記』をたかく評価する人物は存在した。五世紀南朝宋の范曄《はんよう》はその一人である。范曄は『漢書』のあとを継ぐ正史、すなわち『後漢書』の著者。そのなかに後漢の人である班固の伝を立て、班固伝の論賛において司馬遷と班固の比較論を展開している。

「論に曰わく、司馬遷と班固父子（司馬遷の『史記』が父司馬談の遺志をうけつぐものであったように、班固の『漢書』も父班彪の遺志をうけついで完成されたのである）は、其の言は史官載籍の作、大義は粲然と著《あきら》かなり。議者は咸《み》な二子ともに良史の才有りと称《たた》う。遷は文は直くして事は覈《あた》り、固は文は贍《ゆた》かにして事は詳《つまび》らかなり。固の序事の若《ごと》き、激詭ならず、抑抗ならず、贍《ゆた》かにして穢ならず、詳らかにして体有り。之れを読む者をして亹亹《びび》として厭《あ》きざらしむ。信《まこと》なる哉《かな》、其の能く名を成すや」。

ここまではとりたてて言うべきほどのこともない。注目したいのはそのさきである。

「彪と固は遷を譏り、その是非は頗る聖人に謬《もと》ると以為《いえ》り」。これは『漢書』司馬遷伝の賛に、「其の是非は頗る聖人に繆《もと》る。大道を論じては則ち黄老を先として六経を後とし、游侠を序《の》べては則ち処士を退けて姦雄を進め、貨殖を述べては則ち勢利を崇《あが》めて賤貧を羞《はじ》とす。此れ其の蔽《おお》う所なり」、というのを要約したもの。つまり班彪と班固は、司馬遷の『史記』が「太史公自序」に父司馬談の「六家要旨」を引いて、陰陽家、儒家、墨家、名家、法家、道家の六家のうち、黄老すなわち道家に、他の諸家の哲学を綜合するものとしてのもっともたかい評価をあたえ、儒家が基礎をおく六経をその下位においたことを不満としたのである。あるいはまた義侠に生きる人々を叙する游侠列伝において、季次や原憲など、孤高と貧窮の生活を送る学者たちを笑いものにし、資産家を叙する貨殖列伝において、「長く貧賤なるに好んで仁義を語るは、亦た羞《は》ずるに足る——いつまでも貧乏でじじむさい暮らしをしていながら、ごたいそうなことに仁や義ばかりを口にするのは、まったく恥ずかしいことだ——」、などと述べているのは、聖人のおしえにたいする冒瀆にほかならぬ、と考えたのである。班彪と班固がいう聖人とは、六経の作者である儒家の聖人であった。

だが范曄は、かえってそのような『漢書』の立場に強く反撥し、司馬遷の立場に共鳴する。「然れども其の論議は」、すなわち『漢書』の議論は、「常に節に死せるものを排し、正直なるものを否《いな》み、而して身を殺して仁を成すことの美たるを叙《の》べず、則ち仁義を軽んじ、守節を賤《いや》しむこと愈《はなは》だし」。

このように范曄が論じたとき、かれの意識を領していたのはもっぱら游俠伝のことであったと考えてまちがいない。『史記』と『漢書』とでは、游俠のあつかいがおおきくかけ離れているのである。『史記』游俠列伝で司馬遷はつぎのようにいう。游俠の徒の言葉には信義があり、行動は勇敢であり、いったんひきうけた以上はどこまでも誠実をつらぬき、他人の窮境のために粉骨砕身する。しかも自分の力と徳を自慢することを恥とするのは、「蓋し亦た多とするに足る者が有る」。かれらは「時として当世の文罔（法禁）を扞《おか》す」ことはあるけれども、しかし「其の私義は廉潔退譲、称《たた》うるに足る者が有る」。弱者いじめの「豪暴」の徒とははっきり区別すべきであるのに、世俗が両者を同類にみなして笑いものにしているのを悲しむ、と。つまり司馬遷には、游俠こそ、節に死して正直、身を殺して仁を成す、そのような人間の典型と考えられたのであった。すくなくとも、「私義——民間の正義

――」の体現者と考えられたのであった。たとえば漢の高祖時代の魯の朱家。かれの家に養われる豪士は数百人、その他の常人はかぞえきれぬほどであったが、自分の力と徳をほこることはなかった。以前に施しをしてやったものと会うことをさけ、また施しを行なうにあたっては、まず貧賤のものからはじめた。かれの家にはあまった金銭はなく、着物はつぎはぎだらけ、食事はたったの一品、乗物は貧相な牛にひかせる車だけ。自分のことはなげだして他人の窮境をすくうために奔走し、このような朱家に、関東の人びとはきそって交わりをもとめたのである。

　ところが『漢書』における游俠のあつかいは、まったく冷やかなものに一変する。「其の刑辟（刑罰）に陥ると雖も、身を殺して名を成すこと季路と仇牧の若《ごと》しと自ら与《ゆる》し、死して悔いざるなり」。衛の国君の難に殉じた孔子の弟子の季路、すなわち子路、宋の国君の難に殉じた仇牧。たかだか市井の顔役にしかすぎぬ游俠の徒が季路や仇牧気どりでいるのは、まったくもって見当ちがいである。上にたつ明王が民に善悪の是非判断を示し、「礼法」によってととのえないかぎり、民は「禁（法禁）を知って正しきに反《かえ》る」ことはできない。司馬遷も会ったことがあるという游俠の郭解、そのともがらが「匹夫の細を以て殺生の権を窃《ぬす》んだ」罪は、誅罰をまたずともすでに明らかである。かれらの「温良にして泛愛、窮《くる》しきを振《すく》い急《とぼ》しきを周《すく》い、謙退にして伐《ほこ》らざる」ところは、なるほど「絶異の姿」ありというべきだが、惜しむらくは「道徳に入らず、苟《かりそ》めに末流に放縦たりて身を殺し宗を亡ぼすは不幸に非ざるなり」。

　すでに明らかなように、班固はいわゆる「聖人」の尺度でしか游俠をはかりえなかったのである。

その尺度ではかるならば、「礼法」と「道徳」を逸脱し、「法禁」を知らざる游俠が誅罰されるべき対象となるのは当然であり、游俠に共感を示す司馬遷も、「其の是非は頗る聖人に謬《もと》る」ものとならざるをえない。

班固が生きた後漢時代には、司馬遷が生きた前漢武帝時代のみなぎるような活力はすでに鎮静におもむき、「礼法」とか「道徳」とかの観念に示される礼教主義が、国家、郷村、家族など、社会のすべてにわたって貫流し、歴史家班固にも枠組みをあたえたのであった。そしてこの礼教主義は後世をも強く規制し、後世の好尚が『史記』よりもむしろ『漢書』に集まった理由の一つがその点に存したことは疑いがない。范曄がいうように、班固の叙事は「激詭ならず、抑抗ならず」、すなわち激しくたかぶらず、起伏にとぼしい、まことに節度ある中庸をたもっている。

しかるに司馬遷は、そのような礼教主義からまったく自由であった。だからこそ、アウト・ローの游俠にたいしても共感を示すことができたのである。游俠は、節に死して正直、身を殺して仁を成す、そのような人間の典型であると考え、その生きざま、ないしは死にざまに注目したのである。人間の生きざま、ないしは死にざまそのものにひたすら注目し、礼教主義などという外的規範に縛られぬ態度は、ひとり游俠列伝にとどまらず、おおかれすくなかれ『史記』の全体につらぬかれている。たとえば伍子胥列伝。そこでは、「怨毒の人に於けるや甚だしいかな」という司馬遷の感慨に示されるように、人間の心に巣くうおそるべき魔性の問題があつかわれるのである。かくして『史記』の叙事は、『漢書』とはことなって、激詭たり抑抗たるものとならざるを得ぬであろう。このような司馬遷を班固よりもたかく評価した范曄は、やはり激詭たり抑抗たる人物であり、いわば時代の異端児として生きなければならなかった。かれは、西暦四四五年、王朝反逆の罪名をもって刑死をとげたのである。

四

司馬遷が游俠にたいしてあつい共感を示したのは、やはりまた司馬遷の生きざま、死にざまと深くかかわっていたからだと考えなければならない。と言えばすぐにおわかりのように、かの李陵事件のことである。匈奴に投降した将軍李陵の弁護に司馬遷がたったのは、まさしく「身を殺して仁を成す」、とよぶべき行為であった。かれと李陵とは格別の深いつきあいがあったわけではない。しかし、司馬遷は李陵の人物におとことしてほれこんだのである。「任安に報ずる書」につぎのように述べている。「僕、其の人と為りを観るに、自ずから奇士なり。親に事《つか》えて孝、士と与《まじわ》って信、財に臨んで廉、取予に義あり、分別に譲有り、恭倹にして人に下る。常に奮って身を顧みず、以て国家の急に殉ぜんと思うこと、其の素《もと》より畜積する所なり。僕は以て国士の風ありと為す」。しかるに、一身と妻子の保全にのみきゅうきゅうたる同僚たちは、だれ一人として李陵弁護を行なおうとするものはいない。それどころか、あることないこと、李陵の非を責めたてるばかりであることに、司馬遷は義憤がこみあげるのを禁じ得なかった。かくしてかれは敢然と李陵の弁護にたつ。だがその結果は、だれもが知るように、腐刑という男性にとっての最大の汚辱を一生にわたって背負いこまなければならなくなった。『史記』の執筆が開始されてから七年目におこったこの事件は、司馬遷にとって「死」を意味するほどのものであったろう。中島敦は、「この世に生きることをやめた彼」、といっている。「是れ余の罪なるかな、是れ余の罪なるかな。身は毀《こぼ》たれて用いられず」、肉体は完全に用なきものとなった、そう司馬遷は嘆かざるを得ない。

この嘆きを、司馬遷が列伝第一においた伯夷列伝のテーマとしていることは、まことに象徴的である。「天道は親無し、常に善人に与《くみ》す——天道はえこひいきすることなく、いつも善人の味方である——」といわれるけれども、本当にそうなのだろうか。わが正義を頑固につらぬいて首陽山に餓死した伯夷・叔斉をはじめとして、そうとは思えぬ事実は史上に多すぎるではないか。「天の善人に報施する、其れ何如《いかん》ぞや——天の善人にたいする報いかたは、いったいどうなっているのだ——」。「地を択んでこれを蹈《ふ》み、時あって然る後に言を出だし、行くに径《こみち》に由らず、公正に非ざれば憤りを発せざるに、而《しか》るに禍災に遇う者、勝《あ》げて数う可からざるなり。余は甚だ惑う。儻《ある》いは所謂《いわゆ》る天道は是なるか、非なるか」。かくも司馬遷の嘆きは暗くかつ深い。李陵の弁護にたった司馬遷の行為は、それこそ公正の場における発憤にほかならなかったが、腐刑というおぞましい禍災をもたらしたのであった。だが司馬遷は、この暗くかつ深い嘆きのなかから、一つの大きな力を得た。ほかでもない、『史記』執筆にかける途方もない情念である。さきにも述べたように、通史でありかつ世界史である史書の書かれるべきことは時代の要請であったが、それはやはり司馬遷によってしか書かれることはなかったのである。「太史公自序」で司馬遷はつぎのようにいっている。周の文王の『周易』、孔子の『春秋』、屈原の『離騒』、左丘明の『国語』、はたまた荀子、呂不韋、韓非子の著作、それらはいずれも幽囚、迫害、放逐、失明、刑戮等々、さまざまの禍災のなかで著わされたものであった。そして『詩経』三百篇、それもまた「大抵、賢聖の憤りを発して為作する所なり」。これらはすべて「意《こころ》に鬱結する所有るも其の道を通ずるを得ず。故に往事を述べて来者を思う」、と。かくして『史記』もまた、憤りを発しての著作として書きあげられるであろう。ただし、その憤りはけっして個人的な私憤を意味するのではない。ひろい立場にたって発せられる憤りである。「公正に非ざれば憤りを発せず」。司馬遷が伯夷列伝に託したこの言葉は、やはりまた『史記』の全体をつらぬいていると考えなければならない。

『漢書』五行志　解説（平凡社東洋文庫）

一

後漢の班固（三二―九二）の撰述にかかる『漢書』は、ことわるまでもなく、中国のもっとも基本となるべき史書、いわゆる正史の一つである。正史の筆頭に位置する司馬遷の『史記』が五帝にはじまり司馬遷が在世した漢の武帝の時代にいたるまでの通史として完成されたのにたいし、『漢書』は前漢一代の断代史として書かれたけれども、しかしその構成は、『史記』のそれを基本的に継承する。封建諸侯国の記録である「世家」こそ『漢書』ではなくなりはするけれども、帝王の事蹟の記録である「本紀」、年表の「表」、傑出した個人の記録である「列伝」のほか、問題別の歴史とでもいうべき「書」は「志」と名をあらためて『漢書』にうけつがれる。いま『漢書』の「志」と『史記』の「書」とを比べてみるならば、『漢書』の律暦志は『史記』の律書と暦書を、礼楽志は礼書と楽書を、食貨志は平準書を、郊祀志は封禅書を、天文志は天官書を、溝洫《こうきょく》志は河渠書をそれぞれうけつぐ。しかしながら、『漢書』の刑法志、地理志、芸文志、そして五行志は、それらに対応するものを『史記』

に見いだすことはできない。ここに取りあげんとする五行志は、いわば班固の創見にかかる一章なのである。五行志は『漢書』百巻のなかの巻二十七、志の第七に置かれ、上、中之上、中之下、下之上、下之下の五篇に分かれる。

五行志の中心をなすのは、天人相関ないしは天人感応とよばれる思想である。人間の行為、といってもそれはもっぱら帝王や諸侯などいわゆる人君の行為を意味するのだが、その人間の行為にたいして天が敏感に反応するという思想である。すなわち、この世に出現するさまざまの災害や怪異の現象は、人間の行為になにかまちがいが生じたために、それに「応」すなわち反応した天が、「戒」すなわちいましめとしておくりとどけるところの「象」すなわちシンボルないしサインにほかならない。「象」はごくまれに「徴」とよばれることもあるが、ともかくたとえば杜欽《ときん》は、「人事、下に失わるれば、変象は上に見《あら》わる」と述べている（下之下）。「象」として示される「天戒」は、人間にかたりかけ、戒告をあたえる言葉であり、それ故に五行志には、「天戒若曰・・・」、天は戒めてかく語りぬ、という意味の表現がくりかえされる。あるいはまた「災異は指象を以て言語と為す」ともいわれる（下之上）。

災害や怪異は、直截にせよ隠微にせよ、なんらかのかたちで人間の悪徳や悪行を象徴し、あるいはまた不幸な結末を象徴して示すと考えられたために「象」ないし「徴」とよばれるのだが、人間がもしそれらの「象」ないし「徴」にただちに気づき、改悟して徳の修養につとめるならば、災異は消失して「福」に転ずることもあるであろう。だがもし改悟しないときには、「咎」や「罰」としての

「禍」が「効」すなわち具体的なかたちをとって応現するであろう。「効」はまた時として「験」ともよばれる。杜欽はさきほどの言葉につづけてつぎのようにいう。「能《よ》くこれに応ずるに徳を以てすれば、則ち咎《とがめ》の異は消えん。忽《ゆるが》せにして戒めざれば、則ち禍敗は至らん」（下之下）。また劉向《りゅうきょう》はつぎのようにいう。「瑞（祥瑞）と異（災異）は徳に応ずるの効なり」（中之下）。「応ずるに徳を以てす」という杜欽の言葉は人の立場から、「徳に応ずるの効」という劉向の言葉は天の立場から、それぞれ天人の感応を表現している。とはいえ、五行志の全体を通じて、圧倒的多数をしめるのは、改悟しなかったために「禍」がおとずれるという事例であり、「能《よ》く徳を以て変（異変）を消するの効」（下之上の劉向の言葉）はいたって少ない。五行志には、括弧でくくった言葉を術語《ターム》として、およそこのような災異にかんする思想がまことに縦横に説かれるのである。一例として、中之上にみえるごく簡単な一条をとりあげてみよう。

漢の昭帝の時代のこと、昌邑王の劉賀は、「熊」と叫ぶ人声を聞いた。じっと見つめてみると大熊が見えた。おそばつきのものには見えなかった。そのことを郎中令の龔遂《きょうすい》にたずねると、遂はいった。「熊は山野に住まう獣ですのに、のこのこと王宮に入りこみ、王さまだけがごらんになった。これは大王さまにたいする天の戒め。きっと王宮がからっぽになるというわけです。滅亡に瀕している象です」。賀は改悟せず、その後ついに国を失った。

昌邑王はそもそも背徳の王であった。その背徳にたいする「応」として、熊が王宮に入りこむという異変がおこる。それは「天戒」であり、国が滅亡するであろうという「象」であった。にもかかわらず昌邑王は改悟せず、やがて「咎」「罰」の「禍」として国を失うというまぎれもない事実、「効」が生じたというわけである。本条には、さきほど示した術語《ターム》がすべて用いられているわけではないけれども、五行志に一貫するパターンを確認することができる。

　では何故このような災異の思想を説く章が五行志と名づけられたのであろうか。五行志の五行とは、世界なり自然なりを構成するもっとも基本的な要素とせられた「木」「火」「土」「金」「水」のことであって、災害や怪異の現象は、人間の悪徳や悪行が五行のバランスを乱し、世界なり自然なりの秩序を混乱させるために発生すると考えられたからである。そしてその根拠は、五経の一つである『書経』の洪範《こうはん》篇にもとめられた。五行志の序にも引かれているように、洪範篇には箕子《きし》が周の武王にかたったところの言葉としておよそつぎのようにいう。「そのかみ、鯀《こん》は洪水を塞ぎとめたため、五行の排列をみだした。上帝はそこで激怒し、鯀には洪範九疇《きゅうちゅう》を授けなかった。普遍の道理はかくてそこなわれた。鯀は誅殺され、禹がやがて父鯀の後を継いでおこった。天はそこで禹に洪範九疇を賜り、普遍の道理はかくて秩序づけられた」。

　洪範九疇とは九種の大法というほどの意味であって、「初の一に曰わく五行、次の二に曰わく五事を羞《すす》め用う。・・・・次の八に曰わく念《おも》いて庶徴を用い、次の九に曰わく嚮《すす》むるに五福を用い、畏《おど》すに六極を用う」という六十五文字からなる。五行志では、禹はこの洪範を洛書として授かったのだとする。すなわち『易経』繋辞《けいじ》上伝に、「河は図を出だし、洛は書を出だす」と、黄河と洛水からの神秘の図書の出現がかたられているが、そのうちの河図は伏羲《ふくき》が授かったところの八卦、そして洛書こそは禹が授かったところの洪範だとするのである。

かくして『漢書』五行志には、まずその上篇に、五行の「水」はものを潤して低きに流れる「潤下」、「火」は燃えあがって上にあがる「炎上」、「木」は曲がったりまっすぐになったりする「曲直」、「金」は自由に変形する「従革」、「土」はそこにたねをまきつけ収穫する「稼穡《かしょく》」、それらをそれぞれ本来の性質とするという『書経』洪範篇の言葉が「経」として引かれる。「経」につづいて、人間の行為になにかまちがいがおこると五行が本来の性質を失うことを説く「伝」、「伝」をさらにいっそう敷衍する「説」の言葉が引かれる。「伝」は漢初の『書経』学者であった伏生《ふくせい》の『洪範五行伝』。「説」は漢代の国立中央大学である太学で行なわれたところの欧陽氏や大夏侯氏、小夏侯氏など『書経』学派の所説であるという。ともかく、伝は経の注釈、説は伝をよりいっそうかみくだいたものと考えておけばよい。

五行志はまた中之上篇の冒頭に、『書経』洪範篇から洪範九疇の第二である五事、すなわち「貌（容貌）」、「言（言葉）」、「視（目）」、「聴（耳）」、「思（思慮）」にかんする文章をやはり「経」として引く。

五事を羞《すす》め用う——ただしく運用する。五事とは一に貌、二に言、三に視、四に聴、五に思。貌は恭に、言は従に、視は明に、聴は聡に、思は睿《えい》であれ。恭であれば整粛となり、従であれば政《まつりごと》はうまく治まり、明であれば叡明となり、聡であれば謀りごとはうまくゆき、睿であれば聖徳にいたる。休徴《きゅうちょう》（めでたい現象）——整粛であれば時雨（季節にかなった雨）が応じ、政《まつりごと》がうまく治まれば時陽（季節にかなった陽気）が応じ、叡明であれば時奥（季節にかなった暑さ）が応じ、謀りごとがうまくゆけば時寒（季節にかなった寒さ）が応じ、聖徳にいたれば時風（季節にかなった風）が応ずる。咎徴《きゅうちょう》（咎めの現象）――狂（もの狂い）であれば恒雨（雨つづき）が応じ、僭（ちぐはぐ）であれば恒陽（日でりつづき）が応じ、舒（だらけ）であれば恒奥（暑さつづき）が応じ、急（せっかち）であれば恒寒（寒さつづき）が応じ、霿《ぼう》（暗愚）であれば恒風（風つづき）が応ずる。

そして、そのあとにおかれる「伝」では、貌、言、視、聴、思の五事がそれぞれ本来あるべき状態、すなわち「恭（うやうやしさ）」、「従（素直さ）」、「明（明るさ）」、「聡（さとさ）」、「容（寛大さ）」を失った場合の咎徴がさらに敷衍される。たとえば貌にかんする「伝」にはつぎのようにいう。容貌が恭《うやうや》しくないことを整粛ではないとよぶ。その咎めは狂（もの狂い）。その罰は恒雨（雨つづき）。その極（窮極のまがごと）は悪（邪悪）。ある時には服飾の妖《よう》がおこり、ある時には亀の孽《げつ》がおこり、ある時には鶏の禍《か》がおこり、ある時には下半身の器官が上半身に生ずる痾《あ》がおこり、ある時には青眚《せいせい》や青祥《せいしょう》がおこる。これらは五行の「金」が「木」を沴《そこな》ったのである。

右に列挙されているもののうち、「咎」の狂と「罰」の恒雨は、すでに「経」として引かれていたように『書経』洪範篇のなかにあり、洪範九疇の第八の「庶徴」、すなわち「次の八に曰わく、念《おも》いて庶徴を用う――さまざまの現象を熟慮して用いる――」に関する文章である。また「極」は洪範九疇の第九、「次の九に曰わく、嚮《すす》むるに五福を用い、畏《おど》すに六極を用う――五つの幸福によって人を奨励し、六つのまがごとによって人を畏怖させる——」に関連する。五福とは、一「寿（長寿）」、二「富（金持ち）」、三「康寧（無病息災）」、四「好む攸《ところ》は徳（生まれついての善行好み）」、五「考終命《こうしゅうめい》（天寿のまっとう）」。六極とは、一「凶短折《きょうたんせつ》（不慮の夭折）」、二「疾（病気）」、三「憂（悩みごと）」、四「貧（貧乏）」、五「悪（邪悪）」、六「弱（弱体）」。これら六極のうちの第五「悪」が貌の伝に配当されたのである。

　また、妖、孽、禍、痾、眚、祥は要するにどれもすべて怪異の現象だが、それらについての細かい説明は「伝」につづく「説」のなかにある。植物その他におこる怪異が「妖」。妖は夭胎《ようたい》（胎児）というほどの意味であって、怪異の程度はまだ微小である。動物におこる怪異が「孽《げつ》」（ただし、例外として華の孽がある）。孽は牙孽《ひこばえ》の意味。鶏、犬、羊、豚、牛、馬の六畜におこる怪異が「禍」。禍は著、すなわちすでに顕著になった段階。人間におこる怪異が「痾《あ》」。痾は病気の意味であって、事態はかなり深刻である。「眚《せい》」と「祥《しょう》」については、「甚だしければ則ち異物生ず、これを眚と謂《い》う。外自《よ》り来たる、これを祥と謂う」と説明されている。たとえば劉向は、『春秋』昭公二十五年、「夏、鸜鵒《くよく》有って来たり巣くう」の記事を解釈しておよそつぎのようにいう。『春秋』隠公元年の「蜚《ひ》有り」、荘公十八年の「蜮《わく》有り」などの記事では「来——どこどこからやって来た——」といわないのは、蜚や蜮の虫は気が生じたものだからであって、いわゆる「眚」である。しかるに、ここの鸜鵒の鳥について「来」といっているのは、気がまねきよせたからであって、いわゆる「祥」である。鸜鵒は夷狄の地の穴ごもりする小動物。それが中国にやって来て、穴ごもりせずに巣を作った、云々（中之下）。

つまり、なにかよくない気からわき出るように生まれる異物が「眚」、よくない気がまねきよせてよそからやって来るのが「祥」なのである。「説」には、「祥は猶《な》お禎のごときなり」と説く。後漢の許慎が著わした字書、『説文解字』にも、「禎は祥なり」といい、つづけて「祥は福なり」と説明しているように、またしばしば「祥瑞」と用いられるように、祥はなにかめでたいことを意味する言葉のように思われがちだが、段玉裁《だんぎょくさい》の『説文解字注』に指摘するごとく、「凡《およ》そ統言すれば（ひっくるめていえば）則ち災《わざわ》いも亦たこれを祥と謂い、析言すれば（分けていえば）則ち善なる者これを祥と謂う」のである。ともかくその「眚」と「祥」が、貌の伝では「青眚」「青祥」とされているのは、貌が五行の「木」に配当され、「木」に配当される色彩は青白赤黒黄の五色のうちの青だからである。そして、貌にかんするさまざまの災害と怪異の現象、すなわち「咎」「罰」「極」「妖」「孽」「禍」「痾」「眚」「祥」のカテゴリーに分けられる現象は、五行の「金」が「木」をそこない、バランスが乱れたためにおこるのだ、というわけである。

　このようにして、「貌」にはじまり、以下「言」「視」「聴」「思」の五事それぞれの損傷にかんする同じ形式の「伝」がおかれる。またさらに「皇の不極」にかんする「伝」がおかれる（下之上）。「皇の不極」とは、洪範九疇第五の皇極、すなわち「次の五に曰わく、建つるに皇極を用う――大いなる中正の道を確立する――」とあるのの反対の場合であって、君主が政治を行なうにあたって中正の道を確立しえない場合におこる災害と怪異が説かれるのである。すなわち、「眊《ぼう》（ぼけ）」の咎、「恒陰（曇りつづき）」の罰、「弱（弱体）」の極、弓射の妖、龍蛇の孽、馬の禍、下のものが上のものを伐つ痾、そしてある時には日月が軌道を乱し、星辰が逆行するという。ところで「伝」は、貌、言、視、聴、思ならびに皇極の六条からなるために、六極や六畜の禍はたやすく対応がもとめられるものの、「咎」や「罰」は『書経』洪範篇の咎徴に対応するものがなくなってしまった。そのため、洪範篇にはない「眊」の咎、「恒陰」の罰があらたにつくられたのである。また五色に配当される「眚」「祥」は、配当させるべきすべがなくなってしまった。

「経」の五事とそれぞれの「伝」にみられる対応については本解説の末尾に付す「五事一覧表」（一〇八〜一一〇頁）を参照されたい。

二

「経」「伝」「説」は五行志のいわば一般命題とよぶべき部分である。それにつづいて、具体的な事実に即しての解釈ないし判断、いわゆる「占」が「経」「伝」「説」をふまえつつさまざまに展開されるのであって、五行志の本領はむしろその部分にこそあるとしなければならない。さきほど示した昌邑王の話はその一例である。

その部分において採用されている解釈は、漢の武帝時代の董仲舒《とうちゅうじょ》（前一七六―前一〇四。生卒年はいましばらく姜亮夫の『歴代人物年里碑伝綜表』に従う。以下同じ）および前漢末の劉向《りゅうきょう》（前七七―前六）、劉歆《りゅうきん》（?―二三）父子のものがもっとも多くをしめる。そして、かれらの解釈の対象としてとりあげられる具体的な事実、いまそれらをひとまず本事とよぶならば、本事は漢代におこった事件にとどまらず、春秋時代の諸国物語りである『国語』、あるいはまた『史記』からとられ、なかんずく五経の一つである『春秋』から実に多くのものがとられている。

『春秋』は魯の国の史官の記録にもとづきつつ、孔子がそこに微言大義をもりこんだといわれる書物だが、その『春秋』から多くの本事がとられるのは何故なのか。われわれは董仲舒のつぎの言葉に耳を傾けなければならない。

> 『春秋』の理念は、過去のことがらをとりあげて未来のことがらを明らかにする。それ故、天下になにか『春秋』にとりあげられているところにてらして同類のことがらがあれば、その微妙な点を明らかにしてそこに『春秋』の意を確認し、類似のことがらすべてにわたって『春秋』の道理を一貫させるならば、天地の異変や国家の大事は粲然としてすべて明らかとなり、一点の疑いもなくなるであろう。（上）

つまり、漢代におこったさまざまの災害や怪異の現象をも『春秋』の理念のもとに一貫して解釈しようというのが董仲舒の立場であった。かくして、漢事は『春秋』の理念のもとに包摂されるであろう。

周知のように、漢の武帝の治世にあたって、儒家以外の諸子を「邪辟の説」としてしりぞけ、儒教を漢王朝の正統教学と定めるうえにすこぶるおおきな役割を果たした董仲舒、かれがもっとも本領としたのは、ほかでもない『春秋』であり、とりわけ『公羊《くよう》伝』であった。『公羊伝』は『穀梁《こくりょう》伝』『左（氏）伝』とあわせて春秋三伝とよばれるところの『春秋』の解釈の一つであるが、ところで『公羊伝』そのものには、本来そもそも天戒としての災異の思想はさほど顕著ではない。故日原利国氏はつぎのように述べている。「春秋―公羊伝には、・・・・災異説は現われない。漢初にあって災異説を創始したのは、ほかならぬ春秋（公羊）学者であった。公羊伝も、宣公十五年「冬、蝝生」の条下で、自然の災害（蝝の発生）を特定の人事（古制の変更）に結びつけて論じないでもない。だが公羊伝では、まだ〈災異応験〉にまで至らず、〈災異自戒〉の域を出ない」（『春秋公羊伝の研究』、創文社、一九七六年刊、二六三頁）。

たとえば『春秋』桓公十四年の経文、「八月壬申、御廩《ぎょりん》に災（火災）あり」という記事について、『公羊伝』は、御廩とは宗廟に供える穀物をたくわえる倉であると説明したうえ、その火災をわざわざ記録したのは何故かと設問し、「災を記すなり」と説くにとどまる。ところが董仲舒は、この災異にはつぎのような天戒が託されているのだと解釈する。すなわち、この火災の前年の桓公十三年、斉、宋、衛、燕の四国が共同して魯を攻撃した。魯は四カ国連合軍を城門において大敗させたが、民衆の負傷者はいまだ恢復せず、怨嗟の声はまだおさまらぬにもかかわらず、君臣ともどもにだらけ、内は政治を怠り、外は四鄰の国々を馬鹿にした。先祖の霊をまつる宗廟をしっかりまもり、天寿をまっとうすることはできぬ。だから天は御廩に火災をおこして戒めとしたのである、と（上）。

董仲舒が災異の思想を展開するにあたって、天人感応の原理、災異発生の原理にすえたものの一つは五行であった。かれの主要著作である『春秋繁露《しゅんじゅうはんろ》』、その五行五事篇には、「王者、臣に与《と》って無礼にして貌は粛敬ならざれば、則ち木は曲直ならずして夏に暴風多し」にはじまり、貌、言、視、聴、思の五事それぞれについて、『洪範五行伝』と類似の文章がみえる。また一つは陰陽であった。『春秋繁露』同類相動篇にいう。「美事は美類を召《まね》き、悪事は悪類を召く。類の相い応じて起るなり。・・・帝王の将《まさ》に興らんとするや、其の美祥も亦た先んじて見《あら》わる。其の将《まさ》に亡びんとするや、妖孽《ようげつ》も亦た先んじて見《あら》わる。・・・陽陰の気は固《もと》より類を以て相い益損す可きなり。天に陰陽有り、人にも亦た陰陽有り。天地の陰気起りて人の陰気は之れに応じて起る。人の陰気起りて天地の陰気も亦た宜しく之れに応じて起るべし。其の道は一なり」。かく董仲舒は五行とならんで陰陽の原理を重要視したために、五行志の序には、「董仲舒は春秋公羊伝を研究し、はじめて陰陽の原理を推究し、学者の第一人者となった」と述べられている。また『漢書』巻五六の董仲舒伝によれば、かれは江都王国の相となったとき、『春秋』に記された「災異の変」にもとづいて陰陽が混乱する原因を究明し、雨を求めるときには諸陽を閉ざして諸陰を放ち、雨を止めるときにはその反対のことをやった。「諸陽を閉ざして諸陰を放つ」とは、南の城門を閉鎖し、かがり火を禁じ、その一方、北の城門を開き、水を人にぶっかけるなどのことだという。

五行の原理と陰陽の原理とは、かならずしもその淵源をおなじくしないであろう。それら淵源をおなじくしない二種の原理にもとづく董仲舒の災異解釈の種々相は訳文についてみられたいが、かれが災異の思想をどのようなものと理解していたのか、そのことは漢の武帝にたいする対策（『漢書』董仲舒伝）のなかに十分にうかがうことができる。

謹んで『春秋』の内容を検討し、前世にすでにおこったことがらを熟視し、それによって天人相関の関係（天人相与之際）を観察してみますならば、まことに畏怖すべきであります。国家になにか道からはずれた失敗がおころうとすると、天はそこでまず災害を出現させて譴告《けんこく》します。それに気づいて反省しないならば、さらに怪異を出現させて警懼させます。それでもまだ異変に気づかなければ、破滅がやがておとずれます。かく、天の御心は人君に仁愛を垂れて惑乱をくいとどめてやろうとされていることがわかるのです。

また、

後世、淫佚にふけり（王者の）徳が衰微するに及んで、生きとし生けるものすべてを一つに治めることができなくなり、諸侯は離反し、善良な民をいためつけて土地を争奪し、徳による教化を放棄して刑罰にたよることとなりました。刑罰が適正をかくと、邪気が生じます。邪気が下に積もると、怨恨憎悪の念が上に集まります。上下が不和になると、陰陽にひずみくるいが生じて妖や孽《げつ》がおこります。これこそ災異がそれがもとでおこる理由なのであります。

また、

『春秋』が譏っているのは災害が加えられたところ、『春秋』が悪《にく》んでいるのは怪異が施されたところがそうなのであります。

『春秋』の理念を漢代におこった災異にも一貫させて解釈しようとする董仲舒の立場は、劉向、劉歆父子にもうけつがれた。董仲舒が『公羊伝』を依拠としたのにたいして、劉向が依拠としたのは『穀梁伝』であり、劉歆が依拠としたのは『左伝』であったけれども、董仲舒の立場はかれらにも基本的にうけつがれた。漢の宗室につながる劉向と劉歆の二人の伝記は、『漢書』巻三六の楚元王伝にある。

劉向は董仲舒をはなはだ尊敬した。「董仲舒は王佐の材有り。伊呂と雖も以て加うる亡《な》し。管晏の属《たぐい》は伯者（覇者）の佐にして、殆んど及ばざるなり」とまでたたえたという（『漢書』董仲舒伝賛）。伊呂とは殷の湯王を輔佐した伊尹と周の文王・武王を輔佐した太公望呂尚。管晏とは斉の桓公を輔佐した管仲と斉の霊公・荘公・景公を輔佐した晏嬰。「宣帝、元帝以後の時代になって、劉向は春秋穀梁伝を研究し、『春秋』にあらわれている禍福をかぞえあげ、これを洪範をもとに解釈し、董仲舒の説と合わなくなった」。五行志の序にはこのように述べられているにもかかわらず、災異の解釈において、劉向がしばしば董仲舒とおなじ立場に立つことは、五行志に「董仲舒と劉向は以為《おも》えらく・・・・」という表現が頻繁にみられることによっても首肯されるであろう。劉向が『穀梁伝』を依拠としたのは、宣帝の時代に、『公羊伝』に加えて『穀梁伝』が学官に立てられたという事情による。すなわち、『穀梁伝』が太学におけるテキストとしてあらたに採用され、天子の命令をうけた劉向が、太学の博士官に就いてそれを伝授されたからである。

ところで劉向は、元帝時代に天子にたてまつった「封事」のなかで、『春秋』二百四十二年間にあらわれる災異の記録を、「日食は三十六、地震は五、山陵の崩阤《ほうち》（山や丘陵の崩壊）は二、彗星は三見、夜に常星（恒星）見えず、夜中に星隕《お》ちて雨の如きこと一、火災は十四・・・・」と丹念にかぞえあげている。そしてそのあとに、「陛下御即位の初元（前四八）以来、六年になりますが、『春秋』を調べてみましたところ、六年の間に今日ほど頻繁に災異のおこったためしはございません」、「これは天地があらかじめ戒めをあたえているのであり、災異が重なっておとずれる所以でございます」と述べ、「ひそかに『春秋』にみられる災異を推しきわめて今事のたすけとしたく思う次第でございます」と結んでいる。ここに明らかなように、劉向にあっても、『春秋』によって今事、すなわち漢代のできごとを解釈しようとする立場は顕著であるとしなければならない。

かくして成帝の時代に、『書経』洪範篇の休徴と咎徴の「応」を読んだ劉向は、「上古以来、春秋、六国（戦国）を歴て秦漢に至るまでの符瑞災異の記を集合し、行事（過去の具体的事実）を推し跡づけ、禍福を連ね伝（解釈）し、其の占験を著わし、比類もて相い従え、各々条目有る」ところの『洪範五行伝論』十一篇を奏上したのであった。劉向のこの『洪範五行伝論』こそ、『漢書』五行志のもっとも重要な材料となったものであろうと私は推察する。唐の劉知幾の『史通』書志篇が、『漢書』芸文志が劉歆の『七略』に取材するというのにならべて、「五行は劉向の洪範に出づ」、五行志は劉向の『洪範五行伝論』にもとづくというのは、おそらくただしいであろう。そこには、先人董仲舒の解釈もすでに引かれていたのではなかったか。

さてまた劉向は成帝の元延中（前一二―前九）の上奏につぎのように述べる。

謹んで『春秋』の二百四十二年について調べてみますと、日食は三十六回、襄公の時代がもっとも頻繁でありまして、三年五カ月余りに一度の割合で日食がおこりました。漢王朝の興起から（元帝の）竟寧年間にいたるまで、孝景帝の時代がもっともしばしばでありまして、三年一カ月に一度の割合で日食がおこりました。臣向は先般来、日食のおこるべきことをしばしば申し上げてまいりましたが、この三年、連続して日食がおこりました。（陛下御即位の）建始年間以来、二十年間に八回の日食、二年六カ月に一度の割合でおこったわけでありまして、古今に稀有のことであります。

日食をはじめとする天文の異変は五行志の下之下にまとめられており、それらについて劉向の解釈をたしかめることができるが、ところでまことに興味深く思うのは、劉向が「昼は書伝を誦し、夜は星宿を観《うかが》い、或いは寐《い》ねずして旦《よあけ》に達《およ》ぶ」と伝えられる事実である。かれは記録のなかからデータを拾うだけではなく、みずから天文観測を行なうことによってデータの収集につとめたのだ。しかしながら、かれの手もとに集められたデータは、もとより自然現象の予知材料となったのではなく、あくまで人事の占験のための材料として用いられたことに注意しなければならない。

ところで、劉向の子の劉歆は『春秋』三伝のなかの『左伝』をあらたに依拠とすることとなった。董仲舒が依拠とした『公羊伝』、劉向が依拠とした『穀梁伝』がともに今文テキストとよばれるのにたいし、『左伝』は古文テキストとよばれる。今文テキストとは漢代通行の隷書体の文字で書かれたテキスト、古文テキストはより古い書体の文字で書かれたテキスト。漢の武帝の時、魯の恭王が宮殿を拡張すべく孔子の旧宅をとりこわしたところ、その壁のなかにかくされていた数種の古文テキストが発見されたのだと言い伝えられ、その一つが『左伝』なのである。太学の博士官が講じ伝授したのはすべて今文テキストに依拠するところの今文学にかぎられたのだが、その今文学と古文テキストにもとづくところの古文学とは、ただたんにもとづくテキストのちがいたるにとどまらず、やがて学問そのものの対立にまで発展する。そして、ほかならぬ劉歆こそ、新しい学問である古文学の創始者であり、鼓吹者なのであった。

　劉歆は漢王朝の宗室につらなる劉氏の出身でありながら、漢王朝から政権を奪取することとなる王莽のために、古文学の立場からその国制づくりに協力するのだが、いまそのことはしばらくおき、『漢書』劉歆伝は劉歆と父劉向の学問上の対立をつぎのように伝える。「劉歆の考えるところでは、左丘明の好悪は聖人孔子とひとしく、孔子に親見している。ところが、公羊子と穀梁子は孔子七十人の弟子の後輩である。伝聞にもとづく公羊と穀梁、それらと親見にもとづく左丘明では、詳略が同じであるはずがない。劉歆はしばしばそのことをもって劉向を批判した。劉向はやりこめることはできなかったが、それでもやはり自分は穀梁の立場を守った」。劉歆がもちだすところの左丘明は、『論語』公冶長篇に登場する人物である。「子曰わく、巧言、令色、足恭《すうきょう》（馬鹿丁寧）をば左丘明は之れを恥ず。丘《われ》も亦た之れを恥ず。怨みを匿《かく》して其の人を友とするをば左丘明は之れを恥ず。丘も亦た之れを恥ず」。このように、左丘明は孔子と好悪をともにし、孔子に親見したとされる人物なのであり、劉歆はこの左丘明こそが『左伝』の著者にほかならぬと考えたのである。それにたいして、『公羊伝』の著者の公羊子、『穀梁伝』の著者の穀梁子は孔子の直弟子ではなく、したがって伝聞にもとづくところのかれらの解釈は、『左伝』にくらべて、孔子の真意をより稀薄に伝えるものでしかないと考えたのである。

かくして劉歆は、『春秋』の理念を漢事にも一貫させんとする立場は父の劉向を、さらにさかのぼっては董仲舒を継承しながらも、災異解釈の立場と方法においておおきくいちがうこととなった。「劉向の子の劉歆になって春秋左氏伝を研究し、その『春秋』の解釈もいっそうくいちがってきた。洪範五行伝の解釈は、またいささか同じではない」（五行志序）。その具体的なありさまは「五事一覧表」について、そしてなによりも本文について見られたい。また、鎌田正『左伝の成立と其の展開』（大修館書店、一九六三年刊）第二編第一章三節「劉歆の春秋災異説」、参照。

以上に述べたように、『漢書』五行志は董仲舒、劉向、劉歆三人の災異解釈を中心とする。だがそれだけではない。その序に、「かかる次第で、董仲舒の説を引用し、劉向と劉歆の説を区別し」と述べるのにつづけて、「眭孟《すいもう》、夏《か》侯勝《こうしょう》、京房《けいぼう》、谷永《こくえい》、李尋《りじん》たちが述べていることがらをも付載する」とあるように、眭孟たちの災異解釈もとられている。眭孟、夏侯勝、京房、李尋の四人の伝記はともに『漢書』巻七五に、谷永の伝記は巻八五にあり、五行志とあい補うべき記事をすくなからず含む。いずれも西暦前一世紀の人たちである。

いまそれらの伝記によってごく簡単に記すならば、眭孟は董仲舒の弟子の嬴《えい》公から『春秋』を授かった。従って董仲舒の孫弟子であって、眭孟が董仲舒を「先師」とよんでいるのはそのためである。夏侯勝は族父の夏侯始昌から『書経』と『洪範五行伝』を授かった。京房は『易経』にもとづく占験に長じ、易学の一派を開いた。五行志には『京房易伝』がしばしば引用されている。また元帝にたいして、「『春秋』は二百四十二年間の災異を記録して万世の君主に示しております」とかたっていることにも注意しておこう。谷永は天官すなわち天文と京氏易すなわち京房易にすぐれ、「故に善く災異を言い、前後上《たてま》つる所は四十余事」にのぼった。成帝の永始元年（前一六）と二年（前一五）の日食にあたっては『京房易占』をもって天子の下問にこたえ（下之下）、また元延元年（前一二）、災異があいついだときの上奏には『京房易伝』の文句が引用されている（中之上、本伝）。李尋は「洪範の災異を好んだ」。

『漢書』五行志は以上のようにして成った。『漢書』叙伝において、班固は五行志述作の意図をあらためてつぎのごとくかたっている。

河図は庖（伏羲）に命じ、洛書は禹に賜う。八卦は列を成し、九疇の叙する逌《ところ》。世代は寔《まこと》に宝とし、光《おお》いに文武を演《の》ぶ。春秋の占、咎徴《きゅうちょう》は是《ここ》に挙ぐ。往を告げ来を知る、王事の表《しるし》。五行志第七を述ぶ。

三

眭孟たちの伝記を集める『漢書』巻七五、眭両夏侯京翼李（眭孟・夏侯始昌・夏侯勝・京房・翼奉・李尋）伝の賛には、董仲舒にはじまる前漢代の災異思想家たちを列挙したうえ、つぎのようにいう。

此れ其の説を時の君に納《い》れて著明なる者なり。其の言う所を察するに、一端を仿仏《ほうふつ》せしむ。経に仮りて誼（義）を設け、象類に依託し、或いは億《おもんぱか》れば則ち屢《しばし》ば中《あた》るを免れず。

「億れば則ち屢ば中る（億則屢中）」とは『論語』先進篇の言葉。すなわち、臆測にもとづいてしばしば適中するというほどの意味である。班固がその言葉に「或不免乎」の四字をかぶせ、「或不免乎億則屢中（或いは億《おもんぱか》れば則ち屢《しばし》ば中《あた》るを免れず）」と表現したのは、まぐれあたり、ないしは「下手な鉄砲も数打ちゃ当たる」という俚辞に示される気持ちをこめたいからであり、かならずしも褒め言葉ではない。かれらの災異解釈は、それこそ放恣としか形容しようのない臆測と観念連合のうえに成りたっている。また災異の思想は、董仲舒が「夫《か》の災異の象を前に推し、然る後に安危禍乱を後に図《はか》る者を悪《にく》む。春秋の甚だ貴ぶ所には非ざるなり」（『春秋繁露』二端篇）と警告を発しているにもかかわらず、かれが警告を発した方向に、すなわち未来の予言の方向に歩を進めたといわざるを得ない。とはいえ、班固が五行志の一章をわざわざ『漢書』に設けたのは、災異の思想が漢代の思想として重要な意味をもつという認識にもとづいてのことにちがいない。前漢代だけにとどまらず、王莽の時代を間にはさんで、班固が生きた後漢代においても、災異の思想はたしかに重要な意味をもちつづけた。

後漢章帝の建初四年（七九）、時代を代表する学者たちを宮中の白虎観に集めて学術討論会が催された。その記録は、ほかならぬ『漢書』の撰者班固によってまとめられ、『白虎通』と名づけられて今日にまで伝わるが、その災変篇の冒頭にはつぎのように記されている。「天の災変有る所以は何ぞや。人君を譴告《けんこく》する所以なり。其の行ないを覚悟せしめ、過《あやま》ちを悔い徳を修め、思慮を深くせしめんと欲するなり」。これが王朝によって採用されたところの災異についての正統的な解釈なのであった。

もっとも、後漢時代の懐疑論者、合理主義者としてきこえる王充（二七－九六？）は、自然主義の立場から災異の思想に反対した。王充の『論衡』の譴告篇につぎのような一段がある。「災異論者たちはつぎのように主張する。古の人君が政治を行なうにあたって失敗があると、天は災異をつかって譴告をあたえた。災異は一にとどまらず、さらに寒暑をその効とする。人君が刑罰を行使するにあたって時節にはずれると寒くなり、恩賞を施すにあたって時節にたがうと暑くなる。天神が人君に譴告をあたえるのは、あたかも人君が臣下を責めてしかりつけるのと同様である。だから楚の荘王はいったものだ。天が災異を下さないのは、天がわれを見棄てたもうたのかと。災異は譴告であるからこそ、荘王は懼れてこのように思ったのだ」。王充は災異論者の主張をこのように紹介したうえ、「これは疑わしい」と述べ、それにたいする批判を展開している。あるいはまたその自然篇において、つぎのようにも述べている。「太古の三皇の時代、・・・・その当時には災異はなかったし、たとい災異がおこったとしても、譴告とはよばなかった。それというのも、当時の人間は悪ずれしておらず、たがいにとがめだてすることを知らなかったからである。末世になって世は衰微し、上のものと下のものとはたがいに非難しあうようになった。災異が時たまおとずれると、譴告などという説がでっちあげられた。そもそも、今日の天は古の天とおなじである。古の天はおだやかであり、今日の天は薄情なのだ、なんてはずがない。譴告の説が今日において生まれたのは、人間が心のなかででっちあげたのだ。・・・・このことから言えば、譴告の説は衰乱の時代の主張であるにもかかわらず、それを上天の行為だという。これが疑いをいだく所以である」。

災異譴告の説がたとい衰乱の時代の主張であるとしても、それは後漢代においてひろく定着した。だからこそ、自然主義者の王充はそれにたいして疑いをいだき、はげしい批判を加えなければならなかったのである。王充におくれることおよそ一世紀、おなじく後漢の何休（一二九—一八二）の『公羊伝』の注釈、『春秋公羊伝解詁』は董仲舒以来の先人の説をふまえた公羊学の集大成とすべき著作であるが、そこには『春秋』の災異についての解釈がくどいばかりに記されている。何休の解釈を、われわれは訳注のなかでできるかぎり示すようにつとめた。

しからば、災異の思想がになった意味とはいったいいかなるものであったのか。そのことは、先に引いた董仲舒の言葉がおしえてくれるであろう。「国家になにか道からはずれた失敗がおころうとすると、天はそこでまず災害を出現させて譴告《けんこく》する。それに気づいて反省しないならば、さらに怪異を出現させて警懼させる。それでもまだ異変に気づかなければ、破滅がやがておとずれる。かく、天の御心は人君に仁愛を垂れて惑乱をくいとどめてやろうとしていることがわかるのである」。災害や怪異の現象は人君を破滅から救うための警告であり、天の仁愛の発露にほかならぬ。とするならば、災異の思想は際限なく肥大化し恣意化するおそれのある君主権をなにがしかチェックする役割を果たしたであろう。重沢俊郎「董仲舒研究」（『周漢思想研究』、弘文堂、一九四三年刊）、参照。このような災異の思想がひろく行なわれるとき、たしかに天子も災異にたいして敏感とならざるを得なかった。たとえば宣帝の詔にいう。「思うに災異は天地の戒めである。朕は大業を継承し、士と民の上に立つ地位を託されながら、群生を調和させることがかなわぬ。先日、北海と琅邪《ろうや》に地震がおこり、祖宗の廟を破壊した。朕ははなはだ恐懼している。列侯、中二千石の高官とともに術士たちの意見を博く徴し、この異変に対処し、朕の足らざるところを補う方法があれば、忌憚なく申し述べよ」（『漢書』巻七五・夏侯勝伝)。

災害や怪異の現象は人君にたいする天の警告であるとするかかる災異の思想においては、天にたいして責任をもたねばならぬのは人君一人のみということになるであろう。もはや十分に説く余裕をもたないけれども、かくして漢代では国家祭祀こそが重要な意味をもつ。人間の一人一人に罪性の自覚をもとめるそのような個人宗教の時代、仏教や道教の時代は、古代漢帝国の崩壊にともなってはじめて幕をあける。かく考えるならば、『漢書』五行志にくりひろげられている災異の思想は、まさしく漢代の思想であった、としなければならない。『漢書』が創始した五行志のジャンルは、『晋書』『宋書』『南斉書』『隋書』等々、後世の正史にもうけつがれてゆく。南宋の鄭樵《ていしょう》はそのことをとりあげて、「洪範五行なる者は一家の書なるに、而るに世世、五行伝を序《の》ぶ。此《か》の如《く》きの類、豈《あ》に繁文に勝《た》えんや」(『通志』総序)と述べているのだが、かく後世の正史が『漢書』にならって五行志を設けたことは、惰性としてのその「繁文」を責められるべきだけではなく、災異の思想がすぐれて漢代の思想であり、漢代の精神を伝えるものであったことを思うとき、その有効性にたいしても疑問を呈さざるを得ないであろう。

『漢書』五行志の会読と訳注は、そもそも京都大学人文科学研究所の共同研究、「漢書の研究」班の仕事として、一九七五年にはじめられた。しかし一九七八年、研究班の改組にともない、中之下の途中まで、およそ全体のなかばまで読みすすんだところでうちきられた。研究所内外からの研究班参加者の氏名はつぎのとおりである。

秋山元秀、池田秀三、梅原郁、江村治樹、愛宕元、王霜媚、狩野直禎、川原秀城、川勝義雄、木田知生、氣賀澤保規、坂出祥伸、冨谷至、永田英正、西脇常記、夫馬進、吉川忠夫

今回、東洋文庫に本訳注を収めるにあたって、研究班における原稿がのこされている部分については、それらを参考にしつつあらたに原稿を作成した。読みのこされた部分については、あらかじめ冨谷が作成した原稿を、その都度、吉川と二人で検討を加えた。さらにすべての原稿がそろった段階で、全体にわたる点検を行なった。テキストには王先謙の『漢書補注』本を用い、中華書局版標点本を参考にした。全体にわたる責任は、もとより冨谷と吉川の二人にある。

一九八六年二月

吉川忠夫

五事一覧表

言（言葉）	貌（容貌）	五事／応現の種類
僭（ちぐはぐ）	狂（もの狂い）	咎　徴
恒陽（日でりつづき）	恒雨（雨つづき）	罰
憂（悩みごと）	悪（邪悪）	極
康寧（無病息災）	攸好徳（うまれついての善行好み）	福
詩	服	妖
介蟲（からをつけた動物）	亀	孽
犬	鶏	禍
兌　☱	震　☳	易との対応
口舌	下体生上（下半身の器官が上半身に生ずる）	痾
白	青	眚・祥
「木」が「金」を沴う	「金」が「木」を沴（そこな）う	沴
毛蟲（毛のある動物）	鱗蟲（うろこのある動物）	劉歆の孽に関する異説
金	木	五　行
秋	春	四　時
六月・七月	二月・三月	十二月

思（思慮）	聡（耳）	視（目）
霿（暗愚）	急（せっかち）	舒（だらけ）
恒風（風つづき）	恒寒（寒さつづき）	恒奥（暑さつづき）
凶短折（不慮の夭折）	貧（貧乏）	疾（病い）
考終命（天寿のまっとう）	富（金持ち）	寿（長寿）
脂夜	鼓	草
華	魚	蠃蟲（甲羅や羽毛のない動物）
牛	豕（豚）	羊
坤 ☷	坎 ☵	離 ☲
心腹	耳	目
黄	黒	赤
「金」「木」「水」「火」が「土」を沴う	「火」が「水」を沴う	「水」が「火」を沴う
蠃蟲（甲羅や羽毛のない動物）	介蟲（からをつけた動物）	羽蟲（羽のある動物）
土 王四時 十月・十一月	水 冬 八月・九月	火 夏 四月・五月

皇極（君主の中正）
眊（ぼけ）
恒陰（曇りつづき）
弱（弱体）
射
龍蛇
馬
乾　☰
下人伐上（下のものが上のものを伐つ）
日月乱行 星辰逆行
下体生上（下半身の器官が上半身に生ずる）
十二月・正月

井波律子『読切り三国志』解説（ちくま文庫）

激動の乱世の幕開けとなった三国時代。しかしそれは、けっして不毛の時代であったのではない。疾風怒濤の乱世を生きぬいた人びとの行動は、まこと本書の著者がいうように、「胸のすく爽快感」にあふれている。人びとの行動がそうであるだけではない。人びとの精神も、三国時代に先だつ漢代の人びとをおおっていたいささか重くるしい倫理観から解放されて、自由に飛翔した。そのような自由な精神の飛翔の典型を、われわれは「竹林の七賢」に見いだすであろう。こと文学に関しても、曹操が「最初の詩人」とされるように、一つの時代が画された。「文章は経国の大業にして不朽の盛事なり」、このように述べたのは、曹操を継いで魏王朝を創業した文帝曹丕であり、文章すなわち文学が経国の大事業に等置されるまでに至ったのである。

たしかに、「乱世はおもしろい」。本書には、そのような乱世の三国時代が、西晋の陳寿の正史『三国志』と明の羅貫中の小説『三国演義』にもとづいて語られる。題して『読切り三国志』。察するに、「読切り」は、『三国演義』もその名でよばれるところの中国の小説の形式「章回」にならうのであろう。一回一回ごとの読切りで、しかも連続していくのだ。日本人にとっても、また中国人にとっても、なじみが深く、人気がたかいのは、まちがいなく正史『三国志』よりも小説『三国演義』の方であろう。だが、正史『三国志』の日本語訳（筑摩書房、世界古典文学全集全三巻）、その訳者の一人でもある著者は、むしろ正史『三国志』を主としながら、おりおりに小説『三国演義』を織りまぜて話を進める手法を採用する。そして小説『三国演義』を織りまぜるにあたって、フィクションなるがゆえの迫真性や正史がフィクションにふくらむべき必然性が指摘される。

そもそも正史『三国志』は、贅肉をそぎ落したと表現してもよいほどにその文章はひきしまり、内容は簡潔を旨とする。そのような『三国志』に肉付けすべく、陳寿の材料となったであろうもの、またあまたの異聞を熱心に集めたのが劉宋の裴松之《はいしょうし》の注であり、裴松之によって集められた異聞のなかには、すでにして小説に発展すべきものも少なくない。かつて私は、この裴松之の注が実はその多くを東晋の孫盛《そんせい》の仕事に負っているであろうと述べたことがあるけれども（世界古典文学全集『三国志』Ⅱ・月報「裴松之のこと（二）」。後に『読書雑志――中国の史書と宗教をめぐる十二章』、岩波書店、二〇一〇年刊、に収録）、孫盛の同時代人の袁宏《えんこう》（三二八―三七六）にも「三国名臣序賛」（『文選』巻四七）の作品がある。『三国志』に伝を立てられた名臣たちの事蹟を四字一句の韻文でたたえるのが賛、賛にかぶせて執筆のいわれを散文でつづるのが序。「余は暇なおりに三国志を読み、その君臣のありかたについて考え、その行為を比較してみた」。袁宏はその序にこのように述べている。とりあげられた名臣は、魏志から九人、蜀志から四人、呉志から七人のあわせて二十人（次頁「表」参照）。かれらは「赫々《かくかく》たる三雄」である曹操、劉備、孫権との「千載一遇」のチャンスにめぐまれた人物たちなのであった。序の末に列挙された順序では、「表」の①荀彧《じゅんいく》に始まって⑳陳泰《ちんたい》に至るのであり、魏、蜀、呉のサイクルで列挙されていることが判明する。縦にならんだ各グループごとの人物は、恐らく同格ないしは同類の名臣として比擬されているのであろう。ただし賛は、①に始まって⑳に至る順序にはよらず、魏の九人、蜀の四人、呉の七人の順序で、つまり「表」の横の順序で賦されている。ちなみに、袁宏には「竹林の七賢」をあつかった『竹林名士伝』の作品もあったと伝えられ、東晋人にとって、『三国志』の世界も、また「竹林の七賢」も、すでに一つの典型となっていたのである。

袁宏の「三国名臣序賛」に三国時代の名臣としてとりあげられた二十人が、魏九人、蜀四人、呉七人と、呉人の占める比率が比較的たかいのは、本書の「あとがき」に、「従来、魏や蜀にくらべてなおざりにされがちな呉についての叙述にも力を注いだ」とあるのと奇しくも歩調をあわせるようで面白い。とはいえ、「三国名臣序賛」にとりあげられたすべての人物が本書に登場するわけではない。「三国名臣序賛」二十人中の袁煥《えんかん》、崔《さい》琰《えん》、徐邈《じょばく》、顧雍《こよう》、虞翻《ぐほん》、陳泰の六人は登場しないのである。というのも、当然のこと

魏	蜀	呉
①荀　彧	②諸葛亮	③周　瑜
④荀　攸	⑤龐　統	⑥張　昭
⑦袁　煥	⑧蔣　琬	⑨魯　粛
⑩崔　琰	⑪黄　権	⑫諸葛瑾
⑬徐　邈		⑭陸　遜
⑮陳　群		⑯顧　雍
⑰夏侯玄		⑱虞　翻
⑲王　経		
⑳陳　泰		

ながら、袁宏と著者の視点が異なるからだ。袁宏の視点は、もっぱら君臣間の名分に固定されている。袁宏が東晋朝の人物であるにもかかわらず、晋王朝の創業者司馬氏にたてついた陳泰、また司馬氏によって葬り去られた夏侯玄《かこうげん》や王経《おうけい》を名臣のなかに加えているのは、一見すると袁宏の見識を示すもののようではあるけれども、実はこれらの人物が魏の第四代皇帝斉王芳と第五代皇帝高貴郷公に対して節義をつらぬいた点を評価してのことなのである。

本書の著者も、関羽と張飛の劉備に対する信義に、あるいはまた典韋の曹操に対する献身に多くの筆を費やしている。しかしそれは、君臣間の名分というような堅くるしい視点にもとづいてのことではない。人間と人間との「全人格的な結合」のありかたに感動してのことなのだ。それだけではない。著者の筆は、乱世につきものの狡智、詐術、裏切りなど、悪徳とよばれもしようものにしばしば及び、そこに乱世のタクティクスや非情の論理を見いだしている。乱世を生きた人びとの縦横な生きかたを縦横なままに描出し、乱世のダイナミズムを活写すること、それこそが著者の立場なのである。

『世説新語』雑記

王仲宣好驢鳴、既葬、文帝臨其喪、顧語同遊曰、王好驢鳴、可各作一声而送之、赴客皆一作驢鳴。

王仲宣《おうちゅうせん》(王粲《おうさん》)は驢馬のなき声が好きだった。埋葬がおわり、文帝(曹丕《そうひ》)はその葬儀にのぞむと、友人たちをかえりみていった。「王くんは驢馬のなき声が好きだった。めいめい一声ずつやって送ろうではないか」。弔問客はみんな驢馬のなき声を一声ずつやった。

『世説新語』傷逝篇の一条である。『世説』のなかでもとりわけ私の好きな一条だ。ともすればしめっぽくなるか、あるいは世間的な儀礼にしばられがちな死者追悼の席におけるこの屈託のなさはどうだろう。そこはかとないユーモア、しかもそれでいてこれこそ死者の霊をなぐさめるにもっともふさわしい儀礼ではないだろうか。

『世説』には、このように、世間的な儀礼にもまして人間の情の自然にねざした行為にたいする共感の言葉がかずかぎりなく発見されるのだが、それらは今日の読者にもさわやかな感動を喚起してくれる。旧中国の自由人の典型である「竹林の七賢」は、まさしく『世説』にいきいきとした活躍の場をえた人間群像であったが、たとえば任誕篇では、七賢中のリーダー格であった阮籍《げんせき》が、里帰りする兄嫁に別れの言葉をつげたのを、あるおとこが非難したとき、阮籍をして、「礼は豈《あ》に我が輩の為に設けんや」、といわしめている。阮籍の行為が、「嫂《あによめ》と叔《おとうと》とは通問せざる」礼法、それにたがっていたからである。また徳行篇では、時をおなじくして親を失った和嶠《わきょう》と王戎《おうじゅう》について、礼法そのままに一点の非のうちどころもなく哭泣の儀をおこなった和嶠と、礼法にはかならずしもかなってはいなかったが、悲しみのあまり鶏骨のように痩せほそったからだをベッドにもたれかからせてやっと立つことをえた王戎を、生孝と死孝とよびわけ、王戎の死孝のほうに文句なく軍配をあげている。

『世説新語』は、五世紀、六朝宋の臨川王劉義慶《りゅうぎけい》の撰である。ただ魯迅が『中国小説史略』において想像しているとおり、実際は、劉義慶をパトロンとしてかれの王府につどった人たちの手になったものであろう。あわせて一一四〇条。そのうちのごく少数が前漢代にかかわるのをのぞくと、圧倒的部分は後漢および魏晋の名士たちの逸事逸聞を内容とする。一一四〇条といっても、一条が百字をこえることはまれであり、ときにはたとえば、

劉尹云、清風朗月、輒思玄度。（言語篇）

劉尹《りゅういん》（劉惔《りゅうたん》）はいった。「清風朗月のたびに、玄度《げんど》（許詢《きょじゅん》）のことがしのばれる」。

とか、

謝公称藍田、掇皮皆真。（賞誉篇）

謝公《しゃこう》（謝安《しゃあん》）は藍田《らんでん》（王述《おうじゅつ》）を、一皮むけばすべて真だ、とたたえた。

とかのように、わずか十字前後で一条をなすこともめずらしくはない。かく、『世説』は逸聞瑣語の集積である。逸聞瑣語の集積ではあるが、しかし右の例にみられるとおり、わずか十字前後のうちに、許詢なり王述なりの人柄をさながらに髣髴させている劉惔や謝安の言葉は美しく、また警抜である。何人の言語であるにせよ、あるいは何人の行為であるにせよ、片々たる瑣事であるにもかかわらず、いな瑣事であるがゆえにかえっていっそう珠玉のごとくきらきらひかるものを、『世説』は丹念に採集した。人間の真実にせまるなにものかがそこに表現されていると考えたためであろう。そしてそのさい、人間の多様に分岐する言語や行為が、まこと多様なるがままにとりあげられたのであった。

　そのことは、あわせて三六にのぼる篇名についてもうかがうことができるように思う。さいしょにおかれるのは、『論語』先進篇に「徳行は顔淵《がんえん》・閔子騫《びんしけん》・冉伯牛《ぜんはくぎゅう》・仲弓《ちゅうきゅう》、言語は宰我《さいが》・子貢《しこう》、政事は冉有《ぜんゆう》・季路《きろ》、文学は子游《しゆう》・子夏《しか》」とあるのにもとづく徳行、言語、政事、文学の四篇であり、それ以下、方正、雅量、識鑑云々といささかかたくるしい篇名がつづくけれども、しかしそのおわりにいたっては、仮譎、黜免、倹嗇、汰侈、忿狷、尤悔、紕漏、惑溺、仇隙などと、一見なかなかにすさまじく、あるいは反道徳的でさえある。たとえば倹嗇篇の一条はつぎのようだ。

　王戎有好李、常売之、恐人得其種、恒鑽其核。

　王戎《おうじゅう》のところではみごとな李《すもも》がとれた。いつも売りに出したが、種子を手に入れられては大変だと、しじゅう鑽《きり》で核《さね》をほじっていた。

けちんぼもここまで徹底すればむしろほほえましい。しかも王戎は「竹林の七賢」の一人なのであり、また「死孝」をたたえられたその本人なのであって、かく王戎についてみてみるだけでも、『世説』が一面的な人間観察をいかに峻拒しているか、その一端をうかがいうるであろう。それはまた、『世説』が生産された六朝時代の精神そのものでもあるのだった。

周知のごとく、漢の武帝が六経を表章して以後、儒教は漢帝国に政治理論を提供したのみならず、いわゆる名教として人々の日常生活にいたるまでことこまかに規制したが、二世紀後半に帝国の支配力が弛緩し、ひいては三世紀のはじめ、帝国が崩壊してあらたな六朝時代をむかえると、人々の心はしだいに儒教からはなれていった。人々は漢代的名教にたいしてはげしい批判の太刀をあびせた。とりわけ阮籍は、その戦列の先頭にたってたたかった「名教の罪人」であった。中国の歴史はここに一大転換期をむかえ、六朝時代においては、儒教の地位が低落した反面、仏教と道教が儒教とあい拮抗するほどの勢いを得た。また玄学――老荘と易に根拠をおく形而上学――が流行し、漢代では儒学のもとに統括されていた文学や史学がおのおの独自の領域を獲得して、玄儒文史四学の兼習が人間の理想となった。『世説』では、とりわけ文学篇がそのことにかかわる。あるいはまた巧芸篇にうかがわれるように、書画をはじめとする諸芸術が、名教的鑑戒主義の呪縛から解きはなたれたのも、やはりこの時代のことであった。すなわち六朝時代は、そもそも人間の多様なありかたに興味をもち、価値を発見した時代なのであった。かくして『世説』は、すでにその叙述のスタイルにおいて、時代の精神をつたえるのにきわめて有効な手法を採用したというべきであろう。

六朝時代の社会のありかたも、またかなりに特殊であった。社会のにない手は、後漢末からしだいに形成され、やがて六朝時代において確固たる地位をきずいたところの貴族であった。『世説』に登場するおよそ六五〇人の人物も、おおむねがそれらの人たちである。貴族は生まれながらにして生涯にわたる地位を約束されており、それゆえにかれらの関心は塵俗の雑事に向かうよりも、挙措や言語にはじまって心ばせにいたるまで、およそ人間のありかたにかかわるすべてのことがらをいかにして美しく鮮やかなものにしたてあげるか、そのことにもっぱら向けられたのであった。『世説』が人間の多様なありかたへの無限の興味につらぬかれているとはいえ、野暮はあくまできりすてられるべき悪徳であった。

郗太尉晩節好談、既雅非所経、而甚矜之、後朝覲、以王丞相末年多可恨、毎見必欲苦相規誡、王公知其意、毎引作它言、臨還鎮、故命駕詣丞相、丞相翹須厲色、上坐便言、方当乖別、必欲言其所見、意満口重、辞殊不流、王公摂其次曰、後面未期、亦欲尽所懐、願公勿復談、郗遂大瞋、冰衿而出、不得一言。（規箴篇）

郗《ち》太尉《たいい》（郗鑒《ちかん》）は晩年になって談論をこのみ、もともと年期をいれたわけでもないのにたいそう鼻にかけていた。そのご参内したおり、王丞相《おうじょうしょう》（王導《おうどう》）の晩年には遺憾な点が多かったので、会うたびにぜひともねんごろに意見してやろうと思った。だが王公は、かれの考えに気づいて、いつも話をほかにそらすのだった。いよいよ駐屯地にひきあげることとなり、わざわざ駕を命じて丞相を訪ねた。丞相はあごひげをぴんとたて、きっとした表情をしている。座について、「いまやお別れしなければならぬときがやってきましたが・・・」といい、ぜひとも意見を述べようと思うものの、考えはいっぱいなのに口は滑らず、言葉がちっともすらすらとでてこない。王公はかれの言葉をひきついでいった。「つぎにお目にかかれるのはいつのことかわからぬが、そのときにでも存分に考えを話しあいたい。貴公はもうなにもいわないでほしい」。郗太尉は憤懣やるかたなく、胸に氷をいだく思いでひきさがり、一言も口にすることができなかった。

あるいはまた、

桓南郡毎見人不快、輒嗔云、君獲哀家梨、当復不蒸食不。（軽詆篇）

桓南郡《かんなんぐん》（桓玄《かんげん》）は気のきかぬおとこに出会うたびに、いつもむかっ腹をたてていったものだ。「きみは哀《あい》さんところの梨を手にいれると煮て食うてあいじゃなかろうか」。

「哀家梨」とは、口に入れるととろりととろける美味な梨だという。野暮がきりすてられる反面、たっとばれるのは、気品や機智やユーモアやしゃれっ気など、要するに高度な洗練性であった。それは日常性からきりはなされた片々たる行為や言葉のうちに、かえっていっそうのかがやきをます性質のものである。これまでにとりあげた数条がすでにそのことを明らかに示しているが、あえてさらに一条をつけくわえよう。

阮宣子有令聞、太尉王夷甫見而問曰、老荘与聖教同異、対曰、将無同、太尉善其言、辟之為掾、世謂三語掾。（文学篇）

阮宣子《げんせんし》（阮脩《げんしゅう》）は令名がたかかった。太尉の王夷甫《おういほ》（王衍《おうえん》）はかれに会ってたずねた。「老荘の教えは聖人の教えとおなじだろうか」。「まあおなじではないでしょうか」。太尉はそのこたえに感心して掾属に召しかかえた。世間では三語掾とよんだ。

「聖教（聖人の教え）」とは、この場合、儒家の聖人の教えのことである。老荘と儒家の同異は当時の思想界のトピックスであって、大勢は、儒家の聖人も口にだして説いてこそいないけれども実は老荘的な「無」の体得者であり、したがって両者はあいひとしいとの方向にかたむいたのであるが、そのことを「将無同（ジアン・ウー・トン jiang-wu-tong）」の三語でこたえた阮脩の俊抜を、王衍もまた世人もめでたのである。「同」のあたまに「将無」と判断に余裕をもたせる二語をくわえることによって、阮脩のこたえは、その音声ともどもいっそう気のきいたものとなっている。

ところで、『世説』が既存の史籍からの抜き書きであることは、六世紀、梁の劉孝標《りゅうこうひょう》が四一四種にのぼる書籍を引用しつつほどこした精審な注釈によって明らかであり（沈家本《しんかほん》『世説注所引書目』参照）、劉孝標は種本との比較考証のうえしばしば『世説』の誤謬に言及している。そして八世紀唐代の史評家である劉知幾《りゅうちき》は『史通』において『世説』にたいする辛辣な批判をくだし、むしろ劉孝標注をたかく評価した。劉知幾は劉孝標ほどの才識にめぐまれたものが、「委巷の小説」、「流俗の短書」、それは『世説』のことをさしているのだが、そのようなくだらぬものにたいして興味をもち、労力をすりへらしたのはまったくの徒労であったと慨嘆している（補注篇）。またつぎのようにも述べている。「宋の臨川王劉義慶は世説新語を著わし、前後両漢、三国、西晋および東晋のことを述べ、これに劉孝標が注釈をほどこしてそのまちがいを指摘したため、偽跡は言いつくろうこともできぬほどはっきりしているのに、わが唐朝が晋代史（正史の『晋書』）を編集したさい、少なからずこの書物に材を取った。かくて劉義慶の妄言をとりあげ、劉孝標の正説にたがっているが、かかる叙述はなんともはや厚顔である」（雑説篇中）。

いったい『世説』の「妄言」とはいかなるものなのか。劉孝標の「正説」とはいかなるものなのか。一例はこうだ。

何平叔美姿儀、面至白、魏明帝疑其傅粉、正夏月、与熱湯麺、既噉、大汗出、以朱衣自拭、色転皎然。（容止篇）

何平叔《かへいしゅく》（何晏《かあん》）はスマートで、顔の肌はぬけるように白かった。魏の明帝は白粉をつけているのではないかと疑い、暑い夏のさかりに、あつあつの湯麺《たんめん》を供した。食べおわると、どっと汗がふきだし、朱《あか》いハンケチでぬぐったところ、肌の色はいっそうあざやかとなった。

この条にたいして劉孝標は、『魏略』に「晏は性自ずから動静を喜《この》み、粉帛をば手より去らず、行歩　影を顧みる」とあるのを引いたうえ、すなわち何晏の妖麗が外飾によるものであったこと、さらにまた、何晏は母親が曹操の夫人となったために宮中に養われ、明帝とともに育ったのだから、ことあたらしく明帝がためしてみる必要のないこと、を按語としてつけくわえている。だがこれではまったく身も蓋もないというものだ。それだけではない。『世説』をいちがいに「妄言」としてしりぞけることははたしてただしいであろうか。なるほど何晏と明帝にかんする事実は劉孝標の指摘するとおりであるかも知れぬ。しかし、この逸話の鮮やかな印象はうたがいもなく六朝のものであった。

ここにとりあげたのははなはだ些細な一例だが、これをもって大を喩うることができるであろう。すなわち、『世説』は時代のエトスをつたえた点ですぐれた「正説」であった。すぐれた歴史書であった。「余少《わか》くして世説を読み、嘗って窃《ひそ》かに論じて曰わく、臨川王は史家の巧人なり。遷固の史法を変じてこれを為す者なり。臨川は善く遷固を師とする者なり。史家を変じて説家と為す。其の法は奇」。明末清初の人、銭謙益《せんけんえき》の「玉剣尊聞序」の文章である。遷固とは司馬遷と班固のこと。『史記』や『漢書』の紀伝体による成功を、『世説』は「小説家」の手法によってかちとったというのである。劉知幾も言及しているとおり、唐初になった晋一代の正史である『晋書』は、多く『世説』に取材しながら、まるで砂をかむように味気なく、『世説』のもとのかがやきをなんと失ってしまっていることだろう。それはひとえに『晋書』撰者の罪であって、『世説』の「妄言」の罪ではなんらなかったのである。

『高僧伝』解説（岩波文庫）

著者慧皎の事績

一世紀の中国、後漢王朝第二代皇帝の明帝の時代における仏教の中国初伝に始まり、中国史上随一の崇仏皇帝とうたわれる六世紀の梁の武帝の時代に至るまで、およそ四百五十年の間に歴史に名をとどめた沙門の伝記を集成する『高僧伝』。

『高僧伝』の撰者である慧皎《えこう》の伝記は唐初の道宣《どうせん》の『続高僧伝』の巻六・義解《ぎげ》篇二に備わる。しかしながら『続高僧伝』慧皎伝の原文はわずかに二百四十九字、しかもその大半は『高僧伝』巻一四の序録、すなわち後序からの引用によって占められているのであって、遺憾ながら慧皎の事績をうかがうにはまことに寥々たるものと言わざるを得ない。ひとまず訳文によって示すならば、

釈慧皎は出自は分からない。会稽上虞《じょうぐ》の人である。内外の学問に通じ、経典と律書をあまねく読み、嘉祥《かしょう》寺に住した。春と夏には仏法の弘通につとめ、秋と冬には著述に励み、『涅槃義疏《ねはんぎしょ》』十巻ならびに『梵網経疏《ぼんもうきょうしょ》』を撰述して世に行なわれた。さらにまた宝唱《ほうしょう》が撰述した『名僧伝』に

はいささかばらつきが目立つため、それでさまざまのジャンルを広く設けて『高僧伝』十四巻を著わした。その序録にはあらましつぎのように言う。「前代の僧伝の作者たちはあるいは煩雑にわたることを嫌って事績を削除し、かくして高尚な行状のめでたさが往々にして削り捨てられている。思うに出家者は国家に身を置き王者の賓客であるのだから、やたらと高尚ぶって高踏的独善的であってはならないけれども、だがよく考えてみると、出家者が栄誉から遠ざかり執着心を棄てるのは、そもそも世俗の人間とは異なることをよしとしてのことなのであって、このような点を取り上げなければ、いったい何を記そうというのであろうか」。またつぎのように言う。「前代に撰述された僧伝は往々にして「名僧」をタイトルとしているけれども、しかし「名」はそもそも「実」の賓（賓客、従者）なのである。もし実質に根ざした行ないがあったとしてもその輝きを潜め隠すならば、高潔ではあっても世間的な名声は揚がらないし、徳は乏しいのにうまく時流に乗るならば、名声は揚がっても高潔ではない。名声は揚がっても高潔でない者はそもそも（本書の）記述の対象外であり、高潔でありながら名声の揚がらない者を今のこの記録に備えるのであって、それ故、「名」なる言葉を棄てて「高」の字に代えることとするのである」。『高僧伝』が完成すると、全国に伝えられてまぎれもなく模範となり、文章内容は明快簡約、その時代にすぐさま尊ばれた。慧皎のその後のことについては分からない。江南ではしばしば裴子野《はいしや》の一帙十巻の『高僧伝』を目にするが、文章がとても簡略であって広く目配りがなされていないため、見劣りがする。

慧皎については、会稽郡上虞県、すなわち現在の浙江省上虞の人であることが分かるだけであって、その俗姓すら分からない。彼が住したところの嘉祥寺は会稽郡の郡治である山陰県、すなわち現在の浙江省紹興に存在し、慧皎よりも時代がくだっては嘉祥大師吉蔵《きちぞう》が住したことによってその名が知られるが、そもそもは東晋王朝創業期の第一の元勲であった王導《おうどう》、その王導の末子である王薈《おうかい》（『晋書』巻六五）が会稽郡の長官である会稽内史であった時代に創建したものであった。ほかならぬ『高僧伝』の巻五・義解篇二の竺道壱《じくどういち》伝につぎのようにある。「郡守の琅耶《ろうや》の王薈、邑《まち》の西に嘉祥寺を起て、壱（竺道壱）の風徳高遠なるを以て請《まね》きて僧首に居らしむ。壱は乃ち六物《ろくもつ》を抽《さ》きて寺に遺《おく》り、金《きん》牒《ちょう》と千像を造る」。六物とは比丘が所有する六種の品物。それらを資材として金牒、すなわち仏教経典、ならびに千体の仏像を造ったというのである。また巻七・義解篇四の超進《ちょうしん》伝に付伝される曇機《どんき》法師の伝記にも、「郡守の琅耶の王琨《おうこん》、請《まね》きて邑の西の嘉祥寺に居らしむ。寺は本《もと》と琨の祖の薈の創《はじ》むる所なり」とある。

また裴子野の『高僧伝』のこと、書名を「高僧伝」ではなくして「衆僧伝」として、『梁書』巻三〇・裴子野伝に「衆僧伝二十巻を勅撰せしむ」とあり、『隋書』経籍志・史部雑伝類にも「衆僧伝二十巻。裴子野撰」と著録されている。裴子野の曾祖父は『三国志』の注釈を撰述した劉宋の裴松之《はいしょうし》、祖父は『史記』の注釈の『集解』を撰述した同じく劉宋の裴駰《はいいん》、そして裴子野自身にも編年体の劉宋時代史である『宋略』の著書があったように、裴氏はそもそも史学をその家学としたのであるが、「末年、深く釈氏（仏教）を信じて其の教戒を持し、身を終えるまで麦を飯《く》らい蔬を食す」と伝えられる裴子野は、その史学の才能を僧侶の伝記にも及ぼすこととなったのであろう。しかしながら、裴子野の僧伝はすでに失われ、唐の法琳《ほうりん》が仏教護法のために著わした『弁正論』の巻五・仏道先後篇、また沙門は俗界の君主や父親に拝礼すべきなのか拝礼すべきではないのかの議論を集成した同じく唐の彦悰《げんそう》の『集沙門不応拝俗等事《しゅうしゃもんふおうはいぞくとうじ》』、その巻五の劉仁叡《りゅうじんえい》の議論の注釈に、「裴子野の高僧伝に云わく」として、沙門の帛遠《はくおん》との論争に敗れた道士の王浮《おうふ》、ないし基公次《きこうじ》なる者が仏法を誹謗すべく『老子化胡《ろうしかこ》経』をでっち上げたとの記事が引かれているのを知るだけである。このように裴子野の僧伝は今ではごくごく零細な佚文が遺存するに過ぎず、それどころか道宣の当時においてすらもっぱら江南に行なわれたに過ぎなかったようなのだが、それにひきかえ慧皎の『高僧伝』は「即世崇重」すなわち撰述されたその時代からすぐさま尊ばれたのであった。『続高僧伝』巻九・義解篇五の霊裕《れいゆう》伝に「高僧の一伝」とあるのももとより慧皎の『高僧伝』のことであるのに違いない。霊裕は隋の人。霊裕伝の記事はつぎのようなものである。かつてともに鄴（河北省臨漳の西）で修学した黄龍（遼寧省朝陽）出身の一沙門が、故郷にもどるに際して霊裕を訪れ、沙門の学道修行の利益となるべき「一言の要法」の指示を求めた。それに答えて、「経誥禅律《きょうこうぜんりつ》は恐らくは聖心に雑《まじ》わらんも、高僧の一伝は即凡の景行なり。輒《すなわ》ち以て相い酬ゆ、神用と為す可き耳《のみ》」と霊裕が指示したというのである。すこぶる難解な言葉であるが、およそつぎのような意味であろうか。経、論、禅、律を学ぶには仏陀の心に参入しなければなるまいが、『高僧伝』にはいかにも凡人にとっての立派な行ないが記されている。これを餞《はなむけ》の言葉とする次第であって、心の糧とされるがよい。

ともかく『続高僧伝』が伝える慧皎の事績は以上に尽きるのだが、それ以外に慧皎の事績を補うべき材料がまったくないわけではない。なかでも、『高僧伝』の序録の末に付されている僧果《そうか》の跋尾はすこぶる貴重である。『続高僧伝』では慧皎の最期は分からないとされているにもかかわらず、『続高僧伝』慧皎伝の記事をごくごく簡単に摘んだうえでその最期がつぎのように伝えられているのはとりわけ貴重である。

この伝記（『高僧伝』）は会稽の嘉祥寺の慧皎法師が撰述したものである。法師は内外の学問に通じ、経典と律書の講義を得意とし、『涅槃経』十巻、『梵網経』などの義疏を著わし、いずれも世間の模範となっている。さらにまたこの『高僧伝』十四巻を著わした。梁の末の承聖二年（五五三）、癸酉《きゆう》の歳、侯景《こうけい》の乱を避けて湓城《ほんじょう》（江西省九江）にやって来ると、しばらくの間、講義を行ない、甲戌《こうじゅつ》の年（五五四）の二月に遷化した。時に年齢は五十八歳。江州の僧正の慧恭《えく》が葬儀を営み、廬山の禅閣寺の墓に葬った。龍光寺の僧果は一緒に難を避けて廬山にあり、たまたまその当時の事柄を目にしたので、いささか書き記す次第である。

そもそも北朝の東魏から梁に投降し、梁王朝から南予州刺史を拝命していた将軍の侯景が、鎮所の寿春（安徽省寿県）において突如として反乱の兵を挙げたのは、梁の武帝の太清二年（五四八）八月のこと。南下した反乱軍はたちまちにして都の建康（江蘇省南京）を制圧し、宮城において幽閉状態におかれた武帝蕭衍《しょうえん》は、翌太清三年（五四九）の五月、八十六歳の生涯を閉じる。武帝を継いで第三子の簡文帝蕭綱《しょうこう》が帝位に即いたものの、侯景のまったくの傀儡にしか過ぎず、簡文帝の太宝二年

（五五一）の十一月、侯景はついに梁王朝を奪って国号を漢と定め、太始と改元した。その翌年、長江中流に位置する江陵（湖北省荊州市江陵）を本拠とするところの蕭繹《しょうえき》、すなわち梁の武帝の第七子であり簡文帝の弟、やがて後に梁王朝第三代の天子の元帝となる蕭繹の勢力によって侯景はついに討滅されることとなるものの、四年に及んだ侯景の戦乱は、それまで半世紀にわたって太平の夢を貪っていた江南の社会に大きな爪痕をのこし、回復不能なまでの大混乱におとしいれたのであった。

慧皎が住する嘉祥寺が存在した会稽山陰の地も安穏ではあり得なかった。建康を制圧しおえた侯景は、さらに東南方の会稽の地域を支配下に置くべく腹心の部下の将軍宋子仙《そうし　せん》を差し向けた。『資治《し　じ》通鑑《つ　がん》』太清三年（五四九）条につぎの記事がある。「宋子仙は勝に乗じて浙江（銭塘江）を渡り、会稽に至る。・・・・南郡王大連《だいれん》は東揚州刺史（治所は山陰）為り。時に会稽は豊沃にして勝兵（兵士）は数万、糧仗（糧食と武器）は山のごとく積まれ、東土の人は侯景の残虐に懲りたれば、咸《み》な楽しんで用を為さんとす（誰しも喜んで一働きしようと思った）。而《しか》るに大連は朝夕酣飲《かんいん》し、軍事を恤《うれ》えず（朝となく夜となく大酒を食らうばかりで、軍事に関する事柄には無関心である）。司馬（次官）の東陽（郡治は長山。浙江省金華）の留異《りゅうい》は凶狡残暴にして衆の患《うれ》いとする所と為るも、大連は悉く軍事を以て之れに委ぬ。十二月庚寅《かのえとら》（九日）、宋子仙は会稽を攻む。大連は城《まち》を棄てて走《のが》れ、異は奔《はし》りて郷里に還《かえ》り、尋《つ》いで其の衆を以て子仙に降る。大連は鄱陽《は　よう》（江西省波陽の東北）に奔らんと欲せしも、異は子仙の郷導を為し、追って大連に信安（浙江省衢州《く》）に及び、執《とら》えて建康に送る。帝（簡文帝）は之れを聞き、帷《とばり》を引きて自ら蔽《おお》い、袂《たもと》を掩《おお》いて泣《なみだ》す。是《ここ》に於いて三呉は尽《ことごと》く景に没し、公侯の会稽に在りし者は倶《とも》に南のかた嶺を度《わた》る」。南郡王大連は簡文帝の王子。三呉とは都の建康の東南の地域、すなわちおよそ現在の江蘇省東南部から浙江省にかけての地域のことであり、その地域が侯景の支配下に置かれた結果、会稽在住の王侯貴族たちは現在の広東省に当たる嶺南の地に逃れたというのである。たとえば梁王朝を継いだ陳王朝の時代を代表する文学者の江総《こうそう》(『陳書』巻二七、『南史』巻三六)もそのような一人であったのであり、宮城が陥落すると、太清四年(五五〇)の秋七月、六世の祖の劉宋の尚書右僕射《うぼくや》・州陵侯江夷《こうい》の創建にかかる会稽山陰の龍華寺《りゅうげ》にいったん身を落ち着けたものの、間もなく母方の叔父の広州刺史蕭 勃《しょうぼつ》をたよってさらに嶺南に逃れたのであった。

かく仏教寺院とてけっして安穏ではあり得なかったことを知るのであり、慧皎もそのような情況のなかで住みなれた嘉祥寺を離れたのであったろう。彼が嘉祥寺を離れたのがいつのことであったのかは分からないが、恐らくは数年を費やしたすえ、承聖二年(五五三)、江州の州治である湓城にたどり着いたのである。そして翌承聖三年(五五四)二月に遷化し、享年五十八であったといえば、生年は南斉の建武四年(四九七)であったことが判明する。

慧皎に関するこのような貴重な情報を伝えてくれている龍光寺の僧果、それに慧皎の葬儀を営んだという江州の僧正の慧恭、僧正とは僧侶の非法を取り締まる役目の僧官であるが、この僧果と慧恭の二人は、慧皎遷化後のことではあるけれども、陳の天嘉六年(五六五)、江州の興業寺において行なわれた月婆首那《がつぱしゅな》による『勝天王般若経《しょうてんのうはんにゃ》』七巻の訳出に関係したことで知られる。その詳細はここでは省略に従うが、『勝天王般若経』の経序には、「江州の僧正の釈慧恭法師は戒香は芬郁(戒律の香は馥郁）、定水《じょうすい》は澄明（禅定の水は清澄）、揩則として具瞻《ぐせん》せられ、陳梁は是れ寄す（模範として仰ぎ見られ、陳、梁の人々は期待を寄せた。ただし「陳梁」は「棟梁」の誤りなのではあるまいか。それならば、訓読は「棟梁として是れ寄せらる」であり、「大黒柱としての役割を期待された」との意）」とあり、また月婆首那が本格的に翻訳を開始するに先立って、天嘉六年の七月二十三日、江州の州庁において経題についての講義を行なったことを伝え、そこに僧果の名がつぎのごとく見える。「匡山《きょうざん》の釈僧果法師及び遠邇《えんじ》（遠近）の名徳、並びに学は百家（さまざまの思想書の異説）に冠たりて五部（薩婆多《さつぱた》部等の五部の諸説）に博通し、各々碩難の紛綸たる有りしが、渙然として氷釈せざるは靡《な》し（それぞれからあれやこれやと難しい質問が発せられたが、いずれもきれいさっぱり氷解した）」。『高僧伝』の序録にそえられている跋尾には「龍光寺の僧果」とあり、その龍光寺が劉宋の時代に革新的な仏教教理を唱えたことで知られる竺道生《じくどうしょう》が住したところの都建康の寺院であるとするならば、僧果も侯景の戦乱を、建康から匡山すなわち廬山に避けたのであったろう。

慧皎に関するいささかの情報を伝えてくれるものとして、さらにまた梁の元帝蕭繹《しょうえき》の『金楼子《きんろうし》』聚書篇の記事がある。そこには「吾は今年四十六歳、書を聚めて自《よ》り来《このかた》四十年、書を得ること八万巻」と、皇子であった時代から書物の蒐集にいかに執心し苦労したか、そのことが誇らしげに語られているのだが、元帝の聚書のなかには慧皎の『高僧伝』もあった。「張予《ちょうよ》章綰《しょうわん》、経《か》つて書を餉《おく》らる。『高僧伝』の如きの例、是れなり」。張綰（『梁書』巻三四、『南史』巻五六）は大同年間（五三五―五四六）に予章内史となったので張予章綰と呼ばれているのだが、父の張緬《ちょうめん》は「性、墳籍を愛し、聚書は万余巻に至る」と伝えられる蔵書家として知られ、『高僧伝』もそもそもは張緬の蔵書であったのかも知れない。また梁の元帝の聚書には法書も含まれており、そのことを語るなかにつぎのようにある。「初め韋護《いご》軍叡《ぐんえい》、数巻を餉《おく》らるるを得たり。次いで又た殷子《いんし》貞鈞《ていきん》餉らる。爾《そ》の後、又た范普《はんふ》を遣わして法書を市得（買得）せしめ、又た潘菩《はんぼ》提《だい》をして法書を市得せしむ。並びに是れ二王（王羲《おうぎ》之《し》と王献之《おうけんし》）の書なり。郡の五官の虞皭《ぐしゃく》大いに古跡五百巻許《ばか》りなる可きを有し、併せて之れを留む。伏事の客の房篆《ぼうてん》又た三百巻許りを有し、併せて之れを留む。爾《そ》れに因って遂に諸跡を蓄わう。又た会稽の宏普《こうふ》の恵皎《えこう》道人に就きて之れを捜聚す・・・・」。護軍将軍韋叡は『梁書』巻一二また『南史』巻五八。殷鈞は『梁書』巻二七また『南史』巻六〇。その諡《おくりな》は子貞ではなく、正しくは貞子。范普、潘菩提は未詳。虞皭の名は『梁書』巻五三・良吏伏暅《ふくかん》伝に治書侍御史虞皭として見える。五官とは郡の太守の属官の五官掾。房篆も未詳。伏事は服事と同じく、「伏事の客」とは側仕えの者というほどの意味であろう。そして「会稽の宏普の恵皎道人」とある恵皎道人こそ慧皎のことであるのに違いない。宏普とは嘉祥寺内の宏普院なのか、それとも嘉祥寺とは別の宏普寺なのか明らかにしがたいが、ともかく蕭繹が最初に就任したのは寧遠将軍・会稽太守であったから、慧皎とは早くからの知己であったことが考えられる。さらに想像をたくましくするならば、会稽山陰は王羲之が晩年を過ごした土地であったから、慧皎が住したところには二王の尺牘が遺存していたのかも知れない。嘉祥寺の創建者である王薈、その王薈と王羲之とは再従兄弟（またいとこ）の関係にあり、王羲之の書翰にはしばしば王薈が字《あざな》の敬文《けいぶん》、あるいは幼名の小奴《しょうど》をもって登場しているのである。

『高僧伝』の成立

慧皎の『高僧伝』十四巻は、訳経《やくきょう》篇（巻一から巻三）、義解《ぎげ》篇（巻四から巻八）、神異《じんい》篇（巻九から巻一〇）、習禅《しゅうぜん》篇（巻一一）、明律《みょうりつ》篇（同）、亡身《もうしん》篇（巻一二）、誦経《ずきょう》篇（同）、興福《こうふく》篇（巻一三）、経師《きょうし》篇（同）、唱導《しょうどう》篇（同）の十篇、ならびに後序である序録（巻一四）をもって構成され、訳経篇には仏典の漢訳に功績があった沙門、義解篇には仏教教理学に通暁した沙門、神異篇には不思議な行状で知られた沙門、習禅篇には禅定に優れた沙門、明律篇には戒律に明るい沙門、亡身篇には仏恩に報いるべく焼身などによってわが肉体を犠牲にした沙門、誦経篇には経典を誦えることによってさまざまの霊験を現わした沙門、興福篇には仏教寺院の建立などに手腕を発揮した沙門、経師篇には梵唄などのいわば仏教音楽を得意とした沙門、唱導篇には説教が上手な沙門、それらの沙門の伝記がそれぞれに集められている。そして各篇の末尾には各篇の内容を総括する論、またそれを一層簡約に韻文でつづるところの賛がそえられている。唱導篇の論によれば、慧皎はそもそも訳経篇から興福篇までの八篇をもって『高僧伝』を構成するつもりであったのだが、「その後、経師と唱導の二つの技法は仏道にとって末梢的なものではあるものの、しかし世俗の人間を開悟させるうえで大切なものであると考え」、その二篇を加えて十篇構成としたのであった。いわば経師篇と唱導篇はおそえものなのであって、経師と唱導の二篇には論があるだけで賛をかいているのはそのためかと思われる。またこれらの二篇について、小さなことながらつぎの事実に注目される。すなわち伝主の卒年の表記法が異なるという事実である。訳経篇から興福篇に至る八篇においては、「蘭《らん》は後、雒（洛）陽に卒す。春秋は六十余なり」（訳経篇上・竺法蘭伝）、「暢《ちょう》は建武の初めを以て亡ず。春秋は七十有五」（興福篇の法献伝に付伝の玄暢伝）などと記されるのをおおむねとするのに対して、経師篇と唱導篇においては、「春秋」なる言葉がまったく用いられず、一つの例外もなく「宋の大明二年卒す。年は八十六」（経師篇・僧饒伝）、「斉の永元二年卒す。年は六十四」（唱導篇・法鏡伝）のように記されているのである。経師と唱導の二篇は訳経篇から興福篇までの八篇とは執筆の時期が異なり、それらよりもおくれるからなのではあるまいか。

『高僧伝』が対象とする範囲は、「漢の明帝の永平十年（六七）に始まり梁の天監十八年（五一九）に終わるまで、凡そ四百五十三載」、立伝されているのは、「二百五十七人、又た傍出附見する者二百余人」（序録）。永平十年が上限とされているのは、『高僧伝』冒頭の訳経篇の摂摩《しょうま》騰《とう》伝と竺法蘭《じくほうらん》伝が記すところの仏教の中国初伝をその年のこととしてのことである。

ちなみにここで、訳経篇の篇末の論に「漢の明帝は楚王英《えい》に詔して云わく、王は黄老の微言（深遠な言葉）を誦し、浮屠《ふと》の仁祀《にんし》を尚《たっと》ぶ」と述べられていることに関して一言しておきたい。黄老とは神格化された黄帝と老子であって、それはやがて道教の神として崇められるようになるのであり、また浮屠とは仏であって、釈迦は能仁と訳されたために仏の祭りが仁祀と呼ばれているのであるが、後漢の明帝がこのような詔を異母兄弟の楚王に与えたことの詳細は『後漢書』列伝三二・楚王英伝に記されている。

それによるならば、明帝の永平八年（六五）のこと、死罪を犯した者も縑《けん》すなわち絹帛を納めるならばそれでもって罪の贖いとすることを許す旨の詔が天下に発せられると、彭城（江蘇省徐州）を王都としていた楚王は、何を思ったか、絹帛三十匹を献納するとともに、その理由をつぎのように述べたのであった。「藩王の位をあずからせていただいておりながら、累々と過悪の積み重なるわが身でございます。このたびの大恩に歓喜し、絹帛を送り奉って罪咎《ざいきゅう》を贖いたく思う次第です」。だが明帝には楚王の真意が理解できず、驚きの気持ちを抑えることができなかった。それというのも、楚王は国法に触れるような死罪を犯したわけではなかったからである。かくして、「楚王は黄老の微言を誦し、浮屠の仁祀を尚ぶ」と述べ、さらにつづいて「（楚王は）三箇月にわたって潔斎を行ない、神々を相手に誓願を立てているとか。いったい己れに対していかなる疑いを抱いているのであろうか。きっと何事かをいたく悔いているのであろう。罪の贖いのために献納した品物は返還し、それをば優《う》婆塞《ばそく》（在家の男性信者）と沙門の供養の助けとさせることとする」と述べる詔が楚王に与えられたのであった。

正史の『後漢書』が伝えているところのこのような史実は、仏教が中国に伝来してまだ間もない時期の状況に関するまぎれもない記録とすべきものなのだが、この記録はさまざまの貴重な事柄をわれわれに教えてくれるであろう。すなわち、『高僧伝』が中国仏教の起点とする永平十年（六七）に先立つこと二年の永平八年（六五）の時点において、楚王の王都であった彭城には、恐らく楚王をパトロンとするところの沙門と在家信者とから成る仏教教団がすでに存在していたらしきこと、しかしその仏教信仰は中国古来の黄老信仰と習合したものであったこと、等々。そして何よりも注目したく思うのは、国法に触れるような罪を犯したわけではない楚王が、黄老の神と仏とに対して潔斎を行ない、自分を罪咎にまみれた人間であると反省し、罪を贖うべく絹帛を献納している事実である。彼が絹帛を献納したのは、自分が死罪にも相当する罪深い人間であることを深刻に反省し、その反省によって自覚されたところの、敢えて言うならば罪の意識に基づいてのことであったのに違いない。罪の意識の自覚こそ宗教の核心をなすものであるはずであり、仏教が中国人によって受容された基底には、『後漢書』の楚王英伝が伝えているような罪の意識の深まりの存したことが思われるのであって、このこと、拙著『中国人の宗教意識』（創文社、一九八八年刊）をあわせて参照していただくならば幸いである。

さてでは『高僧伝』が、その記事の下限を天監十八年とするのは何故なのであろうか。たしかに巻一二・誦経篇の道琳《どうりん》伝に「天監十八年卒す。春秋七十有三」とあるのが立伝されている人物のなかで卒年を伝えるもっともおそい記事ではあるけれども、しかし巻一三・興福篇の法献《ほうこん》伝には、天監十八年におくれること三年、すなわち普通三年（五二二）の記事が存する。すなわち法献が西域からもたらした仏牙《ふつげ》と仏像は都の上定林寺に安置されていたのだが、普通三年の正月、武器を手にした数名の者が仏牙を強奪していったという記事である。そうであるにもかかわらず、慧皎が天監十八年を下限とすると明言していることには特別の理由があるとしなければならないであろう。もっとも考えやすい理由は、梁の武帝の最初の年号である天監が十八年をもって終わり、その翌年が普通元年と改まったこと。すなわち天監十八年は一区切りの年であったことである。だが果たしてそれだけの理由によるのであろうか。というのも、「今上の龍興せらるるや、正道を尊崇したもう」（巻八・義解篇五の宝亮伝）、慧皎もこのように称えている崇仏皇帝であった梁の武帝が、ほかでもない天監十八年の四月八日、すなわち釈迦の生誕日とされるその日に草堂寺の慧《え》約《やく》法師から菩薩戒を授かっている事実を知るからである。「（天監）十八年己亥《きがい》四月八日に至って、天子は弘誓心を発し、菩薩戒を受く。乃ち等覚殿に幸《みゆき》して彫玉《ちょうぎょく》の輦《くるま》より降り、万乗の尊きを屈し、在三の敬（君、父、師に対する尊敬）を申《の》ばし、暫《しば》し袞服《こんふく》（天子の衣裳）を屏《しりぞ》け、恭《つつし》んで田衣（袈裟）を受け、浄儀を宣度し、曲躬《きょくきゅう》して誠粛たり。時に日月は貞華、天地は融朗、天下に大赦し、率土《そつど》（全土）は同《とも》に慶《よろこ》べり」（『続高僧伝』巻六・義解篇二の慧約伝）。とするならば、天監十八年は仏教者にとってまことに記念すべき年であったに違いない。後漢の永平十年に中国に伝来した仏教が、天監十八年をもっていよいよ極盛の時期を迎えたとの強い思いが慧皎には存したのではなかったか。そのために下限を天監十八年と定めたのではなかったか。

後漢王朝の崩壊後、中国は魏、呉、蜀の三国に分裂し、三国の分裂は晋王朝によっていったん統一がなされたものの、それも束の間のこと、華北は異民族の活動する舞台となり、晋王朝は江南半壁の地に逃れる。いわゆる東晋王朝であり、東晋をついで江南には劉宋、南斉、梁、陳の短命の王朝が興亡する。これらの江南の王朝に対して、五胡十六国と総称される目まぐるしい異民族王朝乱立の時代に決着をつけて華北を統一したのは鮮卑《せんぴ》族の北魏王朝であり、その後、北魏は東魏と西魏とに分裂し、東魏は北斉王朝に、西魏は北周王朝に継承される。魏晋南北朝あるいは六朝と呼びならわされるこの三―六世紀の時代、仏教は着実に中国の社会に根づいた。そして仏教に拮抗して道教もまた盛行した。その証しとすべき事実はきりもなくあるのだが、ごくごく見やすいこととして、たとえば慧皎の同時代人である梁の阮孝緒《げんこうしょ》の編纂にかかる書籍目録の『七録』は内篇と外篇を二つの柱とし、内篇には経典録、記伝録、子兵録、文集録、術伎録の分類のもとにいわゆる外典を、外篇には仏法録と仙道録の分類のもとに仏教と道教の書物を著録した（『広弘明集』巻三・阮孝緒「七録序」）。『七録』におよそ半世紀先行するであろう南斉の王倹《おうけん》の書籍目録である『七志』も「道仏をば附見」していたといい（『隋書』経籍志総序）、あるいはまた仏教の経典目録にせよ、道教の経典目録にせよ、阮孝緒に先立って沙門や道士の編纂にかかるものが単行されていたとはいえ、仏教と道教の宗教文献を総合的な書籍目録のなかに単独の分類を設けて著録したのは『七録』をもって嚆矢とするのである。あるいはまた北斉の魏収《ぎしゅう》によって著わされた『魏書』、すなわち北魏時代の歴史をつづる正史には、「釈老は当今の重なり」、仏教と道教は現代における重要問題であるとの認識のもとに、仏教道教通史と称すべき釈老志の一篇が設けられた。かく、『高僧伝』のごとき沙門の伝記が誰かしかるべき人物によって著わされるべき機運は十分に熟していたのであり、それはなかば時代の要請であったと言ってもよいであろう。ちなみに道士の伝記としては、陳の馬枢《ばすう》によって『道学伝』が著わされることとなる。

慧皎が『高僧伝』を執筆するに当たって参考に資すべき先行文献はすでにかなりの蓄積があり、彼はそれらを広範囲に渉猟した。訳経篇の論において、「頃世（最近）の学徒は唯だ一典を鑽究するを慕い、広読は惑《まど》い多しと謂《い》うも、斯れは蓋《けだ》し堕学の辞（学問を堕落させる言いぐさ）にして、通方の訓（広い立場に立った言説）と曰うには匪《あら》ず」と述べているように、慧皎は「広読」すなわち多読をこそよしとする人物であった。慧皎が参照し利用したさまざまの先行文献は具体的な書名を挙げつつ丹念に序録に紹介されており、「凡そ十科（訳経篇から唱導篇までの十ジャンル）に叙ぶる所は皆な衆記に散在し、今は止《た》だ一処に删《けず》り聚《あつ》め、故に述べて作らず」とさえ言っている。序録に挙げられているもの以外にも慧皎が依拠したであろうと考えられる先行文献は多数にのぼるのであって、それらは湯用彤《とうようとう》氏の『往日雑稿』（湯用彤論著集之三『湯用彤学術論文集』、中華書局、一九八三年刊）に収められた「慧皎『高僧伝』所拠史料」にまとめられている。

察するところ、慧皎が住した会稽山陰の嘉祥寺は、東晋以来の古い歴史を有する寺院であっただけに恐らく相当量の蔵書を誇り、さまざまの文献を渉猟する便宜に恵まれたであろう。当時の寺院には、仏典にとどまらず、外典も蔵されることがしばしばであった。時代はくだるけれども、『続高僧伝』習禅篇の法融《ほうゆう》伝につぎの記事がある。法融はいわゆる牛頭《ごず》禅の始祖とされる人物である。法融が丹陽（江蘇省南京）の幽栖《ゆうせい》寺に住していた隋の時代のこと、幽栖寺から十五里のところに劉宋初に巨富で知られた劉司空なる人物の創建にかかる仏窟《ぶっくつ》寺が存在した。仏窟寺の七棟からなる蔵経堂には、仏経、道書、仏経史、俗経史、医方図符の五門の分類のもとに書物が納められていたのだが、法融は懇望のすえようやくそれらの閲覧を許され、かれこれ八年をかけてあらましを抄写することができたという。あるいはまた厳耕望《げんこうぼう》氏の「唐人修業山林寺院之風尚」（『厳耕望史学論文選集』、聯経出版、一九九一年刊、所収）と題された論文に丹念に史料が集められているように、唐代の科挙志願者が往々にして仏教寺院を受験までの修学の場として選んだのは読書の便宜を求めてのことであった。かく仏教寺院がすぐれて蔵書の府であったというこのような情況を、慧皎の時代にまで遡らせてもそれほど見当はずれではないであろう。

『名僧伝』と『高僧伝』

慧皎が自らの著書を「高僧伝」と名づけた理由は序録につぎのように語られている。すでに『続高僧伝』慧皎伝の引用について見たところであるが、あらためて序録の原文のままに引用を繰り返すならばつぎのごとくである。「前代の撰せる所自《よ》り、多く名僧と曰うも、然れども名なる者は本《もと》より実の賓なり。若《も》し実なる行ないあるも光を潜《ひそ》むれば則ち高けれども名あらず、徳寡《とぼ》しきも時に適《かな》えば則ち名あれども高からず。名あれども高からざるは本《もと》より紀す所に非ず、高けれども名あらざるをば則ち今録に備う。故に名の音を省き、代うるに高の字を以てす」。「名なる者は実の賓なり」、すなわち名称は実質にとっての賓客、実質にともなう従者、というのは『荘子』逍遥遊篇の言葉である。

慧皎の『高僧伝』に先立つ僧伝で「名僧」を書名に用いているものに宝唱《ほうしょう》の『名僧伝』があった。慧皎本人はあからさまに指斥することはないものの、『続高僧伝』慧皎伝が右の引用に先立って、「宝唱が撰述した『名僧伝』にはいささかばらつきが目立つため、それでさまざまのジャンルを広く設けて『高僧伝』十四巻を著わした」とただしくも指摘しているように、慧皎の『高僧伝』は疑いもなく宝唱の『名僧伝』を強く意識して著わされたものなのであった。

慧皎のいささかの先輩に当たる宝唱に関しては、『続高僧伝』巻一の訳経篇にかなり長文の伝記が備わる。俗姓は岑《しん》氏、呉郡（江蘇省蘇州）の人。十八歳の時、『出三蔵記集《しゅつさんぞうきしゅう》』の撰者として知られる建康の建初寺の僧祐《そうゆう》律師（『高僧伝』巻一一・明律篇）のもとで出家し、その後、荘厳寺に住した。「士俗を開悟せしむるには要《かなら》ず通済を以て先と為す」と考えた宝唱は、処士の顧道曠《こどうこう》や呂僧智《りょそうち》たちについて外典の「経史荘易」を学び、それらの大義にも通じた。一時期、南斉末の混乱を南方の閩越《びんえつ》の地域に逃れたものの、梁の天監四年（五〇五）、勅命をもって都の新安寺の寺主に迎えられて以後、つぎのごとく梁の武帝と親密な関係を結ぶに至ったのである。

武帝が考えるのに、天下草創の苦難の時に当たりながら、遠近の各地は清明平安、風雨はほどよく伸びやかに、百穀は豊かに稔るのは、上なるものとしては仏法僧の三宝にすがり、中ほどのものとしては天下を守護する四天王（東方の持国天、南方の増長天、西方の広目天、北方の多聞天）をたのみとし、下なるものとしては鬼神の龍衆をたよりとし、神々が協力賛助してこそ始めて幸福はあまねく庶民を覆い、かくもいみじき徳を享受するのではあるまいか。ただ鬼神に関する文章はあちこちに散在していて詳しくたしかめることが難しいため、勅命を下して宝唱にすべてを一まとめにして集録させ、時代の要求に備えようとした。あるいは福徳祈願のための斎会を設けて厄払いをしたり、あるいは礼拝懺悔して罪障を除いたり、あるいは鬼神を饗応したり、あるいは龍王を祭祀したりすることについて、部類ごとに区分されたものは百巻近くにものぼるので、八部衆（天衆、龍衆、夜叉《やしゃ》、乾闥婆《けんだつば》、阿修羅《あしゅら》、迦楼羅《かるら》、緊那羅《きんなら》、摩睺羅迦《まごらが》）の神名をば三巻にまとめ、幽冥深奥な理法を包括し、古今を通じて叙述を詳細にしたり簡略にしたりした。それ故、ありとあらゆる祈願を行なう場合、武帝は必ず自らそれらに目を通し、事柄に応じて祭祀祈禱し、威力のある神霊をしばしば感応させた。かくしておよそ五十年にわたって、江南は太平無事、万民がたのみとできたのはそのおかげであったのである。

『続高僧伝』と同じく道宣《どうせん》の編纂にかかる経録の『大唐内典録』、その巻四の「梁朝伝訳仏経録」には宝唱の撰述にかかるあまたの著作が列挙されており、そのなかに天監十五年（五一六）撰として著録されている「衆経護国鬼神名録《しゅきょうごこくきしんみょうろく》三巻」がここに語られているものに当たるのであろう。『大唐内典録』が著録する宝唱の著作は、「衆経護国鬼神名録」のほか、今日にまで伝わるところの仏教関係類書の「経律異相一部幷《なら》びに目録五十五巻（天監十五年勅撰）」や本節の主題として取り上げるところの「名僧伝幷びに序目三十一巻」、あるいはまた「衆経飯供聖僧法《しゅきょうぼんくしょうそうほう》五巻（亦た十五年）」、「衆経目録四巻（十五年）」、「衆経諸仏名三巻（十五年）」、「衆経擁護国土諸龍王名録三巻（十六年）」、「衆経懺悔滅罪法三巻」、「出要律儀二十巻」などなど、合わせて九部百二十七巻の多きをかぞえる。それだけではない。『続高僧伝』の伝えるところでは、『大唐内典録』が著録する書物以外にも、宝唱は武帝から『続法輪論』七十余巻、『法集《ほうじゅう》』百四十巻、『華林仏殿経目』四巻などの撰述を命ぜられたほか、荘厳寺の僧旻《そうみん》による『衆経要抄』八十八巻、開善寺の智蔵《ちぞう》による『義林』八十巻、建元寺の僧朗《そうろう》による『大般《だいはつ》涅槃経注』七十二巻、これらいずれも勅命による書物の撰述にも協力した。また簡文帝が皇太子であった時代の事業である『法宝聯璧《ほうほうれんぺき》』二百余巻の編集にも加わった。

そして『続高僧伝』宝唱伝には、「初め宝唱は天監九年(五一〇)、以前の病気が再発すると、そこで二願を立てた。すなわち経典と律書をあまねくたずねて遺失なからしめようとし、また歴代の僧侶に関する記録を渉猟してそれらに分類を施し、巻立てを設けて『名僧伝』と名づけた。合わせて三十一巻。十三年(五一四)に至ってやっと整然と仕上がった」とある。ちなみに隋の費長房《ひちょうぼう》の『歴代三宝紀』は『続高僧伝』の所伝とは異なって、巻三の年表の天監十八年(五一九)の項に、「沙門の宝唱に勅して名僧伝三十一巻を撰せしむ」と書きこんでおり、もしそうであればその完成は『高僧伝』が記事の下限とする年と一致することになるわけだが、『続高僧伝』は『名僧伝』の完成を天監十三年のこととし、そのうえで『名僧伝』の序のごくごくのあらましと思われる部分をつぎのように摘んでいる。

そもそも窮極の真理である涅槃寂滅を深く求めようとしても、それは視聴の感覚の遥かかなたの存在であるが、心行(心が作り出すさまざまの所業)について考えるには、まったくのところ史籍の効用にまつのであって、それはたたなわる森羅万象のごとく、いくら言葉を費やしてもとても言い尽くすことはできないほどである。大梁王朝が天下を所有するや、その威光は中国全土に加わり、その事業として万民を救済することとなった。皇帝陛下におかれては、教化のやり方は九疇(『書経』の洪範篇に説かれている九つの大法)を手本とされ、精神は八正道のなかを逍遥され、生死輪廻の大河を彼岸へと渡らせる法橋をおし戴き、甘露にたとえられる仏の教えをしっかりと胸にとどめておられる。窃《ひそ》かに思うのに、外典の大作は典籍として敷きのべられ、九品にランクづけられるさまざまの人たち、また六芸に関することどもは、ごくごく些細な事柄に至るまで遺漏はないのだが、ところが沙門の清浄な行ないとなると、それだけは記述がない。深遠な仏教の徳にいそしむ人たちはその名が永遠に絶たれているのであって、そのことを歎いていつも心にかけ、いつまでものんびりと過ごしているわけにはゆかぬのである。律師の釈僧祐《しゃくそうゆう》は道心は貞潔堅固、高邁な行ないは超絶し、「集記」を著述して弘大な要義を発揚された。私宝唱はふつつかながらも垂れ髪を落とした出家者の末席を汚し、礼懺《らいさん》と誦経の暇に遺漏を拾い集めることにつとめたのである。

ここに「集記」とあるのが僧祐の『出三蔵記集』を指していることは疑いがない。かく『出三蔵記集』の遺漏を拾い、内容を拡充する意図のもとに『名僧伝』の撰述に着手した宝唱は、その後も絶えず手直しを行ない、「前の宿繋を改め、更に芟定《さんてい》を加え」たという。そして『名僧伝』末尾の自序に、「僧の董狐《とうこ》（権力に屈しない正義の史官）というつもりはない。ただ曲筆がないことを願うのみである」、このように述べられていることを道宣は紹介したうえ、「宝唱の著作は文（文華）が質（質朴）にまさっている」との全体的な評価を下している。

しかしところで、宝唱の『名僧伝』は完全なままでは今日に伝わらない。後に東大寺の別当をつとめることとなる宗性《そうしょう》上人が、鎌倉時代の文暦二年（一二三五）、笠置寺において東大寺東南院経蔵の『名僧伝』を借覧してさわりの箇所を抄出した『名僧伝抄』一巻がわずかに存するのみである。そこには三十六人の沙門の伝記が抄出されているに過ぎないのだが、幸いにも宗性によって目録も伝えられており、『名僧伝』の全体の構成がつぎのようなものであったことを知る。すなわち、外国法師（巻一から巻三）、神通弘教外国法師（巻四）、高行中国法師（巻五から巻七）、隠遁中国法師（巻八から巻一〇）、中国法師（巻一一から巻一七）、律師（巻一八）、外国禅師（巻一九）、中国禅師（巻二〇）、神力（巻二一）、兼学苦節（巻二二）、感通苦節（巻二三）、遺身苦節（巻二四）、守素苦節（巻二五）、尋法出経苦節（巻二六）、造経像苦節（巻二七）、造塔寺苦節（巻二八）、導師（巻二九）、経師（巻三〇）。これらを一見して、慧皎の『高僧伝』の訳経篇から唱導篇に至る十科の構成にくらべて随分ごたごたしているとの感を否めないであろう。

宝唱について、『高僧伝』にはただ一度だけ、ごく簡単な言及がある。すなわち巻三・訳経篇下の求那毘地《ぐなびじ》伝に付伝されている僧伽婆羅《そうぎゃばら》、その人についての記事のなかにつぎのようにあるのがそれである。「梁の初め、僧伽婆羅なる者有り。亦た外国の学僧にして、儀貌は謹潔、談対に善し。京師に至り、亦た正観寺に止まる。今上（梁の武帝）は甚だ礼遇を加え、勅して正観寺及び寿光殿、占雲館中に於いて『大育王経』、『解脱道論』等を訳出せしめ、釈宝唱、袁曇允《えんどんいん》等、筆受す」。しかしながら『続高僧伝』が伝えているように、宝唱は梁の武帝の厚い眷顧を受けたのであって、慧皎をして言わしむるならば、それこそ「時に適った」ところの、すなわち時流に乗ったところの「名僧」であった。慧皎にとっては足もとにも及ばぬ「名僧」であった。慧皎が「名僧」と「高僧」の呼称にいたくこだわる真意は、存外そんなところに存したのかも知れぬとすら思われるのだ。

先述したように、『高僧伝』の序録には慧皎が『高僧伝』を執筆するに際して参照し利用した先行の文献が丹念に列挙されているのだが、そのうえでつぎのように述べているのは、宝唱の『名僧伝』のことを指しているのだとしか考えられない。「現代に至ってもやはり引きつづいて作品を著わす者がいるが、しかし伝主を顕彰するための賛において過度に持ち上げたり、あるいは叙事の中で無駄な言葉を費やしたりしており、真実の道理に照らしてみて称すべき点はまったくない」。だがそうであるにもかかわらず、慧皎は宝唱の『名僧伝』の書名をあからさまに指斥することは決してない。しかし『続高僧伝』慧皎伝に、慧皎は『名僧伝』を強く意識して『高僧伝』を著わしたのだと道宣によって指摘されているのを待つまでもなく、そのことは誰にでも分かる者には分かる自明の事柄であったのであろう。『高僧伝』の執筆をひとまずおえた慧皎がその草稿を王曼穎《おうまんえい》なる人物のもとに届けて批評を求めたこと、後に詳述するけれども、王曼穎も『高僧伝』に先立つ僧伝にいちいち批判を加えたうえでこう述べている。「唱公（宝唱）の編纂物はまぎれもなく近年のものですが、その卑俗な考えをたずねてみると、煩雑冗長であることをいよいよもって遺憾とします」。

宝唱は師匠である僧祐の『出三蔵記集』の遺漏を拾い、その内容を拡充する意図のもとに『名僧伝』を撰述するのだと述べていた。ではしからば、慧皎の『高僧伝』と『出三蔵記集』との関係はどうなのであろうか。

慧皎は『高僧伝』の序録において、『出三蔵記集』が立伝するのは「ただ三十余僧だけに止まり、欠けている者がとても多い」といささかの不満をもらしている。『出三蔵記集』ではその巻一三から巻一五までの三巻が訳経に関係した人物の伝記にあてられ、そこに収められているのはなるほど安世高から法勇法師までの三十二人に過ぎないのだが、そもそも「三蔵の訳出に関する記録」を命名の由来とするところの『出三蔵記集』に収められているのがもっぱら訳経に関係した人物にかぎられるのは当然のこととしなければならない。『出三蔵記集』と『高僧伝』との対応を見てみるならば、『出三蔵記集』巻一三の朱士行《しゅしこう》の伝記が『高僧伝』では巻四・義解篇一に、竺叔蘭《じくしゅくらん》の伝記が朱士行伝の付伝に、巻一五の道安《どうあん》の伝記が巻五・義解篇二に、慧遠《えおん》の伝記が巻六・義解篇三に、道生《どうしょう》の伝記が巻七・義解篇四にあるのを除いて、そのほかの二十七人の伝記は『高僧伝』ではすべて訳経篇のなかに見出されるのである。ちなみに、『出三蔵記集』では専伝が立てられている安玄《あんげん》、支謙《しけん》（ともに巻一三）、沮渠《しょきょ》安陽侯すなわち沮渠京声《しょきょけいせい》（巻一四）が『高僧伝』では専伝が立てられることなく、安玄は巻一・訳経篇上の支楼迦讖《しるかしん》伝に、支謙は同じく訳経篇上の康僧会《こうそうえ》伝に、沮渠安陽侯は巻二・訳経篇中の曇無《どんむ》讖《しん》伝に付伝されているに過ぎないのは、彼らがいずれも沙門ではなくして在家の居士であったからであろう。『高僧伝』はあくまで僧伝なのである。出家者の伝記なのである。

『出三蔵記集』が立伝する三十二人に対して『高僧伝』が立伝するのは二百五十七人。従って比較の対象とできるのはごくかぎられた範囲にとどまりはするけれども、しかしながら『出三蔵記集』と『高僧伝』とを読みくらべてみるならば、両者の記述は驚くべきほどよく似ているのである。慧皎が「述べて作らず」を『高僧伝』撰述の基本態度とすると述べているのは、少なくとも『出三蔵記集』と『高僧伝』との関係においては、いかにもむべなるかなと納得させられるのであり、『出三蔵記集』が立伝するのは「三十余僧だけに止まり、欠けている者がとても多い」というのも、不満の言辞なのではなく、むしろ遺憾の表明とすべきであるのかも知れない。

『出三蔵記集』と『高僧伝』との間に認められる緊密な関係を理解していただくための一例として、とりあえず『出三蔵記集』巻一五の宝雲《ほううん》伝と『高僧伝』巻三・訳経篇下の宝雲伝の書き出しの部分を読みくらべてみよう。あえて原漢文をそのままに示し、『出三蔵記集』のそれにのみ訓読訳をそえることとする。少許の文字の違いはあるものの、両者がいかによく似ているか、すなわち『高僧伝』が『出三蔵記集』の記事をほとんどそのままに襲っていることを視覚的に感得していただけるに違いない。

『出三蔵記集』宝雲伝

釈宝雲、未詳其氏族、伝云涼州人也、弱年出家、精勤有学行、志韻剛潔、不偶於世、故少以直方純素為名、而求法懇惻、忘身徇道、誓欲躬睹霊跡、広尋群経、遂以晋隆安之初、遠適西域、与法顕智厳先後相随、渉履流沙、登踰雪嶺、勤苦艱危、不以為難、遂歴于闐天竺諸国、備睹霊異、乃経羅刹之野、聞天鼓之音、釈迦影跡、多所瞻礼。

釈宝雲は未だ其の氏族を詳らかにせず、伝えて涼州の人と云うなり。弱年にして出家し、精勤にして学行有り。志韻は剛潔、世に偶せず、故に少《わか》くして直方純素を以て名と為す。而して法を求むること懇惻、身を忘れて道に徇じ、誓って躬《みずか》ら霊跡を睹《み》、広く群経を尋ねんと欲し、遂に晋の隆安（三九七―四〇一）の初めを以て遠く西域に適《ゆ》く。法顕《ほっけん》、智厳《ちごん》と先後相い随う。流沙を渉《わた》り履《ふ》み、雪嶺を登り踰《こ》え、勤苦艱危なれども以て難しと為さず。遂に于闐《うてん》、天竺の諸国を歴《めぐ》りて備《つぶ》さに霊異を睹《み》、乃ち羅刹《らせつ》の野を経《へ》、天鼓の音を聞き、釈迦の影跡をば瞻礼《せんれい》する所多し。

『高僧伝』宝雲伝

釈宝雲、未詳氏族、伝云涼州人、少出家、精勤有学行、志韻剛潔、不偶於世、故少以方直純素為名、而求法懇惻、忘身殉道、志欲躬睹霊跡、広尋経要、遂以晋隆安之初、遠適西域、与法顕智厳先後相随、渉履流沙、登踰雪嶺、勤苦艱危、不以為難、遂歴于闐天竺諸国、備睹霊異、乃経羅刹之野、聞天鼓之音、釈迦影跡、多所瞻礼。

ところで宝雲の伝記は幸いなことに『名僧伝抄』にも見出されるのだが、宝唱は僧祐の弟子であったにもかかわらず、また「礼懺と誦経の暇に（『出三蔵記集』の）遺漏を拾い集めることにつとめた」と語っているにもかかわらず、慧皎の『高僧伝』とは異なって『出三蔵記集』との間の継受の関係はむしろ希薄であるように思われる。『名僧伝抄』の宝雲の伝記はつぎのようなものである。

宝雲は河北の人なり。志局は簡正にして、師友は之れを称す。太元十四年（三八九）、廬山に入る。時に年十八なり。波若台《はにゃだい》を造るに値《あた》って、通《な》べて少《わか》き僧に債《もと》めて石を負い土を築かしむ。雲の一石を投ぐるや、石は相い撃ちて誤って一犢子《とくし》（一頭の子牛）に中《あた》りて死す。慙恨惆悵《ざんこんちゅうちょう》すること年所を弥歴す（そのことを何年にもわたってくよくよと思い悩んだ）。隆安元年（三九七）、乃ち辞して西域に入り、誓って眼《ま》のあたりに神跡を睹《み》、躬《みずか》ら懺悔を行なわんと欲し、遂に于闐及び天竺の諸国に遊ぶ。智厳、法顕と発軫《はっしん》（出発）は是れ同じきも、遊《たび》し造《いた》るところは各々異なる。陀歴《だれき》国に於いて金薄の弥勒《みろく》成仏像の整高八丈なるを見る。雲は像下に於いて誠を畢《つ》くして啓懺すること五十日。夜に神光照燭し、皎然たること曙の如きを見る。観者は路に盈《み》ち、彼《か》の諸々の宿徳の沙門は並びに云わく、霊輝数々《しばしば》見《あら》わると。

『名僧伝抄』が伝える宝雲伝はかくのごときものであって、『出三蔵記集』また『高僧伝』の記事とはおおいに異なっていること、一目瞭然であろう。右に挙示したのは一例だけにとどまるのだが、宝唱の『名僧伝』と慧皎の『高僧伝』との間の継受の関係の希薄なことは、さらにまたつぎの事実についても確認できるのではあるまいか。すなわち『名僧伝抄』のなかに専伝を見出すことができる僧《そう》行《ぎょう》、覚世《かくせ》、曇済《どんさい》、僧伽羅多哆《そうぎゃらたた》、道海《どうかい》、僧表《そうひょう》、法盛《ほうじょう》たちが、『高僧伝』においては僧行は巻八・義解篇五の慧基《えき》伝に、覚世は巻七・義解篇四の道猷《どうゆう》伝に、曇済は同じく義解篇四の曇斌《どんひん》伝に、僧伽羅多哆は巻三・訳経篇下の畺良耶《きょうりょうや》舎《しゃ》伝に、道海は巻七・義解篇四の曇鑒《どんかん》伝に、僧表と法盛はともに巻二・訳経篇中の曇無《どんむ》讖《しん》伝にそれぞれごく簡単に付伝されているか、ないしはただその名が見えるだけに過ぎないという事実である。

ともかく、宝唱の『名僧伝』はわが国の宗性によって抄出されたほんのわずかのものが遺存するに過ぎないのであり、後出の慧皎の『高僧伝』によって淘汰されてしまったのであった。興膳宏氏は中国における書物の運命についてつぎのように述べているのだが、それはほとんどそのまま『名僧伝』と『高僧伝』との関係についても妥当するであろう。「中国における書物の伝存の在り方として特徴的な現象は、一つの領域で決定的な力をもつ書が出現すると、同類の他の書は次第に存在感が薄れてゆき、ついには地上から消失してしまうということである」（「『文選』総説」、『中国文学理論の展開』、清文堂、二〇〇八年刊、所収）。

道宣の『高僧伝』評

慧皎はひとまず『高僧伝』を書き上げると、その草稿を王曼穎《おうまんえい》なる人物のもとに届けて批評を求めた。王曼穎が読後の感想を記した書簡、ならびにそれを受け取って慧皎があらためて王曼穎に送った書簡、これら二通の書簡は『高僧伝』巻一四の序録の後に付載されているのだが、そのうちの慧皎の書簡に、「今、著わす所の賛論十科を以て重ねて以て相い簡す」とあることから判断するならば、慧皎が最初に王曼穎のもとに届けた草稿にはまだ賛と論を欠いていたようである。

慧皎によって「檀越《だんおつ》既に学は孔釈（儒教と仏教）を兼ね、解は玄儒（玄学と儒学）を貫く」と称えられている王曼穎であるが、その事績はほとんど明らかでない。わずかに知られるところとして、『梁書』巻二二また『南史』巻五二の南平元襄王偉伝につぎの話がある。梁の武帝の弟の南平王（もとの建安王）蕭偉《しょうい》はとても恵み深い性格であり、腹心の部下に命じて絶えず町の人たちのもとを歴訪させ、貧しい暮らしのために慶事凶事の儀礼を行なえない者があると経済的援助を惜しまなかった。太原出身の王曼穎が亡くなったが、貧乏で葬儀が行なえない。弔問に出かけた江革《こうかく》に王曼穎の妻と子供が泣いて窮状を訴えたところ、江革は「建安王当《まさ》に知るべし。必ず為に営理せん」と言い、そう言いおわるかおわらぬうちに蕭偉の使者がやって来て無事に葬儀を営むことができた。そのような話である。そのほか王曼穎に関する零細な情報として、『隋書』経籍志・史部雑伝類に「補続冥祥記一巻。王曼穎撰」の著録がある。慧皎が序録において、『高僧伝』を執筆するに際して参照し利用した先行の文献を列挙しているなかに「太原の王琰《おうえん》の冥祥記」とあるのを補続した書物であったのに違いない。王曼穎も王琰もともに太原の人であったといえば、二人は親縁の関係であったのではあるまいか。

太原の王氏といえばそもそもなかなかの名族として知られるけれども、しかし蕭偉伝の話は王曼穎が落魄の生活を余儀なくさせられていた様子をうかがわせる。その話に登場する王曼穎の友人の江革は『梁書』巻三六また『南史』巻六〇に伝記が備わり、清貧を謳われる人柄で知られ、また菩薩戒を授かるほどの仏教信者でもあった。そして南平王の長史を官歴の一つとしたことがあったといえば、蕭偉とは昵懇の間柄であったと思われる。建安王蕭偉は『高僧伝』巻一三・興福篇の僧護《そうご》伝に剡《せん》県の石仏との因縁で大きく取り上げられている人物であり、その伝の末尾に「王は後に改封せられ、今の南平王是れなり」と記されているのだが、さてところで蕭偉が王曼穎の葬儀を営んでやったという佳話を伝える『梁書』また『南史』の記事について注意をうながしたいのは、蕭偉が建安王と呼ばれている事実である。蕭偉が建安郡王に封ぜられたのは天監元年（五〇二）、そして南平郡王に改封されたのは天監十七年（五一八）。つまり王曼穎の死は天監十七年以前のこと、従って慧皎がひとまず『高僧伝』を書き上げたのはそれ以前であったことになる。だが慧皎が王曼穎のもとに届けて意見を求めたのは、あくまでも『高僧伝』の草稿にしか過ぎなかった。彼はその後さらに賛と論を書き加え、また天監十八年（五一九）を下限とする方針を宣明し、あるいはまた普通三年（五二二）の仏牙に関する記事を書き加えるなど、絶えず補筆と訂正をつづけたのであったろう。

ともかく訳経篇に始まり唱導篇に終わる十科をもって構成される『高僧伝』。そのような篇目構成をあらまし襲って、後世、唐初の道宣《どうせん》（五九六—六六七）によって『続高僧伝』が、さらにまた宋初の賛寧《さんねい》（九一九—一〇〇一）によって『宋高僧伝』が編まれることとなった。なかでも道宣の『続高僧伝』は、その書名が示すように慧皎の『高僧伝』を継ぐものではあるけれども、しかし天監十八年（五一九）、ないしはおそく見積もれば普通三年（五二二）を下限とするところの『高僧伝』をただ単に時間的に継ぐだけではなく、『高僧伝』の記事の不備を補おうとするものでもあった。『続高僧伝』の序に言う。

昔、梁の沙門の金陵（建康）の釈宝唱は『名僧伝』を撰述し、会稽の釈慧皎は『高僧伝』を撰述した。さまざまのジャンルを創造し、絶えることなき仏教の流れに品評を加え、詳細で正確なことはなかなかのものであり、文質彬彬《ひんぴん》としてしっかりとした拠りどころがあるものの、しかしながら南方の呉越（およそ江蘇省と浙江省の地域。すなわち江南）の沙門だけを取り集め、北方の魏燕（およそ河南省と河北省の地域。すなわち華北）の沙門についての叙述は簡略である。それと言うのも、周到に広範囲に目が行きとどかず、それで入手した情報をそのままに文章としているからである。しかもそのうえ、梁代の盛時には明徳の沙門がとても沢山いたにもかかわらず、三五の十五人ほどのほんの数名の伝記があるだけであって、すんなりと納得のゆく人数ではない。つまり同時代の人間がたがいに馬鹿にし合うのは、今に始まったことではないのである。また中原の地域に関する記述を本来の正しいものにしたくても、（江南には）記録が伝来せず、その当時、典雅で内容豊かな文献がなかったのだから、誰にも補いようがなかった。かくして歴代の高尚な風趣がそれをかぎりにさっぱり台なしにされる結果となっているのである。

批判は『名僧伝』と『高僧伝』の両者に向けられているのだが、『名僧伝』はひとまずおき、道宣の考えるところ、慧皎の『高僧伝』には二つの不備な点が存したのであった。すなわち、(一)立伝されている梁代の沙門がすこぶる少ないこと、(二)北朝の沙門に関する記事が寥々たるものであり、しかも正確をかくこと、この二点である。かくして、道宣の『続高僧伝』は慧皎の『高僧伝』を時間的に継ぐだけではなく、『高僧伝』のこれら二点の不備を補うことにも心がけられたのであって、『高僧伝』と『続高僧伝』のある部分は時間的に重なり合うのである。

まず第一の点に関して言うならば、『続高僧伝』に立伝ないし付伝されている沙門のなかから、『高僧伝』が下限とするところの天監十八年(五一九)以前に卒している者をつぎのように拾うことができる。巻五・義解篇一の法申《ほうしん》(天監二年卒)、僧韶《そうしょう》(天監三年卒)、法朗《ほうろう》と兄の法亮《ほうりょう》(ともに天監中卒)、法護《ほうご》(天監六年卒)、智欣《ちこん》(天監五年卒)、法令《ほうりょう》(天監五年卒)、巻六・義解篇二の慧韶《えしょう》(天監七年卒)、僧密《そうみつ》(天監四年卒)、曇准《どんじゅん》(天監十四年卒)、道超《どうちょう》(天監初卒)、僧喬《そうきょう》(天監初卒)、慧生《えしょう》、僧整《そうせい》、慧済《えさい》等(天監中卒)、慧開《えかい》(天監六年卒)、僧詢《そうじゅん》(天監十六年卒)、巻一六・習禅篇一の慧勝《えしょう》(天監中卒)、巻二七・遺身篇の法凝《ほうぎょう》(南斉武帝時代の沙門)、巻二九・興福篇の明達《みょうたつ》(天監十五年卒)。もし『高僧伝』の下限を普通三年(五二二)まで引き下げるならば、その人数がより増加することもとより言うまでもない。

『高僧伝』にこれらの諸人の名がわずかながら見えている場合がないではない。たとえば僧韶について、巻八・義解篇五の僧盛《そうじょう》伝に、「時に・・・・建元寺の僧護《そうご》、僧韶有って、皆な徳を比べ誉れを同じくす。・・・・韶と護は毘曇《びどん》を以て名を著わす」との記事がある。ここに僧護とあるのも、『続高僧伝』の法護である可能性が高い。そのほか法令は同じく義解篇五の僧遠《そうおん》伝に「時に定林上寺に又た法令、慧泰《えたい》有って並びに経論に善く、誉れを遠に継ぐ」、曇准はやはり義解篇五の僧宗《そうそう》伝に「是れより先、北土の法師の曇准は宗の特に『涅槃』に善しと聞き、迺ち南に遊《たび》して観聴す。既に南北は情異なり、思い相い参ぜざれば、准乃ち別に更に講説し、多く北土の師とする所と為る。准は後に湘宮《しょうく》寺に居り、同寺の法身《ほうしん》、法真《ほうしん》と並びに当時の匠者と為る」、このようにそれぞれ簡単な言及がある。しかしながら、『高僧伝』に専伝が立てられることはなかったのである。それに対して『続高僧伝』は『高僧伝』の記事の不備を補うことにつとめたのであって、たとえば宝唱に関するごくごく簡単な言及が『高僧伝』巻三・訳経篇下の求名毘地《ぐなびじ》伝に付伝される僧伽婆羅《そうぎゃばら》の伝記に見出されることは先述した通りであるが、それに対応する記事も『続高僧伝』巻一・訳経篇一の僧伽婆羅伝においてはつぎのようにふくらまされている。「天監五年（五〇六）を以て勅を被りて徴召せられ、楊都（建康）の寿光殿、華林園、正観寺、占雲館、扶南館等の五処に於いて伝訳し、十七年（五一八）に訖《いた》るまで都合一十一部、四十八巻。即ち『大育王経』、『解脱道論』等、是れなり。初め翻経の日、寿光殿に於いて武帝は躬《みずか》ら法座に臨んで其の文を筆受し、然る後に乃ち訳人に付して其の経本を尽くさしめ、沙門の宝唱、慧超《えちょう》、僧智《そうち》、法雲《ほううん》及び袁曇允《えんどんいん》等に勅して相い対して疏出せしむ。華質は序有り、訳宗を墜《おと》さず」。

江南に伝わった華北の仏教に関する情報

さて道宣が指摘する『高僧伝』の不備なる第二点は、北中国の沙門に関する記事が極めて少なく、しかも正確をかくことであり、それと言うのも、江南にはそれらの記録が伝来せず、入手した情報そのままに文章としているからであった。もっとも『高僧伝』においても、後趙の石氏政権時代の仏図澄《ぶっとちょう》、前秦の苻《ふ》氏政権時代の道安《どうあん》、後秦の姚《よう》氏政権時代の鳩摩羅什《くまらじゅう》などを見やすい例として、五胡十六国時代に活躍した沙門たちの伝記はなかなかに豊富であり、詳細である。だがしかし、北魏時代の沙門についての記事となるとまことに寥々たる有様であり、たとえば『魏書』釈老志に名が見える沙門たちのうち、『高僧伝』が下限とする天監十八年（五一九）、北魏の年号では神亀二年以前の記事に登場するところの法果《ほうか》、曇証《どんしょう》、恵始《えし》、曇曜《どんよう》、師賢《しげん》、邪奢遺多《やしゃいた》、浮陀難提《ふだなんだい》、常那邪舎《じょうなやしゃ》、道進《どうしん》、僧超《そうちょう》、法存《ほうそん》、嵩《すう》法師、淵《えん》法師、登《とう》法師、紀《き》法師、跋陀《ばつだ》、道順《どうじゅん》、恵覚《えかく》、僧意《そうい》、僧範《そうはん》、道弁《どうべん》、恵度《えど》、智誕《ちたん》、僧顕《そうけん》、僧義《そうぎ》、僧利《そうり》、恵深《えしん》、僧暹《そうせん》、僧頻《そうひん》、恵生《えしょう》たち、それらあまたの人たちのなかで『高僧伝』に何らかのかたちで伝記があるのは、わずかに恵始、曇曜、嵩法師、淵法師、登法師、紀法師の六人にしか過ぎない。『高僧伝』の目録の表記に従うならば、恵始はすなわち巻一〇・神異篇下の「宋の偽魏の長安の釈曇始」、また曇曜は巻一一・習禅篇の「宋の偽魏の平城の釈玄高」伝に簡単な付伝があり、そして嵩法師、淵法師、登法師、紀法師の四人については巻八・義解篇五の「斉の偽魏の済州の釈僧淵」伝につぎの記事がある。「（僧淵は）初め徐州（江蘇省彭城）に遊《たび》して白塔寺に止まり、僧嵩従《よ》り『成実論』と『毘曇《びどん》』を受け、学ぶこと未だ三年ならずして功は十載を踰え、慧解の声、遐邇《かじ》（遠近）に馳す。・・・・曇度《どんど》、慧記《えき》、道登《どうとう》は並びに淵従り業を受く」。僧淵は淵法師、僧嵩は嵩法師、慧記は紀法師、道登は登法師。

宮崎市定氏の指摘にもあるように、そもそも仏教僧侶は「南北朝の混乱時代において、常に政治的中立の立場を維持し、敵対する両陣営の間をも自由に往来して情報を蒐集」したのであり（『宮崎市定全集』1「中国史」一八二頁、岩波書店、一九九三年刊）、旅行者の往来をチェックするために設けられた「関津——関所と渡し場」も、僧侶にかぎっては自由に通過することができたのであった。たとえば東晋末のこと、太原を出自とする王家の人たちは、その一人の王愉《おうゆ》がやがて東晋王朝を奪って劉宋王朝を創業することとなる劉裕《りゅうゆう》にたてついたために一家破滅の悲劇に見舞われ、かろうじて十四歳の王慧龍《おうけいりゅう》ただ一人だけが沙門の僧彬《そうひん》に匿われる。長江の渡し場の役人は王慧龍をともなう僧彬に疑いの目をむけたものの、「こやつは拙僧のもとで修行している小僧だ」、このように言いごまかし、江陵（湖北省荊州市江陵）にまでたどり着く。そしてそこから襄陽（湖北省襄陽）へ、さらに国境を越えて後秦へと逃れたのであった。『魏書』巻三八・王慧龍伝に見える話だが、『魏書』巻三七の司馬楚之《しばそし》や『宋書』巻六三の王華《おうか》など、類話はほかにも少なくない。

このような正史の記事もさることながら、とりわけ東晋時代、そして劉宋時代の沙門たちが南北間を自由に往来していた情況は、ほかならぬ『高僧伝』についてうかがうことができるのであって、長安の鳩摩羅什と現在の江西省に存在した廬山の慧遠《えおん》教団との間の密接な交渉はとりわけそのことの象徴とすべき事柄であろう。慧遠の弟子の曇邕《どんよう》のごときは、「(慧)遠の為に関に入り、書を羅什に致し、凡そ使命(使者の役目)を為すこと十有余年」であったと伝えられている(巻六・義解篇三)。しかるに、時代が進むにつれてかかる情況にもいささかの変化が生じたのではないか。南北間の沙門の往来が往時ほど頻繁ではなくなったのではないか。

先にもふれたように、巻八・義解篇五の僧宗《そうそう》伝に付伝されている曇准《どんじゅん》についてつぎのような記事がある。北土の法師である曇准は南斉の僧宗が『涅槃経』の学匠であると伝え聞いて江南にやって来たものの、「南北は情異なり、思い相い参ぜず(南と北とでは事情が異なるため、考えがうまくかみ合わない)」、そこで「別に更に講説し、多く北士(華北出身の人物)の師とする所と為った」という。曇准の専伝は『続高僧伝』巻六・義解篇二に備わり、それによれば曇准は魏郡湯陰(河南省湯陰)の出身、そして「斉の竟陵王(蕭子良《しょうしりょう》)は広く勝道(優れた沙門)を延《まね》き、盛んに講説を興すと承《き》き、遂に南に度《わた》りて湘宮寺に止まる。処処に採聴し、席に随いて談論し、塗阻に逢う(障碍に出会う)と雖も未だ曾《か》つて労を告げず」とある。「南北は情異なり、思い相い参ぜず」とか、「塗阻に逢う」とか、このように江南にやって来た曇准が少なからず苦労をしたことが伝えられており、江南には北来の人間が受け入れられにくい情況が存したかのように察せられるのだが、その一因として、彼らの話す言葉が障碍となったのではないかと考えられないではない。というのも、『梁書』儒林伝の盧広《ろこう》伝につぎの記事があるのを知るからである。「時に北来の人なる儒学者に崔霊恩《さいれいおん》、孫詳《そんしょう》、蔣顕《しょうけん》有って並びに徒を聚めて講説するも、而れども音辞鄙拙なり。惟《た》だ(盧)広のみは言論清雅にして北人に類せず」。范陽涿《たく》（河北省涿州）出身の盧広が江南にやって来たのは梁の天監年間（五〇二―五一九）のこと。また盧広伝につづいて置かれている沈峻《しんしゅん》伝にもつぎのようにある。江南においては『周礼《しゅらい》』の学問はすこぶる振るわず、北来の孫詳と蔣顕が『周礼』を専門としたものの、いかんせん「音は楚夏に革《こと》なり」、彼らの話す言葉が江南の発音でもなく中原の正統の発音でもないためにさっぱり学生が集まらなかったという。

さりとはいえ、言語の問題はこの時代にかぎったことではない。この時代にかぎったこととして、仏教を取り巻く当時の政治情況がやはり考えられなければならないであろう。たとえば巻八・義解篇五の玄暢《げんちょう》伝の記事。そもそも玄高の弟子であった玄暢は、北魏の太武帝による廃仏が断行されようとする時に際会して劉宋に逃れるのだが、その道中の緊迫した様子がつぎのように伝えられている。「其の後、虐虜（残虐な胡虜。すなわち北魏）は仏法を剪滅し、諸々の沙門を害し、唯だ暢のみ走《のが》るるを得たり。元嘉二十二年（四四五）の閏五月十七日を以て平城自《よ》り発し、路として代郡、上谷に由《よ》り、東して太行を跨ぎ、路として幽（州）、冀（州）を経《へ》て南に転じ、将《まさ》に孟津《もうしん》に至らんとす。唯だ手に一束《ひとたば》の楊《やなぎ》の枝と一扼《ひとにぎり》の葱《ねぎ》の葉を把《も》つのみ。虜騎は追逐し、将《まさ》に之れに及ばんと欲す。乃ち楊の枝を以て沙を撃ち、沙は起こりて天は闇《くら》く、人馬は前《すす》むを得る能《あた》わず。頃《しばら》く有って沙息《や》み、騎已に復《ま》た至る。是《ここ》に於いて身を河の中に投じ、唯だ葱の葉を以て鼻孔中に内《い》れ、気を通じて水を度《わた》り、八月一日を以て揚州に達す」。

これは廃仏という緊急の情況下における極めて異例の事態であったのかも知れない。巻一一・明律篇の志道《しどう》の伝記には廃仏収束後のこととしてつぎの記事がある。すなわち、北魏太武帝による廃仏もやがて興安元年（四五二）に至って文成帝が即位すると沈静化に向かい、仏教復興がなされた。しかしながら授戒の儀に不備な点が少なくなかったため、志道は同志十余名とともに虎牢《ころう》（河南省滎陽の西北）に赴いたうえ、洛州、秦州、雍州、淮州、予州の五州の僧侶を引水《いんすい》寺に集め、戒律を講じた。かくして、「偽国（北魏）の僧禁（戒律）は全きを獲た」という。あるいはまた巻八・義解篇五に立伝されている曇度《どんど》。そもそも江南の出身である曇度は、建康において修学した後、徐州において僧淵から『成実論』を授かり、「当時に独歩」と謳われた。やがて魏主の元宏《げんこう》、すなわち北魏の孝文帝の招きを受けた曇度は、北魏の都の平城に赴いて「大いに講席を開き」、遠近から集まる学徒は千余人にのぼったという。

　だがしかし、曇度とはまったく反対に、曇度と同じく義解篇五に収められている僧宗《そうそう》の伝記には、「魏主の元宏は遥かに風徳を挹《した》い、屢《しばし》ば書を致し幷せて開講せんことを請いしも、斉の世祖は外出するを許さず」とあって、僧宗が北魏の孝文帝の招請に応じるのを斉の世祖すなわち南斉の武帝が許さなかったことを伝えているのである。拙稿「北魏孝文帝借書攷」（『東方学』九六輯。後に『六朝隋唐文史哲論集Ⅰ——人・家・学術』、法藏館、二〇二〇年刊、に収録）に述べたように、北魏の孝文帝は秘閣の図書を充実させるべく南斉の武帝に対して典籍の借用を申し入れながら断られたことがあり、北魏の孝文帝は二度にわたって肘鉄を食らわされたわけだが、それはともかくとして、とりわけ注目したいのは巻一三・興福篇の法悦《ほうえつ》伝のつぎの記事である。南斉末のこと、都の正覚《しょうかく》寺に住していた法悦は、彭城（江蘇省徐州）の宋王《そうおう》寺の丈八の金銅像が自然災害が発生したり僧尼が災厄に見舞われたりするたびにきまって汗を流すという奇瑞を耳にし、そのお顔を拝みに出かけたいと思ったものの、「関禁」すなわち国境通過の禁令にはばまれて念願を果たすことができなかったという。

江南の南朝と華北の北朝とが対峙した分裂国家の時代においても、両王朝間の国交が完全に断絶していたわけではなかった。王朝の使節である聘使《へいし》の相互訪問がなされていたことは、正史に丹念に記録されている。今かりに『南史』と『北史』それぞれの本紀について確認してみるならば、『南史』では巻二・宋本紀中の世祖孝武帝の大明四年（四六〇）十二月条に「魏、使いを遣わして和を通ず」とあるのを最初として、『北史』では巻一・魏本紀一の太宗明元皇帝の泰常六年（四二一）九月条に「宋人来聘す」とあるのを最初として、実に頻繁に、ある期間には毎年のごとくに、時には一年に一度にとどまらずに聘使の派遣がなされていたことを知るのである。ところがある年を境として、このような記事がぱったりと途絶えるのだ。すなわち『南史』では巻五・斉本紀下の廃帝海陵王の延興元年（四九四）八月条に「魏人来聘す」とあるのを最後として、『北史』では魏本紀三の高祖孝文帝の太和十八年（四九四）二月条に「斉人来聘す」、同年六月条に「兼員外散騎常侍の盧昶《ろちょう》に詔して斉に使いせしむ」とあるのを最後として、それ以後ぱったりと途絶えるのだ。『梁書』巻二一（また『南史』巻二三）・王錫《おうし》伝に「普通（五二〇—五二七）の初め、魏始めて連和し、劉善明《りゅうぜんめい》をして来聘せしむ。勅して中書舎人の朱异《しゅい》をして之れを接せしめ、讌《うたげ》に預かる者は皆な帰化の北人なり・・・」とあり、同巻三四（また同巻五六）・張纘《ちょうさん》伝にも「普通の初め、魏は彭城の人の劉善明を遣わして京師に詣りて和を請わしめ、讚を識らんことを求む……」とあるけれども、しかしながら本紀にはそのことに関する記事はない。本紀についてみるかぎり、南北朝間の聘使派遣に関する記事が復活するのは、『南史』では巻七・梁本紀中の高祖武皇帝の大同二年（五三六）十二月条に「東魏と和を通ず」とあるのにつづいて、翌三年（五三七）七月条に「東魏の人来聘す」、九月条に「兼散騎常侍の張皐《ちょうこう》をして東魏に聘せしむ」とあるのを待たなければならないのである。『南史』のこの記事は、『北史』巻五・魏本紀五の東魏孝静皇帝の天平四年（五三七）七月条に「兼散騎常侍の李諧《りかい》を遣わして梁に聘せしむ」とあるのに照応するが、このように西暦四九四年から五三七年まで、四十三年間の長期にわたって南北朝間の聘使の派遣は中断していたのであり、それが復活した時、華北における北魏王朝はすでに東魏と西魏に分裂していたのであった。

南北朝間の聘使派遣が中断する境目となった西暦四九四年、それは北魏の孝文帝によって平城から洛陽への遷都が行なわれた年にほかならなかった。その結果、南朝としては北朝の南進に対する警戒心を強めざるを得ず、南北両朝間の緊張がもたらされたであろうことは想像にかたくない。西暦五三七年における南北間の聘使派遣復活に先立つ数年前のこととして、『北史』巻五・魏本紀五の節閔《せつびん》皇帝普泰元年（五三一）四月条につぎの記事があることに注目される。「有司（関係官庁）に詔して復《ま》た偽梁と称することを得ず、細作の条を罷《や》め、隣国との還往を禁ずること無からしむ」。細作とはスパイ。つまりそれまでの数十年間、北魏王朝は梁王朝のことを偽梁と呼び、スパイ工作をも行ないながら隣国梁との往来を固く禁止していたのである。法悦が「関禁」のために彭城の宋王寺に赴くことができなかったのは、まさしくそのような南北両朝の緊張状態がたかまった南斉末のことであった。そして慧皎が天監十八年（五一九）を下限とする『高僧伝』の執筆を進めていたのも、やはりそのような時代のさなかのことなのであった。

ともかく南北間の沙門の往来が往時のように自由ではなくなり、頻繁ではなくなったとするならば、北魏の仏教に関して慧皎が入手し得る情報は自ずから限られたものとならざるを得なかったであろう。それだけではない。先述したように、江南には『高僧伝』執筆のための参照に供されるべき文献が少なからず存したこと、その序録について見られる通りだが、北魏において著わされたそのような僧伝関係の書物の存在を『魏書』や書籍目録の『隋書』経籍志について確認することは困難であり、書物を通して情報を得るチャンネルもほとんど絶たれていたのであった。『出三蔵記集』巻五の「新集疑経偽撰雑録」に、「提謂《だいい》波利《はり》経二巻。右一部、宋の孝武の時、北国の比丘の曇靖《どんじょう》撰」、「宝車《ほうしゃ》経一巻。右一部、北国の淮州の比丘の曇弁《どんべん》撰、青州の比丘の道侍《どうじ》改治」との著録がある。そのうちの『提謂波利経』は、北魏太武帝の廃仏によって「旧訳の諸経が並びに焚蕩に従った」ため、民衆教化を目的として曇靖が制作したものであるとの記事が『続高僧伝』巻一・訳経篇一の曇曜《どんよう》伝にある。ともかく、「北国の比丘」によって制作されたこれらのいわゆる疑経二種が細流のごとくに江南に伝来していたことを知るのであるが、しかしこれらの疑経に関わる記事が『高僧伝』にあるわけではない。

そもそも、中国の仏教史上におけるまことにセンセーショナルな大事件であった北魏太武帝の廃仏に関しても、どれほどの情報が江南に伝わっていたことか。南斉の永明六年（四八八）成書の沈約《しんやく》撰『宋書』に設けられた索虜伝、すなわち北魏の歴史を通観する篇には太武帝の廃仏に関する記事はまったくない。梁の時代に蕭子顕《しょうしけん》によって撰述された『南斉書』の魏虜伝にしても、わずかにつぎの記事があるのみである。「初め仏狸《ぶつり》（太武帝）は羯胡《けっこ》を長安に討ち、道人（沙門）を殺して且《まさ》に尽きんとす。元嘉の南寇に及んで、道人（沙門）を獲るや、鉄の籠を以て之れを盛る。後に仏狸は悪疾に感じ、是れ自《よ》り仏教を敬い畏れ、塔寺浮図を立つ」。羯胡とは盧水胡出身の蓋呉《こうご》。太平真君六年（四四五）の蓋呉の反乱が廃仏の直接の引き金となったのであって、『魏書』釈老志にはつぎのようにある。

「蓋呉の杏城《きょうじょう》（陝西省黄陵の西南）に反し、関中騒動するに会《あた》って、帝（太武帝）は乃ち西に伐ち、長安に至る。是れより先、長安の沙門は麦を寺の内に種《う》え、御騶《ぎょすう》（天子の馬丁）、馬を麦の中に牧《か》う。帝入りて馬を観るに、沙門は従官に酒を飲ましむ。従官、其の便室（私室）に入りて大いに弓矢、矛盾（ほことたて）有るを見、出《い》でて以て奏聞す。帝怒りて曰わく、此れは沙門の用いる所には非ず、当《まさ》に蓋呉と通謀し、人《われ》を害せんと規《ほっ》する耳《のみ》と。有司に命じて一寺を案誅し（その寺を挙げて取り調べて誅殺し）、其の財産を閲（検閲）するに、大いに醸酒の具及び州郡の牧守（州の長官の刺史と郡の長官の太守）と富人の寄する所の蔵物を得ること、蓋《けだ》し万を以て計る。又た屈室を為《つく》り、貴室の女と私《ひそ》かに淫乱を行なう。・・・詔して長安の沙門を誅し、仏像を焚破し、留台（都平城の留守政府）に勅して、四方に令を下して一に長安の行事に依らしむ」。また『南斉書』魏虜伝に「元嘉の南寇」というのは、劉宋の元嘉二十七年（四五〇）、北魏の太平真君十一年、太武帝が南征し、長江を間にはさんで建康の対岸に位置する瓜歩山《かほざん》（江蘇省六合の東南）にまで達したこと。

正史だけではない。『高僧伝』においてすら、北魏太武帝の廃仏に関する記事はまことに寥々たるものと言わざるを得ない。巻八・義解篇五の玄暢伝、また巻一一・明律篇の志道伝の二条の記事はすでに取り上げたが、廃仏の危機を避けるべく江南の政権のもとに逃れた沙門のことを伝えるのは、そのうちの玄暢伝のほか、巻七・義解篇四の僧導伝に寿春（安徽省寿県）の東山寺に住した僧導について、「会《たまた》ま虜は俄かに仏法を滅し、沙門の難を避けて之れに投ずる者数百、悉く衣食を給す」とあり、また巻一三・唱導篇の慧《え》芬《ふん》伝に「魏虜の仏法を毀滅するに及んで、乃ち南のかた京師（建康）に帰す」とあるのを知るだけであって、『続高僧伝』には、北周の武帝の廃仏、すなわち北魏太武帝の第一次廃仏からおよそ百三十年後の建徳三年（五七四）に発動された第二次廃仏に際会して江南の陳王朝に逃れた沙門に関する記事が少なからず見出されるのと顕著な対照をなす。

そのほか、巻一〇・神異篇下の曇始《どんし》伝につぎのようにあるのが北魏太武帝の廃仏に関するまたの一条。「時に博陵の崔皓《さいこう》有って、少《わか》くして左道（邪道）に習い、釈教を猜嫉す。既に位は偽輔（偽政権北魏の宰相）に居り、燾《とう》（太武帝）の仗信する所にして、乃ち天師の寇《こう》氏（道教の司祭の寇謙之）と与《とも》に燾に説くに仏教は無益にして民利を傷《やぶ》ること有るを以てし、勧めて之れを廃せしむ。燾は既に其の言に惑《まど》い、偽太平七年（四四六）を以て遂に仏法を毀滅す。軍兵を分遣し、寺舎を焼掠し、統内の僧尼は悉く罷道（還俗）せしむ。其の竄逸《ざんいつ》する者有れば、皆な人を遣わして追捕せしめ、得《とら》うれば必ず梟斬《きょうざん》し、一境の内、復《ま》た沙門無し」。そのような危機の時に当たって世間から姿を隠した曇始は、やがて太武帝の死期の近いことを知ると宮城を訪れ、廃仏を撤回させることに成功したとあるけれども、しかしこれは誤伝とすべきであろう。何となれば、『魏書』釈老志に恵始《えし》の名で見える沙門はすなわち『高僧伝』の曇始にほかならないのだが、恵始は廃仏に先立つ太延年間（四三五―四四〇）に遷化したとあるからである。

曇始伝につづいて置かれている法朗《ほうろう》伝にも、「魏虜の仏法を毀滅するに至って、朗は西のかた亀茲《きゅうじ》に適《ゆ》く」とのごく簡単な記事が見出されるが、巻一一・習禅篇の玄高《げんこう》伝は北魏太武帝の廃仏を伝えて例外的にかなりの長文にわたる。あらましを摘むならば、玄高は廃仏が発動される二年前の太平真君五年（四四四）、太武帝の犠牲となって平城において遷化する。そのことを知った弟子の玄暢が雲中郡から駆けつけ、同学の者とともに、「法は今既に滅す、頗る復《ま》た興らんや。如《も》し脱《あ》いは更に興らんならば、請うらくは和上、起坐せられよ。和上、徳は常人に匪《あら》ざれば、必ず当《まさ》に之れを照らすべし」、このように涙ながらに訴えたところ、玄高はかすかに両眼を開いて起坐し、やがて廃仏が行なわれるであろうこと、また玄暢が江南に逃れるであろうことなどを予言したうえ、ついに息を引きとったという。そしてその伝の終わりに、「偽太平七年（四四六）に至って、拓跋燾《たくばつとう》（太武帝）の果たして仏法を毀滅せしこと、悉く（玄）高の言の如し」とある。また玄高伝につづいて設けられている僧周《そうしゅう》伝も、目録には「宋長安寒山釈僧周」とあるけれども、僧周は実際は北魏の沙門なのであって、そこにつぎの記事がある。「魏虜の将《まさ》に仏法を滅せんとするや、周は門人に謂いて曰わく、大難将《まさ》に至らんとすと。乃ち眷属数十人と共に寒山に入る。山は長安の西南四百里に在り。渓谷は険阻にして軍兵の至る所に非ず、遂に居を卜《ぼく》す。俄かにして魏虜は暴を肆《ほしいまま》にし、停まる者は悉く斃《たお》る。其の後、尋《やが》て悔い、崔氏《さい》（崔皓）を誅滅し、更《あらた》めて仏法を興せり」。

ともかく以上に示したのが、『高僧伝』に見出されるところの、なにがしか北魏太武帝の廃仏に関する記事のすべてなのだが、慧皎がその一つとしてかなりの長文の玄高伝を設けることができたのは、そもそも玄高の弟子の玄暢によって江南にもたらされた情報に基づいてのことであったのであろう。

またその玄高伝の末尾には、雲岡《うんこう》石窟の開鑿《かいさく》で知られる曇曜《どんよう》について、「時に沙門の曇曜有って亦た禅業を以て称せられ、偽太傅の張潭《ちょうたん》は伏膺《ふくよう》して（教えをしっかりと心にとどめて）師礼す」とのごくごく簡単な記事もそえられている。この記事に関してはまた別の情報源が考えられないではない。すなわち『世説新語』に注を施したことで知られる劉孝標《りゅうこうひょう》がもたらした情報ではなかったかと考えられるのであって、それというのも『出三蔵記集』の巻二「新集撰出経律論録」に、「雑宝蔵経十三巻（闕）、付法蔵因縁経六巻（闕）、方便心論二巻（闕）。右三部、凡そ二十一巻は、宋の明帝の時、西域の三蔵の吉迦夜《きっかや》、北国に於いて偽延興二年（四七二）を以て僧正の曇曜と共に訳出し、劉孝標筆受す。此の三経並びに未だ京都（建康）に至らず」とあるからである。劉孝標は『梁書』巻五〇・文学伝下と『南史』巻四九に立伝されているほか、『魏書』巻四三・劉休賓《りゅうきゅうひん》伝にも参照すべき記事があるのだが、それらを綜合するならば、法武《ほうぶ》を名としていた彼は、八歳の少年であった宋の泰始年間（四六五—四七一）の初め、故郷の山東半島の地域が北魏軍の進攻を受けると北土に拉致され、最後に行き着いた北魏の都の平城において母親の許氏《きょ》ならびに兄の法鳳《ほうほう》とともに出家したのであって、吉迦夜と曇曜が訳出する経論の筆受の役目をつとめたのはその時のことであったろう。そしてその後、還俗のうえ南士への帰還を果たすことを得た劉孝標が、曇曜についての情報を江南にもたらしたのではあるまいか。『文選』巻四三に収められている劉孝標の「重ねて劉秣陵《りゅうまつりょう》沼《しょう》に答うる書」、その李善《りぜん》注が引く「自序」によるならば、彼が南帰を果たしたのは南斉の永明四年（四八六）二月のことであった。

附　『高僧伝』から『続高僧伝』へ

一世紀における仏教の中国伝来から南朝梁の天監十八年（五一九）までに活躍した沙門の伝記を集成する『高僧伝』。梁の慧皎《えこう》（四九七―五五四）が撰述した『高僧伝』の現代語訳は船山徹さんとの共同作業として岩波文庫に収めることができたのだが、この『高僧伝』を継ぐものとして、初唐の道宣《どうせん》（五九六―六六七）によって『続高僧伝』が著わされた。『続高僧伝』が下限とするのは唐の高宗の麟徳二年（六六五）。

『続高僧伝』は『高僧伝』を継ぐものではあるけれども、それにはやはりそれなりの独自の立場が存した。ひとまず、『高僧伝』一四巻の篇目と『続高僧伝』三〇巻の篇目をながめてみるならば――、

『高　僧　伝』　訳経・義解・神異・習禅・明律・亡身・誦経・興福・経師・唱導

『続高僧伝』　訳経・義解・習禅・明律・護法・感通・遺身・読誦・興福・雑科声徳

見られるように、訳経、義解、習禅、明律、興福の五篇の篇名はまったく同じであり、『高僧伝』の神異は『続高僧伝』の感通、亡身は遺身、誦経は読誦といくらか篇名が改まっているだけのことである。また『続高僧伝』の雑科声徳篇にしても、それは『高僧伝』の経師篇と唱導篇の二篇を一つに

まとめたものなのである。そもそも慧皎の最初の構想では、訳経篇から興福篇までの八篇だけで『高僧伝』を構成するつもりであったのだが、「経師と唱導の二つの技法は仏道にとって末梢的なものではあるものの、しかし世俗の人間を開悟させるうえで大切なものである」（唱導篇の論）と考えた結果、経師篇と唱導篇の二篇が加えられたのである。つまり、転読や梵唄など経典を朗誦することを得意とする沙門の伝記を集成する経師篇、説教を得意とする沙門の伝記を集成する唱導篇、これらの二篇はいわばお添えものであったわけであり、恐らく道宣も慧皎のそのような考えを受け継いで、経師と唱導の二篇を一つにまとめて雑科声徳篇としたのであったろう。雑科とは雑のジャンル。そして声徳とは、直訳すれば音声による技能。すなわち『高僧伝』の経師篇の沙門たちのような歌唱術と唱導篇の沙門たちのような話術のこと。

かくして残るのは護法の一篇。つまり、『続高僧伝』が『高僧伝』とは異なって独自に新たに設けたのは護法篇にほかならなかった。『続高僧伝』の序にも、「前伝（すなわち慧皎の『高僧伝』）が叙述されて以後、全体の凡例はすでに流布しているので、（篇目を）入れ替えたり差し替えたりはするものの、その立派な規範に準拠する」とひとまず述べたうえ、すぐにつづけてつぎのような文章が置かれている。「護法の一ジャンルは仏法の網の目を大綱できちんと引き締めるものであり、もしこの伝記に付すならば、続伝として功績がないわけではあるまい」。

それだけに、護法篇にかける道宣の意気ごみにはなみなみならぬものがあった。護法篇を総括すべくその篇末に置かれている論には、「論に曰わく」として護法篇こそが仏伝の要《かなめ》なのだとの強い思いが述べられている。「仏法を護持するには邪道を正すことこそが大切なのであって、邪道が正されてこそはじめて信心の根本が開かれる」。「功績を計って篇立てをするならば、（護法篇は）訳経篇よりも先に置くのがふさわしいのだが、（護法は）経典そのものに関わる事業とはいささか異なるので、戒定慧の三学（に関係する明律篇・習禅篇・義解篇）の後に置くのである」。かく述べるのにつづいて指摘されているように、『高僧伝』にも後秦の姚興《ようこう》の時代にスリランカから長安にやって来たバラモンと対論して見事に屈服させた道融《どうゆう》（義解篇）、あるいは北魏太武帝の廃仏に抗議した曇始《どんし》（神異篇）のような護法僧に関する記事がまったくないわけではない。しかしながら慧皎の『高僧伝』には、護法篇が設けられることはなかったのである。

道宣の『続高僧伝』があらましは慧皎の『高僧伝』の篇目構成を襲いながらも、独自に新たに護法の一篇を設けたのは何故であったのか。思うに、それはひとえに初唐の仏教者が直面せざるを得なかった情況に即応してのことであったのにちがいない。初唐の仏教者が直面した情況とは、釈迦に始まる仏教が正法、像法の時代を終えていよいよ末法の時代を迎えたとの痛切な意識、それに加えて道教の仏教に対する攻勢であった。

仏教者たちが末法の意識を強く抱くようになったのは、隋唐時代が幕開けする直前の南北朝時代末のことであった。『高僧伝』には「像法」や「像運」の語が見えるだけで「末法」の語は見えないのだが、ところがたとえば天台智顗《ちぎ》の師匠である慧思《えし》は、その「立誓願文」にそえた自序年譜につぎのように記している。

釈迦牟尼《シャカムニ》は法を説き世に住《とど》まること八十余年、衆生を導利し、化縁既に訖《おわ》るや、便《すなわ》ち滅度を取る。滅度せしの後、正法の世に住まること五百歳に逕《いた》り、正法滅し已《おわ》って像法の世に住まること一千歳に逕り、像法滅し已って末法の世に住まること一万年に逕る。我慧思は即ち是れ末法の八十二年、太歳は乙未《いつび》に在る十一月十一日、大魏国の南予州汝陽郡武津県に生まる。年十五に至って出家修道し、法華経及び諸々の大乗を誦し、精進苦行す。

太歳すなわち一二年周期で天を一周する木星が乙未に位置する年とは北魏の延昌四年（五一五）。慧思が南予州汝陽郡武津県、すなわち現在の河南省上蔡県の東の地に生を享けたその年は、すでに末法の時代に入って八二年目であったというのである。そしてもとより『続高僧伝』には「末法」の語が頻繁に現われるのであり、いよいよ末法の世を迎えたのだとの危機意識は、北周の武帝によって建徳三年（五七四）に発動された廃仏によって一層増幅され、仏教者の護法の情熱を激しくかき立たせたことであったろう。

さらにそれに一層の拍車をかけたのは道教の仏教に対する攻勢であった。『続高僧伝』護法篇の論において、道宣が「邪道」を正さなければならぬと声高に叫んでいる邪道とは、何よりももっぱら道教を意識しての言葉にほかならない。南北朝時代においても道教はすでに仏教と十分に張り合う対抗勢力であり、北魏の太武帝と北周の武帝の廃仏にしても道教勢力の策謀に出るところが少なくなかったのだが、唐代に至って道教勢力は一段と勢いづいた。それというのも、李を姓とする唐王室は同じく李を姓とするところの老子をわが始祖とみなし、しかもその頃、老子はすでに神格化されて道教の神々の中核に座を占める太上老君として崇められていたからである。

道宣は『続高僧伝』に護法篇を設けただけではなかった。慧皎の先輩格の僧祐《そうゆう》（四四五—五一八）の生まれ変わりと称されもした道宣は、僧祐が編んだ『弘明集《ぐみょうしゅう》』、すなわち「仏の道を弘め仏の教えを明らかにする」ことを書名とするところの『弘明集』を増広する『広弘明集』をも編んでいるのだが、それにも注目しなければならない。一四巻から成る『弘明集』には篇目が設けられていないのに対して、『広弘明集』三〇巻は帰正・弁惑・仏徳・法義・僧行・慈済・戒功・啓福・悔罪・統帰の一〇篇に分けられ、そのうちの巻五から巻一四までの一〇巻、すなわち全体の実に三分の一を占める弁惑篇には、道教を攻撃し仏教を擁護するところの護法を目的とした文章が集められているからである。しかも弁惑篇には、ほかの諸篇とは異なって、わざわざ第一の序と第二の序がそなえられており、道宣の思い入れのほどがうかがわれようというものである。すなわち、

「迷妄に取りつかれている世俗の人間にはおよそ二種類がある。一つは仏は幻偽であるとの迷妄に取りつかれている者であって、巧みに人の心を誘惑する。二つは仏教の因果の理法は曖昧模糊たるものだとの迷妄に取りつかれている者であって、この身の現世の問題だけに後生大事にしがみつく」、

このように書き始められている第一の序。

「そもそも迷妄を解き放つ者は、何が正しい行ないであるのかに広く目を配るよう心がけるのであって、伝聞にやみくもにたよるようでは、まったくのところ誰が舵取り役であるのかを見分け

ることはむつかしい」、

このように書き始められている第二の序。

弁惑篇に収められているのは、北周の武帝の廃仏前夜に発表され、仏教者の立場から道教の教説が愚にもつかぬものであることを述べ立てる道安《どうあん》の「二教論」や甄鸞《しんらん》の「笑道論」、そしてとりわけ何よりも唐初の激越な排仏論者であった傅奕《ふえき》を反駁する諸人の文章である。そもそも道士の出身であり、仏を「妖胡《ようこ》」と呼んで排仏のキャンペーンをあかずつづけた傅奕は、仏教者が強く意識せざるをえない人物であった。太史令の職にあった唐の初代皇帝高祖の武徳四年（六二一）と武徳七年（六二四）、傅奕は二度にわたって仏教を中国世界から追放すべきことを内容とする上疏を行なったのだが、弁惑篇にはこのような傅奕の上疏に対抗して著わされた法琳《ほうりん》の「破邪論」や「弁正論」などが収められているのである。道安も、また法琳も、ともに『続高僧伝』護法篇に立伝されている沙門である。さらにまた傅奕は、「魏晋已来《いらい》の仏教を駁せし者」、すなわち魏晋以後の排仏論者二五人を集めた『高識伝』一〇巻を著わした。排仏論者こそが高邁な見識の士であるとの考えに基づく命名にほかならないが、『広弘明集』弁惑篇には、この『高識伝』を適当に摘んだうえで道宣自らが反駁を加えた文章も収められている。これらの文章が伝えるところは、冷静で筋道だった教義論争はそっちのけの、道仏両教が臆面もなしにたがいに罵声をあびせ合う泥仕合としか表現しようのない体のものである。

ところで傅奕の『高識伝』が二五人の排仏論者の最後に列したのは、なんと「傅奕は北地泥陽《でいよう》（陝西省耀県の東南）の人。其の本《もと》は西涼」と始まる自らの伝記であり、そこには一一条からなる武徳四年上疏の文章が載せられていた。傅奕の面目躍如といったところだが、しかし道宣もさるもの、弁惑篇において一一条のひとつひとつを駁したうえ、その末尾に唐臨《とうりん》の『冥報記』からわざわざつぎのような話を引いている。

太史令の傅奕は武徳年間（六一八―六二六）から貞観十四年（六四〇）に至るまで仏教の僧侶をあかず誹謗しつづけ、その年の秋に突然のこと病死した。初め奕は道士の傅仁鈞《ふじんきん》、薛賾《せつさく》の二人と親密な仲だった。その後、仁鈞と賾はそろって官を授かった。仁鈞が先に亡くなり、賾の夢に仁鈞が現われてこう言った。「以前に貸した金は泥人にわたしてくれるがよい」。賾が誰のことかとたずねたところ、傅奕のことだと言った。その夜、少府監の馮長命《ふうちょうめい》も夢の中で、ある場所に亡者が大勢いるのを見かけた。仏教経典に説かれている罪福の事実はまちがいがないかと長命がたずねると、すべてまちがいがないとのこと。さらに、「傅奕は生前、仏を信じなかったが、死後にいかなる報いを受けるのか」とたずねると、「傅奕はすでに越州に配流され、泥人となっている」と言った。その翌朝、長命は朝堂に入り、薛賾に会って夢に見たところを話した。賾も夢について話した。二人の夢は符合し、そばにいた私（唐臨）は二人といっしょに悲嘆に暮れた。薛賾はさっそく傅仁鈞からの借金を傅奕に託し、あわせて夢に見たところを話した。その後、数日して傅奕は亡くなった。

道宣はこのような話を引いたうえ、「泥人」についてつぎのような解説を加えている。「泥人なる者は、泥犂《ないり》中の人を謂うなり。泥犂とは即ち地獄の別名なり。八大地獄は地下に在り。余の諸々の雑獄は山の中、海の内に在って苦しみを受くるなり。深く痛む可きかな」。

かつて傅奕は、「仏は聖人なり」と信じてやまぬ蕭瑀《しょうう》なる人物を罵倒したことがあった。相手はただ合掌して「地獄が設けられているのは、まったくもってこのおとこのためなのだ」と言うばかりであったが、その言葉どおり、傅奕は死んで地獄に落ちたというわけである。

それにしても、正直なところ、道宣の文章は難解である。『高僧伝』にくらべて『続高僧伝』の文章は格段に難解である。『広弘明集』の道宣自身の筆にかかる総序や各篇の序もすこぶる難解である。今ここで思い出すのは、古典漢文を読解するに当たって困難を感じるのには三つの理由があるというある先達の言葉。(一)現在に伝わる文章に書写の誤りがあること。(二)当方の能力不足。(三)原文がそもそも悪文であること。敢えて言うならば、道宣の文章はすこぶるつきの悪文なのではないか。ほかではめったにお目にかかることのない言葉の多用。それらは道宣独特の造語に出るのではあるまいか。それとも、エネルギッシュな護法家であるとともにエネルギッシュな著述家でもあった道宣には、文章が十分に熟するのを待つのももどかしかったのであろうか。そのように言ったとしても、必ずしも当方の能力不足を棚上げするための遁辞とはなるまいと私は勝手に考えている。

「笑道論」訳注・解題

ここに訳注を施す「笑道論」は、北周の甄鸞が道教を攻撃した文章であって、『広弘明集』の巻九・弁惑篇に収められている。「笑道論」は北周の武帝によって廃仏が断行される前夜、天和五年(五七〇)に発表されたが、それが発表されるに至るまでの事情、その発表がもたらした波紋などを伝える「周滅仏法集道俗議事」の一文についても訳注を施し、「笑道論」の前に置く。「周滅仏法集道俗議事」はおなじく『広弘明集』の巻八・弁惑篇に収められ、その書の編纂者である道宣自身の文章である。

「笑道論」の著者甄鸞は正史に立伝されていない。そのため伝記を十分に詳らかにしがたいことを憾みとするが、「笑道論」を北周の武帝に上呈するにあたっての「啓文」の末尾に、「大周の天和五年二月十五日、前司隷毋極県開国伯臣甄鸞啓す」とあって、その肩書を知ることができる。また幸いにも、唐の張説の「唐故広州都督甄公碑」(『張説之文集』巻一八)が存する。開元五年(七一七)に卒した碑主の甄亶は、実に甄鸞の五代の孫なのであって、甄氏が中山無極(河北省無極県)の人であること、また漢の甄邯の十六代の孫として甄鸞が生まれたことを、「邯の十六代にして鸞を生む。斉に仕え、太山太守・司隷校尉・無極県伯たり。笑道論を撰し、代に行なわる」と記したうえ、鸞から亶に至るまでの世系を、鸞の子の隋の汾州刺史族、族の子の隋の沁州刺史紹、紹の子の隋の市令協、協の子の唐の単于大都督府録事参軍贈宋州刺史封、そして封の第四子が亶であると伝えている。甄鸞が「斉に仕え」というのは「周に仕え」の誤りであり、また司隷校尉であったというのは司隷大夫の誤りであろう。王仲犖『北周六典』（中華書局、一九七九年刊）四四三―四四四頁、参照。またその碑文に、甄姓の由来を記して、「舜は陶甄の職に居り、命《な》づけて甄氏と為す。姓を賜うこと生に因り、堅の読の如きも、形声転注し、真を以て音と為す」というのは、甄はZhen シンと読むべきであることを教えている。

かく、甄鸞の伝記について知られるところはごくわずかであるが、『隋書』経籍志にはその著書数種が著録されている。すなわち、史部雑史類に「帝王世録一巻、甄鸞撰」、子部天文類に「周髀一巻、甄鸞重述」、子部暦数類に「周天和年暦一巻、甄鸞撰」、「七曜術算二巻、甄鸞撰」、「九章算術二巻、徐岳甄鸞重述」、「九章算経二十九巻、徐岳甄鸞等撰」（補注）と著録されているのがそれである。また子部暦数類に「七曜本起三巻、後魏甄叔遵撰」の著録があり、『唐書』芸文志は甄鸞の著作の一つとして「七曜本起暦五巻」を著録する。もし両者が同一の書物であるとするならば、甄鸞の字は叔遵であった。これらの著作のうち、「周髀一巻」とは、現在も漢趙君卿注、北周甄鸞重述、唐李淳風等奉勅注釈として行なわれる『周髀算経』。能田忠亮『周髀算経の研究』（東方文化学院京都研究所研究報告第三冊、一九三三年刊）、参照。「周天和年暦一巻」に関しては、『隋書』律暦志中に、「西魏の入関するや、李業興暦を行なう。周の武帝に逮《およ》んで、乃ち甄鸞有って甲寅元暦を造り、遂に参用推歩す」、「武帝の時に及んで、甄鸞は天和暦を造り、上元甲寅より天和元年丙戌に至る・・・」などの関連の記事がある。またおなじく律暦志上に甄鸞「算術」からの引用が見られる。ともかく、これらの著作リストを通して知られるように、甄鸞はもっぱら天文、暦数の専家であったのであり、「笑道論」のなかに数字にもとづいての議論が目だつのもなるほどと首肯せられるのである。たとえば九「日月周径」章において、道経の『文始伝』に「日月の周囲は六千里、径は三千里」とある記事を、「法に拠れば則ち囲は九千里、如何ぞ但だ六千に止まらんや」と、「円三径一」、すなわち円周率三の計算をもって反駁しているのなどは、もっとも得意とするところであったろう。『周髀算経』では一貫して「円三径一」で計算が行なわれているからである。ちなみに、「笑道論」の著録は隋志にはなく、『旧唐書』経籍志、『唐書』芸文志の丙部子録道家類に三巻として著録されている。また、わが藤原佐世の『日本国見在書目録』雑家の項に、それらに先立って「咲道論二、甄鸞撰」と見える。「二」は「三」の誤りであろう。

「笑道論」は、北周の天和五年、仏教と道教二教の優劣について論ぜよとの勅命が下った時、道教の笑うべき点を逐条的にとりあげ、仏教が道教に優ることを論じた文章であって、三巻三十六条をもって構成された。三巻であるのは道教の三洞を笑ってのこと、三十六条であるのは道教経典の三十六部を笑ってのことであるという。「笑道論」のなかで、甄鸞はただ一度だけ自分のことに言及し、「臣、年二十の時、道術を好み、観（道観）に就きて学ぶ」（三十五「道士合炁法」章）と述べている。もしこれを信じてよいとするならば、彼は攻撃すべき相手である道教のことをよく知悉しており、それだけにかえって機鋒も鋭いのであろう。三巻三十六章の構成、すなわち一章から八章までが上巻、九章から二十二章までが中巻、二十三章から三十六章までが下巻を成していたことは目次についてうかがうことができるが、ただし『広弘明集』に収められたものが全文ではなく抄録であること、「笑道論」の標題の下に、「其の文は広ければ、笑う可き者を抄取す」と記されている通りである。そしてそのことは、「笑道論」の二十七「随劫生死」章、二十九「偸改仏経為道経」章、三十「偸仏経因果」章、三十一「道経未出言出」章、三十五「道士合炁法」章、三十六「諸子為道書」章のあわせて六章にそれぞれ対応する文章が、法琳の『弁正論』巻八・出道偽謬篇に「霊宝太上随劫生死謬」、「偸改仏経為道経謬」、「偸仏法四果十地謬」、「道経未出言出謬」、「道士合気謬」、「諸子為道書謬」としてあり、それら『弁正論』の文章が『広弘明集』のそれよりも詳細であることによって確認しうるであろう。当該各章の注を参照していただきたい。つまり、『広弘明集』には「笑道論」のいわばさわりの部分だけが採られたのであって、読みづらい部分の少なくないことの一半の理由はその点に存するのかも知れない。あるいはまた、道宣自身の筆が加わっている部分があるのかも知れない。

かく抄録ではあるけれども、「笑道論」の内容がそもそも廃仏をもくろむ北周の武帝の意図に反するものであったため、「即《ただ》ちに殿庭に於いて焚蕩」されたという。そうであるにもかかわらず、『広弘明集』に収められて今日にまで伝えられたことは、まことに貴重であるとしなければならない。六朝後期における道仏二教の論争がどのようなテーマをめぐってなされたのかを知るうえに一つの材料を提供してくれるからであり、あるいはまた、相手のあげ足をとり、時には自説を有利に導くために経典を偽作することも敢えて辞さず、そのような泥仕合としか表現しようのない様相をもって展開された論争の有様を具体的に理解させてくれるからである。「笑道論」を通してうかがわれる道仏二教の論争は、やがて唐初の傅奕と法琳をそれぞれの代表として争われる論争に継承されるであろう。また「笑道論」には、道教がいかに馬鹿馬鹿しい内容のものであるかを笑うために、実にさまざまの道教経典が引用されている。それらが六世紀後半に確実に存在した道教経典であることを確認しうるのもまた貴重であり、それらのうちのかなりのものについて、今日の道蔵に収められている道教経典のなかに対応を見出すことができる。詳細は注について見られたいが、訳注の作業を進めるうえでの一つの収穫であった。

ちなみに、清の兪正燮の『癸巳類稿』、その巻十四に「道笑論」の一文がある。「広宏明集弁惑論に云わく、周の天和五年、甄鸞は笑道論を上《たてまつ》る。五月十日、群臣詳議す。以て道法を傷蠹すると為し、即《ただ》ちに殿庭に於いて焚蕩す。法苑珠林は則ち盛んに其の書を誇り、今の僧徒は私《ひそ》かに之れを宝とす。書は滅す可からず、故に道家聊《いささ》か焉《これ》を笑う」と述べたうえ、「笑道論」から数条をとりあげ、「道家笑って曰わく・・・・」と反論を加えた文章である。『法苑珠林』が盛んに「笑道論」を誇っているというけれども、『法苑珠林』（百巻本）が「笑道論」に言及するのはただ二箇所のみである。すなわち、道教経典が偽造にかかることを述べる巻五五・破邪篇の「妄伝邪教」に、北周の張賓、焦子順、馬翼、李運の四人について、「天和五年を以て、故城内の宇真寺に於いて仏経を挑攪し、道家の偽経一千余巻を造る。時に万年県人の索皎装潢す。但だ甄鸞の笑道の処を見て並びに之れを改除す」と記し、つづけて「笑道論」三十六「諸子為道書」章の文書を「甄鸞の笑道論に云わく、道家は妄りに諸子三百五十巻に注して道経と為す。又た玄都目録を験するに、妄りに芸文志の書名を取り、矯って八百八十四巻に注して道経と為す」と引用したうえ、「此れに拠って言えば、虚謬を明らかにするに足れり」というのが一つ（T53・703a~b）。巻一〇〇・伝記篇の「雑集部」に、「笑道論三巻。右一部三巻、周朝の武帝、前司隷毋極伯甄鸞に勅して仏道二教を詮衡せしめし の作」と著録するのがまた一つである（1022b）。

本訳注は一九八二年四月から一九八六年三月までの四箇年にわたり、「六朝・隋唐時代の道仏論争」研究班において『広弘明集』の会読を重ねてきた成果の一部である。『広弘明集』の訳注としては、その巻四に収められる彦琮「通極論」のそれが、「隋唐の思想と社会」研究班の成果として『東方学報　京都』四九冊と五一冊の二回にわたって掲載されている。その時と同様に今回も、東京増上寺の御好意により、同寺所蔵の高麗板大蔵経にもとづく写真版をテキストとして用いた。句読を付したうえ末尾に掲げておく。他のテキストによって文字を改めた場合には、大正新修大蔵経五二巻の校勘記にもとづき、そのつど注のなかでことわっておいた。「周滅仏法集道俗議事」にも明らかなように、『広弘明集』巻八に収められる道安の「二教論」は、「笑道論」とおなじ状況のもとにあい前後して発表されたものであって、「笑道論」三十一「道経未出言出」章と「二教論」十「明典真偽」章には類似の文章が見られる。「二教論」については、東京大学東洋文化研究所教授蜂屋邦夫氏の「北周・道安《二教論》注釈」（『東洋文化』六二号）が備わる。蜂屋教授は一九八二年四月から一九八五年三月までの三年間、比較文化客員部門助教授として本研究班に参加され、多大の裨益を与えられた。厚く感謝する次第である。

（補注）
『四庫提要』巻一〇七・天文算法類に「術数記遺一巻」の提要としてつぎのようにある。「旧題漢徐岳撰・北周甄鸞註、岳、東萊人、晋書律歴志所称呉中書令闞沢受劉洪乾象法於東萊徐岳者是也、隋書経籍志具列岳及甄鸞所撰九章算経・七曜術算等目而独無此書之名、至唐芸文志始著於録・・・」。

杏雨書屋蔵『毛詩正義』単疏本解題

一

『毛詩正義』は唐の第二代皇帝の太宗の時代に、国子祭酒の孔穎達を総裁として、太宗の命を奉じて撰述された書物であって、あわせて同時に撰述された『周易正義』『尚書正義』『礼記正義』『春秋左伝正義』とともに「五経正義」の一つをなすものである。「五経正義」の五経とは、ことあたらしく説明するまでもなく、儒教の最もの古典である易、書、詩、礼、春秋の五種の典籍であり、『毛詩正義』の毛詩とは『詩経』のことにほかならない。その『詩経』が毛詩とよばれることについては、いくらかの説明を必要とするであろう。

つとに前漢の時代、『詩経』の有力な註釈として四つの学派が存在した。すなわち今日の山東省西部の魯の人である申公に由来するところの魯詩、山東省東部の斉の人である轅固生に由来して后蒼に伝えられたところの斉詩、および燕すなわち河北省北部の人である韓嬰に由来するところの韓詩、それに毛詩の四つの学派である。これら四学派のうちの魯詩、斉詩、韓詩はあわせて三家詩とよばれ、またその所拠とするテキストがいずれも当時通行の字体の隷書で書されていたために今文学派ともよばれた。『漢書』芸文志が「詩経二十八巻、魯斉韓三家」と著録し、その応劭の注に「申公は魯詩を作り、后蒼は斉詩を作り、韓嬰は韓詩を作る」というのがそれである。

これら今文の三家詩に対して、「毛詩」のテキストは隷書ではなく、より古い字体で書されていたために古文とよばれたのだが、毛を姓とする人物がこの古文の『詩経』に伝、すなわち毛氏伝、略して「毛伝」と称する注釈を施したのであり、『漢書』芸文志は「毛詩二十九巻」、ならびに「毛詩故訓伝三十巻」を著録している。『漢書』儒林伝には、「毛公は趙の人なり。詩を治め、河間献王（武帝の弟）の博士と為る」とあるだけであって、その名をいわぬけれども、『後漢書』儒林伝に、魯詩、斉詩、韓詩の三家は「皆な博士を立つ」とあるのにつづいて、「趙人の毛萇、詩に伝し、是れを毛詩と為すも、未だ立つを得ず」とその名を萇とする記事がある。しかしながら、毛公が毛萇のことと一定しているわけではない。たとえば三国呉の陸璣の『毛詩草木蟲魚疏』なる書物の末尾には、『詩経』の伝授を述べて、「荀卿は魯国の毛亨に授け、毛亨は訓詁伝を作り、以て趙国の毛萇に授く。時人は亨を謂いて大毛公と為し、萇を小毛公と為す」とある。

毛公というのが毛亨なのか、それとも毛萇なのか、判断を下すに足るだけの決め手をかくけれども、その後、後漢の大儒の鄭玄、字は康成（一二七—二〇〇。『後漢書』列伝二五）によって「毛伝」を敷衍するところの注釈である「鄭箋」が著わされた。「箋」とは要するに注のことにほかならないのだが、鄭玄はなぜ「箋」と名づけたのであろうか。そのことについて、『四庫提要』はまず西晋の張華の『博物志』を引いてつぎのようにいう。「鄭氏は毛義を発明し、自ら命《な》づけて箋と曰う。博物志に曰わく、毛公は嘗って北海郡守と為り、康成は是れ此の郡の人なれば、故に以て敬を為すと」。『博物志』文籍考に、「聖人の制作を経と曰い、賢者の著述を伝と曰う。鄭玄、毛詩に注して箋と曰う、此の意を解せず」と述べたうえで、「或いは云う」として『四庫提要』が引用するところの文章がある。ちなみにわが国の天長十年（八三三）に上られた『令義解』、その清原夏野の序に「先儒の訓註、案拠は一に非ず」との一句があり、そこにつぎのごとく「博物志に曰わく」としてそえられている注は、恐らく右の文章と互いに連絡する佚文とすべきものであろう。「博物志に曰わく、上代は先師を去ること近ければ、経文を解釈するに皆な伝と曰う。師説を伝うるなり。後代は師を去ること遠ければ、或いは其の伝を失い、故に之れを注と謂う。己の意を注下するなり」。ともかく『博物志』が伝える或説によるならば、「注」と名づけるべきものを鄭玄が「箋」と名づけたのは、毛公が北海郡の長官である太守であったことがあったからではないか、そのため北海郡高密県（山東省高密）の人である鄭玄は、もとの長官に対して敬意を表したのではないかというのである。ではなぜ、「箋」と称するのが郡の民が郡の長官に対して敬意を表することになるのであろうか。『四庫提要』は『博物志』を引いたうえでつぎのようにいう。「張華の言う所を推すに、蓋し以て公府には記を用い、郡将には箋を用うるの意と為せしならん」。公府とは三公府。郡将とは郡の長官、すなわち太守のこと。『四庫提要』がかく忖度するのは、『文心雕龍』書記篇につぎのようにあるのに基づいてのことであるのにちがいない。「公府には記を奏し、而して郡将には牋（箋）を奏す。記の言は志、己の志を進むるなり。牋なる者は表なり、其の情を表識するなり。崔寔の記を公府に奏せしは則ち崇譲の徳音なり。黄香の牋を江夏に奏せしは亦た粛恭の遺式なり」。つまり三公府所属の役人が長官の三公に差し出す上書は「記」とよばれ、郡の民が郡の長官の太守に差し出す上書は「牋（箋）」とよばれるというのである。崔寔も黄香もともに後漢の人物であって、崔寔は三公よりも権勢の一層うわまわる大将軍梁冀の役所の属官の司馬の職に任じたことがあり、黄香は江夏郡の人。ただし残念ながら、崔寔が梁冀に差し出した「記」も、黄香が江夏太守に差し出した「牋」も今日には伝わらない。

　ところで『四庫提要』は、かく『博物志』が伝えるところの或説をひとまず示したうえ、それをあくまで曲説にしか過ぎないとして退け、鄭玄が「箋」と名づけたわけをつぎのように述べる。「然れども康成は漢末に生まれしかば、乃ち四百年前の太守に修敬すること、殊に取る所無し。案ずるに、説文に曰わく、箋は表識の書なりと。鄭氏の六芸論に云わく、詩に注するには毛を宗として主と為し、毛義若《も》し隠略なれば則ち更めて表明し、如《も》し不同有れば即ち己の意を下し、識別す可からしむと。然らば則ち康成は特に毛伝に因って其の傍に表識すること、今人の籤記、積みて帙を成すが如く、故に之れを箋と謂う。別の曲説を庸《もち》うる無きなり」。『説文』は五上。鄭玄の「六芸論」の文章は唐初の陸徳明の『経典釈文』巻五・毛詩音義上に引かれているもの。つまり、『四庫提要』は結論として、「鄭箋」は鄭玄が「毛伝」に附した傍注の集成であるのでかく名づけたのだとするのであり、まさに従うべきであろう。

　ともかく、鄭玄によって「鄭箋」が著わされるに至って、毛詩の地位は確固たるものとなった。先引の『後漢書』儒林伝に、魯詩、斉詩、韓詩の三家は博士が立てられたとあるのは、国立中央大学の太学にそれらの詩経学派の説を講義する教授の職が設けられたこと、換言すればそれらの学説が正規のカリキュラムとして設けられたことをいうのであり、それに対して毛詩は博士が立てられることがなかったのだが、それにもかかわらず、「毛伝」を受け継ぐ「鄭箋」の出現によって三家詩はほとんど淘汰され、以後、『詩経』といえばもっぱら毛詩を意味することとなったのである。『経典釈文』の序録に、「鄭玄は毛詩箋を作り、毛義を申明して三家を難ず。是に於いて三家遂に廃せらる」というとおりである。

二

かくしてそれ以後、『詩経』の注釈学はもっぱら「毛伝」と「鄭箋」をめぐって展開されることとなった。周知のように、三国魏の王粛（一九五―二五六。『三国志』魏書一三）が鄭玄の学問、いわゆる鄭学に対してとかくに異を唱える学者であったこと、「粛は賈馬（後漢の賈逵と馬融）の学を善しとして鄭氏を好まず、同異を采会して尚書、詩、論語、三礼、左氏の解を為《つく》る」と伝えられるごとくであり、「鄭箋」に対する王粛の批判は、『隋書』経籍志が著録する「毛詩二十巻、王粛注」を始めとして、「毛詩義駁」「毛詩奏事」「毛詩問難」等に開陳されていたのであったろう。ただし注意すべきは、『経典釈文』序録に「魏の太常の王粛は更に毛を述べて鄭を非《そし》る」とあるように、王粛もあくまで「毛伝」を祖述して「鄭箋」を批判したのであって、三家詩に基づいて毛詩を批判したのではなかったということである。

ところで、王粛とは異なって鄭学を強く支持したのは同じく三国魏の王基（一九〇―二六一。『三国志』魏書二七）であった。『後漢書』鄭玄伝はあたかも王基が鄭玄に直接師事した弟子の一人であったかのごとくに記すけれども、その誤りであること、銭大昕が「基は経を治むるに常に鄭を申ばして王粛を駁したれば、故に蔚宗（『後漢書』の撰者の范曄）は疑いて康成の弟子と為せしも、要するに是れ鄭学に私淑するのみにして、親しく業を受けし者には非ざるなり」（『廿二史考異』巻一一）と指摘するとおりであるが、それはともかくとして、『経典釈文』序録には「魏の太常の王粛は更に毛を述べて鄭を非る」とあるのにすぐつづいて、「荊州刺史の王基は王粛を駁して鄭義を申ばす」とあり、また『三国志』王基伝は「散騎常侍の王粛、諸々の経伝の解を著わし、及び朝儀を論定し、鄭玄の旧説を改易するも、而れども基は玄の義を拠持し、常に与《とも》に抗衡す」と伝えている。『隋書』経籍志が王基の撰述として著録する「毛詩駁」は、王粛の毛詩に関する撰著と同様にごく一部の佚文が伝わるに過ぎないけれども、わずかの佚文を通して、鄭玄の解釈に対する王粛と王基の立場の違いを垣間見ることは可能である。その一例を小雅「六月」の詩の解釈に即して示そう。

「六月は宣王北伐するなり」と小序にいうように、「六月」は周の宣王の北伐をうたった六章からなる詩である。六章の全体を通じて、鄭玄は「独り（尹）吉甫を遣わし、王は自ら行かず」と解するのに対し、王粛は宣王が親征したものと解する。凱旋後の祝宴の情景をうたうその卒章、「吉甫燕喜、既多受祉、来帰自鎬、我行永久、飲御諸友、炰鱉膾鯉、侯誰在矣、張仲孝友――吉甫は燕喜し、既に多く祉《さいわい》を受く。鎬自《よ》り来帰す、我が行は永く久し。御《はべ》れる諸友に飲ましめよ、鼈を炰き鯉を膾《なます》にして。侯《こ》れ誰か在る、張仲の孝友なるあり――」について、「鄭箋」は「吉甫は既に玁狁《けんいん》を伐ちて帰る。天子は燕楽を以て之れを楽しましむれば則ち歓喜す。又た多く賞賜を受くるなり」、「王は吉甫の遠く鎬の地従《よ》り来り、又た日月長久なるを以て、今、之れに酒を飲ましめ、其の諸友の恩旧なる者をして之れに侍らしむ。又た其の珍美の饌を加う。之れを極勧する所以なり」と解釈する。あるいはまた「毛伝」に「張仲は賢臣なり。父母に善きを孝と為し、兄弟に善きを友と為す。文武の臣をして征伐せしめ、孝友の臣と与《とも》に内に処る」とあるのを承けて、「鄭箋」は「張仲は吉甫の友、其の性は孝友」と解釈するのだが、王粛はそれらの解釈に対してつぎのように異を唱える。「宣王は親しく玁狁を伐ち、鎬京を出でて還る。吉甫をして迫伐追逐せしめ、乃ち太原に至らしむ」。つまり玁狁討伐のために親征した宣王は一足先に都にもどり、さらに太原まで玁狁を急追するよう命ぜられた尹吉甫が帰還してきた時には王はすでに都にいた。だから、「孝友の臣と与に内に処る」と「毛伝」はいうのだと解釈するのである。しかるに「鄭の徒」たる王基は、あくまで鄭玄説を支持し、王粛説に反対していう。「六月（の詩）は吉甫を使わし、采芑（の詩）は方叔に命じ、江漢（の詩）は召公に命ず。唯だ常武（の詩）のみ宣王親しく自ら征するのみ」。「采芑」は小雅に、「江漢」と「常武」は大雅に収められている詩。さらにまた王基は、卒章の「来帰自鎬」の鎬、ならびに四章に玁狁が「侵鎬及方、至于涇陽――鎬及び方を侵し、涇の陽に至る――」とある鎬を王粛が西周の都の鎬京と解するのを退け、鎬ならびに方を「北方の地名」とする「鄭箋」に基づいてつぎのようにいう。卒章に「来帰自鎬、我行永久」とうたうのは、尹吉甫が鎬から帰来した意。あたかも『春秋』に「公至自晋」、「公至自楚」などというのが晋、楚からの帰来を意味するのと同じ表現である。だからこそ前漢の劉向もこの詩を引いて、「千里の鎬も猶お以て遠しと為す」（『漢書』巻五九・張湯伝）といっているのだ。長安と洛陽は歴代の帝都であるが、済陰に長安郷があり、漢中に洛県があるように、ここの鎬も鎬京のことではなく、都を去ること千里の地であると。

さて『経典釈文』序録は、王粛が鄭玄を批判し王基が鄭玄を支持したことを「魏の太常の王粛は更に毛を述べて鄭を非り、荊州刺史の王基は王粛を駮して鄭義を申ばす」と述べたうえ、鄭玄説と王粛説との対立について、さらに語をついでつぎのように説き及ぶ。「晋の予州刺史の孫毓は詩評を為《つく》り、毛、鄭、王粛三家の異同を評して王に朋《くみ》す。徐州従事の陳統は孫を難じ鄭を申ばす」。すなわち『隋書』経籍志がそれぞれ「毛詩異同評十巻、晋の長沙太守孫毓撰」、「難孫氏毛詩評四巻、晋の徐州従事陳統撰」として著録するもの。孫毓も陳統も『晋書』に立伝されていないために事績は不明であり、またこれらの二書も佚文が伝わるに過ぎないけれども、孫毓が王粛説に加担し、陳統が孫毓説を批判して鄭玄説に加担したことのいくらかはやはりうかがい知ることができる。

たとえば小雅「甫田」の詩。小序に「甫田は幽王を刺《そし》るなり。君子は今を傷《いた》みて古を思う」とあり、また鄭玄が「其の倉廩は虚しく、政《まつりごと》は煩わしく賦は重く、農人は職を失うを刺る」と解しているように、幽王の苛斂誅求を痛んで古のよき時代をなつかしんだとされる詩であるが、四章からなる詩の三章に、「曾孫来止、以其婦子、饁彼南畝、田畯至喜、攘其左右、嘗其旨否——曾孫来る、其の婦子と以《とも》にす。彼《か》の南畝に饁《かれい》し、田畯至れば喜す。其の左右に攘し、其の旨《うま》きか否かを嘗《な》む――」とうたわれているのを、「鄭箋」は「曾孫とは成王を謂うなり。攘は読んで当《まさ》に饟と為すべし。饁は饋なり。田畯は司嗇、今の嗇夫なり。喜は読んで饎と為す、酒食を饎《おく》るなり」と一語一語に解を与えたうえ、その全体の意味をつぎのようにパラフレイズする。「成王来るとは、出でて農事を観るを謂うなり。親しく后《きさき》と世子と与《とも》に行き、稼穡の艱難を知らしむるなり。農人の南畝に在る者の為に、饋を設けて以て之れを勧ます。司嗇至らば則ち又た之れに加うるに酒食を以てし、其の左右の行に従う者にも饟す。成王親しく為に其の饋の美なるか否かを嘗め、之れに親しむを示すなり」。すなわち、遠いご先祖の血筋を引くご子孫であられる成王さまは、お妃と王子さまを引き連れて農事の視察にお出ましになった。農作業がいかにつらい仕事であるのかを教えるためである。南畝すなわち南向きの畑で働いている農民たちに、弁当をふるまって元気づけられる。農事監督の役目の司嗇がやって来ると、さらにお酒と食事の追加。従者たちにもたんまりの食事。成王さま自らその味見をされ、このようにして親愛の情を示されるのだ。およそこのような意味に解するのである。

　かかる「鄭箋」の解釈に対する王粛の反論はつぎのごとくである。「婦人は閫外の事無し」。『白虎通』喪服篇に「婦人は外事無し」とあるように、そもそも既婚の高貴な女性はむやみに外出しないのがならわしである。「又た帝王乃ち躬《み》自ら農人に食らわしむるに、周《あまね》くせんとすれば則ち力供《た》らず、偏からざれば則ち恵みを為すこと普《あまね》からず」。帝王自ら農民に食事を配ろうとしても、みんなすべてに配るのはとてものことではないし、満遍に行きわたらなければ不公平というものだ。だから、鄭玄の説はまちがいであると。

しからば「王（粛）に朋《くみ》する」ところの孫毓は、かかる王粛説をどのように継承し展開させ、そして鄭玄説にどのように反論を加えるのであろうか。彼はいう。「古者《いにしえ》、婦人は外事無し。兄弟を送るにすら閾《いき》を踰えず」。古代、既婚の高貴な女性は外出して仕事をすることはなく、兄弟を見送る場合ですら閾、すなわちしきいを越えることはなかった。「唯だ王后は親桑して以て蚕事を勧ますも、又た天子に随いて行かず」。ただ王后は養蚕奨励のために自ら桑摘みの儀を行なうことはあったけれども、やはり天子の後について出かけたわけではない。「成王の出でて農事を勧ますに、何ぞ婦児を将《ひき》いて自ら随え、而して稼穡の艱難を知らしむと云うを得んや。王后寧《いずく》んぞ復《ま》た稼穡の事に与《あず》かる者ならんや」。成王が農事を奨励するために出かけるにあたって、女性と子供を引き連れ、農作業がいかにつらい仕事であるのかを教えるなんてことがあるだろうか。王后が農作業に関わるなんてことがあるだろうか。「此れは豳風の「我が婦子と同《とも》に、彼の南畝に饁す、田畯至れば喜す」の義と皆な同じ」。引かれているのは豳風「七月」の詩であって、なるほどそこの「鄭箋」には、婦子とは「耕者の婦子」、すなわち農民の妻と子供のこととある。孫毓はさらに語をついでいう。「農人は其の事に遽《あわただ》しく、婦子倶に饟するなり。田畯、其の勤脩するを見て其の事を喜楽す」。農民は仕事がいそがしく、それで妻と子供がそろって弁当をとどけにやって来るのだ。農事監督の役目の田畯は彼らがせっせと働いているのを目にして、うれしく思っているのだ。つまり孫毓は「田畯至喜」の喜を「饎」と訓むべしとする鄭玄の説を退け、その文字のままに「田畯至り喜ぶ」と訓むのである。「又た王者の従官、自ずから常饑有り、独り南畝の中に於いて乃ち左右に饟するのみに非ず。而して親しく之れが為に嘗むとは又た人君の下を待するの義に非ず」。また王者の従官にはそれなりに一定の食糧給付があり、なにも南畝においてだけ酒食のふるまいをするというわけではない。しかも王者がみずから彼らのために味見をするなんて、一層のこと人君が下々の者をもてなすまっとうなやり方ではない。

孫毓は「甫田」の詩を以上のように解釈するのであるが、ところがかたや「孫（毓）を難じ鄭（玄）を申ばす」ところの陳統の解釈はそれと厳しく対立する。すなわち小序をふまえて、「此れは今を刺《そし》り古を思うの詩にして、古人の行ない難き所を言いて以て今の業を廃するを傷むなり」、まずこのように述べたうえ、以下のごとく王粛と孫毓に対する反論のための長広舌をふるう。「首章には其の税斂を軽くするを言い、二章には之れが為に報を祈り、此の章には恩沢の深厚なるを言い、卒章には収穫の弘多なるを言う。其の次を歴観するに、粲然として叙有り。寧《いずく》んぞ当《まさ》に此こに於いて甫《はじ》めて農人の家の饁を行なうの事を説くべけんや」。あわせて四章からなる「甫田」の詩の首章には税金を軽くすることが、二章には五穀が成熟するように神々に福を求めることが、三章には王者の恩沢の深厚なることが、卒章には収穫の多大なることがうたわれているのであって、つぎつぎに場面が展開するのを眺めてみると整然と順序だっており、この三章において突如として農民の家庭が弁当をとどけるなんてことをうたうだろうか。「又た大田の卒章、上に曾孫と言い、下に禋祀と言う。並びに是れ成王の事にして、当《まさ》に農人の婦子を以て輒《みだ》りに其の間に廁《まじ》うべからざるなり。且つ曾孫来止と言い、即《ただ》ちに其の婦子と以《とも》にすと言えば、則ち是れ曾孫之れと以にするなり。上に農人の文無きに、何ぞ農人の婦子と為すを得んや。既に曾孫其の婦子と以にすと言えば、則ち后の従い行くこと、文に於いて自ずから見ゆ」。「大田」は「甫田」のつぎに置かれている詩であるが、その「大田」の詩の卒章に、上に曾孫とあり、下に禋祀とある。いずれも成王のことをいっているのであって、その中間にいきなり農民の妻と子供のことをまじえてうたうはずはない。しかも、「曾孫来る」といい、すぐにつづけて「其の婦子と以にす」というのだから、これは曾孫が以《とも》にするのである。上に農民という文がないのに、どうして農民の妻と子供のことととできようか。「曾孫が其の婦子と以にす」というからには、王后が随行していることは文章として自ずから明らかである。かく陳統は「鄭箋」を支持してこのように解釈するのであり、「甫田」の詩を解釈するための参考として引き合いに出している「大田」の詩、その「大田」の詩の卒章に「甫田」の詩とよく似た「曾孫来止、以其婦子、・・・・来方禋祀――曾孫来る、其の婦子と以にす、・・・・来る方ごとに禋祀す――」の句があって、そこの「鄭箋」も「成王出でて農事を覦《うかが》い、食を耕者に饋して以て之れを勧ますなり」、「成王の来るや、則ち又た四方の神を禋祀して報を祈る」と解しているのである。

陳統の反論はまだなおながながとつづくのだが、このあたりで打ち切ることとして、かくのごとく唐に先立つ六朝時代には、「毛伝」を敷衍する「鄭箋」の是非をめぐっての議論が、あるいはまた「鄭箋」のさらなる注解、すなわち「義」とか「疏」とか、あるいは「義疏」などとよばれるものが堆積していたのであって、それらさまざまに分岐する諸家の説解に点検を加え、そのうえで標準的な解釈を提示することはすでに時代の要請になっていたといってよいであろう。このように考えるとき、

『隋書』儒林伝の房暉遠伝にはなはだ示唆的な記事がある。

隋の文帝時代のこと、国子学すなわち漢代の太学の流れをくむ国立中央大学の学生を対象として策問を行ない、一経に通じる者を官僚に登用することとした。策問は終了したものの、しかし国子博士にはなかなか受験者の優劣を判定することができない。学長の国子祭酒元善が不審に思ってたずねたところ、博士の一人の房暉遠はこのように答えた。「江南と河北、義例同じからずして、博士は遍く渉ること能わず。学生は皆な其の短とする所を持して己の長ずる所なりと称し、博士は各々自ら疑い、所以《ゆえ》に久しくして決せざるなり」。国子学の博士ですらこのような有様であったのであるが、そこで元善が「五経庫」との異名をとるほどの博識の房暉遠にあらためて採点させたところ、すらすらと筆を運んでいささかの渋滞もない。受験生のなかに不服を訴える者があると、房暉遠はいかなる義疏を伝えているのかと質問し、その義疏の文章を口に誦えたうえ、不都合な点を指摘した。かくして強弁する者はなく、数日にして四、五百人の受験生すべてに合否の決定が下されたのであった。

かくとりわけ江南と河北、すなわち中国の南と北とでは、房暉遠のようなよほどの博識の士でないかぎり、博士官ですらとても是非の判断がつきかねるほどに経書の解釈は区々として定まらなかったのである。房暉遠が仕えた隋王朝は、長期にわたる南北中国の分裂の時代に終止符を打ちはしたものの短命におわり、先立つ時代の諸家の説解を整理し定説を示すべき要請は、隋王朝を継いだ唐王朝に期待されるものであったろう。かかる要請に応えるべく撰述されたのこそ、唐の第二代皇帝の太宗の時代に孔穎達を総裁として編まれた「五経正義」であり、『毛詩正義』はその一つなのであった。これまでに紹介した「毛伝」と「鄭箋」をめぐる王粛、王基、孫毓、陳統などの議論も、実は『毛詩正義』に引かれていることによって今日にまで伝えられているのである。

三

孔穎達の伝記は『旧唐書』巻七三と『新唐書』巻一九八・儒学伝上に備わり、また残闕が多いながらも于志寧の撰文にかかる「孔穎達碑」(『金石萃編』巻四七)が存する。両『唐書』は孔穎達の字を沖達とするが、碑文に沖遠とあるのが正しいようである。冀州衡水(河北省衡水)の人。祖父の碩は北魏の南台丞。南台とは官僚の監察を職掌とする御史台のこと、そして碑文に治書侍御史とあるのは御史中丞の旧名にほかならない。父の安は北斉の青州法曹参軍、すなわち法務担当の青州の属僚であった。

「八歳にして就学し、日ごとに千余言を誦し、長ずるに及んで、尤も左氏伝、鄭氏(鄭玄)尚書、王氏(王弼)易、毛詩、礼記に明るく、兼ねて算暦を善くし、解《よ》く文を属《つづ》る」と伝えられる孔穎達は、まず高名の学者の劉焯の門をたたいた。相手は若造と最初のうちはみくびっていた劉焯だったが、孔穎達の発する質問が意表をついたために劉焯はすっかり態度を改めたけれども、早々に切り上げて故郷にもどり、教授に専念した。隋の煬帝の大業(六〇五—六一七)の初め、科挙の明経科の高第に挙げられて河内郡の郡学の博士を務めていた時には、つぎのようなできごとがあった。煬帝が諸郡の儒官を東都洛陽に招集し、国子監と秘書省所属の学者たちを相手に討論を行なわせたところ、孔穎達の議論がずばぬけてすばらしい。国子監とは国子学のこと。煬帝の時代に国子学は国子監と名を改めていたのだが、その国子監と秘書省の老学者たちは弱輩の孔穎達に言い負かされたことをすっかり恥じ入り、ひそかに刺客を放ってあやめようとはかったものの、礼部尚書の楊玄感が家に匿ってくれたため、あやうく難を逃れることができたのであった。

その後、隋末の動乱を虎牢（河南省滎陽の西北）に避けていた孔穎達は、時あたかも洛陽を本拠とする群雄の王世充を討伐した秦王李世民から秦王府の文学館学士に招かれる。李世民こそやがて唐王朝第二代皇帝の太宗となる人物にほかならず、以後、孔穎達がもっぱら唐王朝の最高学府である国子監の儒官として引き立てにあずかることとなる最初の出会いとなったのであった。すなわち初代皇帝高祖の武徳九年（六二六）に国子監の教授である国子博士となったのを振り出しとして、太宗の貞観六年（六三二）には国子監の副学長である国子司業、その後、太子右庶子に遷ったものの、そのまま国子司業の職を兼務し、貞観十二年（六三八）にはついに学長である国子祭酒に栄進する。そしてその時、「五経正義」撰述の命が下ったのである。唐の太宗は、「朕、今好む所の者は惟《こ》れ堯舜の道、周孔の教えに在り」（『貞観政要』慎所好篇）と自ら語っているように、なみなみならぬ崇儒の君主であった。堯と舜、それに周孔すなわち周公と孔子、もとよりいずれも儒教の聖人である。かくして儒教の最も基本的な古典である五経、その五経の最も依拠すべき注釈としての「五経正義」の撰述に着手したのであって、「五経正義」撰述の経過のあらましは『旧唐書』儒学伝の序につぎのごとく述べられている。「太宗は又た経籍の聖を去ること久遠、文字に訛謬多きを以て、前の中書侍郎顔師古に詔して五経を考定せしめ、天下に頒ちて学者に命じて習わしむ。又た儒学は多門にして章句は繁雑なるを以て、国子祭酒の孔穎達に詔して諸儒と与《とも》に五経義疏を撰定せしむ。凡そ一百七十巻。名づけて五経正義と曰い、天下をして伝習せしむ」。「五経正義」撰述の経過のごくごくのあらましはここに述べられているとおりであるけれども、今すこしく「五経正義」の一つである『毛詩正義』に即しつつその詳細をうかがってみよう。

『旧唐書』儒学伝の序にいうように、「五経正義」の撰述に先立って「五経」の正しいテキストを、「毛詩」ならば詩の本文だけではなしに「毛伝」と「鄭箋」をも含むところの正しいテキストを作成する仕事が顔師古の責任のもとに行なわれたのであった。顔師古は今日においても『漢書』を読むにあたって最も所拠とすべき注釈を著わしたことで知られる古典学者である。『旧唐書』儒学伝序が伝える肩書に「前の中書侍郎」とあるのは、その当時、理由は不明ながらも罷免処分をうけていたからであるが、それはともかくとして、『旧唐書』巻七三・顔師古伝にもつぎのようにある。「太宗は経籍の聖を去ること久遠、文字訛謬せるを以て、師古をして秘書省に於いて五経を考定せしむ。師古は釐正する所多く、既に成るや、之れを奏す。太宗復《ま》た諸儒をして重ねて詳議を加えしむ。時に諸儒は伝習すること已に久しく、皆な共に之れを非《そし》る。師古輒《すなわ》ち晋宋已来の古今の本を引き、言に随いて暁らかに答え、援拠は詳明にして皆な其の意表に出でたれば、諸儒歎服せざるは莫《な》し」。「五経正義」に「定本」として引かれているのがすなわち顔師古考定のテキストであって、たとえば「毛詩」の冒頭に置かれる周南「関雎」の詩、そのなかの「参差荇菜、左右流之——参差たる荇菜、左に右に之れを流《もと》む――」の句の「正義」には「定本」がつぎのように引かれている。「荇は接余なり。俗本、荇の下に菜の字有るは衍なり」。「荇、接余也」はその句にそえられた「毛伝」であるが、俗本すなわち世間に行なわれているテキストのなかに「荇菜、接余也」に作るものがあるけれども、「菜」は衍字であるというのである。

さてところで、「夫《そ》れ詩なる者は功を論じ徳を頌えるの歌、僻を止め邪を防ぐの訓なり」と書き起こされる孔穎達の「毛詩正義序」には、『毛詩正義』の完成に至るまでの経過が以下のように語られている。

――漢氏の初め、詩は分かれて四と為る。申公は芳を鄢郢に騰《あ》げ、毛氏は価を河間に光《かがや》かし、貫長卿は之れを前に伝し、鄭康成は之れを後に箋す。

漢代の初め、詩経は魯詩、斉詩、韓詩、毛詩の四学派に分かれた。申公は魯詩の素晴らしさを楚王に称揚し、毛氏は毛詩の価値を河間王に明らかにし、前漢時代に貫長卿は毛詩の伝を作り、後漢時代に鄭玄は毛詩の箋を著わした。先述したように、申公は魯詩を伝えた人物。鄢郢とは楚の地方を意味する言葉であって、申公は漢の高祖の弟の楚元王交とともに浮丘伯なる学者に師事して魯詩を学んだのであった。河間とは武帝の弟の河間献王のことであって、毛公の伝える毛詩を好んだ。貫長卿についての詳細は不明だが、『漢書』儒林伝に「毛公は趙の人なり。詩を治め、河間献王の博士と為り、同国の貫長卿に授く」とある。

「毛詩正義序」はつづいて六朝時代に著わされた「毛詩」のさまざまの義疏について語る。

——晋宋二蕭の世、其の道大いに行なわれ、斉魏両河の間、茲の風墜ちず。其の近代に義疏を為《つく》る者、全緩、何胤、舒瑗、劉軌思、劉醜、劉焯、劉炫等有るも、然れども焯と炫と並びに聡穎特達、文にして又た儒、秀幹を一時に擢んで、絶轡を千里に馳せ、固《まこと》に諸儒の揖譲する所、日下の無双とする所、其れ作疏の内に於いて特に殊絶為り。今、勅を奉じて刪定するに、故に拠りて以て本と為す。

毛詩は晋、宋、南斉、梁の諸王朝の江南に大いに行なわれ、また北斉、北魏の諸王朝の華北においても廃れることはなかった。近代において毛詩の義疏を著わした者として、全緩、何胤、舒瑗、劉軌思、劉醜、劉焯、劉炫たちがいるが、それらのなかで劉焯と劉炫の二人がとりわけ飛び抜けており、それ故、勅命によって『毛詩正義』を撰述するにあたって拠りどころとするというのである。

全緩は南朝の梁、陳の人。『陳書』儒林伝に、梁の太清中（五四七―五四九）に国子助教として詩と易を講義したとある。何胤は南朝の南斉、梁の人。『梁書』処士伝の本伝ならびに『隋書』経籍志に、「毛詩総集六巻」と「毛詩隠義十巻」の著作があったことを伝える。舒瑗の説は「正義」の小雅「小宛」ほかに数条が引かれているが、いつの時代の人であるのかは不明。『隋書』経籍志には、舒瑗ではなしに舒援として、「毛詩義疏二十巻、舒援撰」の著録がある。劉軌思は北朝の北斉の人。『北斉書』儒林伝に北斉の後主の天統中（五六五―五六九）に国子博士に任ぜられたとあり、また同伝の序に北朝における毛詩伝授の系譜を伝えてつぎのようにいう。「毛詩に通ずる者は多く魏朝（北魏）の博陵の劉献之に出づ。献之は李周仁に伝え、周仁は董令度と程帰則に伝え、帰則は劉敬和、張思伯、劉軌思に伝う」。劉醜についてはまったく不明。

劉焯と劉炫はそろって『隋書』儒林伝に伝記が備わり、その序における二人の評価もすこぶる高い。「時（隋の煬帝時代）に旧儒は多く已に凋亡す。二劉（劉焯と劉炫）は抜萃出類、学は南北に通じ、博く今古を極め、後生は鑽仰して能く之れを測る莫《な》し。製する所の諸経の義疏、搢紳咸《み》な之れを師宗す」。先述したごとく、劉焯は孔穎達が最初にその門をたたいた学者である。字は士元、信都昌亭（河北省武強）の人。劉炫、字は光伯、河間景城（河北省滄県の西）の人。二人の事績はたがいに重なるところが多く、ここに見られるように「二劉」と称されもしたのであって、さきほどの『北斉書』儒林伝の序の引用にすぐつづいて「其の後、能く詩を言う者は多く二劉の門に出づ」とある「二劉」もやはり疑いなく劉焯と劉炫のことであろう。ともかく二人の事績がたがいに重なること、すなわち劉焯伝に「少《わか》くして河間の劉炫と結盟して友と為り、同《とも》に詩を同郡の劉軌思に受け、左伝を広平の郭懋当に受け、礼を阜城の熊安生に問い、皆な業を卒えずして去る。武強の交津橋の劉智海の家に素《もと》より墳籍多ければ、焯は炫と与《とも》に之れに就きて読書すること十載を経るに向《なんな》んとし、衣食継がずと雖も晏如たり」とあり、劉炫伝にもそれとあい呼応する記事が「少《わか》くして聡敏を以て称せられ、信都の劉焯と戸を閉ざして読書し、十年出でず」とある。それだけではなく、劉焯伝からは二人のたがいに交錯する事績をさらにつぎのごとく拾うことができるのである。「（開皇）六年（五八六）、洛陽の石経を運びて京師に至るや、文字磨滅し、能く知る者莫《な》し。勅を奉じて劉炫等と考定す」。「後に国子にて釈奠するに因り、炫と二人して義を論じ、深く諸儒を挫きたれば、咸《み》な妬恨を懐く。遂に飛章の謗る所と為り、除名せられて民と為る」。釈奠は先聖と先師を祭る典礼。「劉炫は聡明博学にして名は焯に亜《つ》ぎ、故に時人は二劉と称す。天下の名儒後進、疑いを質《ただ》し業を受けんとして千里を遠しとせずして至る者、勝《あ》げて数う可からず。論者以為《おも》えらく、数百年已来、博学の通儒、能く其の右に出づる者無しと」。「大業六年（六一〇）卒す。時に年六十七。劉炫は之れが為に謚を請うも、朝廷許さず」。

劉炫も劉焯と同様にあくまで鼻っ柱が強く、はなはだ個性的な人物であった。「左に方を画き、右に円を画き、口に誦え、目に数え、耳に聴き、五事同《とも》に挙《おこ》ないて遺失有ること無き」、そのような端倪すべからざる異能の主であり、また自らの博学ぶりをつぎのように豪語した。「周礼、礼記、毛詩、尚書、公羊、左伝、孝経、論語の孔（孔安国）、鄭（鄭玄）、王（王粛）、何（何晏）、服（服虔）、杜（杜預）等の注、凡そ十三家、義に精粗有りと雖も、並びに講授するに堪う。周易、儀礼、穀梁は功を用いること差《や》や少なし。史子文集の嘉言美事、咸《み》な心に誦す。天文律暦、微妙を窮覈す」。このような彼の個性は人々をして辟易させるに足るものであり、「炫は性躁競、頗る俳諧を好む。多く自ら矜伐して好んで当世を軽侮したれば、執政の醜《にく》む所と為り、是れに由って宦途遂げず」と伝えられるように、いったんは太学博士に任ぜられながらも、「品卑し」き故をもって解任されたのであった。劉炫がかく譏刺されるのは、つぎのような事実が世間に喧伝されていたこともあずかっているのであろう。『隋書』経籍志・経部孝経類の小序が伝えるところの事実であって、古文『孝経』孔安国伝と今文『孝経』鄭氏注の伝承を述べるくだりにつぎのようにある。「梁代に安国及び鄭氏の二家並びに国学に立てらるるも、而れども安国の本（テキスト）は梁の乱に亡び、陳及び（北）周、（北）斉には唯だ鄭氏のみを伝う。隋に至って、秘書監の王劭は京師に於いて孔伝を訪得し、河間の劉炫に送至す。炫は因って其の得喪（得失）を序し、其の義疏を述べ、人間に講じ、漸く朝廷に聞こえ、後に遂に令に著わして鄭氏と並び立てしむ。儒者は諠諠として皆な云わく、炫自ら之れを作り、孔（安国）の旧本には非ず、而して秘府にも又た先に其の書無しと」。『隋書』経籍志は「古文孝経述義五巻、劉炫撰」を著録しているが、それが基づく古文『孝経』テキストがそもそも劉炫の偽作に出るものだとの噂が世間に行なわれていたのである。かくして孔穎達の「毛詩正義序」が、劉焯と劉炫をもっぱらの拠りどころとするといいながら、それにすぐつづけてつぎのごとくいささかの貶辞をつけ加えているのも故なしとしないであろう。

——然れども焯、炫等は才気を負恃し、先達を軽鄙す。其の異なる所を同じとし、其の同じき所を異なれりとし、或いは応《まさ》に略すべくして反って詳らかにし、或いは宜しく詳らかにすべくして更に略し、其の縄墨に準ずるに差忒未だ免れず、其の会同を勘するに時に顚躓有り。今は則ち其の煩わしき所を削り、其の簡とする所を増す。唯だ意は曲直に存し、愛憎に心有るに非ず。

『隋書』劉焯伝はその撰著の一つとして「五経述議」を挙げており、そのうちの数巻が「毛詩述議」にあてられていたのであろう。また劉炫伝は劉焯のものと同じ書名の「毛詩述議」四十巻を挙げ、『隋書』経籍志にも「毛詩述議四十巻、国子助教劉炫撰」の著録がある。『毛詩正義』は劉焯と劉炫の説を一まとめにして「二劉」の説として引用しているのであって、劉炫の「毛詩述議」には劉焯の説も一つに合わされていたのではないかと想像されなくもない。ただ遺憾ながら、『毛詩正義』が劉焯と劉炫の注解をどのように継承し、どこを削り、どこを増しているのかをたしかめることは今日ではもはやほとんど不可能であって、わずかに召南「羔羊」に「羔羊之革、素絲五緎――羔羊の革、五絲もて五緎す――」、小羊の皮のマントに白い絹糸で五つの縫い目とうたう句、また召南「何彼襛矣」の小序「則ち王姫と雖も、亦た諸侯に下嫁すれば、車服は其の夫に繋《か》けず、王后に下ること一等」、それらの「正義」に二劉の説が引かれているのを知るのみである。たとえば「何彼襛矣」の小序について、「王后に下ること一等」とは、王姫が諸侯に降嫁すれば厭翟すなわち雉の羽を目かくしとした車に乗るのだとする鄭玄の説と異なり、厭翟に乗るのは王姫だけとはかぎらず、五等諸侯の夫人が初めて嫁ぐ場合すべてのことだと二劉は解している。

四

「五経正義序」は、かくのごとく前代の諸家の毛詩の注解を紹介したうえ、ひとまずつぎのように述べる。

――謹んで朝散大夫・行太学博士の臣王徳韶、徴事郎・守四門博士の臣斉威等と対して共に討論し、得失を弁詳す。

唐代においては、国子監が三品官以上の子弟を学生としたのに対して、太学は五品官以上の子弟、四門学は七品官以上の子弟を学生としたのであり、太学博士は太学の教授、四門博士は四門学の教授、そして位階の高い官が低位の官職を代行するのが行、反対に位階の低い官が高位の官職を代行するのが守であるが、それはともかくとして、『毛詩正義』をその一つとするところの「五経正義」が、今日見られるようなものとして定着するまでには、その撰述に着手されてからかなり長い歳月を要したのであった。

すなわち『唐会要』巻七七「論経義」に「貞観十二年（六三八）、国子祭酒の孔穎達、五経の義疏一百七十巻を撰し、名づけて義賛と曰う。詔有って改めて五経正義と為す」との記事があり、そもそも最初は「五経正義」ではなしに「五経義賛」とよばれたことを知る。また『資治通鑑』貞観十四年（六四〇）二月丁丑条に「上（太宗）、国子監に幸し、釈奠を観る」云々とあるのにつづいて、「上、師説は多門にして、章句は繁雑なるを以て、孔穎達に命じて諸儒と与《とも》に五経の疏を撰定せしめ、之れを正義と謂い、学者をして之れを習わしむ」との記事があるのは、貞観十四年に「五経正義」の撰述が最終的に完了したかに思わせるけれども、決してそうなのではない。何となれば、『新唐書』孔穎達伝に「詔して（義賛を）改めて正義と為すと云う。異家を包貫して詳博為りと雖も、然れども其の中、謬冗無きこと能わざれば、博士の馬嘉運は其の失を駁正し、相い譏詆するに至る。詔有って更に裁定せしむ」とあり、また孔穎達伝に付されている馬嘉運の伝記に「孔穎達の正義は繁醸なるを以て、故に其の疵を掎摭し、当世の諸儒は其の精に服す」とあるからである。馬嘉運は実は「五経正義」の一つの『周易正義』の撰述に関与した人物なのであるが、かく馬嘉運の批判をうけて「五経正義」のそれぞれに手直しが加えられたのであって、「毛詩正義序」はさらにつぎの言葉をそえたうえで結びとしている。

――（貞観）十六年（六四二）に至って、又た勅を奉じて前の脩疏人及び給事郎・守太学助教・雲騎尉の臣趙乾叶、登仕郎・守四門助教・雲騎尉の臣賈普曜等と勅使の趙弘智に対して覆更詳正し、凡そ四十巻と為す。以て聖範に対揚し、幼蒙に垂訓せんことを庶《こいねが》う。故に其の所見を序し、之れを巻首に載すと爾《しか》云う。

趙乾叶と賈普曜については不明。趙弘智は『旧唐書』巻一八八・孝友伝と『新唐書』巻一〇六に立伝されており、「五経正義」のほか、唐初における『芸文類聚』『晋書』『隋書』などの編纂の事業に関係した。また孔穎達が太子右庶子であった時代には同じく太子右庶子としての同僚であり、その頃やはり皇太子李承乾に仕えていた張玄素は、「孔穎達、趙弘智の如きに至っては、惟《た》だに宿徳の鴻儒なるのみに非ず、亦た兼ねて政要に達す」と二人を称揚したという（『旧唐書』巻七五）。

ところで「五経正義」詳定の事業は、貞観二十二年（六四八）に孔穎達が逝去した後にもまだなお引きつづいて行なわれ、その事業が最終的に完了したのは、実に太宗を継いだ高宗の永徽年間のことであった。『新唐書』孔穎達伝にいう。「永徽二年（六五一）、中書門下に詔して国子三館博士、弘文館学士と与《とも》に之れを考正せしむ。是に於いて尚書左僕射の于志寧、右僕射の張行成、侍中の高季輔、就きて増損を加え、書始めて布下せらる」。国子三館とは国子監、太学、四門学のこと。弘文館は門下省に所属し、弘文館学士の主な職務は「図籍を詳正し、生徒を教授する」ことである（『旧唐書』職官志二）。于志寧はほかならぬ「孔穎達碑」の撰者。そして永徽四年（六五三）二月二十四日のデートを備える太尉・揚州都督・上柱国・趙国公長孫無忌の「上五経正義表」にも、「故の祭酒《もと》・上護軍・

曲阜県開国子孔穎達は宏才碩学、名は当時に奮い、貞観年中、勅を奉じて脩撰し、討覈を加うと雖も、尚お未だ周《あまね》からざる有れば、爰《ここ》に絲綸を降し、更めて刊定せしむ」とあり、長孫無忌以下の二十三人が刊定の仕事にたずさわったことが述べられている。それら二十三人のなかの一人として名を列ねる宣徳郎・守太常博士孔志約は、ほかでもない孔穎達の第二子である。かくしていよいよその翌月、すなわち永徽四年三月の壬子朔（一日）、「孔穎達の五経正義を天下に頒ち、毎年の明経は此れに依って考試せしむ」（『旧唐書』高宗本紀）との決定が下されたのであった。「毎年の明経は此れに依って考試せしむ」、今後、毎年の明経の考試は「五経正義」を標準のテキストとして行なう、そのようにいうところの明経とは、科挙の科目の一つとして経書の知識を問うものであって、孔穎達も隋の大業中に「明経の高第」に挙げられたこと先述したとおりである。

以上ながながと述べきたったことのひとまずのまとめとして、南宋の陳振孫の『直斎書録解題』が巻二・詩類に収めるところの解題を借りることとしよう。

――毛詩正義四十巻。唐の孔穎達、王徳詔等と与《とも》に撰す。専ら毛、鄭の学を述べ、且つ鄭譜を巻首に備う。蓋し亦た劉焯、劉炫の疏を増損して之れを為すなり。晁氏の読書志に云わく、晋の東遷せし自《よ》り、学に南北の異なり有り。南学は簡約にして其の英華を得、北学は深博にして其の枝葉を窮む。穎達の義疏に至って始めて南北を混じて以て一と為す。未だ必ずしも尽く聖人の意を得ずと雖も、而れども其の形名度数も亦た已《はなは》だ詳らかなり。茲《こ》れ自《よ》り以後、郊社宗廟、冠婚喪祭、其の儀法は此れに本づかざるは莫《な》し。

「鄭譜」とは鄭玄撰の『詩譜』のことであって、いわば「毛詩」各篇についての序ないしは概論。たとえば曹の国の歌謡を集めた国風「曹風」篇、その「曹譜」はつぎのようなものである。「曹なる者は禹貢の兗州陶丘の北の地名。周の武王既に天下を定め、弟の叔振鐸を曹に封ず。今、済陰定陶と曰う、是れなり。其の封域は雷夏菏沢の野に在り。昔、堯嘗つて成陽に遊び、死して焉《ここ》に葬らる。舜は雷沢に漁《すなどり》し、民俗始めて化す。其の遺風は重厚にして君子多く、稼穡に務め、衣食を薄くし、以て畜積を致す。魯、衛の間に夾《はさ》まれ、又た患難に寡《とぼ》し。末時は富みて教無く、乃ち更めて驕侈なり。十一世にして周の恵王の時に当って、政《まつりごと》衰え、昭公は奢を好みて小人に任じ、曹の変風始めて作《おこ》る」。『尚書』禹貢篇に「済と河とは維《こ》れ兗州」、済水から黄河までの地域が兗州とあり、また「沇水を導き、東に流れて済と為り、河に入り、溢れて滎と為り、東して陶丘の北に至る」、すなわち夏の禹王は沇水を導き、東に流れ進んで済水とし、黄河に注ぎ入れ、溢れ出させて滎沢とし、東に進んで陶丘の北に至ったとあるが、その陶丘の北が曹の国の地であり、周の武王の弟の叔振鐸が始封者であって、今すなわち鄭玄の後漢時代の済陰郡定陶県がそれだというのである。また曹の国の風俗は初めのうちは重厚であったものの、次第に驕侈となり、そのため昭公の時代に至って変風の歌謡がおこったというのである。周の文王、武王時代の歌謡が正風とよばれるのに対して、後の乱れた世の歌謡が変風。ともかく『毛詩正義』のそれぞれの巻首には、このような『詩譜』も分載されている。

また陳振孫が引用する「晁氏の読書志」とは同じく南宋の晁公武の『郡斎読書志』。その巻二・詩類に収める『毛詩正義』の解題からの引用であるが、晁公武が「晋の東遷せし自り、学に南北の異なり有り」云々と述べているのが、南北朝時代の儒学史概論と称すべき『北史』儒林伝序のつぎの文章に基づくことはほとんど疑いがないであろう。すなわち、「大抵、南北の為《おさ》むる所の章句、好尚互いに同じからざる有り。江左（江南）にては、周易（易経）は則ち王輔嗣（王弼）、尚書（書経）は則ち孔安国、左伝は則ち杜元凱（杜預）。河洛（華北）にては、左伝は則ち服子慎（服虔）、尚書と周易は則ち鄭康成（鄭玄）。詩は則ち並びに毛公を主とし、礼は則ち同《とも》に鄭氏（鄭玄）に遵う。南人は約簡にして其の英華を得、北学は深蕪にして其の枝葉を窮む」。従って、「毛詩」にかぎっただけのことではなく、五経すべてについての説述としなければならない。

ちなみに『毛詩正義』はわが国にもかなり早い時期に伝えられたごとくであって、『令集解』戸令の「凡鰥寡孤独貧窮老疾不能自存者」条に付された「古記」の文章が周南「桃夭」の序に「妬忌せざれば則ち男女は以て正しく、婚姻は以て時あり、国に鰥民無きなり」とあるの「正義」に基づくものであることが水口幹記氏によって明らかにされている（『日本古代漢籍受容の史的研究』、汲古書院、二〇〇五年刊）。大宝令の注釈である「古記」は天平十年（七三八）頃の成立とされ、従ってそれよりずっと時代が下る九世紀末の藤原佐世纂『日本国見在書目録』の詩家類には、当然のこととして「毛詩正義四十巻、孔穎達撰」の著録がある。なお『日本国見在書目録』に「毛詩廿巻、漢河間大傅毛萇伝、鄭氏箋」の著録があるのはもとよりのこと、『毛詩正義』のすぐ前に著録されているのは「毛詩草木魚虫疏二巻、晋陸機（璣）撰」、すぐ後に著録されているのは「毛詩述議卅巻、劉炫撰」である。

五

経書の本文とその第一次注釈と称すべき伝、すなわちたとえば毛詩であれば「毛詩」の本文、それと「毛伝」ならびに「毛伝」を敷衍する「鄭箋」とはそもそも別行されていたのであるが、後漢時代に至って本文と伝とを一つにあわせたテキストがぼつぼつ行なわれるようになったごとくであり、『毛詩正義』が巻首に「鄭氏箋」とある語に付した「正義」につぎのようにある。「漢初、伝訓を為《つく》る者、皆な経と別行し、三伝の文、経と連ねず。故に石経に公羊伝を書するに、皆な経文無し。芸文志に云わく、毛詩経二十九巻、毛詩故訓伝三十巻と。是れ毛は詁訓を為るも、亦た経と別なり」。三伝とは『春秋』経にそえられた説解である公羊伝、穀梁伝、左氏伝。石経とは後漢の霊帝の熹平四年（一七五）に古文、篆書、隷書の三体の文字をもって石に刻まれ、太学に立てられたところのいわゆる「熹平石経」であり、その一つに公羊伝が含まれているのであるが、しかしそれには『春秋』経の本文は刻まれていないというのである。また『漢書』芸文志も、「毛詩」の経文テキストと「毛詩故訓伝」、すなわち「毛伝」とを別々に著録しているというのである。ところが、「馬融が周礼の註を為《つく》るに及んで、乃ち学者の両読を省かんと欲し、故に本文を具載す。然らば則ち後漢以来、始めて経に就きて註を為る」。馬融は鄭玄もそもその門下に学んだところの人物であるが、その馬融は学者たちが本文と注の両者を別々に読まなければならない手間を省くために、礼経の一つである『周礼』の注を著わすに及んで、『周礼』の本文を合わせて掲げたというのである。だが、「未だ審らかにせず、此の詩に経を引きて伝を附すこと、是れ誰か之れを為せしや」。すなわち「毛詩」の経文に「毛伝」を附すテキストが誰によって作られたのかは分らないというのだが、誰に始まるのかは不明ながらも、『毛詩正義』が撰述された当時には「毛詩」の本文と「毛伝」、そして恐らくは「毛伝」を敷衍する「鄭箋」をも一つにあわせたテキストが行なわれていたのにちがいない。

しかしながら「毛伝」と「鄭箋」をさらに敷衍する『毛詩正義』が撰述されたものの、「正義」までをも一つに合わせたテキストがただちに行なわれたわけではなかった。木版印刷術が発達した宋代になって、写本に代わる「五経正義」の刊行が開始されるのだが、「毛詩」の本文と「毛伝」「鄭箋」、それに「正義」までをも合わせたテキスト、すなわち今日のわれわれが普段に目にするようなテキストが作られるのは南宋の時代を待たねばならなかった。「両浙東路茶塩司本」と称される宋版『礼記』テキスト、それにそえられた南宋紹熙三年（一一九二）の黄唐の後序につぎのようにあるのがそのことを証するであろう。「六経の疏義、京監蜀本自《よ》り、皆な正文及び注を省き、又た篇章散乱し、覧る者は焉《これ》を病む。本司、旧《も》と易、書、周礼を刊するに、正経注疏をば萃《あつ》めて一書に見《しめ》し、披繹に便ならしむるも、它経は独り闕く。紹熙辛亥（一一九一）仲冬、唐《われ》は員に司庾に備えられ、遂に毛詩、礼記の疏義を取り、前の三経の如くに編彙し、精《こま》かに讎正を加え、用《もっ》て諸《これ》を木に鋟《きざ》み、前人の未だ備えざる所を広げんと庶《こいねが》う。乃ち春秋の一経の若《ごと》きは顧みるに力未だ暇あらず。姑《ひとま》ず以て同志に貽《おく》ると云う。壬子（三年）秋八月、三山の黄唐謹識」。かく南宋時代に至って始めて経文と注、疏義とを一つに合わせたテキストの刊行が開始されたのである。換言すれば、南宋に先だつ北宋の時代にはまだ「正義」だけが別行されていたのであって、阮元の「礼記注疏校勘記序」の言葉を借りるならば、「古人の義疏は皆な経注に附せずして単行すること、猶お古春秋三伝、詩毛伝の経に附せずして単行するがごとし」というわけである。すなわち、いわゆる単疏本と称されるテキストが行なわれていたのである。

単疏本、すなわち「正義」だけを単行するテキストとはどのようなものか。毛詩について、鄭風「緇衣」の詩の第一章、「緇衣之宜兮、敝予又改為兮、適子之館兮、還予授子之粲兮——緇衣の宜しき、敝《やぶ》るれば予又た改め為《つく》らん、子《なんじ》の館《やかた》に適《ゆ》く、還らば予は子の粲を授けん——」を一例として取り上げよう。小序に、「緇衣は（鄭の）武公を美とするなり。父子並びに周の司徒と為り、其の職に善し。国人、之れを宜しとす。故に其の徳を美とし、以て国を有《たも》ち善を善とするの功を明らかにす」とある詩である。

その「正義」にまず「伝緇黒至之位」と示したうえで「正義曰」とあるのは、「毛伝」に「緇黒色、卿士聴朝之正服也、改更也、有徳君子宜世居卿士之位焉——緇は黒色、卿士の朝を聴くの正服なり。改は更なり。有徳の君子、宜しく世々卿士の位に居るべきなり——」とあるのの「緇黒」から「之位」までの起止を示し、それを敷衍解釈する「正義」であるとの意であって、つぎのようにいう。「正義曰、考工記言染法、三入為纁、五入為緅、七入為緇、注云、染纁者三入而成、又再染以黒（則為緅、又復再染以黒）乃成緇、是緇為黒色、此緇衣即士冠礼所云主人玄冠朝服緇帯素韠、是也、諸侯与其臣服之、以日視朝、故礼通謂此服為朝服、美武公善為司徒・・・・——正義に曰わく、考工記に染法を言いて、三たび入るを纁と為し、五たび入るを緅と為し、七たび入るを緇と為すと。注に云わく、纁に染むる者は三たび入りて成り、又た再び染むるに黒を以てすれば緅と為り、又た復《ま》た再び染むるに黒を以てすれば乃ち緇と成ると。是れ緇は黒色為り。此の緇衣は即ち士冠礼に主人は玄冠、朝服、緇帯、素韠と云う所、是れなり。諸侯は其の臣と与《とも》に之れを服し、以て日ごとに朝を視る。故に礼には通じて此の服を謂いて朝服と為す。武公の善く司徒と為るを美とす・・・・――」。考工記は『周礼』考工記「鍾氏」職。注は鄭玄の注。糸を黒色の染料に三度ひたせば纁、五度ひたせば緅、七度ひたせば緇となるとの意。士冠礼は『儀礼』の篇名。つづいて「箋緇衣至弁服」と示したうえで「正義曰」とあるのは、その「鄭箋」に「緇衣者居私朝之服也、天子之朝服皮弁服也――緇衣なる者は私朝に居るの服なり、天子の朝服は皮弁服なり――」とあるの「緇衣」から「弁服」までの起止を示し、それを敷衍解釈する「正義」であるとの意であって、つぎのようにいう。「正義曰、退適治事之処為私也、対在天子之庭為公、此私朝在天子宮内、即下句適子之館兮、是也、・・・・玉藻云、天子皮弁以日視朝、是天子之朝服皮弁、故退適諸曹服緇衣也、定本云、天子之朝朝服、皮弁服――正義に曰わく、退いて事を治むるの処に適《ゆ》くを私と為すなり。天子の庭に在るを公と為すに対す。此の私朝は天子の宮内に在り。即ち下句に子《なんじ》の館に適くとある、是れなり。・・・・玉藻に云わく、天子は皮弁もて以て日ごとに朝を視ると。是れ天子の朝服は皮弁。故に退いて諸曹に適けば緇衣を服するなり。定本に云わく、天子の朝の朝服は皮弁服と――」。玉藻は『礼記』の篇名。「諸曹」とは宮中に設けられた各部局の役所。ここでは司徒の役所をいう。定本とは、先述したように顔師古が考定したテキストであって、それでは鄭箋の「天子之朝服皮弁服」を「天子之朝朝服皮弁服」に作るとの意。右に引用の「正義」原文に（　）で「則為緅又復再染以黒」の九字を補ったのは阮元の校勘記に基づく。

つづいて「毛伝」に「適之、館舎、粲餐也、諸侯入為天子卿士受采禄――適は之、館は舎、粲は餐なり。諸侯入りて天子の卿士と為れば采禄を受く――」とあるのの起止を「伝適之至采禄」と示したうえでいう。「正義曰、釈詁云、之適、往也、故適得為之、館者人所止舎、故為舎也、粲餐、釈言文、郭璞曰、今河北人呼食為粲、謂餐食也、諸侯入為天子卿士受采禄、解其授粲之意、采謂田邑、采取賦税、禄謂賜之以穀、二者皆天子与之以供飲食、故謂之授子粲也――正義に曰わく、釈詁に云わく、之、適は往なりと。故に適を之と為すを得。館なる者は人の止舎する所なれば、故に舎と為すなり。粲は餐とは釈言の文。郭璞曰わく、今、河北の人、食を呼んで粲と為すと。餐食を謂うなり。諸侯入りて天子の卿士と為れば采禄を受くとは、其の粲を授くるの意を解す。采とは田邑を謂い、賦税を采取す。禄とは之れに賜うに穀を以てするを謂う。二者は皆な天子之れを与えて以て飲食に供す。故に之れを子の粲を授くと謂うなり――」。釈詁と釈言はともに『爾雅』の篇名。釈詁篇に「之」や「適」には「往（ゆく）」の意味があるとあり、郭璞は『爾雅』の注者であって、釈言篇に「粲は餐なり」とあるのに施された注。また「鄭箋」に「卿士所之之館在天子之宮、如今之諸廬也、自館還在采地之都、我則設餐以授之、愛之欲飲食之――卿士之《ゆ》く所の館は天子の宮に在ること、今の諸廬の如きなり。館自《よ》り還って采地の都に在れば、我は則ち餐を設けて以て之れに授く。之れを愛して之れに飲食せしめんと欲す――」とあるのの起止を「箋卿士至飲食」と示したうえでいう。「正義曰、考工記説王宮之制、内有九室、九嬪居之、外有九室、九卿朝焉、注云、内路寝之裏、外路寝之表、九室如今朝堂諸曹治事之処也、六卿三孤為九卿、彼言諸曹治事処、此言諸廬、正謂天子宮内卿士各立曹司、有廬舎以治事也、言適子之館、則有所従而適也、言還授子粲、則還有所至也、既為天子卿士、不可還帰鄭国、明是従采邑而適公館、従公館而反采邑、故云、還在采地之都、我則設餐以授之――正義に曰わく、考工記に王宮の制を説き、内に九室有って九嬪之れに居り、外に九室有って九卿朝すと。注に云わく、内とは路寝の裏《うち》、外とは路寝の表《そと》、九室は今の朝堂の諸曹の事を治むるの処の如きなり。六卿と三孤を九卿と為すと。彼（考工記注）には諸曹の事を治むるの処と言い、此（毛詩鄭箋）には諸廬と言う。正に天子の宮内の卿士は各々曹司を立て、廬舎有って以て事を治むるを謂うなり。子の館に適くと言わば、則ち従って適く所有るなり。還らば子の粲を授けんと言わば、則ち還るに至る所有るなり。既に天子の卿士と為れば、鄭国に還帰するを得ず。明らけし、是れは采邑従《よ》りして公館に適き、公館従りして采邑に反るなり。故に云わく、還りて采地の都に在れば、我は則ち餐を設けて以て之れに授くと――」。考工記は「匠人」職。さらにつづいていう。「伝言受采禄者、以采禄解粲義也、箋言還在采地之都者、自謂迴還所至、国人授粲之処、其意与伝不同、雖在采地之都、願授之食、其授之者、謂鄭国之人、非采地之人、何則此詩是鄭人美君、非采地之人美之、且食采之主、非邑民常君、善悪繫於天子、不得曲美鄭国君也、鄭国之人所以能遠就采地授之食者、言愛之願飲食之耳、非即実与之食也、易伝者、以言予者、鄭人自授之食、非言天子与之禄也、飲食雖云小事、聖人以之為礼、伐柯勧王迎周公、言我覯之子、籩豆有践、奉迎聖人猶願以飲食、故小民愛君、願飲食之――伝に采禄を受くと言う者は、采禄を以て粲の義を解するなり。箋に還りて采地の都に在りと言う者は、自ずから迴還して至る所、国人の粲を授くるの処を謂う。其の意、伝と同じからず。采地の都に在りと雖も、之れに食を授けんと願う。其の之れに授くる者とは鄭国の人を謂い、采地の人には非ず。何となれば則ち此の詩は是れ鄭人が君を美とするにて、采地の人之れを美とするには非ず。且つ食采の主は邑民の常君に非ず、善悪は天子に繋《か》かり、曲げて鄭国の君を美とするを得ざるなり。鄭国の人の能く遠く采地に就きて之れに食を授くる所以の者は、之れを愛して之れに飲食せしめんと願うを言うのみ。即ち実に之れに食を与うるには非ざるなり。伝を易《あらた》むる者は、予と言う者は鄭人自ら之れに食を授くるにて、天子之れに禄を与うるを言うには非ざるを以てなり。飲食は小事と云うと雖も、聖人は之れを以て礼を為す。伐柯に王の周公を迎えんことを勧むるや、我は之の子《ひと》を覯《み》るに、籩と豆と践なる有りと言う。聖人を奉迎するにすら猶お飲食を以てせんと願う。故に小民の君を愛するや、之れに飲食せしめんと願う――」。

「伐柯」は豳風の詩。流言にまどわされた周の成王が叔父の周公に対して抱いたところの疑心暗鬼の念も晴れ、丁重に周公を迎えるよう勧めたことをうたうとされる詩であって、引かれている句は、わたしが周公にお目にかかる時には竹籠と高つきにご馳走をどっさりならべようとの意味である。

六

このような「五経正義」単疏本の刊行が北宋の太宗の端拱元年（九八八）に着手されたこと、『玉海』巻四「端拱校五経正義」の条につぎのように伝えられている。「端拱元年三月、司業の孔維等、勅を奉じて孔穎達の五経正義百八十巻を校勘し、国子監に詔して板に鏤《きざ》みて之れを行わしむ。・・・・詩は則ち李覚等五人再校し、畢道昇等五人詳勘し、孔維等五人校勘し、淳化三年（九九二）壬辰四月、以て献ず」。

これらの北宋刊本は残念ながらもはや今日に伝存しないが、今ここに景印公刊する『毛詩正義』単疏本は南宋紹興九年（一一三九）におけるそれの覆刻本であって、全四十巻のうちの第一巻から第七巻までの首部を闕くものの、第八巻・鄭風「緇衣」から第四十巻の尾部に至るまでは、唐風「綢繆」（巻十）、小雅「常棣」（巻十五）、大雅「桑柔」（巻三十二）、周頌「敬之」と「小毖」（巻三十七）にごくわずかの闕葉があるのを除いて完全に備わる。すなわち内藤湖南博士の旧蔵にかかる天下の孤本であって、内藤博士が昭和五年十二月に行なわれた講演の筆録である「宋元版の話」（『目睹書譚』所収。『全集』第十二巻）に自らつぎのように述べられているものにほかならない。「太宗の淳化と云ふ年号の頃からは大分印刷が盛んになりまして、有名な五経正義、七経疏義と云ふものなども版になりました。然しこれは原本が遺つてゐると云ふ事はハッキリ申されません。此の時に出版されたものの、後になつてもう一ぺん出版し直したもの即ち覆刻本が幸ひ今日宮内省に遺つて居ります。昨年でしたか、大阪毎日がこれを出版しました。私それについて自分の考へを書きましたが、それが五経正義の中の尚書正義と云ふものです。然しこれは太宗の時に出版されたものでなく、覆刻本です。それから毛詩正義――これも覆刻本です。私が持つてをります」云々。

宮内省に遺る『尚書正義』について内藤博士が執筆された文章とは、「影印秘府尊蔵宋槧単本尚書正義解題」（『支那学』五巻三号。後に『全集』第七巻に収録）であって、「五経正義の原刊本は今日一も存するものなけれども但だ尚書正義は即ち今の印行する所なる図書寮尊蔵の南宋光宗の時の覆刻本全分を伝へ毛詩正義は予が蔵せる紹興九年の覆刻本（四十巻中三十三巻を存す）を伝へ礼記正義（七十巻中八巻を存す）は身延山久遠寺蔵の南宋覆刻本を伝へ周易春秋の正義は南宋覆刻本より伝鈔せる本を伝へたる者並びに独り我邦に存せり」、このように述べられている。そして博士は「予が蔵せる紹興九年の覆刻本」なる『毛詩正義』について、さらに言葉をついでつぎのように述べられている。「因て紹興九年雕造の毛詩正義を検するに淳化三年壬辰四月進の歳月ありて其の都勘官は孔維にして勘官には解損、解貞吉、胡令問、秦奭の四人、詳勘官には畢道昇、牛韶、尹文化、元貞、孫俊五人、都再校者としては李覚、孔維二人、再校者としては胡令問、畢道昇、劉弼三人を列し尽く玉海の記する所と符合せり」。またつぎのように述べられている。「予が所蔵の毛詩正義には紹興九年九月十五日紹興府雕造とあり校對官は穆淮、韓彰の二人、管幹雕造は白彥、曾掞の二人にして即ち南宋官板の最初の本なることを示し・・・・」。

さらにまた『目睹書譚』に収められている文章とは別に『東洋文化史研究』に収められている「宋元板の話」（『全集』第八巻）、それは昭和五年十一月十六日の大蔵会における講演に基づくのだが、そこにも避諱の原則を語るのにちなんで、家蔵の『毛詩正義』への言及がある。「一体天子の諱の欠画は、その当時の天子から行ふといふのと、その前の天子から欠くといふのと両説あつたが、自分の蔵本中、年号の明かなものに拠つて調べて見ると、当時の天子の諱は欠画しないことが分つた。家蔵の紹興年間の板の毛詩正義及び史記集解で見ると、高宗の構の字が欠画して居ない。家蔵の北宋本史記は真宗の恒の字を欠画して居ないから即ち太宗か真宗かの時のものであらう」。また仏典の板式の研究が外典の研究にも資するであろうことを期待してのつぎの発言がある。「例へば、毛詩正義及び近年身延で発見された礼記正義は紹興板であるが、之と思渓板の最初の頃の仏典の板本と其字体がよく似て居る。これは同じ刻工がやる為ではないかと思ふ。宋でも刻は杭州から紹興あたりが最も上手で、次が蜀、福建が最も粗本を出すと決つて居るらしく、当時の人葉少蘊の石林燕語に見えて居る。この刻工の研究がもつと分れば、宋板の研究に大に参考になる」。

稀代の蔵書家をもって知られた内藤博士であるが、それらの蔵書のなかでも最も愛惜の深い四種を取り上げて賦された「恭仁山荘四宝詩」四首、その第一首に賦されているのは、ほかならぬこの『毛詩正義』単疏本である。

白首名場甘伏雌　　名場に白首たりて伏雌に甘んじ
保残守欠慕経師　　残を保ち欠を守り経師を慕う
収来天壌間孤本　　収め来る天壌間の孤本
宋槧珍篇単疏詩　　宋槧の珍篇　単疏の詩

まぎれもない「宋槧の珍篇」であるこの天下の孤本を博士が購得されたのは大正十三年（一九二四）六月のこと。そしてそれから二年半後、いわゆる「京都シナ学」と浅からざる因縁のあった董康の日本訪書の記録と称すべき『書船庸譚』、一名『東游日記』、その民国十六年（昭和二年、一九二七）一月二日条に内藤博士を訪問した記事があり、そこにも『毛詩正義』が登場する。その前日の一月一日に上海より来到して長谷川旅館に旅装を解いたばかりの董康の早々の訪問であり、当時の博士の住まいは上京区（現在は左京区）田中野神町にあった。「湖南は航欧の往復、道として滬上を経、倶に晤談するを獲たり。是に至って倒屣して出で迎う。相い別るること又た一年なり。乃ち蔵せる北宋本史記と毛詩正義の二書を出せり。倶に竹添井井の物。昔年曾つて小田原にて竹添翁を訪いて之れを見るを得たり。今、其の書は均しく湖南に帰す。艷羨に勝《た》えず。湖南は博聞強記、収蔵の富、誠に今の狩谷掖斎なり。毛詩正義も亦た十五行、毎行廿五字。尚書正義と蓋し同時の刻なり」。内藤博士が一九二四年の七月から翌年の二月にかけてヨーロッパを訪問された際、その途次の滬上、すなわち上海において二人は面談の機会があり、およそ一年ぶりの再会であった。そして北宋本『史記』と『毛詩正義』二書の内藤博士に先立つ所蔵者として名が見える竹添井井、それ故に『毛詩正義』に「井々居士珍賞子孫永保」の印記を遺している竹添井井とは、『左氏会箋』や『桟雲峡雨日記』の著者として知られる竹添進一郎、字は光鴻。その人がなみはずれた中国びいきであったことをさながらに彷彿させるのは、曾紀沢の『出使英法日記』光緒四年（一八七八）九月十八日条のつぎの記事である。「光鴻、号は漸卿。中国を遊歴すること年所有って、詩文を著わすこと甚だ夥《おお》し。事、鉅細と無く、皆な能く心を留め、筆致も亦た暢達、能く自ら其の意を申ばす。中華の山川景象物産民風に於いて津津として道《い》うを楽しまざるは無く、褒むること有るも訕《そし》ること無し。東西洋の人、偶《たま》ま中国の某事を誹議する者有らば、光鴻は即ち面紅く頸張り、争弁して休《や》まず。亦た奇人なり」。曾紀沢は曾国藩の息。『桟雲峡雨日記』その他の詩文の序跋を求められたのにちなんでの記事であり、その頃、曾紀沢は駐英仏公使として渡欧すべく天津においてあわただしい毎日を送っていた。ところで内藤博士が大正十三年に購得された『毛詩正義』は、それから十年が経過した昭和九年（一九三四）一月に国宝の指定をうけた。あたかも博士が長逝されるおよそ半年前のことである。

現在は武田科学振興財団杏雨書屋の蔵に帰している内藤湖南博士旧蔵の『毛詩正義』単疏本に関する書誌的事項は、杏雨書屋編『新修恭仁山荘善本書影』（一九八五年刊）に収める山鹿誠之助氏の解説にすでに委細が尽くされている。以上の説述と重なるところなしとせぬけれども、敢えてその全文をそのままに再録することとする。

（国宝）毛詩正義残本　存巻第八至第四十　唐孔穎達等奉勅撰　十七冊

宋紹興九年刊単疏本。左右双辺、有界、毎半葉十五行、毎行二十二字乃至三十二字不等、二十五六字最モ多シ。匡郭内縦七寸六分、横五寸二分、白口、版心「詩（巻数）（丁数）（刻工名）」毎巻末ニ字数ヲ注ス。本書ハ全四十巻ノ内、首七巻ヲ闕キ巻第八以下第四十ニ至ル三十三巻ヲ存シ、今十七冊ニ装釘ス。宋ノ太宗端拱元年、五経正義ヲ校勘シテ刊行セシメ、毛詩正義ハ淳化三年刻成セシガ、南宋ノ紹興九年、更ニ同書ヲ紹興府ニ於テ覆刻シタルモノ、即チ是書ナリ。所謂宋槧単疏本ニシテ夙ニ唐土ニ亡佚シテ独リ我国ノミニ存シ、真ニ天壌間ノ孤本ナリ。昭和九年一月三十日附ヲ以テ国宝ニ指定セラレタリ。

五経正義ノ校勘並ニ板行ニ関シテハ、玉海巻第四十三ノ「端拱校五経正義」ノ条ニ左ノ如ク記セリ。

> 端拱元年三月、司業孔維等奉勅校勘孔穎達五経正義百八十巻、詔国子監鏤板行之（中略）詩則李覚等五人再校、畢道昇等五人詳勘、孔維等五人校勘、淳化三年壬辰四月以献

今本書ニツキテ之ヲ検スルニ、巻第四十ノ末尾ニ淳化ノ原刊本ニ於ケル校勘官ノ列銜ヲ掲グ。則チ其ノ都勘官ハ孔維ニシテ、勘官ニハ解損等四人、詳勘官ニハ畢道昇等五人、都再校者ニハ李覚、孔維二人、再校者ニハ胡令問等三人ヲ列シ、次ニ淳化三年四月李沆等上表ノ列銜ヲ附シ、悉ク玉海ニ記スル所ト符合セリ。而シテ最後ニ「紹興九年九月十五日紹興府雕造」ノ刊記ヲ掲ゲ、校対官ニハ穆淮、韓彰ノ両名、管幹雕造ニハ白彦良、曾掞ノ両名ヲ列記シ、南宋ノ官板ナルコトヲ明示セリ。

本書ハ宋刊宋印ニシテ字画端正、南宋槧中ノ精刻タルノミナラズ、其ノ内容亦尚ブベク寔ニ希世ノ秘笈ト謂フベシ。マタ本書ノ伝来ニツキテハ島田翰・古文旧書考巻第二ニ「是書古沢介堂氏従周防古刹所獲、後帰於井上伯爵、有故遂為吾師（竹添光鴻）有」ト言ヘリ。毎巻首若クハ尾ニ「金沢文庫」「香山常住」ノ黒印及ビ「井々居士珍賞子孫永保」等ノ印記アリ。近年裏打シテ改装ヲ施セリ。本ノ大サ縦八寸八分強、横六寸四分。桐箱入。蓋ノ内面ニ「甲子（大正十三年）六月購　炳卿」ノ墨書アリ。

本書ハ昭和十一年東方文化学院ニ於テ影印刊行シタリ、影印本ノ解説ニハ左ノ如ク記セリ。

> 国宝　宋槧本毛詩正義（乾坤二帙　十七冊）

内藤湖南博士遺愛　内藤乾吉氏蔵

原本巻第八ヨリ巻第四十ニ至ル三十三巻（十七冊ニ装釘ス）ヲ存シ、首七巻ヲ佚ス。巻第四十ノ尾ニ淳化三年校勘ノ記及ビ紹興九年紹興府雕造ノ刊記アリ。半板十五行、毎行二十五六字、所謂単疏本ニシテ、ソノ経注ノ起止ヲ標セル文ト正義トヲ一格ヲ空シウシテ連書セルハ、唐代以来ノ古体ヲ存スルモノナリ。原本巻第十ノ第二十一葉、巻第十五ノ末第三十二葉以下（恐ラクハ二葉）、巻第三十二ノ第三十五葉、巻第三十七ノ第四、第五両葉ヲ闕ク。毎巻首若クハ尾ニ「金沢文庫」「香山常住」ノ黒印並ビニ「井々居士珍賞子孫永保」等ノ印記アリ。湖南博士ガ「天壌間孤本」「宝詩簃」ト印記シ、恭仁山荘四宝詩ニ『白首名場甘伏雌、保残守欠慕経師、収来天壌間孤本、宋槧珍篇単疏詩』ト詠ジテ愛玩措カザリシ珍籍ナリ。

「香山常住」ノ印記アルハ周防国吉敷郡上宇野香山国清寺ノ旧蔵ニ係ルモノニテ、此寺ハ応永年間大内盛見ガ兄ノ義弘菩提ノ為メ建立シタルトコロ、世上往々コノ印記アル古書ヲ伝フ。

附言するならば、合わせて十七冊に分冊されている各冊の首に内藤博士自らの「天壌間孤本」「宝詩簃」の印記があるのに加えて、それらそれぞれの尾にもやはり内藤博士の「炳卿珍蔵旧槧古鈔之記」なる印記がある。

十七冊に分冊されている本書の内訳は左記のごとくであるが、第一冊から第四冊、第五冊から第九冊、第十冊から第十四冊、第十五冊から第十七冊をそれぞれ一帙とし、四帙に分かって順次景印刊行する。

第一冊	巻八	鄭風「緇衣」から「溱洧」まで
第二冊	巻九	斉風「鶏鳴」から「猗嗟」まで
	巻十	魏風「葛屨」から唐風「杕杜」まで
第三冊	巻十一	唐風「羔裘」から秦風「権輿」まで
	巻十二	陳風「宛丘」から曹風「下泉」まで
第四冊	巻十三	豳風「七月」
	巻十四	豳風「鴟鴞」から「狼跋」まで
第五冊	巻十五	小雅「鹿鳴」から「常棣」まで
	巻十六	小雅「伐木」から「蓼蕭」まで
第六冊	巻十七	小雅「湛露」から「吉日」まで
	巻十八	小雅「鴻雁」から「無羊」まで
第七冊	巻十九	小雅「節南山」から「小宛」まで
	巻二十	小雅「小弁」から「大東」まで
第八冊	巻二十一	小雅「四月」から「楚茨」まで
	巻二十二	小雅「信南山」から「大田」まで

第九冊	巻二十三	小雅「瞻彼洛矣」から「賓之初筵」まで
	巻二十四	小雅「魚藻」から「隰桑」まで
第十冊	巻二十五	小雅「白華」から「何艸不黄」まで
	巻二十六	大雅「文王」から「大明」まで
巻十一冊	巻二十七	大雅「緜」から「思斉」まで
	巻二十八	大雅「皇矣」から「霊台」まで
第十二冊	巻二十九	大雅「下武」から「生民」まで
	巻三十	大雅「行葦」から「鳧鷖」まで
第十三冊	巻三十一	大雅「仮楽」から「巻阿」まで
	巻三十二	大雅「民労」から「桑柔」まで
第十四冊	巻三十三	大雅「雲漢」から「烝民」まで
	巻三十四	大雅「韓奕」から「召旻」まで
第十五冊	巻三十五	周頌「清廟」から「執競」まで
	巻三十六	周頌「思文」から「武」まで
第十六冊	巻三十七	周頌「閔予小子」から「般」まで
	巻三十八	魯頌「駉」から「泮水」まで
第十七冊	巻三十九	魯頌「閟宮」

巻四十　商頌「那」から「殷武」まで

〈補記〉

吉川幸次郎「東方文化研究所経学文学研究室毛詩正義校定資料解説」（全集第十巻所収）は、東方文化研究所の経学文学研究室が昭和十六年（一九四一）から共同研究として着手した「毛詩正義」の校定の仕事に関する文章である。当時、先考は東方文化研究所の研究員としてその共同研究を主宰したのであった。そもそも『東方学報　京都』第十三冊第二分（一九四三年）に掲載されたその文章は、甲「正義本」、乙「経注本」、丙「近儒校注本」の三部から成り、甲「正義本」のイ「単疏本」の項に、当時はまだ内藤家に蔵されていた『毛詩正義』単疏本を取り上げている。念のため、その一段を以下に抄出する。

宋刊単疏本　「正義」最初の刊本は、北宋の淳化三年に国子監で刊行された本であるが、それは今伝わらぬ。この本は北宋刊本を南宋で覆刻したものであって、巻尾に紹興九年九月十五日紹興府雕造という刊記がある。金沢文庫の蔵書であったことが、蔵書印によってわかるが、近くは竹添光鴻博士を経て、内藤虎次郎博士の家に入った。この版本は、世間ただこの一部を存するのみであって、いわゆる天壌孤本である。毎半頁十五行、毎行二十五六字、他の諸経の宋版単疏と同じ版式である。いま「東方文化叢書」の影印本を用いる。北宋で「正義」を写本から版本に移すときには、相当に手を加えたらしく、従ってこの本も孔穎達の原形そのままではない。しかし後来の諸版本に比べれば、佳処枚挙するに勝えない。また「正義」の巻数は、孔穎達の序によれば、元来四十巻であるが、ひとりこの本の巻数のみが、それと合致し、後来の本はみな本来の巻数を動かしている。ただ残念なのは、初めの七巻、すなわち「王風」から前を欠くことであって、そのため「王風」までの巻の分かち方が分明せぬのは、われわれの当面する困難の一つである。もっとも、全く手がかりがないわけでもないのであって、後に述べるように、龍谷大学所蔵の旧写本経注には、単疏巻七以前の巻数を、ところどころ標記している。しかしなお完全でない。更に新しい資料の発見によって、単疏分巻の全貌を知り得る日を期待してやまない。なお民国七年、呉興劉氏嘉業堂の刊行した単疏も、もとはこの本から出るが、臆改した箇所が多く、用い難い。

Ⅱ 書評

小倉芳彦訳『春秋左氏伝　上・中・下』（岩波文庫）

『春秋』は儒教の基本的な古典とされる五経の一つであり、『左氏伝』略して『左伝』は、極めて早い時期に著わされた『春秋』の三種の解釈、いわゆる三伝の一つである。

『春秋』の経文そのものは、孔子が生まれた魯国の至って簡略な年代記であり、宋の王安石は「断爛の朝報（こま切れの政府官報）」と悪口を言っているのだが、三伝のうち『左氏伝』の文章は、経文に関係のない記事まで大量に採用して豊かにふくらむ。そのため、『春秋』の一字一字にその刪定にあたったとされる孔子の褒貶の意が託されているといういわゆる「春秋の筆法」を解き明かした書物として、つまり経学（五経に関する哲学・文献学）の対象としてのみならず、むしろそれにもまして、史伝の文学として読み継がれてきた。

わが国でも、「左国史漢」（左伝・国語・史記・漢書）といえば史伝の代名辞であった。頼山陽の『日本外史』の文体が『左氏伝』と『史記』にならってはなはだすぐれると激賞するのは、中国清朝の譚献《たんけん》である。『左氏伝』の鄢陵《えんりょう》の戦の記事を「左氏の文中白眉なるもの」と言うのは漱石の『文学論』であり、漱石の『猫』のなかでも鄢陵の戦は譬喩として用いられている。史伝の文学としてのみならず、考古学的発見のあいつぐ今日においてすら、『左氏伝』は、前八世紀から前五世紀に至るいわゆる春秋時代の歴史を理解するための基本文献たることを失わない。

今回の翻訳にあたって、訳者の小倉氏は、経学的観点にとらわれることなく、「中国古代の史伝説話の宝庫」として『左氏伝』は読まれるべきだと言う。たとえば、諸国放浪の旅をつづける晋の公子重耳《ちょうじ》（後の晋の文公）の貴種流離譚。あるいは、訪問外交の場における文辞《レトリック》の応酬。それは鄭の子産《しさん》についていて顕著にみとめられるように、大国のはざまのなかで小国が生き残り、存在を主張し、ときにはキャスチング・ボートを握るための要件であった。そして、かずかずの戦争の記事は、「戦争さえも芸術品の性質を帯びる」というブルクハルトの言葉を想起させるであろう。

かく、諸侯国の対立と同盟、そのもとに織り成される人間模様ははなはだ起伏に富む。「人の心は顔と同じく一人々々異なる」とは、他ならぬ『左氏伝』が伝える子産の言葉。『左氏伝』に登場するのは正義派の人物ばかりではない。かれらはしばしば人間の弱さをさらけ出し、反道徳的ですらあり、諸侯国では、往々にして女性問題に端を発するお家騒動が日常茶飯事のこととして繰り返される。

本訳書は、『春秋』の経文を片仮名まじりの訓読体で示したうえ、『左氏伝』の現代語訳を提供する。訳文は全体として平明、注釈が一切ないのも煩雑でなくてよい。それでもなおいささか読みづらいとするならば、それはひとえに編年体の『左氏伝』では一連の事件の記事があちこちに散在することによるのであり、そのため本訳書では、各巻末に「列国大事索引」を備えて事件の顚末が把握できるように工夫がこらされている。

村上嘉實『六朝思想史研究』(平楽寺書店)

本書は、六朝における「格」にたいする「逸」の考察にあてられることが序にのべられている。耳に熟した言葉ではかならずしもないけれども、「格」とは漢代に確立し、以後二千年、「官僚支配階級の政治哲学」となった儒教のことにほかならない。それはまた「正統性」ともよびかえられている(三九七頁)。この「格」にたいする「逸」、すなわち「逸格」の動きが活潑になったのが六朝時代においてであることは、著者とともに承認しうるであろう。著者によればそれはまず「非礼教的なもの、従って非政治的なもの」(一六七頁)としての老荘であり、老荘を思想的根拠とするところの道教であり、また老荘を媒介として受容された仏教であった。さらにまた、六朝は人間が美の世界にめざめた時代であり、その根本には人間個性の自覚があったという。かくして過去三十年における論文十九篇が、(一)道教思想、(二)老荘思想、(三)仏教思想、(四)思想と政治、(五)思想と芸術、(六)六朝の精神、の六章に按配配列されている。これら各章のタイトルを一見して明らかなように、内容は多面的、包括的である。なかには、近代工業技術における機構のなかへの人間の埋没、人間性喪失の問題にふれて、無心に物のなかに随順することによりかえって物の理を自己のがわに奪いとり、対象を自由に支配しうる老荘の自然の立場の優位を論じた「人間と自然」のごとき、あまり肩のこらない文章も収められている、といっても礼を失することにはならないであろう。

これら十九篇のうち、第一章の第一節、すなわち巻頭におかれた「道教における欲望肯定の思想」はあらたに書きおろされた文章である。著者の考えでは、中国は欲望肯定の国であり、禁欲主義は育たなかった。とりわけ老荘ないし道教は、欲望の肯定、そのかぎりなき充実を、欲望の浄化において追究するところに特色をもつ。老荘ないし道教における否定——無欲恬淡——は実は欲望肯定のための否定であり、この否定のゆえに欲望の浄化がなしとげられる。欲望の浄化とは、さらに詳しくいえば、「宇宙の生命的根源（玄道）と神秘的に合一し、事実をその根柢に突破して、超現実の世界に勇躍する」ことであって、あくまで現実をふまえながら、現実のなかへなかへと没入する超越であるために、「内在的超越」とよばれるべきだといい、それはまた実践否定とも行為的否定ともよばれている。超現実に生きるがゆえにしばしば幻想的であり、また道教のなかから種々の科学や技術が生まれたことはその神秘主義と関係している。なんとなれば宇宙の根源と一体となることによって、宇宙の機能を自由に操作することが可能となるからであって、そのためには宇宙観として汎神論的哲学が必要であった。ただし、民衆道教においては欲望の浄化が行なわれなかったために、つまり否定の論理がはたらかなかったために、現世利益——福禄寿——追求の宗教となった、云々。

この一篇をのぞいては、すべて既発表の論文にいくらかの修改訂をほどこされたものであるので、一一についての紹介、批評という手順はふまないでおきたいが、右に示された著者の観点が他の諸篇における重要なテーマとなっていることはいうまでもない。たとえば、老荘と仏教の否定の性格の相違をとりあげて、「仏教の否定は、初めに現実から離れ、完全に離脱した後で、再び現実に還ってゆく。そのために往相と帰相とが説かれる。老荘は、初めから現実の中に入ってゆく。傷つき、闘い、あらゆる試行錯誤の後、しだいに対象の実体を把握し、その中にはたらいている法則に随順してゆく。このような過程のなかで無心がなしとげられる」と述べられた論旨は、第二章二節「老荘の実践否定」において詳説されるし、また第三章に収められた「僧肇の仏教思想」、「慧遠の方外思想」等においても、六朝における中国仏教の展開の跡が、老荘の否定と仏教の否定——老荘の実践否定、行為的否定にたいして、知をもって知を否定する認識論的、観照主義的否定——とがどのように関係しあっているのか、そして「現実の根柢をなす実在」がいかにして明らかにされたか、かかる観点のもとに具体的、歴史的に追求されるのである。

　では僧肇の仏教思想の構造はどのように描きだされているのであろうか。僧肇は因縁説によって物（物的存在・人・事象）を不真とみとめる物虚観のうえにたちながらも、非現実的な思想とならないで、むしろ物を支配する強い現実肯定の立場に出ている。すなわち、物虚観を成りたたしめるためにひとまず彼岸的な神《こころ》の立場に出ながら、そこに安んぜず、老荘、とりわけ郭象の流をくむ無心随順による物我同根の思想によって、此岸的なもののなかに真を見出そうとした。かくしてそれは「中国仏教にとって宿命的な方向を示すもの」であり、「中国の風土に即した現実的な宗教として発展し得た」のだという。一方、慧遠が桓玄にたいして沙門不敬王者の立場を堅持したのは、沙門が宗極——仏教的実在——の追求に生きる「方外の賓」の自覚にもとづくものであったことはよく知られているが、慧遠のいわゆる宗極はつぎのように説明される。慧遠は「反本求宗者、不以生累其神、超落塵封者、不以情累其生、不以情累其生則生可滅、不以生累其神則神可冥、冥神超境、故謂之泥洹」(「沙門不敬王者論」求宗不順化)と、生の否定が沙門の立場であることを力説するけれども、そこにはなお情に累《わずら》わされない生、生に累わされない神がある。彼のいう否定は反本求宗、冥神超境であって、老荘の無心の境地と根本的に異なるものではない。すなわち、神はインド的に無自性として否定されるのではなくして、随所に主となるところの内在的性格をもっている。とはいえ、慧遠の晩年には、羅什の影響によって性空の義にも考究がすすみ、神についての独自の開明がなされた。「神が万法の中にはたらきながら、それ自身は有でもなく無でもなく、物を超え物に妙《すぐ》れ、つねに現象の根柢となって現象を動かす不滅の主体であること」(一九五頁)、つまり神は物に内在するとともに、性空思想によって物から完全に独立する性格をあたえられたというのであり、かくして著者はつぎのように結論している。「慧遠の不滅の神が超越性と共に現実内在的な性格を有することは、仏教を政治性の強い中国に樹立するために重要な原理となった。この原理のゆえに、仏教はその超越性を保ちながら、而も政治的教化の本となって、本末一体的に調和的な世界観を立てることができた・・・」。

ここにいたってわれわれは、純粋に思想の領域から、政治、社会と関連する思想の領域へ、いわば歴史的な領域へ進む足がかりをあたえられるであろう。六朝時代においては方外の世界と方内の世界とが、その内外のちがいにもかかわらず、かならずしも対立の関係にあったのではなく、両者が浸透しあい、あえていえば前者が後者の中に化肉する、そのような関係が成立していたのではないか、という問題である。このことをはやい時期に示唆したのは葛洪であったろう。著者がのべているように、「葛洪の世界観においては、現実的な治世の世界の根本に、更に優越的な神仙世界が存在していた。神仙世界は超現実であり、この超現実こそ彼にとっては真実なるものであった。しかしながら道は唯一にして普遍的なものである以上、本たる神仙世界も、末たる現実世界も、ともに一貫してあるもの」(「葛洪の政治的思想と世界観」)であったからである。ただし葛洪の場合、それはたんなるゾルレン、希望の表白、に終らざるをえなかったという印象をぬぐいがたいことはたしかである。しかしやがてそれが、六朝的世界の生きた現実となったのではないか。そのようなことを考えさせてくれるのが、第四章に収められた諸篇である。たとえば「隠逸」をタイトルとする篇において、西晋時代の隠逸には乱世なるがゆえに政治世界から逃避する権力への抵抗の姿勢があり、したがってみずから労働して耐乏的な生活に甘んずる風――中国の隠逸の本来的伝統があったという。とすれば、そこではまだ方外と方内とはきびしく対立しあっているというべきであろう。だが東晋時代になると、自己の田園にいながらにして隠れる裕かにして楽しむべき隠逸、自適主義の隠逸が主流となる。しかも彼らは道徳学問の保持者として王朝の尊敬をうけ、世人の称賛をえたのである。この事実にたいして著者は、「それは一見逃避性が薄らいだように見えるけれども、実は門閥による貴族社会が固定してきた為に起ってきた現象であり、社会そのものが国家権力から逸脱してきたとも見られる」と説明をあたえている。しかしむしろ、方外的なるものが方内的なるもののなかに化肉するにいたった現象と理解できないであろうか。かくいうのは、慧遠教団のありかたがこのような方内と方外との関係をいっそうよく示しているように考えられるからにほかならない。けだし教団は隠逸者の集団と考えることもできようが、さて慧遠みずからが任じた「方外の賓」の立場はけっして方内と矛盾対立するものではなかった。彼も葛洪ときわめてよく似た立場にたって、「実在を執る仏教が本であり、教化を布く儒教は末であるが、末は本が応現したものに外ならないから、中国の聖人は仏と終期を同じくする」、「教化の本を執る真正の仏教教団は、当然国家権力及び貴族の経済的援助を得て存立すべきものである」(一九八頁)と主張した。しかも慧遠の場合には、それはたんなる理想におわらなかった。慧遠教団は現実にもそのようなものとして存立しえたのである。葛洪の世界観が「国家権力と対決して得たものではなった」のにたいし、慧遠は「国家権力と対決することによって超越の理論を実験した」ちがいによるのであろうか。いずれにせよ、殷仲堪、桓玄、盧循、劉裕たち、また朝臣や地方官たち、あるいは後秦主姚興までもが、それぞれの政治的立場のちがいにもかかわらずひとしく慧遠に帰依し、廬山教団の檀越となっているのはまことに興味深いことである(「慧遠教団と国家権力」)。檀越の側には、実際的レベルの問題として、廬山教団に政争や国際外交上の問題の処理の役割(沙門には南北間の自由な往来が認められていたことを想起せよ)を期待するところもあったかと想像されよう。しかしそれはまた方内的なるものがみずからのうちに方外的なるものを包摂せずしては存立しえない、そのような世界の構造をも示唆しているのではあるまいか。したがって、「自ら方外の賓を以て任じ、俗界を高く超越している慧遠が、中国の南北はもちろん、遠く西域地方にまでも関係をもち、殆んど世界的な交渉を有していたこと」、そのことはたしかに「驚異に値いする」けれども、しかしむしろ私には、慧遠が方外の賓であったればこそかくありえたのではなかったかと思われるのだ。慧遠教団は六朝における方内と方外との関係をもっとも顕著に体現している事例であり、それにはその頂点にたつ慧遠の人格があずかってもいるであろう。だが自余の六朝の宗教教団と国家とのあいだにも、おおかれすくなかれ相似の関係が存在していたのではないか。たとえば寇謙之と北魏王朝との関係はどうなのか、そのような問題関心がここから派生してくる。

方外的なるものの方内的なるものの中への化肉、それは当然、国家権力の質的変化をもたらすであろう。さらにまた国家権力を直接になう貴族士大夫の精神のありかたにも関係するであろう。隠逸の愛好、また詳しく紹介する余裕をもたないが、第四章四節「吏事」に説かれた吏事蔑視の態度、第六章に描きだされた多様なる個性、ことに「通」や「達」等々。右にのべた観点にたつならば、それらはたんに「非政治性」の一語ではかたづけられない性格のものであろう。もっともここでたちいるにはあまりに大きな課題であり、私自身としても将来にのこすほかはないが、ところで彼らの高踏の精神が、一面ではまことに危い存在でもあったことを指摘しておくことはやはり必要であったろうと思われる。学問道徳の保持者であるという隠逸の自負は、一転して倨傲に変じうるものであった。また著者がしばしば指摘するように、彼らが『荘子』、とりわけ郭象の自然の思想によりどころをもとめていたとするならば、その自然は命（運命）であり、必然であり、至当であると説明されるのだから（一四三頁）、したがってそれが政治思想として機能するとき、門閥貴族制社会の重層的な階層秩序を維持する役割をになうことにもなったであろう。この点については、拙稿「六朝士大夫の精神生活」（岩波講座、世界歴史、第五巻。後に『六朝精神史研究』、同朋舎出版、一九八四年刊、に収録）を参看されれば幸いである。

以下、気づいた点をいくつか記しておきたい。鄴に華林園が立てられたのを石虎の時代と推定するにとどまって、確証はないというけれども（「六朝の庭園」）、陸翽の『鄴中記』に、「虎以五月発五百里内万人、営華林苑、至八月、天暴雨雪、雪深三尺、作者凍死数千人・・・」と明証があり、それには他にも鄴の華林園にかんする断片的記事がいくらかのこされている。また『北斉書』祖珽伝にみえる『華林遍略』を華林園の地図を附した案内書のごときものか（同上）というのは誤解であり、梁の武帝の勅命により学士たちが建康の華林園において編纂した類書にほかならない。それがきわめてはやい時期に北斉にもたらされたのであって、南朝文化にたいする北朝人士の憧憬ぶりを示す一事実である。そのほか、魏晋の思想では、忠と孝とは矛盾するものではなく、孝を最上の徳としながらも、また忠も尊い徳とされていた、と論ぜられたところがある（「魏晋における徳の多様性について」）。この論旨にとりたてて異をとなえるものではないが、忠と孝の問題をとりあげるにあたっては、邴原に関する話柄、すなわち君と父とがともに篤疾におちいり、もし薬一丸しかないときには、君を救うべきか、それとも父を救うべきか、との曹丕の設問に、「父なり」とこたえた話柄は、やはり逸すべきではなかったであろう。

これらはもとよりこまかな過誤である。それとは反対に、説きおよびえなかった論点のなかに、こまかではあるけれども傾聴にあたいするものが数多くあること、いうまでもない。たとえば、六朝知識人が政治の実務を下級の小吏にゆだねたところに胥吏発生の契機をみいだした「吏事」において、胥吏が活躍するには胥吏が日常に接する庶民のあいだの実力の成熟が必要であり、そのため胥吏の十分な発達は宋以後であると論ぜられているところ、あるいはまた第六章三節「個性」にみえるつぎの一文のごときは、なんでもないことのようであって実は鋭い指摘であると感ぜられる。「われわれは漢代までの人々が、どのような容貌をしていたかを知ることは困難である。しかるに魏晋の一部有名な人々については、ほぼその姿や顔の貌まで思い浮かべることが出来るのは、この時代の特色である」。

「格」としての儒家思想についての論究は他日を期すむねが序で約束されている。古稀を迎えようとされている著者の今後ますます旺盛な研究生活をお祈りし、後進の蕪雑な批評と紹介をおえることとしたい。

小林正美『六朝道教史研究』（創文社）

縹渺たる大海にもたとうべき道典群。それを前にして、私のごときはただ茫然と立ちすくむ以外になすすべを知らぬのだが、各種道典の成書の時期を確定するという道教史研究上のアポリアに敢然と取りくんでこられたのが小林正美氏であり、このたびその成果が本書に集成された。道典の成書時期の確定を主題とするとはいえ、本書は文献学的研究にのみ終始するものではない。著者みずからが語っているように、「単に道典の編纂年代を種々の史料に基づいて推定するだけでなく、その推定を通して六朝時代の道教の思想史を構築」し、「先ず道典と史料に書かれている事柄を正しく解釈し、次に推理を働かせてその内容から書かれていない事柄を復原し、更に復原された事柄を別の道典や史料を使って実証」し、「道典を分析しつつ道流（著者によれば道教の派別。後述参照）を解明し、道流を通じて道典を位置づけ」んとするのである。このような重層的な方法が用いられるにあたって何よりも要請されるのは、循環論法の陥穽に落ちこまぬための慎重な態度であろう。かかる方法論に立脚する本書は、「東晋・劉宋期の天師道と葛氏道を中心に、六朝道教の道典と教理の歴史を考究」することを目的とし、著者積年の彫心鏤骨の論考が、第一篇「葛氏道と霊宝経」、第二篇「天師道とその道典」、第三篇「道教教理の形成」の三篇構成として排列されている。天師道と葛氏道を中心にとり挙げるのは、上清派については研究の蓄積があるためとのことであるが、上清派に対しても十分な目くばりが施され、六朝時代の三道流、すなわち天師道・葛氏道・上清派を有機的かつ体系的にとらえてトータルな六朝道教史を構築しようとする姿勢が一貫する。仏教に対する目くばりも忘れられてはいない。

第一篇は序章「葛氏道と上清派」において、葛洪以後の葛氏道が神仙術から宗教に変様したこと、しかし『洞淵神呪経』を最後として葛氏道系の道典をかくことにうかがわれるように、劉宋期になると、もっぱら天師道に、一部は上清派に吸収されて活動を停止してしまうこと、一方、天師道は劉宋期に教団組織の再建に着手し、上清派も梁代にある程度の教団組織を形成したことを論じたうえ、葛氏道系道典の分析に進む。

第一章「『太上霊宝五符序』の形成」。道蔵本『五符序』三巻、それは「霊宝経目」（仮称。梁の宋文明『通門論』巻下に付され、泰始七年（四七一）の陸修静『三洞経書目録』にもとづく）に三巻とあるものと同書だというが、この『五符序』三巻本の成書過程の分析にあてられる。まず原本『五符経序』（巻上の序段）および『霊宝五符』とよばれた原本『五符経』（「霊宝五帝官将号」等、禹王の撰出と注記され、またそのように推せられる部分）が東晋の建武元年（三一七）から永和六年（三五〇）までの間に作られた。上限を建武元年と定めるのは『抱朴子』以後の成立であることの考証にもとづき、下限を永和六年と定めるのは『真誥』巻二十にみえる「楊（羲）書霊宝五符一巻」が原本『五符経』であることの考証にもとづく。ついで永和六年以降、隆安四年（四〇〇）以前の間に原本『五符経序』と原本『五符経』が合併されるとともに、華子期伝（巻上）や華子期に関わる部分が加えられて二巻本が作られた。下限を定めるさいの最大のきめてとされているのは、「華子期受用里先生訣、楽子長書出神名」と注記される「仙人挹服五方諸天気経」（巻上）において、東方に九気、南方に三気、中央に一気、西方に七気、北方に五気を配当する特殊な諸天気の数が、隆安年間（三九七―四〇一）に葛巣甫によって造構されたと推測される霊宝赤書五篇真文、すなわち第一篇第二章でとり挙げられるそれでは既知のことがらとして用いられている事実である。さらに義熙六年（四一〇）前後に楽子長に関わる部分（巻下の首段と「醮祝之儀」等）が加えられて三巻本が作られた。「醮祝之儀」にもとづく儀礼が劉宋永初元年（四二〇）前後の成書の『玉訣妙経』（このことは第一篇第三章で述べられる）にみえるからである。以上のごとく分析する著者は、原本『五符経』は『抱朴子』所引の古『霊宝経』をうけつぎつつ、禹王に関わる長生の仙術を説くことを主旨とし、そこには緯書の思想や仏教の劫の思想が摂取されていること、二巻本では五芽服食や三一の観念に特色が見出されること、三巻本では服御方よりも霊宝五符の呪力と霊宝経五符を用いての醮祭が重視されていることを指摘する。ちなみに、『五符序』巻上の序段、「（夏禹）更撰真霊之玄要、集天宮之宝書、差次品第、分別所修行五色、定其方面、名其帝、号太上、本名為霊宝五符」と句読され、著者が問題とされている部分（五二頁）は、著者とは異なって、「定其方面、名其帝号、太上本名為霊宝五符」と句読し、「其の方面を定め、其の帝号を名づけ、太上の本《テキスト》をば名づけて霊宝五符と為す」と訓めばよいのではあるまいか。「定其方面、名其帝号」とは、「五帝官将号」に「東方霊威仰、号曰蒼帝・・・・」とあるのをいうのではあるまいか。そしてこのように訓めば、序段後文の「巡狩於鍾山之阿、得黄帝・帝嚳等所受蔵上三天太上霊宝真経、後遊会稽、更演解霊宝玄文、撰以為霊宝文」とも照応するであろう。また八四頁に引用されている『真誥』巻八の陶弘景の按語、「楽子長非受五符者」は、この条に登場する楽子長は五符を授かった楽子長とは別人である、との意味ではあるまいか。

第二章「『霊宝赤書五篇真文』の思想と成立」の主題は、つづく第三章であつかわれる元始系霊宝経、そのなかで特別に尊重されている五篇真文であって、(一)人を神仙にし、(二)天の運行を正常にし、(三)死者の世界を制し、(四)洪水の際にも水死から免れることができる、これら四種の効験を有するところの一種の呪符である五篇真文にみられる五行、五老、元始、赤書等の諸観念が考察され、たとえば五老は『五符序』醮祝之儀にあらわれる五帝と同格もしくは上位の神格であることが論ぜられる。そして著者は、元始系霊宝経が作成される以前に、五篇真文とその効用や儀礼について記した経典が存在していたと想定してそれを仮に『霊宝赤書五篇真文』と呼び、『真誥』巻十九に「葛巣甫造構霊宝」とあるのは、葛巣甫が霊宝経そのものを作成したことを伝えるものではなしに『霊宝赤書五篇真文』を編纂したことを伝える記事に他ならぬとし、その時期を太元末か隆安年間と推定する。五篇真文が四種の効験の一つとして水災の難から逃れられることを強調するのは、東晋末の江南における洪水の多発、それに終末時における大洪水が説かれた道教の終末論にみあうものであるという。かく著者は『真誥』巻十九の記事を右のように解釈するのだが、その後文と注記(一一九頁と一三一頁に引用）の解釈はいかがであろうか。「王霊期が葛巣甫の『霊宝赤書五篇真文』を剽窃して作った上清経・・・」といわれるのは、何かの思いちがいであろう。葛巣甫が霊宝（著者によれば『霊宝赤書五篇真文』）を造構して大受けに受けているのを嫉妬した王霊期が、許丞（黄民）から上清経を授かったうえ、それに手を加えたことを『真誥』はいうのである。つづいて、「楊洗が上清経を尋ね求めて十二年を経た隆安四年に、王霊期によって粉飾された上清経に出会っているところから推察するに・・・・」といわれるのも、正しくあるまい。注記のおさめの「非都是霊期造製、但所造製者自多耳」は、あやしげな上清経のすべてのすべてが王霊期の制作にかかるものではなく、ただ彼の制作したものが多いというだけのことだとの意味であり、かく偽作された上清経が王霊期の制作にかかるもの以外にも多く存在した一例として、楊洗が隆安四年（四〇〇）に手に入れた「上経二十余篇」のなかにも「数巻の真に非ざる」ものが混在していたというのである。もし私の解釈に誤りがないとするならば、この注記からただちに、「王霊期の上清経は隆安四年をさほど隔たない時期、即ち、太元末か隆安年間に作られたものと思われる。そうすると、葛巣甫の『霊宝赤書五篇真文』の形成もほぼ同じ頃の、太元末か隆安年間に行なわれたものと推測される」という結論は導き出せないことになろう。ただこの注記についてどうにも解決がつかないのは、楊洗を一例として挙げたあと、「此則楊君去後、便以動作」と、楊羲仙去直後から上清経の偽作が行なわれ始めたと述べたうえ、「故霊宝経中得取以相揉」ということだ。この文章からは、葛巣甫が造構した霊宝経、すなわち著者によれば『霊宝赤書五篇真文』に偽作の上清経がとりこまれて雑揉されたと解されるのだが、その背後にいかなる事実が隠されているのか、私には解決がつかないのである。

第三章「霊宝経の形成」では、陸修静の『三洞経書目録』に依拠する宋文明の「霊宝経目」の分析からつぎの諸点を明らかにする。『三洞経書目録』で洞玄部に分類された霊宝経の道典群は、元始天尊が太上道君に授けたと伝承される十部三十六巻の元始系の旧経、および太極真人が天台山で葛玄に授けたと伝承される仙公系の新経、の二種に分れる。元始系霊宝経については、天上界の目録ともいうべき「旧目」が存在し、そこに記されている十部三十六巻の経目にあわせて経典が作成されていった。三十六は道教の聖数であり、十部には一切の衆生の救済、あるいは十方の諸天・人民の救済という仏教から借用された大乗主義が表明されている。仏教における大乗主義の興起は鳩摩羅什に始まる事実であり、従って「旧目」と最初期の元始系霊宝経の制作は劉宋初の永初元年（四二〇）頃に始まると論定する。劉宋初制作とされる『三天内解経』に「霊宝出世」とあるのこそ、まさしくそのことをさすのだというが、この点はにわかに承服しがたい。九尾狐や甘露や三角牛とならべられている「霊宝」をそのような特殊なものに限定して考えることに躊躇するからだ。ここの「霊宝」は、たとえば『宋書』符瑞志に祥瑞の一つとして挙げられている霊亀のことではあるまいか。『典論』（『太平御覧』巻三四六）に「魏太子丕造百辟宝刀三、其一・・・・文似霊亀、名曰霊宝」とあるのも参考となる。このことは、『三天内解経』の成書時期の問題（二〇八頁）とも関わるであろう。さて元始系霊宝経は『霊宝赤書五篇真文』や『五符序』の流れをくみつつ、己れ一身のみの昇仙を求めることに満足できない葛氏道の道士たちが大乗仏教の救済論を摂取することによって作成された。そして元始系霊宝経は、元嘉十四年（四三七）の陸修静の「霊宝経目序」では已出経典が十巻ないし十一巻であったのが、泰始七年（四七二）の『三洞経書目録』では二十一巻に増加している。一方、仙公系霊宝経は、その間に十九巻から十三巻に減少している。「旧目」にあわせて仙公系霊宝経が元始系霊宝経に移されたのがその理由であり、それを行なったのは仙公系霊宝経の作成者であり信奉者である天師道三洞派の人たちであった。仙公系では霊宝経以外の道典を多く引用し、とりわけ『道徳経』が尊重されるが、『道徳経』を尊重する点に天師道の流れを見出すとともに、霊宝経以外の道典を多く引用する点に三洞の綜合、三道流の統合の立場を認めて著者は天師道三洞派（その代表は陸修静）とよぶのであり、三道流を包括する全体の名称として「道教」なる語が生まれたことは、第三篇補論「三教交渉における「教」の観念」に詳説されている。つまり、天師道三洞派では、本来葛氏道の経典である霊宝経を制作するとともに、仙公系霊宝経を元始系霊宝経に移行することによって、葛氏道をみずからのなかに吸収しようとしたというわけである。

第二篇は序章「東晋・劉宋期の天師道」において、東晋期の天師道では教団とよべるほどの組織は形成されていなかったのが劉宋期になってその整備がはかられたこと、東晋期の天師道の教法は首過・符水・請禱による治病法と除厄法、葛氏道から摂取した房中術、それに『道徳経』の読誦であったこと、劉宋期になると『三天内解経』をはじめとするさまざまな経典が作成されたことを論じたうえ、以下の各章で各道典の分析に進む。

第一章は『九天生神章経』。道蔵本『洞玄霊宝自然九天生神章経』のうち、序の後半部（「元始天尊、時静処閑居」以下）と九天章が原本であって、永初元年（四二〇）頃の葛氏道の作、序の前半部と三宝章、太極真人頌は元嘉十四年（四三七）を遡る元嘉七年（四三〇）前後の天師道三洞派の作と論定する。経典分類としての「三洞説」が序の前半部に依拠し、元嘉十四年の「霊宝経目序」で陸修静が「三洞弟子」と自称していることが論定の主要な根拠である。

第二章は『河上真人章句』。現行本『河上公章句』が劉宋から梁末にかけて『河上真人章句』の名で行なわれていたこと、その成立は泰始七年（四七一）の『三洞経書目録』以前、劉宋初の『三天内解経』以後、天師道三洞派の作であることを論ずる。そしてそれに先立って後漢末成立の『河上丈人注』、西晋末成立の原本『河上公注』の存在を想定し、道家的な治国論と養生説を説く原本『河上公注』に道教的な治身説と体内神の思想を附加して『河上真人章句』が作られたという。著者によれば、『河上真人章句』と現行本『河上公章句』とは内容にちがいはなく、ただ経名に変更が加えられたのみというわけだが、そのことはあらためて第二章附『老子道徳経序訣』で論ぜられている。すなわち、大淵忍爾氏の「老子道徳経序訣の成立」の段落分けに従って、『序訣』の第一、三、四、五段は本来『河上真人章句』の序、それに梁末（五四〇年代―五五七）に第二段が加えられたのが『河上公章句』の序としての『序訣』であり、その時に経名の変更も行なわれた。それは、道士の間でのみ読誦され伝授されてきた『河上真人章句』を広く世俗の士にも読ませようとするのが目的であったという。『序訣』成立の上限を五四〇年代と定める根拠は、『隋書』経籍志に「梁有・・・老子序次一巻」とみえることだが、隋志が依拠する梁録がもっぱら阮孝緒の『七録』であるとするならば、『七録』の起筆は普通四年（五二三）のこと、阮孝緒の死は大同二年（五三六）であるから、上限はさらにひきあげられることになろう。

第三章は『老子想爾注』。『想爾注』にあらわれる道、道真、太上老君等の諸観念について分析を加え、また『想爾注』では房中術や体内神の思想、「道教」なる称呼が世間偽伎と批判されていることの検討によって、劉宋中期から後半期における、天師道三洞派に批判的な天師道の別派の作であると論定する。ただし十八章注「世間常偽伎称道教、皆為大偽、不可用」（三一四頁）は、世間偽伎が「道教」を僭称するのはけしからぬこと、わが『想爾注』こそが真の「道教」の名に値いするのだ、と主張しているように思われるのであり、「「道教」という称呼が批判されている」ようには思われないのだが、どうであろうか。

さて著者は、天師道三洞派の作と認める「大道家令戒」に『想爾注』が引用されていることから、やがて三洞派が『想爾注』を自派の経典としたと述べ、第四章「大道家令戒」以下の諸章においてもっぱら天師道の諸経典の成書の問題をあつかっている。その結論だけを示すならば、「大道家令戒」（『正一法文天師教戒科経』所収）は劉宋末期、『上清黄書過度儀』は劉宋末・南斉期のいずれも天師道三洞派の作、道蔵本『洞淵神呪経』は初めの十巻が原初部分であって、巻一と巻五から成る二巻本が東晋極末・劉宋極初期、それに巻二と巻三が加えられた四巻本が元嘉十四年（四三七）以前の葛氏道の作、そして十巻本は劉宋中頃の天師道三洞派の作、『女青鬼律』は東晋末三九〇年前後、『正一呪鬼経』は東晋末四〇〇年から四一〇年頃のいずれも天師道の作、『玄妙内篇』は『三天内解経』に先立つ東晋末の葛氏道の作、『千二百官儀』(『登真隠訣』に引用)の原本は張陵もしくは張魯の時代の作であって、いわゆる「三官手書」であると論定する。

右に紹介した第一篇と第二篇では、各経典にあらわれる神格名、あるいは終末観や「三天」の思想などが、各経典の成書の時期を定めるさいの判断の基準としてしばしば用いられている。たとえば第二篇序章において、天師道を劉宋以前と以後とに分けるメルクマールは「三天」の思想の有無であると述べられ、また同第五章において、『上清黄書過度儀』にみえる太上新出老君なる神格名をとり挙げ、太上老君なる神格名は東晋末の『正一呪鬼経』に初見、新出老君は劉宋極初の『三天内解経』に初見、従って両者を綜合した太上新出老君は『三天内解経』以後のものであると述べられているがごとくである。かくして第三篇には、終末観と「三天」の思想について専論する二章が配置されるのである。

第一章「道教の終末論」。終末論は東晋中期に、仏教から多くの着想を得つつ上清派の人々によって初めて唱えられた。彼らは自分たちが大劫の終末期を生きており、近い将来に劫災(主として洪水)が起こって天地は崩壊するであろうとの危機感のもとに、種民や種臣となって終末後に出現する金闕後聖帝君の世まで生き延びることを祈願した。上清経はこのような終末論を背景として形成される。そしてそれは天師道や葛氏道にも波及し、東晋末の天師道の『女青鬼律』にも、葛氏道の『霊宝赤書五篇真文』や一連の元始系霊宝経にも終末論が認められる。著者はまた劉宋期の『正一天師告趙昇口訣』に死者ですら太平の世に蘇って種民となる可能性の説かれていることに注目したうえ、南斉の天師道三洞派によって、種民が住まう世界である四種民天の観念が形成されたことを指摘する。種民とは、「自己の「種」を保持している民」、つまり「不死の民」の意味であり、仏教の劫災の思想から示唆を得たものであろうというが、仏教の影響を云々するのであれば、「仏種」の観念を考慮にいれる必要はないのであろうか。

第二章「劉宋期の天師道の「三天」の思想とその形成」。「三天」には六天を故気（古い鬼神）として排斥し、それに代って三天が真正な鬼神の統率者となるという観念が託せられていることを述べたうえ、天師道の「三天」の思想が東晋期の葛氏道や上清派の思想をうけ継ぎつつ独自のものとして形成された過程を考察し、この思想が以後の天師道の最も根本的な教理となったと結論する。

英文要約や索引を除いて五五六頁に達する大著をひとまず読みおえた私が、いまあらためて感服するのは、著者の強靭な精神力である。厖大な道教経典からの自在な引用、緻密な考証と時には大胆な推論。ただ最後にあたって合点がいかぬのは、緒言の冒頭に引かれている陸修静の「霊宝経目序」の「道流」に関する解釈である。著者はそこの「道流」をもって道教の派別のこととされるのだが、道教の流れに属する人々、つまり狭くしては道士、広くしては道教信者を「道流」とよんでいるのではあるまいか。私がそう考えるのは、後世の文献で恐縮なのだが、たとえば呉筠の「神仙可学論」に「身棲道流、心溺塵境」とあるのや、『頓悟要門』で大珠慧海に「世間有法過自然否」と問う道流、『伝灯録』巻二七の仏殿の前で背坐して僧を言いまかす道流、いずれもそのような意味で用いられていると思うからである。「道流」の語が、道教にかぎらず、仏教においても道をともにする同志たちの意味で用いられる場合のあることは、『臨済録』に頻出する用例で知られるし、また「僧流」(『祖堂集』巻一八・通暁大師章)や「釈流」(白居易「策林」十九)の語のあることにも注意すべきであろう。かくは言っても、私が東晋・南朝期における天師道・葛氏道・上清派の道教の派別の存在を否定しようとするものではないことを、念のために言いそえておく。

以上で蕪雑な紹介をおわるが、紙数の制約もあって細部の陰翳が脱けおちてしまったこと、また先行研究といかなる点が相違し、いかなる新見地を開いているのかを十分に伝え得なかったことを遺憾とする。ちなみに著者は、『創文』一九九一年三号に「道教とは何か」の一文を寄せており、道教をいかなる宗教とみなすかについての著者の見解をうかがうことができる。

大淵忍爾『初期の道教――道教史の研究　其の一』（創文社）

『史学雑誌』の第七四編第五号、すなわち昭和四十年（一九六五）五月発行のその号の「一九六四年の歴史学界――回顧と展望」中国・魏晋南北朝の項を担当した私は、冒頭につぎのように記している。「この時代に関する昨年の成果として、二人の著書の刊行を特筆しなければならない。すなわち、宮川尚志『六朝史研究――宗教篇』（平楽寺書店）ならびに大淵忍爾『道教史の研究』（岡山大学共済会書籍部）である」。かくして、中国宗教史研究の先達である両氏の著書の論評にかなりの紙数を費やしたのであった。大淵氏の旧著は、本誌（『東方宗教』）第二五号の新刊紹介欄にも、酒井忠夫氏によって取りあげられている。それから二十七年、いまここに取りあげんとする大淵氏の新著は、前篇「中国における民族的宗教の成立」全七章、それに附篇二章をはさんでの後篇「抱朴子の研究」全三章をもって構成される。後篇は旧著の第二篇「抱朴子研究」をほぼ全面的に襲い、補筆訂正はごく少許にとどまる。それに反して前篇には、旧著第一篇と同名の第二章「中国における民族的宗教の成立」のほか、旧著刊行後に発表された論稿とあらたに筆を起こされた論稿とが配列され、本書全体のおよそ三分の二を占めるこの前篇にこそ著者最近の考えが示されているとしてよいであろう。旧著第一篇と名を同じくする前篇第二章も、旧著のそれを基礎とするとはいうものの、大幅に補筆の手が加えられて三倍の長さにふくらみ、まったく面目を一新している。このことにわれわれは、著者不断の精進はもとよりのこと、この二十七年間における道教史研究にも援用されるべき新出土史料の増加、また道教研究者の漸増にともなうそれなりの道教研究の進展の跡をみとめるべきであろうか。

著者の見解によれば、道教あるいは道教徒がみずからを道教としてまた道教徒として自覚的に意識するようになったのは外来宗教である仏教の作用によるものであり、その時期は東晋末南北朝初の四、五世紀の交であった。だがもとより、その源流となるべきものはそれ以前にも存在したのであって、後漢末のいわゆる太平道と五斗米道とをもって中国における民族的宗教の成立とみとめ、前篇はもっぱらその考察にあてられているのである。すなわち、政治と宗教とが未分化の状態にあり、往々にして統治組織と教団組織との一体化がみられた太平道と五斗米道、その両者について、まず第一章「黄巾の叛乱と漢中政権」では主としてその政治的側面が考察され、つづいて第二章「中国における民族的宗教の成立」では主としてその宗教に関する問題が歴史的な視点からあつかわれる。ちなみに、私は慣例に従って太平道なる呼称を用いたけれども、著者はその呼称の使用に慎重であり、あえて「張角の教法」と呼んでいるのは、いわゆる太平道なる呼称は理想社会の建設が構想されるに至った後期のものであって、初期においては黄老道と称していたであろうとの考えにもとづく。第一章と第二章において、著者は『三国志』張魯伝裴注の『典略』をはじめとする太平道と五斗米道とに関する記事、それらは衆人熟知のものであるけれども、それらの細部の一々に至るまで関連の史料と論文とをあたうかぎり博捜して分析を加え、歴史像の立体的な組み立てにこころがけている。馬王堆帛書、漢簡、鎮墓文など、新出土史料の渉猟にもおこたりがない。かくして論点はまことに多岐にわたり、そのためにかえって主題が曇らされている場合がなくはないと感ぜられもするのだが、しかし新知見はもとより少なくない。たとえば張陵が授かったとされる「新出正一盟威之道」について、「新出」なる言葉に五斗米道信者がみずからの教法を張角の教法と峻別せんとする意図を見出したり、あるいは天地水三官について、地官は人間の地中に関わる行為を、水官は水中に関わる行為を、そして天官は地上に関わる行為を刺察するのであって天と関わるものではないとするなどなど。だがここでは、私の関心の存するいくつかの問題を取りあげ、本書によって触発された私の考えを述べることを許されたい。

張角の教法と『太平経』の教説とが深く関わるものであるとの見地から、第二章では『太平経』の分析も行なわれ、『太平経』のなかには、「宛かも張角の出現とその活動の必然性とが、天の意志として予告されているかの如き」観すらあると述べて、張角の教法が治病を出発点としながらも、治病を超えた境域にまでたかめられた機縁が『太平経』にもとめられている。もしそうであるとするならば、『後漢書』皇甫嵩伝に「(張)角因遣弟子八人使於四方、以善道教化天下・・・・」とある「善道」、その「善道」の内容を特定することはできないとされているけれども、著者による『太平経』の引文のなかにも頻出する「善」、とりわけ「(天)・・・・故生善師、使善言善化」や「夫為善者、乃事合天心、不逆人意、名為善、善者乃絶洞無上、与道同称」などに連絡が見出せないものであろうか。

著者はまた太平道と五斗米道における懺悔告白、義舎義米肉、禁酒、老子道徳経の都習について、それらが中国古来の信仰や観念や施設に系譜のもとめられることを確認したうえ、仏教の影響を否定している。影響関係の有無を問題とすべきこともさることながら、著者も言われるように、恐らくそれは「二義的な意義を有するに過ぎない」であろう。それにもまして、「宗教の体をなしたものをこの時期に始めて成立せしめたことそのことが問題なのである」とされる著者の立場に私も全面的に賛成である。すなわち、一方では仏教が受容され、また一方では民族的宗教として太平道や五斗米道が成立した、そのような時代と社会に通底する理想や心情の究明こそが問題とされなければなるまい。たとえば五斗米道の義舎義米肉の「義」には、人々のいかなる理想が託されているのか、そのことが問題とされなければなるまい。春夏における殺生の禁止について、著者は「実利主義に基づく道徳の強調に過ぎない」と言われるけれども、もしそれを『太平経』のほか、何休の『公羊伝解詁』などにもうかがわれるところの天地自然との調和ある生活の理想の表現であったと考えることができるとするならば、これらのことのなかには、危殆に瀕した「里」共同体(後述参照)に変わるあらたな共同体の理想が託されていたのではなかったか、とも思われてくるのである。そしてまた懺悔告白に関して考えられるのは、この時代に罪の意識の深まりがあったであろうことである。太平道と五斗米道とについて本書に説かれているところからそのように考えられるだけではない。中国における最初の仏教信仰を伝える『後漢書』楚王英伝の記事からもそのように考えられるであろう。衆人熟知のごとく、楚王英は「託在蕃輔、過悪累積」と反省し、黄縑白紈三十匹をもって罪の贖いとしようとしたのであったが、彼はなにも国法に触れる罪を犯したわけではなかった。彼の行為は、ひとえに宗教的な罪の意識の自覚にもとづくものであったように思われる。

さきほど私は、危殆に瀕した「里」共同体と言ったけれども、実はそれは著者の論述をふまえてのことであった。すなわち、二世紀後漢時代に太平道や五斗米道が成立した歴史的・社会的背景について論ずる著者は、外戚宦官の跋扈にともない、王朝が公的機関としての機能を喪失して私権化したこと、その結果、両教団の信徒の中核をなした流亡農民あるいは窮乏農民を大量に生じたこと、それらのことを指摘するとともに、基層社会の変質の根本原因を、「社」を精神的な紐帯として成り立っていた地縁的共同体である「里」秩序の崩壊にもとめてつぎのように述べているのである。「かくして農民、就中中原地方の農民達は、既に変質しつつあった社を中心とする地縁共同体的社会にも、更には家という最も強固な血縁的共同体にも安住ができず、それらから精神的物質的庇護乃至は協力を期待できない悲境に追いこまれ、又はかかる不安に慄かざるを得ざるに至る。即ち人々は、在来の社会集団を通して神と交ることによっての救いや安心への道を閉ざされ、乃至はそれに絶望して、強い孤独感を懐かざるを得ない状態に置かれるはずであって、かくて個人としての救いや安心を前提とする信仰が要望されることとなるであろう」。

漢代社会の崩壊の根底に「里」共同体の崩壊をみとめることは今日の史学界あらかたの共通の認識とみとめてよいであろうし、その点は納得のゆく説明であるが、ただ私は、太平道や五斗米道が「里」共同体に変わるあらたな共同体の理想を模索したものであったのではないかと考えたいのであり、むしろその側面にこそ注目すべきであろうと思うのである。またこの時点における個人の意識の確立をあまりにも強調するのはいかがなものであろうか。「人と神とが、師を介して個人として向い合う、その純粋個人的信仰が注目される」。著者はこのように述べているだけではない。つぎのようにすら述べているのだ。「宗教或は農民という観点を離れて、一般的傾向として見た場合にも、人はそこに人間とか個人とかが前代に比べてより明瞭に意識され、乃至は意識されないまでも、一般的風潮として、かかるものが重んぜられているのを見出すであろう」。「人間主義・個人主義的傾向はこの時期に広く見られるところで、いわば社会全体が、個人を中心にする宗教を成立せしむるような気運にあったとも考えうるのである」。私が言いたいのは、個人の意識の確立とはいっても、それが宗教や隠逸や、はたまた放達など、要するに非日常の世界においてしか実現されなかった点にこそこの時代の特色を見出すべきではないか、ということなのであって、この点に関する疑問はすでに二十七年前にも呈出しておいたし、また酒井忠夫氏もつぎのように述べておられたのであった。「後漢の社会を分析し、それと宗教との結びつきを論じられた著者の方法はすぐれたものである。ただ太平道や五斗米道に対して個人主義を結びつけたり、個人的宗教と呼んだり、・・・・理解しがたいところである」。

さて、五斗米道の教法の一つとして伝えられるところの祭酒による老子五千文の都習とは、仏典の読誦に比擬されるような『道徳経』の読誦を意味したのではなかったというのが著者の主張である。第三章「老子想爾注の成立」に説かれているところによると、それは伝道教化と行政の第一線に立つ祭酒が一般入道者である鬼卒に対して、張魯刪定と伝承される五千字本『道徳経』とその注釈である『想爾注』、そして『想爾注』に頻出する道誡、従って『想爾注』とは別個に存在していたと思われる想爾戒、それらを周知させ学習させるための行事にほかならなかった。つまり五千字文『道徳経』、『想爾注』、それに想爾戒すなわち道誡はいわば三点セットとして存在したというのであり、『太上老君経律』に「道徳尊経想爾戒」九行、「道徳尊経戒」二十七戒として載せる九行二十七戒、および『太上経戒』の「老君二十七戒」、『要修科儀戒律鈔』の「老君禁戒」（三十六戒）などを『想爾注』にいわゆる道誡の後身であるとする。さらにまた『正一法文天師教戒科経』のなかの「大道家令戒」に「想爾」の語がみえるのみならず、その思想が『想爾注』と合致する点が多いことを指摘し、「大道家令戒」も、張魯の漢中政権崩壊後のことではあるが、曹魏の末期に五斗米道教団の統率者張氏によって出された教令であるとする。

このような第三章の所説は、第四章「続老子想爾注の成立」、第五章「五斗米道の教法について」においてなお一層補強され、敷衍されている。たとえば第四章では、河上公注とは異なって分章も施さず、本文と注とを書き流す『想爾注』の書写形式や『想爾注』の用語例の検討を通して、その後漢末の成立であることがあらためて確認され、第五章では、『想爾注』作製の主意は五斗米道が規定した道誡の遵守を勧説する点に存したことが力説され、五斗米道の教法の一つとして伝えられる「請禱」も、いわゆる祭祀とは趣を異にした信道守誡の誓約を意味するにほかならなかったと説かれている。そしてまた第五章では、『想爾注』の分析を通して得られたその基本的態度、すなわち道徳主義的・実践主義的態度がそのまま五斗米道の基調でもあったと説かれているのである。ともかく著者の立場は、成立の時期について論者の間に一致をみない『想爾注』、その『想爾注』の作者を伝えられるごとく張魯に擬定してなんらさしつかえないとみとめるものであり、『想爾注』の作製をひとまず北魏の寇謙之の新天師道教団にもとめる麥谷邦夫氏の説（「『老子想爾注』について」、『東方学報』五七冊。後に、『六朝隋唐道教思想研究』、岩波書店、二〇一八年刊、に収録）や劉宋中・末期の成立とする小林正美氏の説（『六朝道教史研究』第二篇第三章「老子想爾注」、創文社、一九九〇年刊）と対立している。

第六章「後漢末五斗米道の組織について」。この章は、南北朝期成立の道教史料、すなわち『老君音誦誡経』、『三天内解経』、『陸先生道門科略』、『受籙次第法信儀』附載の「天師治儀上」、『玄都律文』、『太真科』等にもとづいて、後漢末五斗米道の制度と組織を具体的に考察しようとするものである。それによると、道民がそれぞれ所属する「治」に会同する三会日、すなわち一月七日・七月七日・十月五日の三会日に、戸主は家族の名簿である宅録をとどけて戸口申告を行ない、それが「治」の戸籍簿である命籍に注記され、さらに天上の役所である天曹の録簿に移録される。この録簿に登記されることが天曹による道民の保護や上章に対する保証となった。また三会日には、道民によって信米とか天租米などとよばれるいわゆる五斗米、すなわち「誠意のあかし」である命信もとどけられ、祭酒による九行二十七戒などの科戒の宣令も行なわれた。道民は世襲的にそれぞれの「治」に所属し、祭酒も世襲的に「治」に奉事したのであり、信米制度は戸口の申告制を基礎とするところの人頭税、すなわち漢の算賦に相当するものであると著者はみなしている。このような制度と組織が漢中の張魯政権時代のものとされているのであって、政治と宗教とが一体化していた五斗米道を語ってまことに興味深く、読みごたえのある一章である。

いささかの疑問ないしは意見を呈するならば、三会日の会日たる所以は、戸主をそれぞれの「治」に会同して戸口の申告と信米の納入を行なわせ、彼らに対して科戒の宣令を行なうことにこそあったのだとされているけれども、著者引用の史料にもみられるように、三会日には神々の会同の観念も同時にともなっていたのであり、小南一郎氏が『中国の神話と物語り』（岩波書店、一九八四年刊）の第四章「『漢武帝内伝』の成立」六「会と厨――神々との共食」で力説しているように、三会日には、その日における神々との共食の儀礼が重要な意義を有したごとくである。そうであるとするならば、「祭祀等を目的としたものではない」とあっさり論断してよいものなのであろうか。さてまた本章には、もとより「厨」に関する言及もあって、清賢の道士を厨に請ずることが「飯賢」とよばれ、そしてたとえば左右平気（祭酒）一人を請ずる功徳は散民（無籙者）七人を請ずる功徳に、望丘治道士一人を請ずる功徳は散民三人を請ずる功徳に相当するなどと、有徳高位の者を請ずるほど功徳が大きいと考えられていたことを示す史料の引かれているのが面白いが、あるいはこれは仏教から借用された考えであったろうか。と言うのも、『四十二章経』（T17・722c）や『六度集経』巻三（T3・12a~b）に類似の発想にもとづく文章が見出されるからである。かりに『四十二章経』の文章を示せばつぎのごとくである。「仏言、飯凡人百、不如飯一善人、飯善人千、不如飯持五戒者一人、飯持五戒者万人、不如飯一須陀洹、・・・・飯阿羅漢十億、不如飯辟支仏一人・・・・」。なお小さいことながら、『陸先生道門科略』からの引用「今之奉道、是事顚倒、無事不反」の「是」に「正也、実也」との著者注記があるけれども、「是事」とは「あらゆる事」の意味であろう。

第七章「道教における三元説の生成と展開」では、一・七・十月の三会日にもとづいて三元日、すなわち上元の一月十五日・中元の七月十五日・下元の十月十五日が成立してくる過程が考察され、三元説を説くこと最も詳細な『三元品戒功徳軽重経』(その成立は東晋末・劉宋初とされている)を、「三会日の持つ政治的な、或は実用主義的な意義を払拭し、三官的なもの、即ち道徳的・宗教的なものに純化」した経典であるとする。三会日を「政治的・実用主義的」と評するのは前章で説かれている著者の考えにもとづいてのことであり、「道徳的・宗教的」と言われるのは、『功徳軽重経』に三元日それぞれに上元一品天官、中元二品地官、下元三品水官配下の考官によって百八十条の罪目にもとづく校戒が行なわれ、さらに三元謝過の法の行なわれることが説かれているからである。つまり著者は、三元日の成立にこそ諸神会同の積極的な意義が見出されるとするのである。さらにまた三元のなかでもとりわけ中元が重要視されるようになった理由として、仏教の『盂蘭盆経』とそれにもとづく盂蘭盆供盛行の影響をみとめている。

附篇の第一章は、「初期の僊説」。僊説は本来帝王を対象としたものであるが、秦の始皇帝時代のそれでは舞台は東海の神山に置かれ、僊人には人としてよりも神としての性格が濃厚にみとめられる反面、僊人の昇天のことは言われなかったのに対し、漢の武帝時代のそれに至って舞台は中国の本土に移されんとし、また本質的に人である不死者の昇天という観念が明瞭に示されるようになるという。そのうえでこのことを、僊人が「在るもの」であったのから人が「成るもの」に変わったのだと説かれているのは、重要な指摘であろう。第二章「老子化胡説の成立」では、老子化胡説が論じられるさいに必ず取りあげられる二つの記事、すなわち『後漢書』が載せる襄楷の上書と魏志巻三〇裴注の『魏略』西戎伝の記事について検討を加え、二世紀の前者には老子の徒の作為も仏教側の作為もみとめられず、つまり老子と浮屠との間の対立意識の存在はみとめられず、従って老子・浮屠同体説とでも称すべきもの、それに対して三世紀の後者には仏教に対する道教の優位を主張せんとする意図が存し、従ってそれ以前に一種の『化胡経』が成立していたのであろうと推測する。

後篇は第一章「葛洪伝」および附「鮑靚伝」、第二章「論衡・潜夫論と抱朴子」、第三章「抱朴子の神仙思想の性格」から成るが、旧著の第二篇をほとんどそのままに襲い、また酒井忠夫氏による紹介批評がすでに本誌に発表されていることでもあるので、あらためて論評することはさしひかえたい。ただ一つ、まことに小さいことながら、「鮑靚伝」の注(1)、馬枢と梁の邵陵王綸との関係を述べるなかに、「邵陵王綸は中大通元年(五二九)までには南徐州刺史を免ぜられているので・・・・」とあるのは、何かの思いちがいであろう。邵陵王綸が南徐州刺史となったのは中大同元年(五四六)、時に馬枢二十五歳、従って邵陵王綸から学士に徴されたとしてもなんら不思議ではない年齢である。

もはや紙数も尽きたので筆を擱かなければならないが、もし私のこの文章が著者の真意を誤って伝えている点があるとすれば、斯界の先達に対して犯した非礼を深くおわびしなければならない。本書の副題に「道教史の研究　其の一」とあれば、まだまだ続編の刊行が予定されているのであろう。その実現の一日も早からんことを著者とともに切に願うものである。

ちなみに『創文』一九九二年五号に、福井重雅氏による書評がすでに掲載されている。福井氏の書評はしばしばにして本書の細部にまで及ぶ。併せ読まれんことを望みたい。

三浦國雄『中国人のトポス——洞窟・風水・壺中天』（平凡社選書）

著者は私にとって熟悉の人である。すでに半百に近い人を評するにはいくらか落ち着きが悪いのだが、あえて表現するならば、中国学者《シノロジスト》には珍しい才気煥発の人、というのが私のこれまでの変わらぬ印象であった。本書もひとまず才気煥発の書と評してよいであろう。伝統的な中国学者の視野のなかには入りにくい問題が、斬新な手法と軽やかな語り口で解き明かされている。だが、それだけのことではない。私が著者を熟悉の人と思っていたのは、仁義道中のことにしか過ぎなかったのであろうか。そんなことを思うのは、一度は読んだことのあるはずの文章が一冊にまとめられた本書からあらためて快い知的興奮を与えられるからであり、これまで何気なく読み過ごしてきた中国の文献の背後に隠されている意味を開示されることしばしばだからである。

著者は「形而上の庭」と題する章で、「宋代になって、宇宙やこの世界のトータルな把握が時代の関心事となっ」たと述べているが、著者の関心もまた宇宙と世界のトータルな把握に向けられているというべきであり、宋代以後には限らぬ中国における有機体としての空間の意味づけ、ないしはそのさまざまな表象が考察されるところから、「中国人のトポス」が全体の書名として選ばれたのであろう。そして、本書であつかわれる主題は、洞窟イメージによる宇宙解釈論、および風水の思想にもとづく自然景観論の二つにしぼることができよう。いずれの主題も、宇宙や大地を一個の生命体とみなす立場のものであり、いかにも「理」よりも「気」の思想を重視したいという著者の志向を彷彿させる。

まず第一の主題である洞窟イメージによる宇宙解釈論について。「洞天福地小論」の章で著者はつぎのように言う。宇宙・山（洞窟）・山中の修行者の三者が「六朝期の道教的世界を形造る基本的な「場」」であり、「宇宙はその空無の中に山を包み、洞窟を擁する山はその空無の中に道士の身体を包み互いに入れ子になっている」。ここで著者が「六朝期の道教的世界」という限定をつけているのは、この章の主題である洞天が六朝期の道教徒たちにとってのユートピア、すなわち福地であったことによるのであり、洞天は名山のなかの洞窟に設定されたのだが、いみじくもそれが「洞天」と呼ばれたように、その内部に一歩足を踏み入れると、そこには日月が輝き、山がそびえ川が流れる別天が展開すると考えられたのであった。そのことを著者は、内部世界が外部世界にくるりと反転するのだ、と表現している。つまり洞窟の内部に一個の小宇宙が包蔵されているわけだが、実は渾天説とよばれる宇宙構造論では、大宇宙である天地そのものが逆にまた一つの巨大な洞窟とイメージされたのであった。そのうえ人間の身体がやはり一個の洞窟と考えられていたこと、すくなくとも道教徒にとってはそのように考えられていたことは、かれらが身体の頭部に「洞房」の存在を想定したことによって明らかであり、かく宇宙は洞天となり身体となって「伸縮し遍在し」、反対に洞天は、そしてまた身体も、その内部世界が外部世界に反転する。洞房は宇宙の神々が身体に宿る場所にほかならず、かれら道教徒たちは洞房に宿る神々を「存思」することによって、すなわち神々の姿を瞑想しまざまざと実感することによって宇宙との冥合をはかったのであった。それは身体が宇宙と等身大になる神秘的な感覚、とでもよべばよいものであったろうか。「宇宙は伸縮し遍在する」。とともに、身体もまた伸縮し遍在するのだ。

身体と宇宙とのアナロジーは、著者の指摘にもあるように、中国では古くから言われたことである。中国では、とわざわざことわったのは、中国以外のことには不案内であるのもさることながら、樺山紘一氏の『歴史のなかのからだ』(ちくまライブラリー、一九八七年刊)のなかでつぎの一文にめぐりあったからである。「知られるように、宇宙というマクロコスモスと身体というミクロコスモスとのあいだに、共通のコスモス構造を擬すのは、新プラトン主義の教義にちかしい。・・・・ハーヴェーよりも二十歳ほど年上のイギリス人哲学者ロバート・フラッドは、いみじくも宇宙と人体との構造上の対応性を広言してやまない」。ハーヴェーの生卒年は一五七八―一六五七、フラッドの生卒年は一五七四―一六三七といえば(従って、樺山氏がフラッドをハーヴェーの二十歳の年上とするのはおかしいが)、中国の歴史では明末清初の人だ。ヨーロッパではそんなに新しいことだったのかというのが率直な驚きでさえあり、ギリシャ・ローマに同種の考えがなかったのかどうかを知りたいところだが、ともかく中国では、身体と宇宙の両者はかならずしも洞窟モデルを媒介としなくとも通じあっていたのである。そのことはそれとして、洞窟がやはり疑似身体としてとらえられる場合のあったことを、

 三浦國雄『中国人のトポス——洞窟・風水・壺中天』(平凡社選書)

洞天が地肺とよばれた事実をもって論ずることを著者は忘れない。すなわち、五—六世紀の人である陶弘景がその編纂にかかる『真誥』の巻十一にそえた注記のなかで、「水至れば則ち浮かぶ。故に地肺と曰う」と説明しているように、天地崩壊のカタストローフにあたって大地を襲う大洪水の際にも、洞天だけは肺臓のようにふくらんで浮かびあがると考えられたのである。著者によって示されているのはこの一証だけだが、ちなみに六世紀の甄鸞《しんらん》の「笑道論」にも、『文始伝』からの引用としてつぎの文章がある。「万万億万万歳に一度大洪水がおこり、崑崙山は浮かびあがる。そのとき、飛仙が天王や善良な民を迎えとって山上に置く」。崑崙山も洞天とおなじメカニズムによって浮かびあがると考えられたのであろうか。

「太虚の思想史」の章であつかわれる太虚論も、洞天論における宇宙——洞窟——身体モデルの一つの展開として読みかえることが許されるであろう。何となれば、著者が「太虚——虚——虚心とつながり、「虚」を媒介にして宇宙と人間とが結合され、人々は大いなる虚空に包まれつつそのなかに人間のあるべきあり方を求めたのである」と述べているからであり、それにまた、「もし洞虚にして無を体すれば、則ち太無と共に寄寓して寂々中に在り」（『真誥』巻六）とか、「道は自然を以て洞虚と為す」（『太平経』巻八九）とか、道教経典にしばしば「洞虚」の語が用いられているように、「虚」とはもとより空洞、従ってまちがいなく洞窟のイメージがともなうと私には感ぜられるからである。それはともかく、太虚が論ぜられるにあたっては、『老子』第五章「天地の間は其れ猶お橐籥《たくやく》（ふいご）のごときか、虚にして屈《つ》きず、動きて愈《いよい》よ出づ」、この言葉がどこかで取りあげられていてもよかったのではあるまいか。このように考えるのは、太虚を太極と対比してつぎのように論ぜられているのを思いあわせてのことにほかならない。「気論で言えば、太極型の生成論が陰陽の気の交感という、いわば男女モデルによる生成を説くのに対し、太虚型は気の聚散という、いわば呼吸モデルに基礎を置いている」。

さて著者は、洞窟の内部に一個の小宇宙が蔵せられ、その閉じられた内部世界が大きな外部世界にくるりと反転する洞天とおなじ構造をもつものを、かの陶淵明が描くところの桃花源に、あるいは壺中天の話に、はたまた醜怪な太湖石やミニアチュールの盆景にまで見出そうとしている。そして洞窟と洞窟とが地下においてたがいに連結し、一つの地底世界を形成すると観念されていたことを、湖南省の洞庭湖と江蘇省の太湖に存在する洞庭山とを素材として具体的に論じている。洞庭とは文字通り洞窟の庭。それがまた固有名詞として定着したわけだが、洞窟と洞窟とを連結するのは地中を縦横に走る地気のルート「地脈」であり、地脈が輻湊する地底の広場が洞庭にほかならなかった。大地に関するこのような観念の全体系、すなわち「風水」の思想が本書のまた一つの主題となる。

地脈は山に沿って走ると考えられ、山は龍に見たてられて地脈はまた「龍脈」とよばれる。龍脈はあたかも人体の経絡のごときものであり、その譬喩をもって言えばツボにあたるところの「龍穴」、その龍穴を見つけることが風水師の仕事であり、風水の眼目であったという。龍穴は地気がもっとも濃密にわだかまるめでたき「場」であって、そここそが洞天であり福地であるということになるのであろう。陶淵明の桃花源は、風水の観点から言ってまさしくそのような吉相の地であった。また龍穴

 三浦國雄『中国人のトポス——洞窟・風水・壺中天』(平凡社選書)

を求めて、都市や建築や墓が営まれた。「風水を抜きにしてアジア人の自然観、死生観はおろか、都市、建築、庭園、さらには一幅の山水画さえも語れぬだろう」と著者は語っている。またつぎのようにも語っている。「風水術は、中国人の大地に対する特有の感覚に基礎を置いている。大地は冷たい土の堆積ではなく、一個の巨大な生命体とみなされる」。

大地は生命体であるからこそ、秦の蒙恬は、万里の長城を築いた際に地脈を切断したことが死を賜るにあたいする罪であることを自覚しなければならなかったのだし、著者は引いてはいないけれども、たとえば『太平経』に大規模な土木工事を興すことを戒めておよそつぎのように説かれているのも、いまや私にはきわめて理解にたやすいものとなる。『太平経』は言う。天は父、地は母、人は子にたとえられ、泉は地の血（あるいは水は地の血脈）、石は地の骨、良土は地の肉である。「泉を洞《つらぬ》くを血を得ると為し、石を破るを骨を破ると為し、良土をば深く之れを鑿《うが》って瓦石堅木を中に投ずるを地を戕《そこな》うと為す。地は内に独り之れを病まん」。かく、大地を損傷することは子が母を病ましめる行為にひとしく、父なる天も母なる大地の味方をして、その結果は「父母倶《とも》に喜ばず、万物人民は皆な死す」ということになるであろう（巻四五・起土出書訣）。

著者は韓国に旅をし、あるいは中国福建省に朱熹の墓を訪れて、アジア人の自然観や景観論をはぐくんできた風水の思想を実地に確認し、追体験している。朱熹の墓をとりまく地勢的環境は、風水術では「風吹羅帯形」（風、羅帯を吹く形）と呼ばれるのにあたるのだそうだが、朱熹は風水を地理学・地相術の科学的システムとして認め、そのような観点からみずから墓所を選定したのだと断言し、朱熹と風水思想との関わりは、いわゆる「朱子学」に新たな風穴をあけることになるかも知れない、とさえ述べている。しかしながら、すくなくとも現在に至るまで、風水の思想は中国学者の視野の外に放置されたままである。本書の最後の章として収められている建築家毛綱毅曠氏との対談で、「風水にしても、まともな学者はこういうことはやらんのです」と著者がつぶやいているのは、ただの嘆息なのであろうか。それとも、中国学者に向けられた白眼の言葉なのであろうか。

「土地の声に虚心に耳を傾け自然に寄り添うようにして生きる姿勢や死者との共生感」。風水の思想の根底にあるものを著者はこのように表現している。また朱熹の墓を探訪したときの感想を、「景観もまた、そこで生を営んだ古人の人格の一部であることを、あの時ほど痛切に感じたことはない」と語っている。このような文章を読んで、何故かすぐに私の記憶の淵からたぐりよせられたのは、私自身にもうまく理由の説明がつかないのだが、『景徳伝灯録』巻二一に収める安国慧球和尚と了院主とのつぎの問答であった。慧球「只如《たとえ》ば先師（玄沙師備和尚）は、尽十方世界は是れ真実人体と道《い》いたまえり。你《なんじ》、還《は》た僧堂を見る麼《や》」。了院主「和尚は眼花《まなこくら》むこと莫《な》きや」。慧球「先師は遷化したまうも、肉は猶お暖かなり」。

川合康三『中国の自伝文学』（創文社「中国学芸叢書」）

歴史意識の顕著な発現をみた中国では、当然のことながら歴史叙述の伝統も濃密であり、歴史叙述の典型として、帝王の事蹟の記録である本紀と個人の伝記である列伝を主要な柱とするところの紀伝体のスタイルがつとに確立された。紀伝体の一つの柱である列伝は、個人の伝記ではあるけれども、しかしそれは第三者によって描き出されたところの個人の伝記であり、自らが自らを描くところの伝記、すなわち自伝からの距離は遠い。ひとしく伝記とは言っても、自伝は恐らくまったく別種のものなのであって、それが書かれるためにはそれなりの仕掛を必要とするのであろう。

本書の著者川合氏は、「『中国の自伝文学』をめぐって」と題した一文（『創文』一九九五年十二月号）に、本書にこめられた抱負と目論見を自らつぎのように語っている。「ルジェンヌに従って西欧の自伝の定義を厳密にあてはめていくと、過去の中国に自伝はなくなってしまう。・・・しかし西欧の自伝の定義とずれるところにこそ、中国独特の自伝的文学の性質をうかがうことができるのではなかろうか」。かかる抱負と目論見のもとに書き下ろされた本書は、労作とか名著とか、そのような月並みな評語がおよそ似つかわしくないほどに意欲的で刺戟的であり、「西欧の自伝と同質でないにしても、中国なりの「自伝的文学」が過去の中国にあったこと」を検証するとともに、「中国古典文学全体の特質、或いはさらに中国における自己認識のありかた」（六頁）について、自伝文学の角度からあらたな照明を当てる試みでもあるのだ。

著者自身の筆になる「『中国の自伝文学』をめぐって」の一文は、本書全体にあたる何よりもすぐれた解説なのだが、私なりに紹介と批評を行なうならば——、

中国においてもさまざまの形式による自伝文学創作の歴史があり、そしてついに八―九世紀の中唐期に至って、あたかも西欧の autobiography の語にぴったり対応する「自伝」を題名に用いた二つの作品が生まれた。すなわち、陸羽の「陸文学自伝」と劉禹錫の「子劉子自伝」である。察するところ、著者の視座はもっぱら中唐期にすえられているようであって、中唐期における「自伝」の出現が、「この時期の文学、文化に生じた大きな変化、人間の精神の全体的な地殻変動、それがもたらした産物の一つであるに違いない」（二五二―二五三頁）と述べられている。そして、中国の文学史ないし文化史上における中唐の劃期性とはつぎのようなものであると説明されている。「人間を類型に当てはめて認識するのでなく、多様な存在として認め、従来の型に合わない人間像を描き出そうとする、その態度が自分に対する認識にもつながっている。自分を類型に収まる像でなく、自分以外の誰でもない人間として捉えようとするのである。こうした自分、また人間に対する新しい認識がこの時期に生まれたということは、中唐の精神が集団から離脱して個を中心とするものに移行していく、個の覚醒という新しい現象から生まれたものであろう」（二二六頁）。このことと関連して、著者が「写真」、

すなわち自画像を題材とした白居易の作品についての言及を怠らないのもまことに用意周到であるとしなければならないが、私が思うのに、時あたかも中唐期における禅仏教の活潑潑地たる隆盛は、それもまた右の著者の指摘にある時代精神とあい通底する現象であったと認むべきであろう。禅の語録にのこされたおびただしい問答は、つまるところ、「ほかならぬ自己とは何か」と問うて模索し格闘した人びとの記録の堆積と考えられるからである。

さてところで「陸文学自伝」と「子劉子自伝」の二つの作品が取り上げられるのは、本書もほとんど終りに近い第六章「自分とは何か——「自伝」の登場」の中においてであって、中国の自伝文学はそれまでにそれなりの歴史を有していたのであった。かくして第六章に至るまでに、第一章「中国における「自伝」に始まり、第二章「衆多と異なる我れ——書物の序に見える自伝」、第三章「かくありたい我れ——「五柳先生伝」型自伝」、第四章「死者の目で見た我れ——自撰墓誌銘」、第五章「詩の中の自伝」の諸章が設けられているのである。

中国の自伝文学について語る著者は、絶えず西欧の自伝との違いに注目している。西欧の自伝に顕著に認められる懺悔・告白、すなわち自己省察に乏しいこととあい表裏して、「個人の背景としての社会、或いは社会の中の個人——社会・時代と密着したかたちで個人を捉えようとする」（六頁）のが中国の自伝文学に際立った性格であるとの指摘がすでに第一章にあり、そのことは諸章において繰り返し強調される論点となっている。すなわち第二章では、司馬遷の「太史公自序」を取り上げて言う。「自分の非はなかったかを立場を変えて振り返ってみるという姿勢がまるで見られないことが、中国における自己認識のありかたを示唆していると思う」。「西欧の自伝が一人の人間の歴史の中で過去の自分と異なる自分の発見を契機としているとすれば、中国の自伝は人間の集団の中で衆多と異なる自分の発見に根ざしているといえよう」(二五頁)。また第三章では、阮籍の「大人先生伝」を取り上げて言う。「以下の中国の自伝においても、人生の経験の中で変容していく自己をたどるという性格は希薄であり、おおむねは肖像画のように固定した自己の像を描こうとするものばかりだ」(七四頁)。「陸文学自伝」については、「孤児に始まり士大夫の列に連なるまでの自己の変容を語っている」(二四九頁)点に劃期性が見出されているけれども、しかし「子劉子自伝」についてはやはりつぎのように論じられている。「劉禹錫には自分を省察しようとするよりも、自分を弁明しようとする欲求の方が優勢のように見える。自己省察よりも自己釈明、それが中国の自伝文学を特徴づける、そして西欧の自伝とは異なる性格ではなかろうか」(二六六頁)。

第二章において、「太史公自序」に始まり『抱朴子』の「自叙」に至るまで、書物にそえられた自序が取り上げられるのは、自分が自分の来歴を語る部分のその形式が最も自伝らしい体裁にかなっているからにほかならない。「太史公自序」については、「世間から自分という存在が全否定される体験」、「その否定から自己を取り戻すための表白」として、「初めて自伝的なるものが誕生した」(二四頁)と指摘し、そしてそれらの書物の自序全体に通ずることとして、衆多より卓越した者としてであれ、衆多より劣った者としてであれ、他者との関係の中で自己の輪郭を確認してゆく手法に注目されている。

第三章では、書物の自序の体裁をとる自伝のほか、東方朔の「非有先生伝」や阮籍の「大人先生伝」のように「かくありたい」という願望が託された架空の人物の伝、嵆康の『聖賢高士伝賛』や皇甫謐の『高士伝』のように実在と信じられた人物の伝でありながらやはり筆者の希求の念がこめられた理想的人物の伝、これら三つの要素を継承しつつ混然と一体にしたところの陶淵明の「五柳先生伝」、その「五柳先生伝」型自伝の系譜が、袁粲の「妙徳先生伝」、王績の「五斗先生伝」、白居易の「酔吟先生伝」、陸亀蒙の「甫里先生伝」、そしてさらに欧陽修の「六一居士伝」とたどられている。それらにはなべておおむね隠逸者としてのありようが形象化されているのだが、そこに描かれている自己が「隠逸を楽しむ主体であると同時に客体にもなっている」、つまり「自分も隠逸生活を構成する物の一つ」(一五五頁)となっていると総括したうえ、「自己を自分で問いつめていくという自己認識」を本質とするところの西欧の自伝と、「自己を自分から手放して共同体の中で共有される人間像に造形している」(一五六頁)ところの「五柳先生伝」型自伝との違いを指摘している。かかる指摘もさることながら、「五柳先生伝」について、そこに描かれているのは「かくあった」という事実ではなく、「かくありたい」という願望にほかならず、にもかかわらずそれを当時の人びとは「実録」と考えたのであって、よく言われるところの西欧文学の虚構性に対する中国文学の現実性という対比が「五柳先生伝」型の自伝では反転しているとの指摘は、文学研究者にとって極めて重い意味を持つであろう。そして「甫里先生伝」に関連して、そこにいくらか自己省察に近い要素が認められることに注目するとともに、「中唐あたりから、詩の中に官人と農民の労働を対比して、手を汚すことなく食らう自分に自責の念を覚えるという述懐が登場するようになる」（一四三頁）と述べられているのは、われわれ歴史研究者にとって看過することのできぬ重要な指摘である。かつて私は梁の沈約の「捨身願疏」（『広弘明集』巻二八）を素材としつつ、「粟帛の生産が己れにもとづかないこと、愚かなる民衆がともにその分けまえを有していること、にはまったく気づかない」自分を反省し、かつまた州県に瀰漫する民衆の患苦にまでいったんは視線が広がりながら、しかしそこで思考が停止し、急転直下にまた一途に仏に対する帰依へと傾斜し収束する、そのような心的構造について論じたことがある（『六朝精神史研究』、同朋舎出版、一九八四年刊、第八章「沈約の思想」）。このような私の視角が正しいとするならば、かかる六朝時代の精神状況は中晩唐期に至って大きく変化するわけだ。そしてまた、「一日作《な》さざれば一日食らわず」との百丈懐海の言葉に深い意味を認め、それをカルヴィン愛用の聖パウロの言葉、「作さざれば食らわず」と対比のうえ、この言葉にM・ウェーバーの言う「世俗内的禁欲」の宗教倫理の発露を見出し、それが中国近世の「勤倹」を旨とする商人精神として受け継がれたのだと論じている余英時氏（森紀子訳『中国近世の宗教倫理と商人精神』、平凡社、一九九一年刊）との符合にも思い至るのだ。

さて「五柳先生伝」の中に「かくありたい生」を語った陶淵明には、「かくあるであろう死」を語る「自祭文」と「擬挽歌辞」の作品があり、そのことと平行して、「五柳先生伝」型自伝の作品をのこした王績や白居易が自撰墓誌銘を著わしている事実に注目して第四章が設けられているのであって、二つのジャンルの作者が重なり合うのは、「自分自身の生への強い関心」（一五八頁）に基づくのであろうかと言う。それら自撰墓誌銘は、死の達観を語るものと死の恐れをもらすものとに分かれるのだが、著者が後者にこそ深い共感を示すのは、死を達観し解脱してしまってはもはやそこに文学が生まれる余地はないと考えるからである。そしてその章にも、白居易のほか、厳挺之、顔真卿、裴度、韓昶、杜牧たちが自撰墓誌銘をのこしていることに関連して、またつぎの記述がある。「自撰墓誌銘には中唐の新しい文学活動が背後にあったかのようだ。自撰墓誌銘が中唐の頃から急激に増えてくるということは決して偶然ではなく、その時期の文化・文学の新しい動きの一つのあらわれであったと考えられる。それは次に見る詩の中の自伝、また最後に見る「自伝」、それらが中唐を劃期とするのと同じ精神に根ざしている」(一九七頁)。

かくして架橋された第五章と第六章。第五章「詩の中の自伝」では、過去と現在の変化を、「時代や境遇よりも、自分自身の変化、才気煥発の若者から衰老老残の身に至る一人の人間の変化として、鮮やかな対照を浮かび上がらせる」(二一六頁)ことに成功し、いかにも自伝詩とよぶにふさわしい作品を制作した杜甫をうけて、韓愈や白居易が自分自身の内面を見つめる詩をうたっているところに中唐の劃期性が見出されている。第六章のテーマは、すでに紹介したごとく「陸文学自伝」と「子劉子自伝」。「陸文学自伝」には自己の変容の過程が語られている点に中国の自伝的作品と異なる斬新さが認められるものの、その中の出生譚は説話的要素によって色濃く染められており、それに対して「子劉子自伝」は、劉禹錫でなければ「絶対書かれようがない個の顔」(二五三頁)をもち、その意味で中国で最初の「自伝」と称すべきだが、そこには自己の変化の跡は描かれず、自己の像が常に一定しているという、ほかならぬ中国の自伝文学の特徴が鮮やかに示されていることを指摘している。

あらまし以上を内容とする川合氏の本書に対して、すでにこれまでに数名の評者からいろいろと賛辞が寄せられている。私の目にとまったかぎりでも、槇高志氏（『未明』一四号）、松本肇氏（『東方』一九九六年四月号）、沓掛良彦氏（『創文』一九九六年六月号）のものがある。みずみずしい創見と問題提起に満ちみちた本書から、私もおおいに知的刺戟を与えられたこと言うまでもない。しかもそれらの創見と問題提起は、大言壮語とはおよそ無縁に、細心の考察に基づいて発せられ、また取り上げられた作品は、いずれもその全文がよくこなれた和文に移されたうえ、鑑賞にたえるべき説明とそれぞれの作品の中国文学史上における位置づけに関する解説がそえられている。かくして私も賛辞を送るにやぶさかでないが、やはりいくらかの感想を記し、疑問と注文を呈するのが評者としてのつとめであろう。

自伝文学成立の過程は、著者が言うように、それはそのまま自己認識のありかたに関わる問題である。著者が劃期とする中唐期、それ以前においては個人は「家」と分かちがたく結びつき、「家」の中の個人として存在をつづけていたのであったろう。そのことは、「家」を単位として書かれている『南史』『北史』の列伝の体裁や、『隋書』経籍志の雑伝類に少なからざる家伝が著録されているところからもおおよその察しがつく。そのような状況の中で、自己について語る自伝の創作はなかなかに困難なことであったろう。「五柳先生伝」流に「いずこの人なるやを知らず」と韜晦してみせることは、「家」から独立した自由な場を虚構し、自己そのものを問うための一つの有効な仕掛であったと思われる。それは自分を優しく包み覆っている共同体との関係を自ら断ち切る方法なのだが、余儀ない事情で共同体から切り離されざるを得なくなった時、庾信の「哀江南賦」や顔之推の「観我生賦」がそうであったように、やはり人は自己を見つめ直す機会をもったのであろう。しかしその場合、作品として描き出されるのは、変転する境遇の中で翻弄される自己、ということ以上にはなり得まい。西欧の自伝に顕著な自己省察が入りこむ余地は乏しいであろう。

だが果たして、中国人にとって自己省察はそんなに縁遠いものであったのであろうか。梁の武帝蕭衍は、天監三年（五〇四）四月八日に発した詔の中につぎのごとく述べている。「仏弟子の私はこれまでぐずぐずと荒唐の中にふみ迷ってひたすら老子（道教）につかえ、先祖代々相承してこの邪法に汚染されてきた。習因みごとに発し、迷妄を振りはらって正道にたち返るべきことに気づき、今や旧医（老子）を捨てて仏の正覚に帰依しすがりたてまつる」（『広弘明集』巻四）。これは自伝とは程遠い天子の詔であり、ひきあいに出すことにいささかの躊躇をおぼえるけれども、洋の東西を問わず、宗教と関わりあう局面において、人はだれしもこのような回心の軌跡を語る内的欲求を抑えがたいのではあるまいか。もしそうであるとするならば、隋志雑伝類の中に、少なからざる家伝にまじって「霊人辛玄子自序」と「華陽子自序」なる二篇の書名の見出されることが気にかかる。著者川合氏と興膳宏教授との共著『隋書経籍志詳攷』（汲古書院、一九九五年刊）にも指摘されているとおり、『真誥』闡幽微篇に「辛玄子自叙幷詩」が収められており、そこには後漢明帝時代の諫議大夫・上洛雲中趙国三郡太守辛隠の子として生まれた辛玄子が仙道修行にはげみ、霊神となる次第が語られている。また「華陽子自序」は両唐志には茅処玄撰として著録されており、華陽子がもし陶弘景のことであるとするならば、茅処玄は陶弘景の異名なのであろうか。

以上は私個人のとりとめもない雑感。以下には、疑問と注文のいくらかを頁の順をおって書きつらねる。

一八頁、鄭玄の「自序」にふれ、『文苑英華』巻七六六に収められているとの注記はいささか不親切であって、劉子玄（知幾）の「孝経老子注易伝議」の中の引用である。それはともかく、『後漢書』鄭玄伝に引かれている「戒子益恩書」は自伝とよぶにふさわしい内容を備えており、どこかで言及されてもよかったのではあるまいか。

四七頁以下に『抱朴子』の「自叙」が取り上げられているが、『抱朴子』の内篇、とりわけその遐覧篇には、葛洪と神仙道の師の鄭隠との出会いを語ったすこぶる自伝的な文章がある。

一三二頁、白居易の「酔吟先生伝」中にはさみこまれた「詠懐詩」が文集では「洛陽有愚叟」と題して収められているものの一部であり、「詠懐詩」の「縦酒劉伶達」の句が文集のもとの詩では「荷鍤劉伶達」であることを指摘したうえで言う。「「鍤《すき》を荷なう」ならば陶淵明「園田の居に帰る」詩の第三首、「月を帯び鋤を荷ないて帰る」の句が連想されるが、「劉伶の達」と続くのだから、「酒を縦いままにす」の方がふさわしい」。しかし、これは思い違いであろう。何となれば、『世説新語』文学篇「劉伶著酒徳頌、意気所寄」、その条の劉孝標注が引く『名士伝』につぎのごとくあるからである。

「伶字伯倫、沛郡人、肆意放蕩、以宇宙為狭、常乗鹿車、携一壺酒、使人荷鍤隨之、云、死便掘地以埋」。

一四二頁、陸亀蒙の「甫里先生伝」に「有牛不減四十蹄、有耕夫百余指」とあるのが、「四十頭をくだらない牛、百人以上の農夫があった」と訳されているけれども、『史記』貨殖伝の集解や索隠の解釈に従うならば、牛四十蹄は牛十頭、耕夫百余指は農夫十人余りということになるはずである。二三八頁、「陸文学自伝」の「牛百二十蹄」も「百二十頭にのぼる牛」ではなく、牛三十頭ということ。ちなみにこの点に関して、宮崎市定博士の「史記貨殖伝物価考証」（全集第五巻所収）に卓抜な解釈があり、それによれば、「牛四十蹄」は牛五頭、「牛百二十蹄」は牛十五頭のこととなるけれども、ここはもとより集解と索隠に基づいて解釈すべきであろう。

一五九頁、『西京雑記』に見える前漢の杜鄴の自撰墓誌の信憑性に疑いの目が向けられているのは当然のことながら、『後漢書』趙岐伝につぎの記事がある。三十余歳で大病を患い、臥蓐七年に及んだ趙岐は、その頃は趙嘉と名のっていたのだが、もはやこれまでと観念し、「大丈夫生世、遯無箕山之操、仕無伊呂之勲、天不我与、復何言哉」と遺言したうえ、墓前に一円石を立ててつぎの文句を刻むよう命じたという。「漢有逸人、姓趙名嘉、有志無時、命也奈何」。これは一九一頁以下に紹介されている韓昶の自撰墓誌銘に「生有志而卒不能就、豈命也夫、豈命也夫（もともと志はあったのに結局成就できなかった。運命であろうか、運命であろうか）」とあるのと、遠く遥かに響きあっているのかも知れぬ。趙岐を始めとして、自撰墓誌銘に関しては、本書刊行後に発表されたものではあるけれども、西脇常記氏の「韓愈の遺言とその周辺」（『京都大学総合人間学部紀要』三巻。後に「韓愈の遺言をめぐって」と改題して『唐代の思想と文化』、創文社、二〇〇〇年刊、に収録）をあわせて参照すべきである。さて韓昶の自撰墓誌銘の中で、「好んで直言したので、毎日上疏しても、二三しか採用してもらえず」と訳されているのの原文は、「好直言、一日上疏或過二三」であって、直言癖から一日の上疏が二三通以上になることもあった、との意味ではあるまいか。またそのすぐ後の原文、「相国牛公僧孺鎮襄陽、以殿中加支使、旋拝秘書省著作郎、遷国子博士、因久寄襄陽、以禄養為便、除別駕検校礼部郎中・・・・」が、「宰相の牛僧孺が襄陽におり、殿中の任をもって支使に加わり、すぐに秘書省著作郎を拝命し、国子博士に移り、そこで長く襄陽に身を寄せ、禄で扶養するのに便利であった。別駕・検校礼部郎中に任命され・・・・」、そのように訳されているけれども、いささか晦渋である。韓昶はいったん殿中侍御史の肩書をもって襄陽に鎮する山南東道節度使牛僧孺の幕府の支使、すなわち「表牋書翰を掌る」ところの支使（『資治通鑑』唐僖宗乾符元年胡注）となり、間もなく中央の秘書省著作郎を拝命、また国子博士に転じたが、以前におなじく山南東道節度使竇易直の従事をつとめたこともあって、長らく身を寄せた襄陽は何かと生活に便利であり、それでふたたび襄陽の別駕・検校礼部郎中に任命してもらった、ということなのではあるまいか。

最後に残念に思うのは、書物の性格として、また紙幅の関係から致しかたのないこととはいえ、原文が示されていないこと。たとえば一六六頁、陶淵明の「自祭文」に関して、「疇《たれ》か能く眷《かえりみ》ること罔《な》からん」という訓読文を示したうえ解説がなされているのだが、それが訳文の「だからといって生に執着がなくなるわけではない」に対応するものであることを了解するまでにはかなりの苦労がともなう。原文をそえないのであれば、それなりの工夫配慮がほしかったところである。

西脇常記『唐代の思想と文化』（創文社）

「唐代の思想と文化」という本書のタイトルは、一見そっけなくて茫洋としたものに感じられるかも知れないが、本書を一読しおえた者は誰しも、なるほどこのタイトルがいかにも内容に即したふさわしいものであることを納得するに違いない。新鮮な視点と手法によって唐代の「思想と文化」の諸相について語りつつ、それらに通底するものをトータルにとらえようとする文章がそこには盛られているからだ。「従来、漢以来の訓詁注釈学と総合的体系的な宋学との谷間とされてきた唐代思想が、果たして言われるごとき貧困なものであったのかどうか」（八八頁）、「初唐の経学から、韓愈、李翺を通って宋学へ続く道は、すでに中国思想史上の自明の流れのように受けとられているが、その間の動きは必ずしも明らかでない。結果からの線引きに過ぎない面も多分に含んでいる」（一二五頁）。このような言葉に、本書が目指さんとするところは明らかに示されている。著者が中国の学問に志した学生の頃、中国思想通史で取り上げられる唐代の思想家といえば、たかだか韓愈と李翺にしか過ぎなかったとさえ述懐されている。恐らくその頃においても、唐代の文学研究はそれなりに盛んであったであろう。仏教についても、個々の事象に関する研究の蓄積はかなりのものであったであろう。だがそれらを綜合して儒仏道三教を通貫し、さらにまた文学をも視野の中に収める、そのような研究は望むべくもなかった。著者は、中国思想史研究がかかえていたかかる課題に挑戦したのであり、かくして得られた成果のかずかずが、第一部「劉知幾と『史通』」、第二部「中唐の思想」、第三部「習俗」、第四部「遺言」の四部構成のもとに本書に盛られているのである。

著者の最初の論文は、『史通』に関するものであったと記憶する。そしてその後、『史通』内篇の訳注を世に問われ（東海大学出版会、一九八九年刊）、外篇の訳注もすでに準備中であると仄聞するのであって、(補注)第一部において『史通』があつかわれているのは、いかにもふさわしいこととすべきであろう。その第一章「劉知幾の歴史意識」においては、もっぱら『史通』の自叙篇が取り上げられるのだが、まず『史記』の「太史公自序」その他を検討したうえ、西洋の autobiographie との対比のもとに、中国の自叙の特長がつぎのように整理されている。一、自己を露わに語るためのものではなく、氏族や家族の記述を常にともなうこと、二、自叙も、またそれに基づいて他人によって書かれるところのその人の伝記も、客観的記述態度という点で本質的に変わらないこと、三、常に著作に附随した解説的性格の強いものであること。これらの特長は、西洋の autobiographie が自己の個性を語るものであるのと大きく異なる点である。著者は西洋の学問を修めたうえで中国学に進まれたのであり、西洋の事象を参照する視点は本書にも絶えず底流しているのだが、西洋の基準によって中国を一刀両断に切って捨てるわけではなく、この場合にも、これらの三点に西洋とは異なる中国の自叙の特長を見出しているのだ。ところが中国の自叙一般とはいささか様相を異にして、『史通』の自叙篇では氏族、家族についての記述が消え、『史通』の構成、内容について語るという著者の主体性が強く打ち出されていることが指摘される。

「劉知幾は歴史家として、事実を事実として書き、事実の真実を解明する、つまりある道徳的判断をその上に書き加えるという意識の下に立ちながら、さらにもう一度、事実を事実とすることを問い、それに反省を加えたと言える。それが彼の批判精神、懐疑精神であった」、このように第一章には述べられているのだが、第二章「劉知幾──史評者の立場──」では、『史通』が過去の史書を評価するに当たってしばしば用いている「師古」と「随時」という二つの概念に注目し、それを分析することによって、史評者としての劉知幾の姿を明らかにしようとする。著者によれば、『史通』においては、「師古」すなわち古を祖述し、古にまねぶということ、それと「随時」とが対立する概念としてとらえられている場合と、「随時」が「師古」を越えた、あるいは「師古」を包みこんだ高い次元のものとして考えられている場合との両様が認められるという。すなわち、「一つは、歴史家として歴史の流れの中に事象を見ようとする従時〔随時と同じ。吉川〕の立場を是とする場合、もう一つは、その上でその事象がぴったりと宜を得た状態、つまり理と事の世界がうまく調和したと考えられる状態を随時とする場合の二つであった。第一段階の随時に走れば、余りにも雅の世界から離れ、俗の世界へ、枝葉末節の世界へと傾いて行ってしまう。・・・・古と今、雅と俗、質と文、師古の世界と随時の世界、理と事の世界は、常にそのバランスが考えられ、その上に高次の随時の思想が成立している」。

そうであるにもかかわらず、『史通』に内包されているこのような高次の「随時」の概念に注意がはらわれることなく、もっぱら疑古篇や惑経篇が槍玉にあげられて、ともすれば『史通』は短絡的に師古否定の書、ひいては聖賢批判の書、経書批判の書との誤った評価を受けたのであった。かかる評価は唐末に至ってようやく盛んとなったのであり、それ故に『史通』は価値のない書物として長い時代にわたってほとんど無視されたままであったとする従来の通説に楔を打ちこむべく用意されているのが第三章「宋代における『史通』」である。著者は広い範囲にわたって文献を渉猟精査したうえ、大局的には『史通』が批判の対象とされた流れの中においても、歴史家たる者には才学識が必須不可欠であるとする「史才三長説」、史局においては史書執筆が不可能であるとする「五不可論」、それらの劉知幾の重要な主張が宋人にとっても大いに意識せざるを得ないものであったことを明らかにしている。

第二部の第一章として置かれているのは「権徳輿とその周辺」。権徳輿の周辺の人物としてまず最初に取り上げられているのは、権徳輿がその伝記である「呉尊師伝」を書いてもいる道士の呉筠であって、呉筠の作品の中でも、受ける気の違いによって人間を睿哲、中人、頑兇の三品に分け、中人の教育の可能性を見出す「玄綱論」、学ぶことによって神仙となり得ることを説く「神仙可学論」にとりわけ注目する。それらは何よりも韓愈、柳宗元、劉禹錫、李翺などの中唐の士大夫の思想との関連のもとに注目されているのだ。「彼ら士大夫の学問は、漢唐の学とも呼ばれる経書の訓詁注釈の域をすでに越えていた。学問は凡人から聖人への最も有力な原動力となった。凡人が聖人になり得るということは、社会的には中小層の出身でも政治的に活躍出来ることを意味し、個人的には人格の陶冶を意味した」。「経書そのものの義を明らかにして、形骸化した経書学を今一度自己の学問として考察し、さらには新しい世界観の樹立を求めようと考えたのが権徳輿周辺の中唐士大夫達だったのである」。権徳輿は馬祖道一の禅にもじきじきに接していたのであるが、いわゆる禅師たちだけではなく、権徳輿をその一人として多くの士大夫たちをも強力な磁場の中に巻きこんだ馬祖の禅を、著者は「聖凡一体観を説いて現実に生活する人間そのものを問題にした」云々と評している。

第二部のタイトルであるとともに本書の最大の眼目であると察せられる「中唐の思想」を論ずるに当たって、著者が権徳輿に注目したのは炯眼であったとすべきであろう。と言うのも、権徳輿その人は唐代思想史上においてさほど突出して個性的な人物ではなかったかも知れないが、彼はいわば士大夫社会のネット・ワークの要に位置していたのであって、彼の文集には、中唐という時代が目配りよく映し出されていると考えられるからである。小さな疑問を呈するならば、「百巌禅師碑銘」の引用の中の「その外界対象を切り捨てて心を会得するものでもないし、またけがれを去り清浄を取り出し神妙独立となって外界とは接しないと言うわけでもない」と訳されている一節（一〇二頁）は、「その外界対象を切り捨てて心を会得するわけでもないし、またけがれを去って清浄を取り出すわけでもない。神妙独立、外物と一つにはならないのである」とでも訳すべきなのではあるまいか。原文は注に示されているので参照されたい。

第二章は『茶経』の著者として知られる陸羽の自伝をあつかう「『陸文学自伝』考」。中国における自叙の特長はすでに第一部第一章において考察されているが、「太史公自序」を典型とするところのそれら自叙とは一風変わった隠逸者の自伝、その系譜を陶淵明の「五柳先生伝」から白居易の「酔吟先生伝」までたどったうえ、「陸文学自伝」をひとまずその流れのうえに位置づける。そして著者によれば、「陸文学自伝」に表現されているのは、隠逸、狂人、自由人の姿であり、はたまた遊戯の精神が託されているのであって、著者はそこにその時代一般の空気をかぎ取っている。隠逸、狂人、自由人、遊戯の精神。それらを綜合するならば、風狂とか風顚とかということになるであろうか。たしかに「狂」や「顚」は、一種憧憬の念をすらともなってその時代に迎えられたものであった。狂草の書で知られる張旭はまた張顚と呼ばれ（『唐国史補』巻上）、張旭と彼を継承した懐素について、「評者は張長史（張旭）を謂いて顚と為し、懐素を狂と為す。狂を以て顚を継ぐ、孰《たれ》か不可と為さん」との記事もある（『宣和書譜』巻一九）。白居易が「唐生に寄す」と題した五言詩に「権豪の怒りを懼れず、亦た親朋の譏りに任す、人は竟に奈何《いかん》ともする無し、呼んで狂男児と作《な》す」とうたっている「狂男児」は、快男児の意味に近づくだろう。そして著者は、陸羽も参加した顔真卿のサロンにおける聯句に遊戯性の一つの証左を見出し、「酔語聯句」が例示されている。本題とは脈絡のない些事ながら、かかる遊戯性に富んだ聯句の先蹤とすべきものは、あるいは『世説新語』排調篇に見える「了語」と「危語」に求められるかも知れない。それはともかく、鋭い指摘だと思うのは、かかる遊戯性が真面目さ（「真面目さ」という言葉はいささか熟さぬようだが）と敵対するものではなかったと言い、ほかならぬこのサロンから『韻海鏡源』が生産された事実が示されていることである。

第三章「劉禹錫の思想」。順宗のもとで政治改革を行なおうと目論みながら結局失敗に終った王叔文一派のいわゆる八司馬の一人である劉禹錫。その思想家としての側面は、これまでにももっぱら彼の「天論」を取り上げてしばしば論じられてきた。著者はこの章においても、第一章「権徳輿とその周辺」と同様に、劉禹錫の周辺を彩る人物について語り、彼を取り巻く思想状況を明らかにせんとする手法を用いる。まず取り上げられているのは、劉禹錫が少年時代に教えを受けた霊澈を始めとする詩僧たち。詩僧とは、詩作に優れた僧侶といった一般名詞であるのでは決してなく、まさしく劉禹錫が生を享けた大暦年間に成立した一つの概念なのであって、著者によれば、詩僧は南宗禅と何らかの関わりがあり、また単に仏法に通じ、詩が詠めるだけではなく、儒教的教養もなみなみならぬ、そのような人々なのであった。つづいて取り上げられているのは、劉禹錫の才能を早くから買っていた杜佑と権徳輿、それに権徳輿の友人の梁粛の三人であり、「江左に集う士大夫」と呼ばれている。江左すなわち江南は、劉禹錫が生まれ育った所であっただけではない。そこは中唐の時代に、時代を劃する新たな意義を担って登場した思想と学問の策源地にほかならなかった。著者は三人の思想と学問に考察を加えたうえでこう力説している。「今、先に考察した人々を再び振り返って見れば、一様に「不学章句学」を掲げ、章句の学を排した人々であったことに思い当たる。「不学章句学」が持つ雰囲気、精神は一体いかなるものか。それは経書をもう一度自己の生きる道に取り戻そうとする運動であった。従来の経書学＝章句学はすでに彼らの生きる指針とはなり得なかった。章句学を廃することによって新しい道を見つけようとする、主体的な人間の自覚を持って初めてかく叫び得るのではないか。ここに詩僧とも僧とも道士とも自由に交わり得る空間が開かれる。教義と化した儒教経典の注疏解釈学から解放され、彼らの目は経典と経典との関係、さらには経典全体へと注がれる。かかる態度は経学に対してのみならず、仏教に対しても同様であった。彼らが接触した南宗禅、華厳、天台は全て、教義そのものよりは実践に重きを置き、現実に生きて行為する人間を中心に据えている。それは主体的人間の発見であった。人間のあらゆる可能性を信じ、自己を切り開いて行く態度であった」。敢えて長文にわたる引用を行なったのは、この文章こそ、中国思想史上に中唐時代を正しく位置づけんことを目指す第二部の総括と認められるからにほかならない。啖助─趙匡─陸質と次第する春秋学の陸質を師とした友人の呂温について語るくだりにおいても、「ここに挙げた人々は従来の訓詁学的解釈学を捨てて、初めて春秋の大義大略の中に道を求めた」と述べられており、また劉禹錫その人について結論とするところもつぎのごとくである。「彼は一経の訓詁的解釈を排して、経書全体の総合的な意味を問うことを目論んでいた。それは結局、経書の枠を越えて、道の意味を問うことに行きつく。道の追求の前には、儒教も仏教も道教もすべて一様で等価値である。あらゆるものが彼の学問の対象となり得る。ただただこれらの対象に向かう自己の確立、自己の意識が重要である」。

すこぶる力のこもった一章とすべきであるが、杜佑が「不好章句之学」であったこと、そのことにあわせて彼が仏教の因果応報に言及していることを取り上げ、「これら二点からも、杜佑が所謂新しい学問の流れの中に生きていたことが分かる」と述べられている点にいささかの疑問を呈したい。と言うのも、仏教の因果応報説は南宗禅の立場にはなじまないように思うからであり、「彼らが関心を寄せた仏教とはどういうものか。それは時あたかも生まれ出で、江南・江西を基盤に根を下そうとしている南宗禅であった。従来の貴族的仏教に対して「一切衆生悉有仏性」を主張し、「即心是仏」を掲げる、新しい姿の仏教である」、このように述べられていることと矛盾するように思うからである。また呂温の「代国子陸博士進集註春秋表」の「助（啖助）或いは未だ尽くさざるも、敢えて譲りて仁に当たり」と訓まれている箇所（二六二頁）は、「助或いは未だ尽くさざれば、敢えて仁に当たるを譲らんや」と訓むべきではあるまいか。ふまえるのはもとより『論語』衛霊公の「仁に当たりては師にも譲らず」。

第三部は、第一部、第二部とはすこぶる趣を異にし、その第一章「唐代の葬俗——特に葬法について——」においては、『続高僧伝』遺身篇の論に紹介されている西方の埋葬法、すなわち火葬、水葬、土葬、林葬が中国の聖界俗界の両者においてどのように受容されたか、あるいは受容されなかったかが検討され、第二章「『千唐誌斎蔵誌』に見える唐代の習俗」では、第一章を補う意図をもこめて、第一次資料である『千唐誌斎蔵誌』を精読精査し、そこに現われる火葬のこと、寺院における権葬のこと、改葬のこと、風水思想のこと等々に説き及ぶ。それは、「中国に仏教が将来されて以来、仏教の持つ儀礼が中国の風俗に影響を与えるとともに、中国の習俗は仏教の儀礼に変容を迫った。そうして初めて中国の土壌に根ざした中国仏教なるものが成立したのであり、中国仏教とはかかる中国化の歴史の集積とも言いうるのである」、このような問題関心に基づいているのである。たとえばそこに示されている『梁高僧伝』、『続高僧伝』、『宋高僧伝』の各篇ごとの火葬割合の統計リストのごとき、いわゆる荼毘が、時代とともに漸増の傾向にあるものの、僧侶の間ですらなかなか受け入れがたいものであったことを一目瞭然に教えてくれる。あるいはまた、墓誌において明確に仏教信仰を伝える記事がほとんど女性に関するものであることを指摘し、その理由が「儒教世界というタテマエの世界で最後まで生きざるを得なかった男性」とは異なる女性の立場に求められているのも興味深い。

　ちなみに、第一章の火葬の項に引かれている梁山縁観禅師の偈の第三句と第四句、「有人相肯重、灰裏邈全真」が「人有りて相い肯がい重んずるも、灰裏　全真を邈《はな》る」と訓まれているが、「邈真」が肖像を描く意味であることは動くまい。つまり、「人有りて相い肯重すれば、灰裏に全真を邈《えが》け」と訓みたいのであって、盤山宝積が順世の際に、「有人邈得吾真否」と大衆に告げたこと（『景徳伝灯録』巻七）が意識されているのではないかと考えるのだが、いかがであろうか。また林葬の項に陳の謝貞の遺疏の引用があり（二〇七頁）、そこでは原文の引用のままですまされているところの「気絶之後、若直棄之草野、依僧家尸陀林法、是吾所願、正恐過為独異耳、可用薄板周身、載以霊車、覆以葦席、坎山而埋之」なる一節が、第四部第二章ではつぎのように訓まれている。「気絶ゆるの後、若《なんじ》は直に之を草野に棄て、僧家尸陀林の法に依れ。是れ吾の願う所なり。正に過ぎて独異を為さんことを恐るる耳《のみ》。薄板を用って身に周《めぐ》らし、載するに霊車を以てし、覆うに葦席を以てし、山に坎《あな》ほりて之を埋む可し」（二三九頁）。しかし私はこれをこう訓みたい。「気絶ゆるの後、若《も》し直に之を草野に棄て、僧家の尸陀林法に依らんこと、是れ吾の願う所なるも、正に過ぎて独異と為らんことを恐るる耳」云々。つまり、尸陀林法に従うことは謝貞のかねてからの願いではあったけれども、しかし彼とて、それがあまりにも奇矯に過ぎることをはばかったのではないか。それ故、薄板の棺桶に屍を納めて土葬することを命じたのではないか。もし私の解釈が正しいとするならば、これは林葬の例とはなり得ない。

第三章「舎利信仰と僧伝」では、舎利信仰には仏舎利信仰と高僧舎利信仰の両様があること、僧伝の中では『宋高僧伝』に至って初めて高僧舎利信仰の記事が現われることを指摘したうえ、それはたしかに僧侶の間に次第に火葬が普及したことと無関係ではないものの、そこには何よりもつぎのごとき重要な意味の存することを見出している。すなわち、高僧臨終の際の舎利その他の異象の記事を例示したうえで著者はつぎのように述べている。「舎利の異象を含めたこれら神異感通が個人の覚悟の証しと見られたことは、仏教が今や護教的な教義仏教から、個人の自覚的な仏教へと移りつつあったことを意味している」。また結論としてあらためてつぎのように述べている。「凡人の至り得ぬ境地に達した仏陀の舎利を崇め、人の王たる天子の信仰と事業を通してその加護を受け取るという受動的な仏舎利信仰から、自らの覚悟によって仏陀の遷化と同様の臨終を迎えた高僧の舎利を崇める高僧舎利信仰へ、さらには、それを信仰者側の悟りの契機として、自らの精神の血肉として行こうとする立場への推移には、時代の精神の歩みというものが、はっきりと方向づけられている」。かくして趣を異にはするものの、問題は再び第二部と重なるのだ。ちなみにこの章に「『禅林僧宝伝』の理解のために」との副題がそえられているのは、慧洪の『禅林僧宝伝』に禅僧の「臨終明験の効」として舎利その他の異象に関する記事が目立って多いことに注目するからである。

第四部は、第一章「古代中国の遺言――その形式面よりの概観――」、第二章「韓愈の遺言をめぐって」から成り、遺言ないし遺書を通して古代及び中世の中国人の死生観が考察される。第一章における遺書そのものについての概観は丁寧周到、詳細親切を極めるけれども、それだけにとどまるものではない。『晋書』に収められている皇甫謐の「篤終論」が『全唐文』ではまったくの誤りながら唐の皇甫湜の文章としてそっくりそのままに収められており、かく五百年以上の時間を隔てて「同じ内容の文章が存在しても、人々が不思議の感を抱かなかった」という事実に注目し、それは恐らく「書き言葉における文体がほとんど変化しなかったこと」によるのであって、「遺言という文章をもって中国における死生観の変化の流れを見定めることは、甚だ困難であろう」と指摘しているのは、こと「死生観の変化の流れ」の問題だけにはとどまらず、「述べて作らざる」ことを一つの文化伝統とした中国の文化の核心を突いた発言とすべきであろう。ちなみに、第二部第三章と第三部第一章に引かれていた劉禹錫の「子劉子自伝」のつぎの文章が本章にも引かれている。「魂無不之、庸詎知兮」。この文章が、第二部第三章では「死後魂はあらゆる所を浮遊するということだが、死んでしまったらそれっきりのことだ」と解釈され（一八二頁）、第三部第一章では「魂之《ゆ》かざる無し、庸詎《なん》ぞ知らん」と訓読され（二二二頁）、本章では「（たとえ死んでも）魂はどこへでも飛んで行くと言うではないか。知覚が絶えることがあろうか」と訳されている（二九二頁）。いずれの解に従うべきなのか、いささかの戸惑いを禁じ得ない。

第二章で取り上げられるのは、皇甫湜撰「韓文公神道碑」に「喪葬無不如礼、俗習夷狄、尽浮図、写浮図以七数之、及拘陰陽、所謂吉凶一無汚我」と伝えられている韓愈の遺言。皇甫湜は韓愈の弟子であって、韓愈の「神道碑」のほか「墓誌銘」もまた彼によって撰せられている。著者は韓愈のこの遺言に「華美に流れる当時の喪儀の風潮に対する警告」を読み取るだけではなく、それよりも何よりも、韓愈が自ら遺言を残し、また自らの弟子に「神道碑」ならびに「墓誌銘」の制作を依頼した行為に、自撰墓誌を予め用意するとともに遺言を残した白居易、あるいは韓愈の排仏の基づくところでもあった傅奕と同様の「自らの内なる強い意志」を見出している。と言うのも、第一章ですでに確認がすまされているように、遺言は本来、儒教の喪葬儀礼のプロセスの中に位置づけられるものではなく、つまり誰しもが残すわけのものではなく、また墓誌は第三者が書くべきものであり、しかも往々にして名人巨公に制作が依頼されるのが通常一般であったからである。韓愈の場合には自ら墓誌を撰したわけではなく、皇甫湜の撰文にかかるのだが、著者は皇甫湜が韓愈との思想上の繫がりの極めて強い弟子であった点に注目するのだ。著者はさらに宋の宋祁の遺言「治戒」に、韓愈の精神が継承されていることを発見する。宋祁はもとより韓愈の古文の継承者であった。小さな誤りと思われるのは、「傅奕は、仏教の国政における有害と無益を様々な形で訴え、その度に法琳・明槩・李仲卿といった学僧と対決したり」云々とある一文（三三六頁）。法琳たちの傅奕批判は傅奕死後のことであったはずだからである。

以上をもって書評をおえたいが、著者自らの言葉によって本書にこめられた意図をあらためて確認しておこう。本書の上梓をおえて今後のさらなる抱負を語る「変わるものと変わらぬもの」と題された一文（『創文』二〇〇〇年十一月号）である。「唐代は思想史上、印象の薄い時代であると認識されて来た。漢の訓詁学と宋の性命理学の狭間にあって、それらの消長を論じるために取りあげられることはあっても、それ自体が研究対象となることは多くない。原因はいくつか考えられるが、第一は、歴史上の様々な事情により、純粋に思想史の枠に入れるべき資料が極端に少ないからであろう。そこで拙著では、思想史研究家が従来ほとんど手をつけなかった歴史・仏教分野の資料を援用し、また直接に思想に言及する作品ばかりでなく、葬制とか遺言といった思想を反映する習俗にも目を向けて、その枠を拡げ、この印象の薄い時代の内実を描きだそうと試みた」。かくして、「印象の薄い時代」は本書を得たことによってその様相を一変することとなったのであり、唐代が中国思想史上の空白の時代であるどころか、可能性と創造性に富む極めて内容豊かな時代であることを著者は見事に描き出したのである。

「変わるものと変わらぬもの」の一文には遺言が挙げられているに過ぎないが、本書を通読しおえた者は、遺言のほか、自伝、自叙、自撰墓誌といった自己について語るところの一連の文章に対する著者の強い関心を感じ取ることであろう。この点に関しては、是非とも川合康三氏の『中国の自伝文学』（創文社、一九九六年刊）があわせて参照されるべきであろう。「陸文学自伝」はもとよりのこと、本書が取り上げている文章は川合氏の著書にもしばしばにわたって取り上げられている。そして何よりも川合氏の最大の関心もやはり中唐時代に向けられていると見受けられるのであって、本書がそうであるように、川合氏の著書にもまた自伝に反映されたその時代の精神がくっきりと描き出されているからである。川合氏の著書に関しても、評者は『中国文学報』五四冊に一文を寄せているので、参照していただければ幸いである。

編集子から本書の書評の依頼を受けた時、いったんは辞退したい旨の意向を伝えた。一つには、評者は著者と三十年来の知己であり、公正をかくことを恐れたからである。さらにまたより大きな理由として、評者のごとき老頭児よりも新進気鋭の徒が書評を担当される方がよほど生産的であると考えたからである。本書が従来の中国思想史研究の欠落を埋め、新たな地平を切り拓く多くの創見に富むからにほかならない。最近、某学術誌上に掲載された書評が自己の立場を一方的に主張するだけで誹謗に終始することに一驚も二驚もし、そのことを著者との話題としたこともあった。書評の責を負った者は著者の考えと立場を十分に咀嚼したうえで発言すべしとは宮崎老師の戒めであった。この書評がその戒めを犯してはいないか、また揚げ足取りに堕しているところがありはしないかと深く恐れるのだが、ただし評者が誤りではなかろうかと指摘したところは、本書のほんの小さな瑕瑾にしか過ぎないのである。

(補注)
その後、二〇〇二年に外篇の訳注も刊行された。

林屋辰三郎『近世伝統文化論』（創元社）

満六十歳を記念されての自選論集である。心からお祝い申し上げたい。

「日本の文化はいつも、遠く先例をたずね、重ねて新儀をひらくというところに創造性があったのである」と書かれた一文があるように、本書のテーマは日本文化における伝統と創造の問題であろう。だがそれよりもなによりも、私が本書のはしばしからつよく感じとったのは、それぞれの題材をまことに手なれた手法で料理しながら楽しんでおられる、というよりは玩んでおられるといったほうがふさわしい、そのような学匠のユトリであった。東福門院木像に接することを目的に訪れられた光雲寺で、思いもかけない宗達筆の杉戸絵を発見される。勢いこんだところはすこしもないが、その喜びは読むものにほのぼのと伝わってくる。また「人間宗旦」の一篇は、『元伯宗旦文書』を手にされたよろこびのあまり、千宗旦周辺の断片史料をあつめて書かれたものだという。それを、一種の遊びである、とさりげなくいっておられる。学問にはなにがしかあそびが必要だとおもいながら、あくせく生きなければならない後進の私には、このユトリは羨ましい。

ユトリはまた柔軟な思考をあちこちに点在させることにもなっている。芸術としての茶と茶の生産者との結合を論ぜられるのは、いわれてみればあたりまえのことなのだが、それだけにかえって歴史家のたしかな眼が感ぜられるし、家元制度を論じて、封建制とともに近代的な契約関係に基礎をおく資本制が雑居しているといわれてみると、なるほどそんなものかとうなずかせられるから不思議である。

私がもっとも興味ぶかく読んだのは、光悦にかんする諸篇だった。読んだばかりの花田清輝『本阿弥光悦』とあれこれ思いくらべて楽しませていただいたのだが、そこには、光悦ならびに光悦をとりまく京都町衆にたいする著者の時代をこえたつよい共感がみとめられる。すこし読みづらかったのは、「藩——発想と実態——」である。藩＝垣の概念についての日本は求心的、中国は遠心的との議論はなじみにくい。また坂本龍馬の藩論に、藩のあたらしい生き方を示した側面にあわせて藩がなおも大名の「家」と考えられていた側面を指摘されているが、この結論が「東家西藩」という、藩を家と並置した表現から導かれているのだとすれば、これもいかがであろう。私が読みづらいと感じたのは、他の諸篇にくらべてすこし意気ごみがめだつためであろうか。

飛鳥井雅道『近代の潮流』（講談社現代新書「新書日本史」7）

新書版二百ページほどの小冊子ではあるけれども、本書の内容はいたって濃密である。著者のなみなみならぬ抱負は、「あとがき」にうかがうことができる。あつかわれる対象は、廃藩置県から治安維持法の制定まで。おくれて出発した日本が、急速な近代化、資本主義化をとげた軌跡をたどるのが主要テーマであり、その前提として江戸時代の遺産が附論される。叙述はたんに事件の頂点をたどるのではなく、むしろ事件を形成する底流にたいして丁寧に視線がくばられる。福沢諭吉や夏目漱石までをもふくめて民衆とよぶところの「民衆史観の試み」と著者がいわれる所以であろう。したがって叙述の材料は、巻末注にあげられた文献リストからもうかがわれるように、新聞、日記、自叙伝、小説等はもちろんのこと、いわゆる謡言のたぐいにまでおよぶ。

では、日本近代史における「民衆史観の試み」として書かれた本書の最大の眼目はどこに存するのか。著者のことばによれば、「近代化に成功した日本民衆の栄光と悲惨」、日本近代史における「光と影の両面」を描くことである。たとえば日露戦争直前の情況を説明していう。「ヨーロッパ諸列強がすでに植民地分割にほぼ成功したとき出発した日本は、なんとしてでもその列強に肩をならべうることを、征韓論・日清戦争・北清事変の一連の動きのなかで、至上目的とするにいたってしまっていたのである。・・・・近代化のなかで教育された国民自身が、しばしば政府よりも対外強硬を叫ぶ例が多すぎたのである」。また日韓併合にかんしてつぎのようにいう。「このとき日本人のなかから反対の声がまったくといっていいほど上がらなかったことに注意しなければならない。当時の日本人にとっていかに自身の生活の荒廃がもたらされていても、当時の表現でいえば、日本は「世界の一等国」となり、植民地分割に参加できるだけの実力をもてたという感覚が支配的になったのである」。

これらの文章を読むと、なにが栄光であり、なにが悲惨であったのか、いずれの面が光であり、いずれの面が影であったのか、わたしの頭は混乱する。どこに栄光があり光の面が存在するのか、民衆とは悲しい存在だとの感覚だけが痛切にのこる。民衆は著者の救済の対象にはえらばれず、権力への加担者、ときにはお先棒かつぎのおめでたい加担者、として存在している。「どんな権力でも人民の一定の同意なくして存続できないという定義」を著者は支持されるというが、本書を読むかぎり、この定義は妥当しすぎるぐらいに妥当するように思われる。

わたしはおそらく著者の意図にはまりこんだ読者の一人なのであろう。

 飛鳥井雅道『近代の潮流』(講談社現代新書「新書日本史」7)

伊藤清司『死者の棲む楽園――古代中国の死生観』（角川選書）

生きてあるものすべてがひとしく免れることのできぬ死。その死について古代の中国人はどのように考えたのか、死後の世界をどのようなものとして思い描いたのか。

著者の「あとがき」に、「本書では仏教伝来以前の古代中国人の冥界観を扱うことが、暗黙の了解であった」とある。「仏教伝来以前の」とことわり書きされているものの、しかしながら文献の引用は縦横無尽で多方面にわたり、それらのなかには、『抱朴子』や『捜神記』はもとよりのこと、『幽明録』や『冥祥記』『雲渓友議』『稽神録』など、仏教伝来以後のものも含まれている。それというのも、「三国時代以降の説話には、仏教思想の感化をうけたものもあり、どこまでが中国古来の民衆思想か、判別しがたい部分も含まれているが、その中に民衆の伝統的な他界観の片鱗をうかがうことができる」（二四一頁）からなのだ。

本書は、「はじめに」と「あとがき」とを別として、つぎのような章立てのもとに構成されている。

序章「人間の死と霊魂」、第一章「死者霊の棲む泰山」、第二章「山上の他界・崑崙山」、第三章「海上の他界・蓬萊山」、第四章「死者の棲む家と黄泉」、終章「死者の棲む楽園」。

いわゆる「たましい」に精神に関わる魂と肉体に関わる魄とがあること、また六朝時代の無鬼論者について語る序章につづいて置かれた第一章から第三章までは、それらの章題名を眺めるだけでも、おおよその内容の見当はつくだろう。すなわち、後漢、魏晋のころに山東半島の泰山が死者霊の赴くところと考えられていたことはほとんど常識であるけれども、そのことを中心のテーマとする第一章では、泰山冥界説には古くからあった蒿里《こうり》のイメージが投影されているであろうこと、各地にはそれぞれ泰山に相当する死者霊の集まるところと考えられた山があり、泰山はいわばそれらの総本山であったこと、『山海経』における異形の神から後世の人格神としての泰山神ないし泰山府君への変化、それは西王母イメージの変化の跡と軌を一にするものであること、などが述べられる。第二章にふんだんに用いられている近年発見の図像資料は、曾布川寛氏の『崑崙山への昇仙』（中公新書）などですでにわれわれにもなじみの深いものばかりだが、曾布川氏の解釈に対する異論ないし批判がないわけではない。それはともかく、この章のモチーフは「死と再生」であり、『穆天子伝』にみえる西王母が周の穆王に贈った歌詞、「将《コ》ウラクハ、子《ナンジ》、死スルコトナク、尚《ネガ》ワクハ、復《マ》タ能《ヨ》ク来《キタ》ランコトヲ」、またいわゆる「崑崙昇仙図」について、そのことが考察されている。そして第一章で泰山についていわれているのとおなじように、この章でも、崑崙山以外にも「不死の山」があちこちに存在したであろうといい、また本来、天界とこの世とをつなぐ階梯であり、天神がそこを通って昇降する山であった崑崙山が、やがて死者が目ざす究極の目的地に変わったのに応じて、崑崙山に棲む西王母の性格も、現世的な御利益のある神、ないし救世主的存在に変わったという。第三章では、秦の始皇帝と漢の武帝の不老不死に対する異常なまでのあこがれと彼らの周辺に暗躍した方士たちのこと、また泰山における封禅のことが述べられるのだが、そのこととあい関連して、蓬萊山をはじめとする海上の神仙信仰の背後に、内陸の華夏系の種族にはない独特の他界観、すなわち環東シナ海文化圏に共通する海上他界の観念の存在をよみとっている。そして最後の第四章と終章では、葬法と霊魂観との関係の視点から、死者が暮らす生活空間としての墳墓のことについて述べ、筆は厚葬と薄葬、あるいは殉死の問題に及ぶ。

以上をあらましの内容とする本書の最大の特色は、民俗学の成果が随処にもられていることであろう。たとえば、黒竜江省の松花江流域に住む赫哲《ホジエン》族や雲南省の山岳地帯に住む独竜《トーロン》族の霊魂観、おなじく雲南省の傈僳《リス》族の挽歌、あるいは貴州省黔《けん》東南苗《ミャオ》族侗《トン》族自治州の巫覡《ふげき》、等々。私にとっては未知のことがらばかりだが、本書のようなテーマをあつかうにあたってはたしかに有効な方法であろう。

以下、一読してのいくらかの感想を書きつらねたい。死者の赴く山が泰山や崑崙山とかぎったわけではなかったことの一例として、『真誥』の羅酆《らほう》山があげられているのだが（一一七頁）、『真誥』においては、羅酆山が泰山に代わって死者の赴く山の総本山となり、泰山もすでにその支配下に置かれているのだと考えるべきであろう。『真誥』では、泰山君が盧竜公、東越大将軍、南巴侯とともに、羅酆山の最高の鬼王である北帝君の配下の四鎮将軍の一人となっているからである。そのことはともかくとして、「死と再生」というテーマは、崑崙山についてだけではなく、泰山についてももっと語られてよかったのではあるまいか。そのように考えるのは、たとえば「車を駆《か》り駑馬《どば》に揮《むちう》ち、東のかた奉高の城《まち》に到る。神なる哉《かな》 彼《か》の泰山、五岳のうちに其の名を専らにす。・・・・魂神の繋《つな》がれ属《あつ》まる所、逝《ゆ》く者は斯《こ》の征《たび》に感ず」と、泰山を死者の霊魂の集まる山として「駆車《くしゃ》篇」にうたう曹植が、一方では「飛竜《ひりゅう》篇」に、雲霧の立ちこめる泰山で出会った二人の童子を、「我は真人（神仙）と知り、長跪《ちょうき》して道を問う」とうたい、その童子に導かれての幻想を、「西のかた玉堂に登れば、金楼複道あり、我に仙薬を授くるに、神皇の造る所なり」とうたっているからだ。かく「飛竜篇」には、泰山仙界のイメージが展開されているのである。

そしてこれは私自身がかねてから不思議に思っていることなのだが、秦の始皇帝の不老不死信仰に崑崙山がまったく登場しないのはどうしてなのであろうか。華夏系の種族の出身である彼にとって、山よりもむしろ海の魅力はかえってよほど大きいものであったのであろうか。漢の武帝についても、事情はほぼ同様である。ただし著者が、『史記』の武帝本紀に「崑崙のコの字も見当たらない」と言っておられるのは（一三〇頁）、いささかの勇み足ではあるまいか。武帝が公玉帯《こうぎょくたい》なる者の進言に従って奉高県に築いた明堂について、「上に楼あり、西南より入り、命《な》づけて昆侖と曰う」との記事がそこにあるからだ。それは崑崙山から着想されたものであったのに違いない。唐の司馬貞も、「西南より入り、其の道を名づけて崑崙と曰う。其の崑崙山の五城十二楼に似たるを言い、故に之れに名づくるなり」と解釈している。

著者によれば、地下冥界の観念は、中国では比較的おそくに発達したものだという。そのことに関連して、「蒿里には前漢時代の中頃、すでに地下冥界という観念が生じつつあったことがうかがえる」（三一頁）とか、あるいはまた魏晋の買地券に東王公と西王母の名がみえるのを取り上げて、「魏晋時代になると、西王母は東王公とともに墓地の売買を管理する冥界の支配者という性格を強くもつようにな」り、これは「地下冥界観の発展につれて起こった西王母信仰の変化を示すもの」（九三頁）などとの記述がある。しかしながらそれらに先立って、宋玉の作とされる『楚辞』の招魂篇に、土伯が守るところとしてうたわれている地下の幽都もやはり地下冥界と思われるのであって、言及がほしかったところである。これまた望蜀の言になるけれども、墳墓と天上ないし山上の「二重構造の冥界観念」（二三六頁）についてもより多くの紙幅がさかれるべきであったろう。

つまらぬことながら、たんなる誤植とは思われぬミスがかなり目立つ。『世説新語』の「廷誕」篇とあって「ていたん」とルビがふられているのは、もとより「任誕」篇の誤り（二二頁）、胡母班の姓が「胡」であるかのように記されているが（三七頁）、そうではなくして「胡母」の二字が姓なのであって、いわゆる複姓である、等々。あるいはまた「玉匣」が「玉製の箱」と解釈されているけれども（二一二頁）、いわゆる「玉衣」のことなのではあるまいか。

本書全体のタイトルとなっている「死者の棲む楽園」とは、現世における享楽の願望がそのまま投影された他界、すなわち「酒食、歌舞、そして房事はもとより、さまざまな逸楽があると考えられ」た他界なのだが、そこには時間がなく、退屈きわまりのない世界であって、むしろ自分は地獄に心がひかれると著者が語っておられるのが面白い。数年前のこと、奈良国立博物館で開催された「仏教説話の美術」の展覧会を見に出かけた時、極楽浄土の描写にくらべて地獄をはじめとする穢土の描写が過剰なまでに豊饒であることを知り、人間は極楽ではなしに地獄にあこがれるものなのか、と一驚したことがあらためて思い起こされるのだ。

309　伊藤清司『死者の棲む楽園——古代中国の死生観』（角川選書）

Ⅲ　学界動向

一九六四年の歴史学界——回顧と展望

魏晋南北朝

この時代に関する昨年の成果として、二人の著書の刊行を特筆しなければならない。すなわち、宮川尚志『六朝史研究——宗教篇』（平楽寺書店）ならびに大淵忍爾『道教史の研究』（岡山大学共済会書籍部）である。従来の形式からはずれることを恐れつつ、宗教史に関するこの両著をはじめに取り上げることを許していただきたい。

宗教史的にみたばあい、この時代が儒仏道三教相互関係の時代であり、かつ漢代以来のシャーマニズムが加わって、「近世にまでつづく宗教混合の様相」の輪廓ができあがったと考える宮川氏の著書は、道教・仏教・シャーマニズムないし民間祠廟の順序で叙述されている。

後漢末、統治階級の宗教であった儒教のあまりにも非宗教的な性格にあきたらず、また儒教国家の機構から逸脱した一部士大夫たちのなかには、方術・道術・黄老道などにひかれてゆくものがあった。彼らは災厄の原因を外部の精霊に求めるシャーマニズム的信仰に対し、それを内心の道徳的悪に求めるところの教説を宣伝し、戦乱や流亡に苦しむ民衆を組織した。三張の五斗米道(天師道)や張角の太平道など、農民運動的教団としての原始道教がそれである。成立のはじめにおいて、道教はまちがいなく歴史的使命をもって現われたのである。「儒教という国家宗教をうみだした士大夫が儒教国家動揺の時期において作り出した第二の儒教である」、「三、四世紀の中国は救世主を望んでいた」、「六朝という不安な時代を生きぬいた民衆は長生不死を自力でかちえた衆真・神仙の能力にあやかり、その稀釈された恩恵である治病・度災・延寿・招福の現世的利益を有難いと思ったであろう」と。しかし、曹操の強力な軍事力・政治力の前に太平道は屈服し、また五斗米道も権力に媚態を示し、当初の庶民的かつ蕃漢的機構(それは異民族をも含んでいた)を解消してみずから脱皮をはかってゆく。やがてそののち、東晋の楊羲、許謐の改革にはじまり、梁の陶弘景によって完成された茅山派道教は、いかなる性格をもつものであったのか。その信奉者の多くは江南土着の豪族であった。彼らは寒門として政治的不遇に甘んずる人たちであったが、一種の諦観に到達し、「天師道のように庶民的にすぎ、ことに反政府的になることは避け、知識人向きに道教を合理化し、むしろ官界遊泳の処世方針に力を与えるような教説を欲した」。彼らは、現実でみたされない欲望のはけ口を仙界に求め、衆真の降るさまに、朝廷の高位顕職の貴人が寒素な道士に駕をまげて訪問してくる姿を想い描いた。ただしかし、彼らが反政府的にすぎるが故に排撃した天師道、それを奉ずる孫恩の叛乱に蝟集したもののなかにも、彼らと同様の寒門的地位に甘んずる江南豪族が含まれており、また孫恩が当面の打倒の目標とした司馬道子・元顕政権の周辺にも、同じ人たちが多く集まっていたのではなかったか。この現象について、なにがしかの説明が加えられるべきであったろう。一方、北朝における寇謙之の道教改革も、五斗米道がもつ低級な道術と反政府的性格を破棄することをめざし、やがて北魏の君主権と結合し、国家公認の宗教となっていったのである。

仏教受容の過程はつぎのように説明されている。北方ではそのはじめ方術的なものとして現われ、祈雨などによって従来の儒教の領域を侵し、農本国家の機能に参画した。沙門は五胡君主の顧問となり、国家仏教としての性格をもつにいたった。江南では貴族たちの老荘思想に順応しながら浸透し、沙門は彼らの清談のあいてとなった。けっきょく仏教は、その檀越たる「帝権と姓族両者の間を揺曳する事により、教団の存立消長をなした」と。これら両者が、この時代の大量の殺戮と広汎な荒廃をもたらした権力闘争の立役者であったことを思うとき、彼らと仏教との結びつきはまことに奇異だ。また東晋貴族たちの仏教のうけとめ方も奇異だといわざるをえない。仏教の思想ないしそれにともなう文明を静観的に眺め、信仰は第二次的派生的であった、と宮川氏はいう。さまざまの価値の併在を認め、あえてその一つを選択しようとしない態度、それが貴族の教養の本質であったのであろうか。のちの時代に真摯な信仰生活に入ったものの事例をあげつつも、仏教がそのはじめにおいて、方術とか清談とかといった仏教の本質的ならざるものを興隆の機縁としていたために、その後の頽落が準備されていたと結論しているのは、はなはだ暗示的である。また宮川氏は、権力に接近した道仏両教にくらべて、中国農民の経済・政治生活の反映であった民間祠廟、その信仰内容たるシャーマニズムが、この時代に、道仏から養分を吸収しつつみずからの内容を豊かにするとともに、朝廷官僚からおしつけられた祠廟は必ずしも繁栄せず、その盛衰は農民の選択にかけられる健康性をもっていたことを教えている。

宮川氏はほかに、「晋書仏教史料稿　附後漢書・三国志——六朝正史仏教・道教史料集の一」(『岡山大学法文学部学術紀要』一九)、「南朝正史道教史料稿　上・中」(『東方宗教』二三・二四)を簡明な注とともに発表しており、氏の著作は実にかかる丹念な史料蒐集工作のうえになったものなのである。

大淵氏の著書は、「中国における民族的宗教の成立」、「抱朴子研究」、「道教経典史の研究」の三篇に分れる。第一篇は五斗米道および太平道についての研究であり、従来、聚落の共同祭祀の対象であった社、そしてそれを精神的紐帯として成立していたところの地縁的共同体の崩壊に、かかる教団発生の歴史的要因が求められている。その崩壊は、がんらい社会神であった社神の性格が個人神に変化して共同性の自覚が失われてゆくとともに、大土地所有の進展がもたらしたものであった。かくして、窮乏農民を信徒として吸収し、病気の原因を個人の罪過に帰し、その治癒のために懺悔告白を要求する「個人的宗教」として、上の教団は成立し発展した、と。大淵氏はこの篇で、人間主義・個人主義的傾向が後漢末からのめだった時代思潮になったことを強調している。しかし、そのことをあまりに強調することには慎重でなければなるまい。家族制度に拘束されていた個人が、道仏二教によって、ある程度独立に自己の運命をもちうるという自覚に到達した、と宮川氏は先の著書のなかで述べ、それを「宗教的個人主義」の名でよんでいるのであるが、つきつめれば、自覚された個人、さらにいえば人間の自由、それらは家や社会から逸脱した宗教的世界ないしは逸民的生活のなかにおいてはじめて獲得されうる、というよりも、そこにおいてしか獲得されえなかったのではなかったか。この点にこそ、この時代の特長、通俗な表現に従えば、この時代の悲劇性が示されているのではないか。私の「抱朴子の世界　上・下」(『史林』四七－五・六)は、かかる時代の一典型として葛洪を描こうとしたものであり、また興膳宏「詩人としての郭璞」(『中国文学報』一九)も、隠遁と仙化の素志をもちながら、けっきょく占筮者として現実の絆にすがりつく自分を、自虐的に眺めざるをえない郭璞の姿を描きだしている。

さて大淵氏の著書の中心は第三篇であり、孤立分散的であった初期道教教派が、東晋末南北朝に、仏教の影響をうけて連帯感一体感をもちはじめ、そしてまた仏教経典目録の編纂に刺戟されて、道教経典の分類(三洞四輔)あるいは整理が行なわれる経過を実際に即しつつ述べている。そのうち「洞淵神呪経の内容に関する研究」は未発表のものという。古本神呪経は、東晋末宋初から数回におよぶ増修がくりかえされ、陳隋のころに十巻に膨張し定着した。それはメシアとしての真君(李弘)の出現を説くとともに、この経典を受持すれば一切の災厄から免れうるという現世的利益を説くものであり、その主な対象は下層民衆であった。「行動性に転化しうる積極性」はもたなかったにしても、政治権力に対して批判的であったといわれるから、同じころ江南で確立されつつあった茅山派道教とは明らかに異質の道教のイメージを私たちは与えられる。だがそれも政府批判的な性格の故に、三洞四輔のなかに正当な地位が認められず、経典自体にさまざまの改変が加えられ、変質してゆかざるをえなかったという。

ところで、江南貴族の老荘思想に順応しながら仏教が受容されていったという説明のしかたは、たしかに一面の正当性をもつであろう。しかし仏教が精神にかかわる問題であるかぎり、彼ら江南貴族はやはりそれに対して少なからざる懼れと驚きをもったにちがいない。そしてまた儒仏、さらに道を加えた三教を一身に具えた人間、それは六朝人のなかにしばしば発見できるものであるが、われわれにとって不可解なこの精神構造は、これら道仏の新思想に彼らがいかに対決し、それをいかに克服していったかという精神過程の追跡がなされるとき、はじめて解明されうるであろう。社会史でもなく経典史でもなく、中国精神史の一環としての宗教史を期待する読者が両氏の著書によって十分な満足を与えられないとすれば、その理由はどちらにも以上の観点が不足しているからにほかならない。

ともかく、両氏の著書によってますます鮮烈な印象を与えられる「仏道二教の宗教を除外した生活のあり得ぬような時代の江南」、ことにその仏教を論じたものに、塚本善隆「南朝『元嘉治世』の仏教興隆について」(『東洋史研究』二二―四)がある。東晋以来の仏教のほか、劉裕の後秦討伐にともなって移入された長安羅什系仏教、南海経由の新仏教など、さまざまの仏教が併在し、このような併在に苦悩するとともに、中国伝訳総仏教を中国人的立場から一仏の教学として綜合し体系化する方向、いわば外来仏教からシナ仏教への土着化がめばえはじめたのがこの時代であった、と論じている。また牧田諦亮「宝山寺霊裕について」(『東方学報　京都』三六)は、北朝末期、いわゆる末法意識の強い時代に、世俗的名声を求めることもなく、さりとて三階教のように末法意識にくずれおちて為政者・教団への批判を加えることもなく、ひたすら僧風粛正につとめた霊裕の伝記である。道教に関するものとして、秋月観暎「六朝道教における応報説の発展——教理展開追跡の一試論」(『弘前大学人文社会』三三)は、がんらい現世一身の応報説しかもたなかった原始道教が、仏教の影響のもとに三世応報説に展開してゆく過程を追跡し、石井昌子「道教思想の源流と陶弘景」(『東洋学術研究』三一一二)は、陶弘景の伝記史料の所在を多く紹介している。

他の分野に移ると、宮崎市定「六朝隋唐の社会」(『歴史教育』一二一五)がまず目につく。このなかで、歴史学にとっては耳新しい「景気」なる概念が採用されており、氏によると、景気とは社会的・経済的諸活動の総和を数量化したものの謂であって、歴史を質的よりも量的に、従って断絶よりも連続の面でとらえる史観のようにうけとれる。ともかく当面の六朝時代は、経済的には貨幣不足、社会的には所有権無視、任官権制限、結婚権侵害の諸現象によって示される不景気の時代と規定されている。漢代の吏民の別がこの時代に士庶の別となり、庶の地位の低下に反比例して士の地位は上昇し、貴族制が形成されるが、ただし天子が強力な軍隊を掌握していたために、貴族は西洋中世におけるような封建諸侯にまでは発展しなかった、という。同様の見解は、川勝義雄「六朝貴族制」(同上)にもみられる。川勝氏は、六朝の君主権が貴族の運用する官僚機構に依存するとともに、軍事力によって支えられていたと述べ、軍事力の問題は、さらに「劉宋政権の成立と寒門武人——貴族制との関連において」(『東方学報　京都』三六)で一そう掘りさげられている。侯景の乱をもって終末をとげるとする貴族制の勢力喪失過程を、軍事支配力の減退の面から考察したものであって、具体的には京口における劉裕の桓玄討伐クーデタの性格を分析し、その時点において、京口軍団が貴族の傭兵部隊であったかつての地位から脱皮して、貴族の意志とは別個に自己完結的な軍事力に成長していたことを指摘する。そしてそれが劉宋政権に発展したとき、軍府の支配権は貴族から王族と寒門武人に移っていった。劉宋において、貴族制はたしかに制度的に完備されるのであるけれども、制度の完備はむしろ貴族制が生命力を失い固定化しはじめたことを意味する、と結論している。川勝氏が貴族制の最盛期を東晋時代においていることは疑いがない。氏によれば、東晋の貴族制は軍事力までをも支配しえたのであり、宮崎氏のいうところの天子が強力な軍隊を掌握するという形式は、劉宋に至って確立されるということになろう。であれば、六朝の指標はどちらの時代により多く示されているのであろうか。かかる疑問にこたえるためにも、貴族制を崩壊の面からのみではなく、その実態を正面から論じてもらわねばならない。軍事力、そして川勝氏がやはり以前に論じられた経済力など、それら失われていった属性をつなぎ合わせるだけで、貴族制の全体像ができあがるとは必ずしも考えられないからである。

矢野主税「魏晋南朝の中正制と門閥社会」(『長大史学』八)は、古く中正設置の理由の再検討から説きおこした長篇である。晋に至って、人物調査を行なう司徒・州大中正・郡国中正と任官を行なう尚書の二系統が確立されるが、これら二系統は必ずしも対立するものではなく、司徒と尚書とは互いに交流があり、また州大中正の設置によって、従来の下意上達機関であった郡国中正をその下に統一し、上意下達機関にすりかえた。ここに中央官僚グループ、すなわち門閥社会が成立した。この傾向は東晋において頂点に達するが、劉宋以後になると、一流門閥でも父祖の特権的地位は無条件に継承できず、その維持のために皇帝権への接近が必要であった。中正制にも変質がおこり、地方人事は中正、中央人事は吏部尚書に峻別された。そして中正に多くの寒門寒人が任用されたばかりでなく、吏部尚書にもときに彼らが登用され、またときには吏部尚書の権限をこえて帝権が発動されることさえあった。ここに帝権の優越が認められる。以上が氏の論旨であって、扱う側面は異なりながらも、晋宋を境に、門閥社会の変質・動揺を指摘する点において、川勝氏と符契を合している。帝権と門閥社会の関係に関するかぎり、氏の主張はあくまで承認できるであろう。しかし、氏のいう帝権の強化・優越という現象は、同時に、寒門寒人にまで権力がひろく開放されたという現象を示しているのではないか。対立する両者の関係を説くだけでなく、権力の内容の変質を考える必要があるのではないか。そのようなことを反省させてくれるのが、谷川道雄「北魏研究の方法と課題」(『名古屋大学文学部研究論集』三二)である。

これは、真摯な告白と反省の上になった氏自身の研究史でもあるが、中心に論ぜられる問題は、拓跋氏族制社会と漢族封建社会の関連づけである。力微から什翼犍にいたる王権の性格を分析した別の論文、「初期拓跋国家における王権」(『史林』四六-六)を読みあわせながら氏の意見をまとめると、つぎのようになるであろう。拓跋氏族社会と漢族封建社会、この両者は、前者が後者によって漢化されてゆくという視角よりも、前者が後者の刺戟によって変質しつつも内部発展し、中国世界に対して自立的な位置を獲得してゆく点、つまり部族性を基礎としながらそれを超越し克服してゆく過程を重視すべきである。拓跋の部族共同体を構成する部族員は、王権を支える名誉ある戦士であり、彼らは部族結合によってその位置を保証されている。この結合を一身に体現する酋長・氏族貴族と部族員の間には、予想されるがごとき尖鋭な階級関係は認められない。この部族共同体はやがて漢族郷村共同体との出会いを経験するが、郷村共同体の成員は、豪族を中心とした従来の自由民形式を保持しながら、拓跋部を中核とする国家権力に編入される。そこではそれぞれの軍事・生産という分業が生まれるとともに、氏族貴族、豪族は官僚として王権を支え、また王権によってその地位を保証される。つまり、従来の自生的共同体が「国家共同体」に止揚されたもの、それが北魏帝国であった。均田制は、従来の郷村共同体下の成員の自由とその保証としての強制が国家的規模に拡大したもの、府兵制は、従来の自由な戦士の身分が漢族その他の民衆にまで拡大したものと理解される。かかる広汎な自由民体制の上に北魏は成立した、と。ここには、隋唐社会の成立原理が北魏にまで遡って追求され、壮大な規模において示されている。権力と民衆との対抗関係——支配・隷属という視点から出発した氏は、みずから告白するように、やがてそれが機械論的理解におちいることに不安を感じ、民衆の主体性を歴史のなかに発見しようと努力をつづけているのであり、氏の歴史から階級観点が姿を消したことを性急に批判する以前に、この努力はやはり認めなければならないであろう。

福島繁次郎遺稿（西村元佑整理）「北魏孝文帝中期以後の考課」（『東方学』二八）、「北魏世宗宣武帝の考課と考格」（『史林』四七‐四）の二論文は、『中国南北朝史研究』（一九六二年刊）の欠を補うものであって、詳細な実証のもとに、北魏における俸禄制の確立と考課を論じ、孝文帝時代に官僚制が整備され、実力主義が門閥主義を圧倒すること、また世宗時代の考課が勤務年優先の形式主義になったことなどを教える。服部克彦「北魏洛陽における庶民生活（一）」（『龍谷大学論集』三七六）は、『洛陽伽藍記』を主要な材料としながら、景明二年（五〇一）に造られた外郭新城を城東・城南・城西の各地区に分けて、そこにくりひろげられるおおらかな庶民生活を淡々とつづっている。

田制、税役制に関するものとしては、「均田制をどう見るか」（『東洋文化』三七）が第一に注目される。均田制研究の一流スタッフによる座談会記録であって、現段階の研究情況が総ざらいされており、巻末に附された詳細な参考文献とともに、必読のものであろう。矢野主税「曹魏屯田系譜試論補遺」（『社会科学論叢』一三）は、曹魏の民屯田に方格地割制経営が行なわれたであろうこと、そしてそれが漢代の北辺・西北辺で経営された農都尉支配下の屯田および居延の護田校尉支配下の屯田に起源をもつであろうことを推論し、米田賢次郎「晋の占田・課田――その学説の整理」（『歴史教育』一二―五）は、占田・課田がそれぞれ旧民屯・旧軍屯（政府所有の空閑地を含む）、不課田が従来からの私有地であるという自説を示している。また大川富士夫「晋・南朝の大土地所有」（同上）は、江南における大土地所有に二型態あったことを指摘している。すなわち北来貴族の分散的集積的土地所有と土着豪族の集中的大土地所有であり、前者が自給自足的であったのに対して、後者は貨殖的であったという。近来、川勝氏などが主張するところの貨幣経済の浸透、それにともなう貴族制の衰退、江南寒人層の台頭などの諸現象の説明に重要な示唆を与えるものと思われるが、叙述が簡単なために説得力にかけることは否めない。それにまた、同じ北来のもののなかにも、たとえば襄陽に定着し豪族化した柳氏、杜氏、席氏などが存在することにも考慮する必要があろう。

以上のほか、後漢末からの豪族勢力の伸張、地方分権化の傾向と耆旧伝成立の関係を強調する狩野直禎「華陽国志の成立を廻って」(『聖心女子大学論叢』二一)、宋元嘉時代の四川の反乱が商業統制をめぐっておこされたものであり、その後、南朝国家において商業の占める地位が漸増したと結論する宮川尚志「劉宋の司馬飛龍の乱をめぐる一考察」(『東洋史研究』二三―二)、官吏の辞令について、その手続、文体、書写材料の面から論じた大庭脩「魏晋南北朝告身雑考――木から紙へ」(『史林』四七―一)などの諸論文、また単行本として、王粛、王弼、杜預それに尚書孔氏伝など、魏晋の経書解釈が宋忠を中心とした荊州の学の流れをくむことを強調する加賀栄治『中国古典解釈史――魏晋編』(勁草書房)、漢書刑法志のほか、晋書刑法志と魏書刑罰志の訳注からなる内田智雄編『訳注中国歴代刑法志』(創文社)など、取り上げるべきものは数多いが、すでに紙数がつきた。もっぱら私の興味にひかれて、一年の総決算としては、はなはだ偏頗なものにおわったことをおわびしたい。

一九七三年の歴史学界——回顧と展望

魏晋南北朝

手もとにあつめられた論考は三十篇内外にも達するが、わずか一年を区切りとして、これらのモノグラフに通底する一定の方向性ないし傾向性をみいだすことはもとより困難である。いきおい展望よりも回顧に比重がかかるのはいたしかたない。長期の回顧のうえにたつ問題別の展望として、昨年度には牧野晶子「後漢末道教運動研究の諸問題——その宗教性と政治性について」(『名古屋大学東洋史研究報告』二)、丹羽兌子「曹操政権論ノート」(同上)などが発表されているが、その紹介は省略し、まずはじめに東晋次「後漢末の清流について」(『東洋史研究』三二―一)。

あえてここに取り上げるのは、六朝貴族制の源流を清流グループにさぐった川勝義雄氏の年来の所論を批判的に継承せんとし、川勝氏によって党人・逸民・黄巾がひとしく冀求したとされる「共同体」の内容の検討を出発点とするからである。東氏の分析によれば、いわゆる清流は、川勝氏がそれを雑多な勢力を含みつつも儒家理念によってまとまった集団ととらえたのとはことなり、基本的に豪族であった。かれらは、「察挙体制」――豪族層による選挙独占とそれにもとづく支配体制――の維持に重点をおき、それは豪族本来の力による支配の貫徹を志向するものであったがゆえに郷里の人々とのあいだに矛盾を内包していた。のみならず、察挙体制が基礎をおくべき郷里社会がしだいに崩壊にむかうなかで、濁流の選挙請託にたいしてかれらが郷挙里選制の正常な運営を主張したのは、現状認識をかくものであった。他方、逸民的人士は、郷里の人々との共同のもとに崩壊の危機にたつ郷里社会の再編を志向し、かつまた後漢的儒家イデオロギーを「清倹」という一種の経済倫理にまでたかめることによって「共同体」の長たりえた。清流と逸民的人士との断層をこのように描出する東氏は、したがって、黄巾(これについての十分な分析はないが)と逸民的人士との連帯はありえても、清流との連帯の可能性はうすいという。さらに結論としてつぎのようにいう。党錮・黄巾の乱を経過することによって、清流もしだいに隠逸的イデオロギーに傾斜せざるをえなくなるが、本来の体質は払拭しきれず、そのことがかれらと逸民的人士の双方を含みつつ成立した六朝貴族制にもおおきく影をおとしている(とりわけ家柄の固定化)と。以上のごとき、清流と逸民的人士の段差の強調は、いわゆる六朝貴族共同体に階級的、地主的側面の存在を確認し、それを淵源に溯って説明せんとする意図にもとづくのではないかと察せられる。しかし、両者の断絶を強調するあまり、清流と濁流とのちがいが曖昧になったうらみなしとはしない。清流の運動は、いわれるように「かつて存在した豪族にとって安泰な社会の再現」をもとめるだけのものであったのかどうか。もしそうであれば、そしてまた六朝貴族制の源流が清流にあることは東氏も認めるのであるからなおのこと、漢から魏晋への展開を、のみならず中国古代から中世への展開を、清流の運動にもとめた川勝氏の史的立場も同時に曖昧になったとしなければならない。

ところで川勝氏には、「孫呉政権の崩壊から江南貴族制へ」(『東方学報 京都』四四)がある。前作「貴族制社会と孫呉政権下の江南」をうけるものであって、氏自身の言葉を引きながら説明すればつぎのようである。「開拓屯田軍による軍政支配と、呉や会稽などの土着豪族の領主化傾向とを二本の柱として形成された孫呉の開発領主制的体制は、そのうちの一本の柱すなわち屯田体制が、そこに緊縛されていた隷属農民の流動化によって崩壊し、そのために全体の体制が顚覆したあとには、社会的流動現象と、豪族による大土地所有とが残った」。その根本原因は、自立農民層の未成熟とそれにともなう共同体冀求の弱さ、にあるが、さて「屯田体制の束縛から解放された農民が、まだ基礎を固めないうちに、華北の動乱による社会的流動の大波がおしよせた。流動現象の激化は江南貴族たちの足もとを脅かし、・・・・江南社会を安定させるためには、江南一円に規制力を及ぼす政治権力が必要となった」。かくして司馬睿が推戴されるのだが、結果は江南豪族が北来亡命貴族の下位にたつことで東晋政権が成立する。その原因は、華北の動乱による流動現象の激化が大土地所有者たる江南豪族を土地経営者と政治家との両面にひきさいてどちらにも効果的に対処せしめえなかったこと、また江南豪族の連帯性の欠如、亡命貴族によって帯来された中原文化、とりわけすでに形式化しながらも江南豪族にとってはいまだなお新奇なものであった郷論主義的イデオロギーに屈服したこと、にもとめられているけれども、孫呉政権の滅亡後、期待をもって洛陽にでかけた江南豪族たちが彼地の士人社会にうけいれられずにみじめな敗北感を味わねばならなかったことは、多くの逸話とともに伝えられているところである。のちに司馬睿推戴の主役の一人をつとめることとなる顧栄とて例外ではなかった。つまり「郷論」のからくり、ことに江南人にたいするその非情さはかれらに周知のものであったはずである。「華北的貴族社交界が、固有の基盤をもたない江南において再生しえたのは、中原風文化と郷論主義的イデオロギーの一般的流行という背景を最も有力な原因とする」のかどうか。江南豪族の連帯性の欠如が指摘されているだけに、それら豪族を各個撃破するにたる軍事力の優越を司馬睿側に想定し、その前に江南豪族が脱帽したのではないかと反論してみたくなるのだが、周到にも、かの有名な三月上巳の逸話の当時には司馬睿の「軍事力はゼロに近かったと思われる」と説かれているのである。

川勝氏のいうところの華北の動乱は、多田狷介「魏晋政権と山川の祭祀」(『日本女子大学紀要　文学部』二二)の前半部における、後漢末から魏晋にかけての争乱と、その状況下に従来の居住地をすてて山谷原野に流出した人々が地方官や豪族によって労働組織集団に形成されてゆく過程の一般的な叙述にもうかがうことができるが、多田氏の主眼は標題に示された興味深いテーマの追究にある。秦漢代の山川の祭祀は、中央・地方の祝官・行政官によって執行されるものはもとよりのこと、民間自奉のものもすべて国家祭祀に構造的に位置づけられており、そのことが山川藪沢にたいする国家の直接的規制の支えであった。しかるに魏晋以後、豪族や地方官の山川藪沢の占取が進行するのに応じて、自立的な山川の祭祀が盛行する。魏・西晋政権は詔令によってその抑圧をはかったが、東晋になると山川の祭祀の国家による体系化の努力はもはや放棄されてしまうという。かかる推移の背景には、豪族・地方官による山川占取の事実のほか、山川の一部が儒典に記された祭祀の対象を離れて道教や仏教の霊場に変わったこと、さらにはすすんで山川の開発そのことがその宗教性を剝奪したこと、などをも考えるべきではないかと思う。後者の点にも関連することだが、束皙の上議を引いて、汲郡の豪族が沼沢を占取するにあたり「そのイデオロギー的裏づけとして神々を自己のものとして掌握していた」というのは疑問である。そのことの証明に使われた「以其雲雨生於畚臿、多稌生於決泄、不必望朝隮而黄潦臻、禁山川而霖雨息」は、地利、人力にくらべて天時のたのむべからざるを述べているにすぎないこと、前後の文脈から明らかだからである。

尾形勇「漢唐間の「家人之礼」について」(『山梨大学教育学部研究報告』二三)は、「君臣之礼」に対置されて「家」内秩序を律したところの「家人之礼」をとりあげ、それが本来、私家の礼ないし秩序であること、しかし公家(皇室を擁する一家)においても「家人之礼」が用いられる場合のあったことを多くの引用によって論じている。公家では「君臣之礼」が第一義であるにもかかわらず、あえて「家人之礼」をとることによって「皇帝のいわば友愛・親睦の情を喧伝し、あるいは臣下の懐柔を果す」ことになったという。「君臣之礼」を第一義とすべきか、それとも「家人之礼」を第一義とすべきかをめぐって、大勢は説かれるように前者にかたむいたとはいうものの、多少の議論の存したことが、たとえば『通典』巻六七「天子敬父」、「皇后敬父母」の両条によって知ることができる。また公家における「家人之礼」が公家の範囲をこえて用いられる場合があり、そこに擬制的「家人之礼」

を認めんとするがごとくであるが、引用例についてみるかぎり、一般の臣下の事例はない。すべて公家となんらかのつながりのある人物である。于劭の「為人請合祔表」にみえる「如家人礼」とのあつかいをうけた客体も、「臣某」ではなくして引用には略されている李承光であることは明らかである。李承光が高仙芝の一部将であったことのほか詳細は知らないが、唐室の疏族であったか、ないしはおそらく同姓であったがために「家人之礼」をうけたものと解せられる。一般の臣下の場合とはいささかおもむきを異にするはずである。私家における「家人之礼」の擬制的拡大の一例証とする李洪之についても、留保されているように異例と解すべきではないか。

越智重明「客と部曲」(『史淵』一一〇)は論点多岐にわたる長篇である。まず兵戸とならぶ魏・西晋の天子の「私従」であった屯田民＝客をとりあげ、その良的性格を確認するのは、氏の別稿「里から村へ」(『九州大学東洋史論集』一)に、六朝における村落の変化——里の父老とことなって家父長的権力を村落民にふるい、生産諸条件を村落単位に掌握する支配者の出現——に対応して魏・西晋の天子が良民を私民としてもつ体制をつくりだしたと論じているのと照応する。議論はつづいてつぎのように展開される。当時の私家の客も、(給客の場合をのぞき)村落構成員のなごりを有したこと、またまがりなりにも自己の計算にもとづく独自の生計を有したこと、つまり良的性格を保有したのは、天子が豪族の村落支配を肯定しつつも、よりたかい次元において郷論を媒介に豪族の調節者的機能を発揮したからである。しかるに東晋・南朝では、衣食客が客を代表し、しかもその身分は賤民化した。それは天子が「私従」を失い、また調節者的機能をも失って、天子の支配権力が国家権力そのものとしての性格を強めたことに対応している。「私従」の消失はもっぱら編戸の担税力にたよらざるをえなくさせ、また農業生産力の向上にともない、独立の戸籍をもつ小農民（門生・故義・部曲）が客（佃客）や奴にかわって主家の生産をになう主役になったからである、と。その他、奴僮・僮僕の語が具体的にはひろく義故・門生・客・奴を意味すること、それに関連して同伍犯法の議や任昉の「奏弾劉整」などに議論が及んでいるが、ここで二、三の疑問を記しておきたい。『晋書』庾翼伝の「上疏曰・・・・、臣所以輒発良人、不顧忿咎・・・・、於是並発所統六州奴車牛驢馬、百姓嗟怨」について、「良人」と「六州奴」とを等置したうえ、「奴」すなわち多くは客が「良人」であったことの証明とするが、良人より徴発をおこない、その徴発の対象が奴や車牛驢馬であり、ために百姓すなわち良人が嗟怨したとよむべきではないか。そのことを何充伝では「編戸の奴隷を発す」といいかえているのではないか。また『宋書』謝霊運伝の「奴僮既衆、義故門生数百」の一文は、「既」の一字に注目するならば、「奴僮は大勢であるうえ、義故門生も数百人にのぼる」との意味であって、「謝霊運の奴僮（私附の総括的呼称）が具体的には主として義故と門生とからなっていた事例」との意味にはならないはずである。すくなくともここでは「奴僮」と「義故門生」とが別種のものと考えられているのである。また「奏弾劉整」を「名家であっても兄弟の有無相通が行なわれた事例」とするのは理解にくるしむ。弾劾文の伝えるところは劉寅、劉整兄弟両家の家産あらそい以外のなにものでもない。あるいは越智氏は、「寅を家長とする家計が苦しかったとき興道（寅たちの父）兄弟の構成すべき家の財産から銭七千文をかり、その代りに（奴の）当伯をその家の衆とともに田作させた」事実をもってかくいわれるのであろうか。しかしのちに寅は「私銭七千を以て当伯を贖っている」のだから、これまた門閥内部の相互扶助的関係が失われ、路人にたいするのと一般の経済原則が支配するまでになっていたことを示しているのであって、門閥の分解を伝えているのだとしか私には考えられない。詳細は省くが、南朝における門閥内部の各門流の独立が門閥の婚姻関係に変化をあたえる一要因であったと論ずるものに、矢野主税「南朝における婚姻関係」(『長崎大学教育学部社会科学論叢』二二)のあることを付記しておきたい。

安田二郎「元嘉時代史への一つの試み――劉義康と劉劭の事件を手がかりに」(『名大東洋史研究報告』二)は、副題の両事件に、本来は王朝体制の藩屏たるべき皇族、つづいて皇子がつぎつぎに敵対物に転換した過程をみいだしており、つづく孝武帝時代の諸王抑圧政策の必然性がよく理解できる。そして両事件がそれぞれ寒門、寒人層の結集に起因することを分析し、かかる寒人層の進出の背景に地域農民層の階層分化を予想している。小尾孟夫「南朝辺州支配における一形態――寧州刺史爨竜顔を中心として」(『広島大学文学部紀要』三二―一)は劉宋の「爨竜顔碑」の分析。爨竜顔と寧州刺史との結びつきを『金石続編』が空文にひとしい「遥授」の一語でかたづけているのはあやまりであり、寧州の紛争収拾と安定化をはかろうとした王朝が爨氏の有する地域的支配力に期待したのだ、つまり実質をともなうものであったのだと論ずる。

北朝に眼を転ずると、均田制的土地所有権についての主体が国家にあるのか、それとも農民にあるのか、かかる二者択一的な問いに批判を加えた、小口彦太「北魏均田農民の土地「所有権」についての一試論」(『早稲田法学会誌』一三)がある。随処に堀敏一氏の影響が認められるようであるが、還受の別にしたがって露田・麻田を国有地、桑田を私有地とみなす見解を、還受の別は作物のちがいによるにすぎないとしてしりぞけ、また三者すべてに私的所有を認める見解についても、その論拠とされる「私田」「主」などの用語が真に私有権のメルクマールたりえないことを検討したうえ、「農民の側からの下級所有権と国家の側からの上級所有権」という二重の所有権の複合的存在を想定している。そして土地政策を中心に均田小農民の土地所有権の形成が考察されるが、すでに土地を占有・耕作している農民(すなわち主)にたいしてその土地所有権を認める場合、および無田の民や貧民に給田することによって均田農民化する場合、の二類型に分類し、後者はもとよりのこと前者とても、多くの場合、均田制にさきだつ恭宗令や計口受田制など、国家の積極的な介入なしには創出されえなかった、かく国家の勧農政策の媒介なしには小農自体の再生産が確保されえなかったところに領主対農奴のごとき対抗関係は認められず、均田小農民を封建的農奴とすることはできない、と論じている。大土地所有制の問題が捨象されているため、それと小農民とがたがいにふかく浸透し、媒介しあいながら成立していたはずの現実の史的世界から極端に抽象化された議論という印象はぬぐいがたい。ところで、古賀昭岑「北魏における徙民と計口受田について」(『九大東洋史論集』一)は、しばしば説かれるごとく徙民と計口受田をただちに結びつけることに再考をうながしている。両者が結びつくのは文献上わずか二例にとどまること、また太祖・太宗期の北魏がいまだ掠奪戦争を主とする遊牧民族国家的性格の強いことから、徙民の大半は牧子や鎮民・城民になったと考えるべきだというのである。

精神史の分野にうつろう。興膳宏氏は、文学作品を通して作者の実人生をうかがおうとする方法は、六朝文学にかんするかぎりみごとに失敗におわることが多い、六朝の詩人たちが自己の周囲の現実を精度たかく再現するよりも、つまり日常性に密着するよりも、むしろそれからの離脱をこころみたからだ、という意味のことを述べている（『潘岳　陸機』筑摩書房）。この指摘はなにも文学のみにかぎらぬであろう。六朝における宗教の盛行はそのことをぬきにしては考えられぬはずだし、また民衆の悲しみとも深くかかわってくる。砂沢洋子「「孫恩・盧循の乱」について」（『史艸』一四）が、「信仰という非日常的意識に支えられた紐帯を通してのみ可能であった連帯のすがた」のなかに反乱集団の状況にたいする苦渋を見うる、と述べているのは賛成である。ともあれ、日常性からの離脱、そのもっとものの典型は神仙術に見いだされると思うが、中嶋隆藏「葛洪の神仙術――その理論と実践」（『日本文化研究所研究報告』九）は、葛洪が神仙の実在を論証する過程で主張した特色ある思想としてつぎの三点をあげている。（一）「万殊の類は一概を以て断ずべからざる」こと、（二）「五経の載せざる所の者は限り無く、周孔の言わざる所の者は少なからざること」、かく既成の基準にもとづいて事物の真偽虚実を判断することをいったん停止したうえ、（三）記録や聞見にひろく確証をもとめることによってその真偽虚実を確認すべきこと、すなわち「一に記籍見事を以て拠と為さざれば復《ま》た何の限り有らんや」ということ、以上の三点であり、五経・周孔の相対化は魏晋玄学の思潮にそいつつも、第三点において玄学の主流とは区別される神仙術実践者としての特色を見いだしうる、と論じている。そうとはいうものの葛洪の場合、見事（聞見）よりも記籍（記録）に偏重したとただしく指摘されているのだが、ただ歴史的ひろがりのなかで考えるならば、これら神仙実在の論証の方法は、葛洪だけにとどまらず、嵇康がその「養生論」ですでに展開したところを踏襲した部分が多いと思われる。さらにまた同種の論法が、排仏論にたいして仏の実在を主張した後世の仏家にもひきつがれている点に注目される。さしあたっては、排仏論を五項に分類する『弘明集』後序のその一、「経説は迂誕、大にして徴無しと疑うもの」にたいする反論や『顔氏家訓』帰心篇の釈一などが思いうかぶ。宮川尚志「晋代道教の一考察――『太上洞淵神呪経』をめぐりて」(『中国学誌』五)は、副題にみえる道経の前半十巻の記事が、東晋末、淝水の戦い前後の史実を反映する部分の多いことを論証し、本経が異形の悪鬼の姿を描写しつつ訴えんとしたのは、この時期の民衆をおそった各種の苦難からの救済であったという。その成立の過程に東晋末宋初、梁末陳初、陳隋の際の三層を考えた大淵忍爾氏(『道教史の研究』に収められた二篇の論文)にたいする批判でもあるが、本経が身分の貴賤、男女、識字能力の有無にかかわらぬ救済可能性を説くというのは、ほぼ同時期のトピックとなった「一切衆生悉有仏性」説ともどもいっそうの検討を必要とする問題であろう。もっともそれを評価するかいなかは別問題であって、それというのも、人間の自由が宗教にもとめられざるほかはなかったのではないか、とふたたび思いいたるからだ。

さて『弘明集』後序がその二「人死なば神滅し、三世有ること無しと疑うもの」と分類するところの排仏論に関する論考として、蜂屋邦夫「范縝『神滅論』の思想について」(『東洋文化研究所紀要』六一)があり、近年の范縝研究がその科学性、人民的立場を評価しすぎる傾向をただしている。范縝と竟陵王蕭子良との有名な問答にみられる無因果論（偶然論）、および「神滅論」の形神論、自然論の検討を通して強調されるのは、「社会を前提とした個人」の思想の欠落である。人を含む現実のあらゆるものは、ものであるための用を自己原因的にもっており、その根拠は自然におかれ、それゆえにもの相互の関係性（社会的関係性）は稀薄となり、天理―自然によって与えられた分に安んずれば、無為自然で国力充実した国家が完成する。范縝の思想の全体的構造をこのように描出したうえ、それは神不滅論を論破し、仏教に由来する現状の混乱を否定する力とはなりえても、建設的・人民的な力とはなりえないと論じている。蕭琛、曹思文、沈約の「神滅論」批判にも言及するが、その一人、沈約の世界観が自得、自適に根拠をおくことは私もかつて不十分ながら論じたことがある。道家自然主義が六朝思想史にいかに深く浸透していたかをあらためて認識させてくれる。

おわりに川勝義雄『史学論集』（朝日新聞社）をとりあげよう。さしあたって本項に関係するのは杜預「春秋左氏伝序」の章であり、従来の『春秋』理解が杜預によって革命的な転換がもたらされたことを、その訳注にそいつつつぎのように証している。『左伝』の『春秋』経解釈に、周公制定以来の「凡例」と孔子の新意による「変例」の二層が弁別されていることを杜預は認識した。川勝氏はこれをヒストリカル・クリティシズムの方法とよんでいる。また杜預によって、従来は「義」ありとされた経文の多くの部分が「非例」、つまり義例を含まざる「史官記注の常辞」に帰せられるとともに、「凡例」と「変例」もあらかた義例というよりは史官策書のきまりと解釈され、ここにおいて『春秋』は経から史へとおおきく転換した。孔子も素王たる神秘性を剝奪されて最大の史官に変化するが、最大の史官なるがゆえに聖人なのであり、『春秋』はかかる聖人によってまとめられた史書なるがゆえに経典なのである。かくして史はあらたな意味で聖的基礎をあたえられる。これこそが六朝における史学ジャンルの自立をきりひらいた精神的基礎ではなかったか、と氏は考えるのである。従来、六朝における史学の確立を説く人はすくなくなかった。ただそのさい、玄儒文史という言葉の成立や図書目録中に史部が独立した地位を獲得したことなど、いわば外的形式的な面から論ぜられることが多かったのだが、いまここに一つの内的説明があたえられたことを慶びたい。

Ⅳ　編著序文

「浄住子浄行法門」語彙索引稿　前言

○本索引は、『広弘明集』に収められた南斉の竟陵王蕭子良撰「浄住子浄行法門」の主要語彙を採録する。「皇覚弁徳門第一」より「発願荘厳門第三十一」にいたる三十一門の語彙のほか、篇首にそえられた唐の道宣の「統略浄住子浄行法門序」、また各門のおわりに附された南斉の王融の頌、それらの語彙をもあわせて採録する。テキストには高麗蔵本を用い、その影印を末尾に付す。

○京都大学人文科学研究所では、ここ数年来、福永光司教授、川勝義雄教授を班長とする共同研究班において、『広弘明集』の訳注を行なっている。その成果の一部は、「『通極論』訳注（上）（下）」（『東方学報　京都』四九冊、五一冊）として発表された。「浄住子浄行法門」の訳注もいずれ発表される予定であるが、昭和五十一年度から同五十三年度の三年間にわたっての「中国中世の文化と社会」をテーマとする共同研究（代表者：吉川忠夫）にたいし、文部省科学研究費補助金の交付をうけたのを機会に、とりあえずその語彙索引のみを梓に上す。五世紀後半を代表する篤信の居士であった蕭子良の「浄住子浄行法門」は、六朝期における中国の士大夫が、仏教といかに関わりあったかをうかがううえでの重要な文献であり、またそこに豊富に引用されている内典、外典も興味深い考察の対象となるであろう。その語彙索引は、特殊な造語をおおくふくむ当時の仏教関係文献のみならず、ひろく思想史関係文献の解読に資するところがきわめて大きいと確信する。

○語彙は五十音順に排列し、同音の文字は画数順に排列した。また漢音よみを一往の原則としたが、慣用音にしたがった場合もある。その間の不統一は、見出し項（↓）を設けることによって調整をはかった。「悪」、「重」のように音の違いによって意味を異にする若干の例外をのぞいて、同一文字は一箇所に集まるよう配慮した。検索は、語彙の末尾に付した数字と高麗蔵テキストに付した丁数を彼此参照することによって行なっていただきたい。

○語彙の採択にあたっては、共同研究参加者の荒井健、愛宕元、川勝義雄、曾布川寛、礪波護、深澤一幸、御牧克己、柳田聖山（五十音順）の協力をあおいだ。また語彙の排列、原稿の浄書等は、高眞由美さんの手を煩わした。

○本索引の作製にあたって、その企画から完成にいたるまで、終始かわらず助言と協力を惜しまれなかったのは勝村哲也氏である。おわりに記して感謝の微意を表わす次第である。

一九七九年一月

吉川忠夫

〈補記〉

「浄住子浄行法門」の訳注もいずれ発表される予定であるが」と述べてはいるものの、遺憾ながら共同研究班にのこされた責務が果たされることはなかった。しかしながら幸いなことに、二〇〇六年の三月、船山徹氏によって、平成十五年度〜平成十七年度科学研究費補助金（基盤研究（C）（2））研究成果報告書『南斉・竟陵文宣王蕭子良撰『浄住子』の訳注作成を中心とする中国六朝仏教史の基礎研究』が世に問われた。前言、第一部「『統略浄住子浄行法門』原文篇」、第二部「『統略浄住子浄行法門』訳注稿（試訳）」、第三部「解説篇――『浄住子』の形態的特徴」をもって構成されている。船山氏の「謝辞」に、「『浄住子』の和訳草稿を残してくれた、私が所属する京大人文科学研究所のかつての共同研究班「中国中世の文化と社会」の班員諸賢による翻訳草稿がなかったなら、私は『浄住子』の全体を扱おうという気にすらならなかったにちがいない。川勝班に参加された方々のお名前をここに逐一挙げることは敢えて控えるが、甚深の謝意と敬意を表する次第である」、このように記されているのは、当時の共同研究班員一同にとってとても光栄なことである。

『中国古道教史研究』序（同朋舎出版）

本書は、一九八六年四月から一九九一年三月までの五箇年間、京都大学人文科学研究所において開かれた共同研究班「六朝道教の研究」の成果報告として編まれた。収載論文はあわせて十三篇。多いといえば多くもあり、少ないといえば少なくもある篇数、まずは適当な篇数とすべきであろうか。

われわれの研究班は、本研究所の伝統の一つであるテキスト読みを行なうことを目的として開かれた。かくして共同研究班のテーマにふさわしいテキストとして選ばれたのが陶弘景の編纂にかかる『真誥』であり、共同研究班では、発足以来、『真誥』の訳注の作成を主要な仕事として進めてきた。従って本来ならば、共同研究班の成果報告として『真誥』の訳注をこそ世に問うべきなのであるが、そうとはならず、ここにみられるような共同研究班員の個別論文の集成となったのは、つぎの理由による。

（一）周知のごとく、『真誥』の今日のテキストは全二十巻に分巻されている。われわれの共同研究班では、ひとまず解題の部分にあたる巻十九と巻二十の翼真検篇を読みおえたうえ、あらためて巻一の運題象篇から読みはじめることとしたのであったが、五箇年の歳月を費やしながら、隔週に開かれる共同研究班では、ようやく巻八の甄命授篇のおわりまでを読みおえることができただけであった。つまり巻十九と巻二十、それに巻一から巻八まで、あわせて十巻といえば全体のちょうど半分にあたる分量である。巻九の協昌期篇から巻十八の握真輔篇に至るまでの十巻はまだ将来にのこされているのであって、この部分についての訳注作成作業を継続して進めるべく、一九九一年四月からやはり五箇年の計画であらためて共同研究班が組織された。ともかく、全体の半分を読みおえただけの現段階では、その訳注を世に問うことにためらいを感ぜざるを得ない。

（二）（一）で述べたことがらは、しかしながらいわば外的な理由である。『真誥』がなかなかに手強い相手であることは、『真誥』を繙くものだれしもが実感するところであろう。その理由はひとえに文章の難解にもとづくであろう。六朝通行のそれとは異種の文体。そのため、句読を定めかねる場合すらけっして稀ではない。さらにまた特殊な言葉の使用。ある言葉の適確な意味をつきとめるべく他の使用例を検索するのはテキストを読むにあたっての基本的にしてかつ常套的な方法であるが、しばしばの場合、この方法の適用を断念せざるを得ない。恐らくは茅山で神降ろしが行なわれた東晋期の口語・俗語を多くまじえるからであろう。それはあるいは茅山の神降ろしに参加した人たちの言語生活の反映ででもあるのかも知れない。とするならば、『真誥』は東晋期言語史を考えるための興味深い素材ともなるであろう。ともかく、『真誥』の訳注作成作業に多大の困難がともなうであろうことは、当初からある程度予想されたところであった。その間、共同研究班の班員である麥谷邦夫氏によってボリューミナスな『真誥索引』（京都大学人文科学研究所、一九九一年刊）が完成されたことに大いに鼓舞されたが、それでも『真誥』が依然として手強い相手であることには変わりがない。

如上の理由によって、あるいは遁辞であるとのおしかりを蒙るやも知れぬ理由によって、共同研究班員の個別論文集を成果報告とすることとし、四年目と五年目は『真誥』訳注作成作業の一部を割いてそのための予備発表の時間にあて、共同討議を行なった。その際、テーマを狭く『真誥』研究に限定することなく、成果報告集全体のタイトルを「中国古道教史研究」とすることも決まった。古道教という概念を、ひとまず全真教によって代表される新道教、その新道教に先立つ時代の道教というほどのゆるやかな意味で用いようというのが執筆者全員の共通の了解である。

中国の思想、宗教、歴史、文学、語学とそれぞれに専攻を異にするものたちの論文集であるため、本書全体を通底する一貫したテーマが必ずしもあるわけではない。と言えばやはりまた遁辞となるであろうか。ともあれその点は、われわれの研究班の古い淵源をなす「隋唐の思想と社会」共同研究班、その成果報告として編まれた『中国中世の宗教と文化』(京都大学人文科学研究所、一九八二年刊)と立場を共有する。該書の「序」で福永光司氏が述べられていることがらも、本書についてあてはまるところが多い。しかしひとまず各論文の要旨を記して、本書のごくあらましの見取図を示しておこう。

小南一郎「尋薬から存思へ——神仙思想と道教信仰との間」。主として葛洪の神仙思想との対比のもとに、『真誥』にうかがわれる道教信仰の際立った特徴が何であるのかを明らかにする。『抱朴子』の著者である葛洪、それに許氏、この許氏の人たちが茅山で行なった神降ろしの記録が後に『真誥』

としてまとめられることとなるわけだが、葛氏と許氏とはともに丹陽郡句容の出身であり、たがいに通婚関係もあり、また時間的にも五十年ほどの隔たりがあるに過ぎない。しかしながら、両者の間の思想的な隔たりは極めて顕著である。葛洪の神仙思想が、外界に積極的にはたらきかけて人間的能力のあくなき拡張をめざすところの自恃の精神に根ざすものであったのに対し、『真誥』にうかがわれる道教信仰は、人間の卑小さを強調してひたすら神の前にひれ伏す性格のものに変わっている。このようないわば外向から内向への性格の変化に尋薬と存思という二つの言葉を対応させるのである。そしてその間をつなぐ立場にあるものとして、『元始上真衆仙記』（または『葛洪枕中記』）と『霊宝五符序』についての検討を加える。

麥谷邦夫「『大洞真経三十九章』をめぐって」。『大洞真経』は『黄庭内景経』とともに上清派道教の教理確立の過程で重要な役割を果したが、『大洞真経』のなかでも中核をなすのが『大洞真経三十九章』である。『真誥』においてすこぶる重要視されているこの経典の成立とその後の展開について、書誌的研究と宗教思想史的研究の両面から考察する。上清派道教は、従来の錬丹中心の神仙術的道教の限界を打破し、仏教の受容に対応した新たな道教教理の構築をこころみた。それは第一には内観存思の道術の重視として、第二には不特定多数を対象とした、しかも生者だけにとどまらぬ死者にまで及ぶところの救済の理論の構築として現象する。『大洞真経三十九章』は『黄庭内景経』をベースとしつつ、内観存思と救済の理論の一層の深化をはかった。存思されるべき体内神は宗教的・象徴的な傾向を強く有することとなり、また誦経という簡便な方法によって個人の昇仙のみならず祖先の済度も可能であることを説き、陶弘景が『真誥』を編纂し注を付した五世紀末の段階までには、仏教教理に対抗し得る経典として上清派道教の教理の中核を担うに至った。

『真誥』ないしは上清派道教の宗教思想の核心に肉迫する上記二篇の論文の後には、対象をややひろげて、道教思想に底流する諸観念の種々相をあつかう三篇の論文が排列される。

神塚淑子「魔の観念と消魔の思想」。この論文では、六朝道教における魔に関する問題が二つの面から考察される。第一は中国の鬼の観念と仏教本来の魔の観念との比較検討、および六朝道教における魔・魔王の位置づけの問題。道教文献で魔が登場する早い例は『真誥』であるが（ただし、がんらいの『真誥』では「摩」の文字が用いられていた）、ここではもっぱら『神呪経』と『度人経』について検討を行ない、道教の魔・魔王は漢訳仏典におけるそれとは異なって善悪の二面性を備え、むしろ善なる性格が強調されること、それは天の思想や気の思想など中国固有の宗教的観念に由来することを明らかにする。第二は魔を消滅させて得道（得仙）に至るための消魔の問題。具体的には上清経典の一つである『洞真太上説智慧消魔真経』の内容を分析し、そのうちの東晋中期の成立と推定される部分では、精神性、観念性の傾向が顕著であるものの、もっぱら薬や符を用いての外在的な魔の消滅が説かれているのに対し、六朝時代末の成立と推定される部分では、仏教の影響のもとに「智慧（般若）」によって心に内在する魔を消滅することが説かれていること、すなわち消魔の思想の内面化が進んだ過程を明らかにする。

松村巧「天門地戸考」。道教における地戸と天門、すなわちそこから抜け出すべき苦難に満ちた世界である地戸と信仰を通じて参入すべき望ましき彼岸を意味する天門、このような考えが対概念として定着するに至るまでの紆余曲折した過程を、先秦の道家文献にはじまる諸文献を渉猟して考察する。漢代の自然学の分野において、天の陽気が発生する門戸である「天門」、地の陰気が発生する門戸である「地戸」という対概念が成立したことを確認したうえ、遁甲と服気の神仙術、また『大洞真経三十九章』と『度人経』における天門と地戸についての考察に移る。

吉川忠夫「日中無影――尸解仙考」。日中無影とは、太陽が中天にかかる「日中」にものすべての影が消えてなくなることをいうが、日中無影に託された中国人のさまざまの想念、そしてそのような想念と分ちがたく結びついていたと思われる尸解仙の観念について考察する。ひとまず通常一般の死のかたちをかりてとげられる仙去が尸解であり、なかでも日中にとげられる白日尸解が最高の尸解、すなわち上尸解であると考えられた。仙伝類には日中に仙去したとされる仙人の伝記があまた発見され、それらはしばしば尸解との関連のもとに語られている。僧伝類にも日中入寂をとげたと伝えられる高僧の伝記が少なくないが、それらも本来は道教の白日尸解の観念に薫染されたものであったと考えられる。

上記の三篇につづいて、時代はやや下るけれども、唐末五代の上清派道士である杜光庭の『道徳真経広聖義』をあつかう坂内榮夫「『道徳真経広聖義』に見える儒道一致思想」を置く。『道徳真経広聖義』は唐の玄宗が『道徳経』に施した注ならびに疏を敷衍する書物であるが、そのなかで杜光庭は、『道徳経』の主旨と一致する思想や言葉を儒家の経書から博捜して引用するとともに、つぎのような儒道一致の見解を示した。すなわち、儒教が説くところの仁義礼楽等の教えは「道」「徳」のはたらきの一部分に過ぎず、「道化」「徳化」のなかに包有される、従って儒道両教の教えは矛盾することなく究極的に一致すると。このような見解は、唐の玄宗時代の呉筠が『玄綱論』で展開した儒道調和の思想を継承し、発展させたものであった。

唐代の道教思想そのものをあつかう専論をかくのを遺憾とするが、幸いにも唐代史の専家によるつぎの二篇を得た。

礪波護「法琳の事蹟にみる唐初の仏教・道教と国家」。唐初の高祖・太宗時代における仏教と道教ならびに国家の拮抗関係の推移を、護法菩薩の再来とまで称されたところの法琳が排仏論者の傅奕や李仲卿、劉進喜に触発されて執筆した『破邪論』と『弁正論』、および彦琮撰の『唐護法沙門法琳別伝』にもとづいて論ずる。あわせて、法琳は唐王室を誹謗するものであるとの道士秦世英の告発をうけて発せられた「施行遺教経勅」が法琳を死においやった事情を明らかにする。

愛宕元「唐代楼観考——欧陽詢撰「大唐宗聖観記」碑を手掛かりとして」。唐の高祖の武徳九年(六二六)立の「大唐宗聖観記碑」の検討にはじまって、古い歴史と伝承を有する道観である盩厔県の楼観の具体像を、唐代の政治史との関連のもとに、また宗教的環境や地理的立地条件に目くばりをきかせながら描出する。

つづいて文学方面の論文三篇を収める。あつかわれるのは遊仙詩であり、歩虚詞であり、また初唐四傑の一人にかぞえられる盧照隣である。

釜谷武志「遊仙詩の成立と展開」。『真誥』所載の詩のうちの大部分を占める五言詩は遊仙詩の影響のもとに作られているとの観点から、遊仙詩の展開の過程を楽府との関係のもとに跡づけ、五言詩の定型といい、その内容といい、六朝的な遊仙詩の成立が曹植にもとめられること、また六朝時代の遊仙詩が民間の祭祀、とりわけ道教的色彩の濃厚なそれからの不断の影響をうけていること、しかし六朝後期以降の遊仙詩の衰退は強固な神仙思想の衰退と不可分の現象であったであろうことを論ずる。

深澤一幸「「歩虚詞」考」。歩虚詞とは神仙の空中飛行にイメージされる歌曲であって、それは道教の儀礼と深く結びついている。陸修静の『太上洞玄霊宝授度儀』にみえる歩虚詞の原型と思われるもの十首について解説を施したうえ、それが陸修静自身の創作ではなく、以前から伝わっていたものを『授度儀』にくみこんだのであろうと推定し、『真誥』中の神仙が詠ずる詩との類似に注目する。また『授度儀』中の歩虚詞十首と北周の庾信の歩虚詞十首との間に認められる変質について、遊仙詩の要素の混入、ならびに道教的エネルギーの欠如にもとづくであろうとするのは、釜谷氏の論文とあい補うであろう。唐代、宋代の歩虚詞についても概観し、唐代では本来の歩虚詞の伝統に忠実なもののほか、儀礼と無関係なものが生まれたことを指摘する。

興膳宏「初唐の詩人と宗教――盧照隣の場合」。盧照隣の文学作品には、精神の深奥に根ざした宗教の問題が生々しく映し出されている。すなわち、六朝時代以来の平均的知識人の常として仏教的な教養をごく自然にうけいれているだけでなく、晩年の作品の「五悲」には、仏教に対する熱い帰依の心情が語られている。またそこに至るまでの段階における道教との関係も無視し得ず、道教界のイデオローグであった李栄や黎元興、あるいは道教医学の大家であった孫思邈との交渉を通じて、むしろある時期には道教への関心が仏教へのそれを圧倒していた。かかる道教と仏教に対する関心は、彼の肉体をむしばむ痼疾の苦しみから救われたいとの願いに発するものであったが、しかし最終的には、「死生を一となす」荘子の哲学を死の肯定の論理として自殺をとげる。盧照隣の「釈疾文」はみずからの死の宣言にほかならなかったと説く。

音韻学の見地から『真誥』所載の韻文がたしかに東晋期のものであることを明らかにするのが、赤松祐子「『真誥』中の押韻字に見える言語的特性」である。東晋南朝の首都建康における官僚社会の言語的特性に関しては、陳寅恪氏の「東晋南朝之呉語」に述べられているごとく、北方からの大量の人口流入によって洛陽語がその共通語の役割を果たし、東晋南朝の詩文の押韻にも方言にもとづく顕著な事例は見出せないとされてきた。しかるに本論文は、『真誥』中の一二四組の押韻字にみられる言語的特徴の分析を通して、つぎのことを明らかにする。すなわち、それらは『真誥』の編者である陶弘景の詩文押韻の特徴（南北朝期の一般的特徴と共通する）とあい隔たる傾向を有しており、この事実は、『真誥』所載の韻文が陶弘景によって偽作されたものではないことの証拠となる。一方また茅山で神降ろしが行なわれた東晋期の平均的な押韻特徴と合致しない部分が多くあるものの、しかし陸機・陸雲兄弟を代表とする呉地方の詩人の詩文押韻にみられるいくつかの呉語的特徴を共有する。つまり茅山の神降ろしは、土着の呉語が用いられる場において行われたのであった。

後世の人びとによって『真誥』がどのように読まれたのかを明らかにすることは『真誥』研究上の

一重要課題であるが、そのことを明朝の万暦期について考察するのが三浦秀一「『真誥』兪安期本成立の時代的情況——万暦の知識人と道教」である。万暦の知識人たちにとって『真誥』が極めて身近な存在であったことを、当時の代表的養生書である『遵生八箋』について確認し、また『真誥』の校訂者である兪安期、兪安期と交流のあった王世貞、屠隆、顧起元、あるいは管志道、詹景鳳たちの『真誥』に対する姿勢のなかにさぐる。そのうえで、かかる『真誥』の流行が、王世貞周辺の知識人たちの女真王曇陽に向けられた熱狂的な信仰と不可分に結びついていたことを指摘し、政治闘争までからんだ王曇陽現象とでもよぶべき情況に説き及ぶ。

以上のような内容と構成を有する本書が、従来の道教研究に何ものかをつけ加え、将来の道教研究の一層の発展のために何がしかの足がかりを築くことになってくれればよいというのが編者としての切なる願いである。道教研究の前途には、曠野にも似た未開の分野が広くひろがっているように思われる。それを豊饒の大地に変えるか、それとも未開のままに放置するかは、研究者それぞれの精進いかんにかかっているであろう。

本書の刊行に対して、文部省から平成三年度科学研究費補助金「研究成果促進費」の交付を受けた。関係各位に感謝する次第である。また麥谷邦夫氏の論文は、平成元年度における文部省科学研究費一般研究「漢籍のテキスト・データベース化と応用に関する諸問題」の成果の一部であることをあわせて附記する。出版事務の一切に関しては、同朋舎出版の木村京子さんのお世話にあずかった。原稿提出の時期が、共同研究班のそれまでの世話役であった三浦秀一氏の京都大学から東北大学への転出の時期と重なったため、木村さんの協力がなかったならば、本書の上梓はおぼつかなかったであろう。

一九九一年八月

吉川忠夫

〈補記〉

本書に発表された諸論文のうち、神塚淑子「魔の観念と消魔の思想」は後に『六朝道教思想の研究』（創文社、一九九九年刊）に、吉川忠夫「日中無影――尸解仙考」は後に『六朝隋唐文史哲論集Ⅱ――宗教の諸相』（法藏館、二〇二〇年刊）に、礪波護「法琳の事蹟にみる唐初の仏教・道教と国家」は後に『隋唐仏教文物史論考』（法藏館、二〇一六年刊）に、それぞれ収録。

『六朝道教の研究』序（春秋社）

本書は、一九九一年四月から一九九六年三月までの五箇年間、京都大学人文科学研究所において隔週に開催された共同研究班「六朝道教の研究（Ⅱ）」の成果報告論文集である。共同研究班名に（Ⅱ）が付されているのは、それに先立つ一九八六年四月から一九九一年三月までのやはり五箇年にわたって開催された同題の共同研究班を承けるからであって、今では「六朝道教の研究（Ⅰ）」と称すべき一九八六—一九九一年の共同研究班の成果報告論文集は、すでに『中国古道教史研究』（吉川忠夫編、同朋舎出版、一九九二年刊）として刊行されている。従って本書は、それにつづく第二論文集ということになる。第一論文集『中国古道教史研究』では、いくらか曖昧ではあるものの、ひとまず全真教によって代表されるいわゆる新道教の成立に先立つ時代の道教を対象とし、それに関する論考十三篇を収めたのであったが、共同研究班名をそのまま書名とする今回の論文集では、第一論文集よりもテーマをしぼり、『真誥』と陶弘景を二つの柱とすることとした。それと言うのも、「六朝道教の研究」共同研究班は、そもそも『真誥』の会読を目的として組織されたからであり、十年の歳月を費やしてようやく全二十巻を読みおえることができたその成果は、第一と第二の論文集とは別箇に、「『真誥』訳注稿」として『東方学報　京都』第六八冊以下に分載中である。『真誥』の会読によって得られた知識をふまえ、それを論文集に反映させたいというのが今回のわれわれの願いなのである。

『真誥』は、今日の南京市の東南の茅山を本拠としたいわゆる上清派（または茅山派）道教の宗師である陶弘景（四五六―五三六）の編纂にかかり、編纂が完了したのは五世紀の極末のことであったと推想されるが、その内容の中心をなすのは、「真誥なる者は真人口授の誥なり」（『真誥』巻一九・翼真検篇「真誥叙録」）とあるように、東晋の興寧年間（三六三―三六五）を中心に降臨した真人たち、すなわち南岳魏夫人をはじめとする道教の神々が、霊媒の楊羲を介して、もっぱら許謐（一名は穆）と許翽の父子に授けたお告げの言葉の集成にほかならない。許謐と許翽の二人こそがいわば『真誥』の主役なのであって、ごくごく簡約化して言うならば、神々が楊羲を介して与えるお告げによって許氏父子を教育し、神々の世界へと導くというのが『真誥』のメイン・テーマなのである。

『真誥』は、運象篇（「真誥叙録」に従えば運題象）、甄命授、協昌期、稽神枢、闡幽微、握真輔、翼真検の七篇をもって構成され、今日のテキストでは、運象篇ないし運題象は四巻、甄命授は四巻、協昌期は二巻、稽神枢は四巻、闡幽微は二巻、握真輔は二巻、翼真検は二巻のあわせて二十巻に分巻されている。七篇をもって構成されるのは、『妙法蓮華経』や『荘子』内篇の例にならってのことであるという。また三言をもって篇題とするのは、緯書の例にならってのことであるという。とするならば、第一篇の篇題は「真誥叙録」の言うところに従って「運題象」とするのが正しいのであろう。これら七篇のうち、神々の誥授の集成は運題象から闡幽微までの五篇であって、握真輔には、楊羲と許氏父子による経典や世俗の書物の抄写、彼らの夢の記録、彼らの尺牘などが集められている。また翼真検は、『真誥』の全体にわたる解題として陶弘景自らが撰したものである。そして『真誥』の随処に施された陶弘景の注記を通して、われわれは彼の道教理論をうかがうことができる。

『真誥』とその編者の陶弘景を考究の二つの柱とする本書には、六朝期の江南に淵源し展開をとげた上清派道教、ひいては六朝道教の全体像とその後世に与えた影響を明らかにするべく執筆されたあわせて十九篇の論考を収める。

吉川忠夫「許邁伝」。許邁は許謐の兄、許翽の伯父。許氏一家の人たちのなかで、彼一人だけは正史の『晋書』王羲之伝に附伝されている。彼は当時の「朝臣時望」たちの間で盛名を博していた道士なのであった。許邁在世中の事蹟、王羲之ならびに王羲之の義弟郗愔と『真誥』との関わりを探るとともに、許邁が冥界から許謐に宛てたものとして『真誥』巻一八・握真輔に収められている書簡を取り上げ、『真誥』のなかにおいて過去形でしか語られることのない許邁に、『真誥』の神々をひきたて、神々によって教誡される人びとをはげまし、許謐と許翽の登仙を保証する役柄が与えられていることを論ずる。

小南一郎「許氏の道教信仰――「真誥」に見る死者たちの運命」。上清派の道教信仰では、血縁関係を単位として、先祖から子孫へと幾世代にもわたって功徳と修行を積み重ね、一族として救済されることに中心が置かれていたこと、死後の運命が、直接に神仙世界へ升仙する者（登升）、尸解を遂げ、洞天などで修行を積んだうえで神仙世界に入る者（度世）、道教信仰に関わりがなくとも、現世で善行を積んだために福堂で修行する者、現世で善行を積まなかったために冥府で考罰を受ける者、これら四つのグループに分けて考えられていたことを論ずる。また一族の道教信仰にも役割分担があったとして、俗世と深く関わりつつ家主としての役目を果たした許邁、神々の啓示を純粋に実践した許翽、二人の中間としていわば聖と俗とを兼ね備えた許謐、という位置づけを与えている。許邁に関する論述は吉川論文と重なるところがある。

荒牧典俊「「真誥」以前の諸真誥の編年問題について――「衆霊教戒所言」の諸真誥を中心として」。陶弘景は「真誥叙録」に、「真授中の年月有って最も先なる者」は「唯だ（興寧）三年乙丑の歳（三六五）六月二十一日の定録の所問」、すなわち巻一・運題象に収めたものであって、「此れ従《よ》り月日相い次して稍く降事有り」と記しているけれども、それに先立つ真人のお告げを編年し、陶弘景編年の誤解をただそうとする試みである。副題の「衆霊教戒所言」とは、巻六・甄命授に収められている方諸青童、西城王君、太虚真人南岳赤君、紫元夫人、玄清夫人、南極夫人たちの教戒のことであって、つとに仏典の『四十二章経』との関連が指摘されているものであるが、「衆霊教戒所言」に基づいて『四十二章経』がでっちあげられたのだとの見通しが述べられている。

神塚淑子「六朝時代の上清経と霊宝経」。六朝時代の江南において陸続と制作された上清経典と霊宝経典、またそれぞれを所依としたところの上清派と霊宝派について、前者は個人的・天上志向的で心のあり方を重視し、後者は集団的・地上的（現世的）で儀礼・戒律を重視する点に両者の相違を見出すとともに、両者相互の交渉の跡を明らかにし、そのことが六朝時代の道教思想展開の推進力となったという。そしてそのうえで、陶弘景自身に、また彼の周辺に、上清経の本来の精神からの乖離現象が生じていたことを指摘する。そこには、上清派道教教団の宗師の位置に立たざるを得なかった陶弘景の苦悩が刻印されているのであろうか。

加藤千恵「『真誥』における日月論とその周辺」。漢代以前から日月の気を体内に摂取する養生法が存在していたが、本論文は『真誥』に頻出するところの日月の気を摂取し、また日月の姿を存思する道術を他の上清経典との関連のもとに考察し、それらのなかには後世の行気法や内丹法に発展するものも含まれていることを指摘する。

『真誥』には、仙・人・鬼の三部から成る世界構造が説かれており、死後の升仙を保証する仙籍（仙人名簿）が人間の寿命や生死を司る仙界の神々の役所に保管されているという。その升仙の可能性について、『真誥』では、個人の仙道修行とともに、先天的資質である「挺」や「骨」、それにまた先祖の功徳がいちだんと重要なものとされていることを『抱朴子』との比較のもとに論ずるのが、龜田勝見「『真誥』における人の行為と資質について」である。龜田論文が三部世界のなかの仙界にもっぱら目を向けているとするならば、松村巧「『真誥』に見える「羅酆都」鬼界説」は、その標題が示すように、鬼界を考察の対象とするものである。羅酆都は北方の癸の地に想定されたところの死者の霊魂（鬼）が赴くべき鬼界であって、そこには北大帝を統領として、死者に対する審理、判決、拷問を行なう鬼官の官僚組織が存在する。しかしところで、羅酆都の鬼官にも、またそこに赴く鬼にも、仙界へ升る道が開かれているのは、あらゆる存在は行為の善悪によって仙・人・鬼の三部世界を循環往来すると考えられたからにほかならなかった。

三浦國雄「『真誥』と風水地理説」。道教と風水説とは別箇の体系とされるけれども、形成期の道教が風水説から養分を汲み取った可能性を探るとともに、『真誥』の記述によって風水史の空白を埋めようとする意図のもとに執筆された。『真誥』中の風水タームはほとんどが墓地風水に関わるものであるが、『真誥』中の墓は、現実と仙界、現実と冥界との媒介であったのではないかという。また『真誥』の主舞台である茅山、そこの地下にひろがると考えられた洞天の観念には、「龍脈」と「龍穴」という概念によって支えられる風水説が投影されているのではないかという。南澤良彦「南朝陵墓と王権」も風水に関する論考であって、特に南朝四代の帝王陵を取り上げ、副題の「王者を生む墓について」が示しているように、当時ようやく整備されつつあった風水説が、帝王を生むにふさわしい墓の観念を成立させたと説く。

『真誥』巻四・運題象所収の右英夫人作の一詩を書し、「真誥の一書は弔詭恍惚、方物す可からざるも、然れども其の中に収むる所の五言詩は超詣幽深、当時の靡弱の体に異なる」との跋をそえたのは内藤湖南であった（『書論』一三号「内藤湖南」特集、図版一〇五）。釜谷武志「『真誥』の詩と色彩語——あかい色を中心に」は、『真誥』に収められた百余首の詩に見られる少なからざる色彩語のうち、あかい色のなかでもとりわけ特徴的に用いられている「絳」に着目し、それが神仙世界の根幹に関わるところの生命のシンボルであること、すなわち日の出の濃いあか色であり、血液の色であり、そこには丹砂の色のイメージが重ねあわせられているのであろうという。加藤論文でも論じられているように、太陽の精気を摂取する道術は、おおむね日の出の時に行なうべきであるとされている。

原田直枝「『真誥』所収の書簡をめぐって」。『真誥』所収の書簡は、（一）文言による定型的なもの、（二）口語を交えたもの、の二種に類別される。（一）は楊羲と許氏父子の三君が文字を書くことのない神々に向かって発したものであって、議論性に富む。（二）は主に巻一七・一八の握真輔に収められているところの三君相互の間で交わされるものであって、実用の通信性が高い。これらの書簡が収められていることが、『真誥』テキストにいかなる効用を果たしているかを探る。

以下の四篇は陶弘景をテーマとした論考。坂出祥伸「陶弘景における服薬・煉丹」は、上清派においては存思と誦経が重要視されるものの、金液・金丹の服用がまったく否定されているわけではないことを、陶弘景が葛洪の学問的思想的影響を強く受けている観点から論ずる。なお陶弘景の煉丹の試みについても論ずるが、この点は麥谷邦夫「梁天監十八年紀年銘墓磚と天監年間の陶弘景」（礪波護編『中国中世の文物』、京都大学人文科学研究所、一九九三年刊）の論述と重なるところがある。あわせて参照されたい。

麥谷邦夫「陶弘景の医薬学と道教」は、陶弘景の『本草集注』を取り上げる。後漢末に編纂されたと推定される『神農本草経』には、神仙方家的薬学と医薬的薬学の両側面が混在し、また魏晋以降、本草学には混乱が生ずるに至ったが、それらの混乱を整理するべく、陶弘景は『本草経』のテキストを纂定し、かつまたその注釈である『本草集注』を著わした。それは神仙方家的薬学と明確に一線を画するとともに、本草学を医学から独立させようとする意図に基づくものであった。陶弘景は実用に供するための処方書として『効験方』と『補闕肘後百一方』の二書をも編纂したが、これら薬学書の撰述編纂は、人びとの不幸を救うという道教的信仰からの要請も一因であったとする。

興膳宏「書写の歴史の中での陶弘景と『真誥』」。陶弘景は能書家として、また書の鑑定家としても名を知られた。陶弘景が『真誥』の原資料である楊羲と許氏父子の書写にかかる神々のお告げの蒐集につとめたのは、彼の宗教的情熱もさることながら、三君の書蹟に大いに心をひかれていたからでもあった。本論文では、それらのことを論じたうえ、『真誥』テキストにおいて、原資料の書き手、書体、紙質、書の保存状況が神経質なまでに注記されていることに注目し、そのいずれもが内容の理解のために大きな意味をもっていたからであると指摘する。

陶弘景と仏教との因縁も浅からぬものがあった。船山徹「陶弘景と仏教の戒律」は、『梁書』陶弘景伝中の「曾夢仏授其菩提記、名為勝力菩薩、乃詣鄮県阿育王塔、自誓受五大戒」の一節について、仏教学の立場から、個々の字句に即しつつ具体的に解明する。

最後に配した四篇は、後世の人々と『真誥』との関わりをあつかった論考である。愛宕元「南岳魏夫人信仰の変遷」は、『真誥』において重要な役割を演じている女神の魏夫人の祠廟が、遅くとも隋代以降、魏夫人とゆかりの深い修武県と王屋山、その両地に近い河内に建立され、雨乞いに対する霊験あらたかな神、極めて現世利益的な済世利民の神として該地域社会の信仰を集めていたことを、唐から清までの時代にわたって通観する。

深澤一幸「李商隠と『真誥』」。中唐の韋応物、白居易、李賀が『真誥』に材を取ってうたった詩にくらべて、晩唐の李商隠の詩には『真誥』の典故が格段に生々と用いられており、彼の『真誥』理解の深さがうかがわれることを指摘するとともに、唐・五代においては修改された『真誥』が流布していたのではないか、しかるに李商隠は『真誥』の本来のテキストに親しんでいたためにこのような違いがもたらされたのではないか、と疑う。

坂内榮夫「『真誥』と『雲笈七籤』」。『雲笈七籤』が教理、天地、人間、神仙のおよそ四部をもって構成されていること、また唐代の状況とは異なって、霊宝派よりも上清派を尊重しているところに編者張君房の世界観と価値観の反映がみとめられることを述べたうえで、『雲笈七籤』が『真誥』から採用しているのは、口訣、尸解、歌頌に関する部分に限られていることを明らかにする。そしてその点に、陶弘景と張君房の「知」のあり方の違いを見出そうとする。

かく、後世の人々によって『真誥』がどのように読まれ受容されたのか、そのことは重要にしてかつ興味深い研究テーマの一つであることを失わないであろう。第一論文集の最後には三浦秀一「『真誥』兪安期本成立の時代的情況――万暦の知識人と道教」を収めたが、本書の最後には横手裕「宋元道教における『真誥』についての若干の考察」を置く。内丹が主流となった宋代以降、内丹の淵源が実質的には『真誥』にも見える存思、守一、行気などにもとめられるところが少なくないにもかかわらず、しかしやはり『真誥』に説かれている道術は否定されるべきものとなり、『真誥』は影の薄い存在とならざるを得なかった。だがその一方で、『真誥』の神々は『真誥』のなかから抜け出して一人歩きを始める。すなわち方諸青童君は全真教の系譜のなかに重要な位置を占め、許邁と許謐は浄明道のなかに取りこまれ、南岳魏夫人は清微派の祖師のあつかいを受けるに至ったのであった。

（Ⅰ）と（Ⅱ）とをあわせれば実に十年の長きに及んだ共同研究班。十年の歳月を要したのは、しかしけっして怠惰のせいではない。まったくの専門違いの某教授から、なかばあきれ顔に、何を呑気なことをと、いくらか軽侮の気持ちをこめた言辞を呈せられたこともあるけれども、これまでほとんど手つかずであったと称してもよい『真誥』テキストを、伝統的な中国文献学の手法を援用して読みおえるためには、やはりこれほどの時間を必要とすることを、同学の士ならば了解されるであろう。ましてや共同研究班に参加し、共同研究班を支えてくださった方たちならば、なおのことそうであろうと確信する。

今日、学術書の出版は極めて厳しい状況のもとに置かれている。世間の一部では一種のブームであるかのように仄聞する道教ではあっても、純粋の研究書の出版となればやはり事情は同様である。かかる厳しい状況のなかにあって、文部省から平成九年度科学研究費補助金「研究成果公開促進費」を交付され、われわれの研究成果論文集を世に問うことができたのは望外の幸せである。関係の各位に厚く感謝する次第である。あわせて出版の仕事の一切を引き受けて下さった春秋社の佐藤清靖氏と山本有子さんに対しても厚く感謝する次第である。

一九九七年六月

吉川忠夫

〈補記〉1

そもそも『東方学報』の六八冊（一九九六年）から七一冊（一九九九年）まで、四回にわたって分載された『真誥』の訳注稿は、点検と整理を加えたうえ、二〇〇〇年三月、京都大学人文科学研究所研究報告『真誥研究（訳注篇）』として刊行された。

〈補記〉2

本書に発表された諸論文のうち、吉川忠夫「許邁伝」は後に『六朝隋唐文史哲論集Ⅱ――宗教の諸相』（法藏館、二〇二〇年刊）に、神塚淑子「六朝時代の上清経と霊宝経」は「上清経と霊宝経」として後に『六朝道教思想の研究』（創文社、一九九九年刊）に、それぞれ収録。

『唐代の宗教』序（朋友書店）

本書は、一九九六年四月に始まり二〇〇〇年三月を区切りとする四年間、京都大学人文科学研究所において組織された共同研究班「唐代宗教の研究」（班長、吉川忠夫）の成果報告論文集である。隔週に開かれたその共同研究班では、二〇名内外の参加者それぞれの問題意識に基づく研究発表を行なうとともに、あわせて唐の梓州慧義寺の沙門であった神清の撰『北山録』の会読を行なった。敢えて言えば、恐らく『北山録』はマイナーなテキストではあろうけれども、それを選んだのは、そこにはそれなりに釈迦に始まり唐代の中期に至るまでの仏教の展開の跡が概括されていると考えたからである。しかし、当共同研究班の英文名が Tang Religions と複数であることが示すように、研究班は仏教のみならず唐代の諸宗教を対象としたのであり、つまり仏教のほか、とりわけ道教をも視野に収めようとしたのであった。

韓愈が「原道」において、「周道衰え、孔子没し、秦に火あり、漢に黄老あり、晋魏梁隋の間に仏あり」、かくしてその結果、「古の民たる者は四なりしも、今の民たる者は六、古の教は其の一に処りしも、今の教は其の三に処る」、すなわち士農工商の四民に僧侶と道士が加わって今や六民となり、儒教一教に仏教と道教が加わって今や三教となったと述べ、かかる状況の清算を声高に叫んだのは、彼にとっての現在において、後漢時代に始まる道教と仏教の力の揺るぎなく大なることを認識してこそのことであった。韓愈の盟友であった李翺も、楊垂なる人物の撰集にかかる『喪儀』が、おおむねは礼経に基づくものであるにもかかわらず、そのなかに「卒者の衣服を仏寺に送って以て追福を申《の》べる」ところの仏教の儀礼に基づく「七七斎」の一篇を含むことだけは「礼を傷《やぶ》る」ものであって、どうしても容認することはできないと攻撃している（「去仏斎」）。かく死者の儀礼が仏教の僧侶によって、あるいは道教の道士によって執り行なわれるようになっていたのであり、李翺に先立ってすでに姚崇にも関連の発言のあること、本書に収める小南一郎氏の論文に紹介されている通りである。

　唐代における宗教の隆盛は、前代の余習としてのみそうであったのでは決してない。周知のように、唐代における刮目すべき現象として禅仏教の興隆があった。いささかクリア・カットに過ぎるきらいはあるにせよ、胡適の表現に従うならば、それは「一個の運動であり、中国思想史、中国宗教史、仏教史上の一個の偉大な運動であり」、「中国仏教の一個の革新運動と言うことができ、中国仏教の革命運動と言うこともできる」ものであった。胡適が禅仏教を革新運動と評し、革命運動とさえ評するのは、一つにはそれが「仏教の簡単化、簡易化であり、煩瑣を簡易にあらため、複雑を簡単にあらためて人々に理解を容易にさせた」からであり、また一つには「外来の宗教である仏教が、一千年余りの間に中国の思想と文化の影響を受けて徐々に中国化し、特殊な中国新仏教の禅学となったからである」（「禅宗史的一個新看法」）。いま特に仏教の簡単化、簡易化という点に注目するならば、つまるところ儀礼や戒律や仏像など、そのような外在的なるものが否定されて日常底に徹し、仏は内在化されて「心」の一点に収斂せられるであろう。かかる「革新」「革命」が、よしんば「衆魔外道と害を為すこと一揆なり」（梁粛「天台法門議」）との批判をあびることがあったとしても、禅仏教はそれ故に、広汎な士大夫をも包みこむまでの支持を獲得したのであった。かの韓愈にしてすらが、石頭希遷に嗣法した大顛和尚との交渉がやかましく取り沙汰されたのである。そしてわれわれは、仏教教団の粛清に政治家としての手腕を発揮した姚崇が、「仏は外に在らず、之れを心に求む」（開元二年の上奏）、「仏なる者は覚なり、方寸（心）に在り」（「遺令」）などと述べていることに重い意味を認めるべきであろう。

　仏は内在化され、「心」の一点に収斂せられる方向に向かったのだが、それと平行の現象は、道教についてもまた認められるように思われる。つとに唐代に先立って、『真誥』が巻一・運題象第一の冒頭に載せる愕緑華の詩に「誰か云う幽鑒は難しと、之れを得るは方寸の裏《うち》」との句があり、また『周氏冥通記』巻二に「得道は悉く方寸の裏に在るのみ。必ずしも形（肉体）をば労し神（精神）をば損することを須《もち》いざるなり」とあることをいかに説明すればよいのか、大いにとまどわざるを得ないのだが、道教が外丹から内丹の重視へと向かったのも、外なるものから「心」への道筋にそうものであったことは疑いがない。唐代は外丹から内丹へと大転換する、まさしくそのような時期に位置してもいたのであった。

　唐代の道教について語る時、忘れてならないのは、道教と王朝とが蜜月の状態にあったことである。それというのも、唐王室の姓は李であり、また太上老君とよばれて道教の神となっていた老子も姓が李であるところから、老子は唐の王室の始祖として崇められ、ひいては道教に熱い視線がおくられたからであった。老子に対する尊崇が唐王朝創業以前にまで遡る事実であったことは、『大唐創業起居注』の示唆するところであるが、王朝成立以後には一層加速される。すなわち、麟徳三年（六六六）の正月、泰山で封禅を行なった高宗は乾封と改元するとともに、その帰途、老子の生地と伝えられる亳州（河南省鹿邑県）の老君廟を訪れ、老子に太上玄元皇帝の尊号を贈った。玄宗の開元二十三年（七三五）に、『史記』の排列の順序を改め、伯夷列伝に代えて老子列伝を列伝の首に置くべしとの勅命が下っているのはすこぶる象徴的な一事であるが（『史記』伯夷列伝正義）、玄宗治世後半の天宝時代ともなると、道教はほとんど国教の地位を獲得するまでに至ったと言っても決して過言ではない。そして、武宗によって発動された中国史上第三次の廃仏の背後には道教勢力の影が揺曳する。

共同研究班の参加者から寄せられた論考はあわせて一九篇。一九篇の論考の問題関心の向かうところは実に多岐にわたり、一冊の書物全体としてのまとまりをかくのではないかとすら危ぶむのだが、今それらをひとまずⅠ仏教、Ⅱ仏教と道教のあいだ、Ⅲ道教、Ⅳ文献研究の四部に分かって排列することとする。

荒牧典俊「『北山録』の立場と「南宗禅」以前の南宗禅」。ここで「「南宗禅」以前の南宗禅」とよばれているのは、「六祖慧能以来、嶺南から江西や湖南へと拡大しつつあった南岳懐譲系や青原行思系の禅」のこと。『北山録』が『歴代法宝記』に伝えられている成都保唐寺無住一派の放達禅、それを批判するものであることは従来からも指摘されているところであるが、ただそれだけにとどまらず、より根本的に、「「南宗禅」以前の南宗禅」批判をその立場とするものであることを強調する。かくして『北山録』が弁証につとめるのは、（一）中世以来の伽藍・仏像・仏経の伝統、（二）神清が修学した成都浄衆寺の禅浄融合の禅の伝統であり、いわば後向きの保守的な立場によって貫かれているのであって、近世の新文化創造へと向かう衝迫性をかくものであったと論ずる。私が『北山録』には唐代中期に至るまでの仏教の展開の跡がそれなりに概括されていると述べるとともに、それに加えて、敢えてマイナーなテキストと評したのも、かかる予感に基づいてのことであった。

時代に与えた衝迫は禅仏教には及ばなかったとしても、隋唐代には、その教法が他宗派からの激しい攻撃にさらされ、ついには唐王朝による弾圧を被らなければならなかったほどにまで特異なものであった三階教が存在した。愛宕元「唐代河東聞喜の裴氏と仏教信仰」は、その副題「中眷裴氏の三階教信仰を中心として」が語るように、かつてはかたくななまでに本貫の河東聞喜に帰葬しつづけていた中眷房裴氏の人たちが、唐代中期以後、三階教祖信行の霊塔に近い長安南郊の神和原に新たに宗族墓葬地を営み始める事実を、神道碑、墓誌銘、塔銘の類を丹念に精査して明らかにする。当時の人々の篤い仏教信仰の心情をうかがい知ることができよう。

『北山録』の撰者の神清が住した梓州慧義寺のことは、荒牧論文においても、神清が修学した成都浄衆寺とともに言及がなされているけれども、李商隠が梓州刺史・東川節度使柳仲郢の需めに応じて撰した「唐梓州慧義精舎南禅院四証堂碑銘并序」をもっぱらの考察の対象とする深澤一幸「李商隠と仏教」において、より詳細な検討が加えられている。その碑銘は、成都静（浄）衆寺の無相、無相の弟子である保唐寺の無住、それに馬祖道一と馬祖の弟子の西堂智蔵のあわせて四人の肖像が四証堂に画かれたことにちなんで撰せられた。馬祖は漢州什邡県出身の四川ゆかりの人物だが、智蔵は四川ならざる江西の虔化に生まれ、あくまで江西をその活躍の舞台とした。とするならば、碑銘が撰せられた宣宗の大中七年（八五三）の頃には、四川においても馬祖禅がもはや着実に地歩を築いていた証とすべきなのであろうか。

釜谷武志「貫休の詩と宗教」。貫休は唐末のいわゆる詩僧の一人であり、生涯を各地の遍歴で過ごしたその人が入滅したのは、五代前蜀の王建が覇を唱えて間もない九一二年の四川においてのこと。特定の僧や道士を想定した詩ではなく、雑詩や詠懐詩の類を取り上げて、それらに宗教に対する貫休の心情がどのように投影されているのかを検討したうえ、道教的側面と仏教的側面とが衝突することなく併存しており、強いて言うならばやや仏教的側面に比重が置かれているとの結論を得る。また、貫休の詩にしばしば詠われている「月」は、彼の宗教的体験に深く根ざした心象風景であったという。

Ⅱ　仏教と道教のあいだ

吉川忠夫「唐代巴蜀における仏教と道教」。巴蜀すなわち四川における仏道両教のせめぎ合いの跡を、いくらか唐代以前にまで遡ってスケッチする。巴蜀を対象としたのは、共同研究班の会読のテキストに『北山録』を選んだことによる。周知のごとく、巴蜀は天師道道教ゆかりの土地であり、その伝統は唐代においてもまだ濃密に承け継がれていた。それ故、巴蜀における仏道両教の対立は、他の土地にもまして熾烈を極めたかのごとくに感ぜられる。

とはいえ、対立の側面とは反対に、唐代における仏道両教の融合の跡を無視することはできないのであって、かかる観点から執筆された三篇の論考を得た。すなわち、小南一郎「「十王経」をめぐる信仰と儀礼——生七斎から七七斎へ」、金文京「敦煌出土文書から見た唐宋代の賓頭盧信仰」、松村巧「「盂蘭盆」と「中元」」の三篇である。これら三篇の論考を通して、われわれは民衆の仏教信仰のなかに、中国の伝統的な習俗、とりわけ道教のそれが色濃く混在していること、換言すれば仏道両教の融合の跡を見出すであろう。小南が言っているように、とりわけ「民衆的な祭儀の場」においては、「仏教だとか道教だとかいった区別は、あまり大きな意味をもたなかった」のである。あるいはまた金が言っているように、「[賓頭盧を勧請する儀礼は]仏教の外被をまとっているだけで、実際はより基層にある普遍的な民間信仰を反映したもの」なのである。

小南論文は「十王経」のテキストのなかでも『仏説閻羅王受記四衆預（逆）修生七斎功徳往生浄土経』（略称『預修生七経』）とよばれるものを取り上げるが、それは唐代後半期に成立したいわゆる偽経の一つである。小南の分析するところでは、民衆的な宗教儀礼との密接な関わりのもとに形成された『預修生七経』は、生前に死後の安寧を願って自ら行なうところの生七斎に関する記述、生者の死後に遺族たちが行なうところの七七斎に関する記述、そしてそれに讃が附加される三段階の過程を経て成立したのであり、生七斎から七七斎へと変容した背景には、中国の伝統的な死者儀礼が大きな影響を与えていることを指摘する。

金論文が主にあつかうのは、唐末から五代、宋にかけて敦煌の帰義軍節度使およびその配下の官僚たちのあいだで行なわれていた賓頭盧を勧請する儀礼、そのことを伝える「請賓頭盧疏」であって、そのなかで賓頭盧がなぜ鶏足山と関連付けられているのかを説明し、賓頭盧信仰の背後にひそんでいるところの、敦煌だけにはとどまらぬより普遍的な神話学上の構造を解明する。そのこともさることながら、今ここでは、賓頭盧勧請の儀礼が、「十王経」の七七斎の場合と同様に父母の追善供養を目的としたものが多きを占め、しかも僧侶ではなく在家の信者によって執り行なわれたものであったとの指摘に注目したい。

仏教の盂蘭盆の七月十五日は、また道教の中元節でもあった。松村論文は、仏教の側における盂蘭盆の中国的解釈の成立、すなわち宗密の『盂蘭盆経疏』に代表されるような「孝」の倫理の強調、それと道教の側における中元の宗教的意義の変容、すなわち自らの滅罪と延年昇仙を求めることから唐代の成立と思われる『太上洞玄霊宝三元玉京玄都大献経』に顕著に認められるような死者の亡霊の救済への変容、その両者があいまって、「もはやその起源がいずれに在るかを問うまでもないほどに、仏道両教が習合しあった」宗教的習俗が成立し、普及し、定着するに至る過程を論述する。

Ⅲ 道教

神塚淑子「則天武后期の道教」では、三つのことがらが取り上げられる。まず第一は、近年出土の則天武后が嵩山の山門に投じた金簡のこと。投簡の儀式は、則天武后が自らの滅罪と不老長生を願うまったく個人的な性格のものであったが、つづいて取り上げられる投龍と封禅の儀式においても、国家祭祀の相貌のもとにやはり彼女個人の幸福が祈願されたのであった。最後に王玄覧の『玄珠録』に顕著な「心」の問題に対する強い関心について検討を加えたうえ、それは前は陶弘景を承け、後は司馬承禎の「坐忘論」を啓くものであると位置づける。一見したところ関連性が乏しいかに思われるこれら三つのことがらの全体を通して、論者が見出している共通のテーマは、当時における上清派道教の伝統と思想の再発見と再評価ということであって、玄嶷の『甄正論』に即してもそのことが確認されている。

都築晶子「唐代中期の道観——空間・経済・戒律」は、隋末までには成立していた『三洞奉道科戒営始』、それに唐の高宗に始まる全国規模の道観と道士の急増との関連のもとに編纂されたのであろう朱法満の『要修科儀戒律鈔』や張万福の『三洞衆戒文』など一連の科儀戒律書を材料としつつ、八世紀前後の道観の空間を、それが道士が居住する清浄な空間と、俗客が滞在し、賤民の浄人や家畜が居住する空間とに二分され、その周囲を長生林が取りまき、さらに荘田や碾磑などの生産の施設が附属するものとして描き出す。そしてそこには、荘田における農耕は浄人の仕事であって、道士が農耕に従事するのは非法とみなされたこと、すなわち宗教と農耕とは区別されていたとの指摘がなされている。それは恐らくインド以来の仏教の伝統につながる観念なのであろうが、今ここで思うのは、禅仏教では作務が仏事そのものとしてすら重んじられたことであって、ここにも禅仏教の革新性の一つの表徴を認めることができるのではあるまいか。「一日作さざれば一日食らわず」という百丈懐海の言葉をカルヴィン愛用の聖パウロの言葉「作さざれば食らわず」と対比のうえ、そこに重い意義を見出しているのは余英時氏である（森紀子訳『中国近世の宗教倫理と商人精神』、平凡社、一九九一年刊）。

坂内榮夫「「修心」と「内丹」」は、「『雲笈七籤』巻一七を手掛かりに」との副題がそえられているように、まず『雲笈七籤』に収められている三種の修心文献、すなわち先天元年（七一二）以前の成立であることが確認できる『太上老君内観経』、八世紀後半から九世紀の成立と推測される『洞玄霊宝定観経』と『太上老君清浄心経』の三種について、それらに認められる仏教の影響を検討する。それによれば、『内観経』は上清派が重視した存思の伝統を承け継ぎつつ、そこには初期禅宗の東山法門の禅法、その綱要書とされる「達磨論」の修心理論からの顕著な影響が認められ、『定観経』には天台の止観や北宗禅の、また『清浄心経』には『金剛経』の影響が考えられるという。そしてかかる修心思想が、とりわけ『内観経』のそれが内丹の理論の前提として組みこまれてゆくことを明らかにする。本論考は第Ⅳ部に収める麥谷邦夫氏の論考と互いに補いあう。

唐代においては禅仏教の目ざましい興起、それにまた三階教に対する篤い信仰があったけれども、唐代の仏教が六朝仏教の展開の跡を承けるものであったこと、もとより言うまでもない。船山徹「梁の僧祐撰『薩婆多師資伝』と唐代仏教」、ならびに池平紀子「『占察善悪業報経』の成立と伝播について」によって、その一端をうかがうことができるであろう。

船山論文は、『薩婆多師資伝』の佚文を周到に蒐集し、間接的な可能性にとどまることを慎重に考慮しつつも『薩婆多師資伝』が禅の祖統説に影響を与えていること、そしてより明白な事実として、道宣を始めとする南山律宗の祖師たちがそれを読んで活用していたことを検証する。

池平論文が取り上げる『占察善悪業報経』は、則天武后勅撰の『大周刊定衆経目録』において始めて真経としてあつかわれたものの、実際は偽経であるに違いない仏典である。『占察経』は、サイコロに似た「木輪」とよばれる道具を用いて自己の過去世の善悪の業と現世・来世で受けるであろう報いを占ったうえ懺悔を行なうことを説く上巻、それに「心」の理論と「観」の実践を説く下巻とから成り、一見したところ上下巻が不整合であるかのように思えるのだが、論者は上下巻が一体不可分であることを説き、またそこに特徴的に見られる「一実境界」なる語をキーワードとして、天台智顗の『法華三昧懺儀』の深甚な影響のもとに『起信論』の理論を援用したものであると結論する。さらに唐代以後、荊渓湛然のほか、もっぱら天台系の人物に『占察経』の引用が見られることを指摘する。

六朝時代に関わる正史においては、芸術伝および隠逸伝（ないしは高逸伝、処士伝、逸士伝）に往々にして仏教僧や奉仏者が列せられているのだが、後世の正史ではどうなのか。藤井京美「新旧唐書における仏教記述について」は、そのことを先行する正史の芸術伝を承けて両唐書に設けられている方技伝、ならびに隠逸伝について検討を加え、『旧唐書』方技伝には玄奘ほか数名の高徳の僧が列せられているのに対して、『新唐書』方技伝ではそれらの記事が削除されていること、また隠逸伝についても、『旧唐書』に見られる仏教についての好意的な記述が『新唐書』では徹底的に削除されていること、そしてかかる『新唐書』の態度がそれ以後の正史にも基本的に踏襲されていることを指摘する。

古勝隆一「賈大隠の『老子述義』」。賈大隠は唐初の碩儒賈公彦の子。河上公注を敷衍した義疏である『老子述義』は、中国本土では伝承を絶ったものの、わが国には断片的ながらもかなりの佚文が残存する。論者が指摘するように、『周礼』地官師氏の疏には『老子』ならびに河上公注に完全に依拠した賈公彦の解釈が見られるのであって、とするならば、その息子によって、河上公注に基づく『老子』の義疏が著わされたとしても、なんら不思議なことではなかった。そしてそれはさらに遡って、礼学のなかに『老子』が取りこまれていた北朝の河北地域の伝統につながるものであろうという。あわせて、『老子述義』が「斂本降跡」と「摂跡帰本」の二門に分けて『老子』を論じていたと伝えられることに隋唐初の仏教思想の影響の跡を見出している。

垣内智之「梁丘子の『黄庭経』解釈をめぐって」。梁丘子は唐の開元時代の白履忠の号。周知のごとく、『黄庭経』は体内神の存思について説く道教経典であり、梁丘子の注釈として確定できるのは『黄庭外景経』ではなく『黄庭内景経』に施されたものなのだが、そこにはいかなる特徴が見出されるのであろうか。梁丘子も古来の解釈に従って、黄庭は第一義的には「脾」であるとひとまず認めながらも、「脾」よりもむしろ「心」を重視する立場を取る。現実に生きる人間にとって、消化を主る「脾」は重要ではあるものの、成仙を目ざす者にとっては虚なる「心」こそがより重要だと考えられたからである。そしてまた、存思される神の姿は感応によって現われた跡としての姿にしか過ぎぬとされて、その姿の奥にあるものに関心が向けられ、「感の主体と応の主体の双方がともに虚であることを基調として、無為なる心のはたらきかけに対して、無心なる道が応ずるという感応によって現われた神や気の姿を捉えること」、それが梁丘子独自の存思観であると結論する。

梁丘子が注釈を施した『黄庭経』は古い来歴を有するものであったが、垣内論文からも察せられるように、唐代においてはまた新たにさまざまの道教経典が生み出されもしたのであった。麥谷邦夫「『太上老君説常清静経』考——杜光庭注との関聯において」が取り上げる『常清静経』も、詳細は不明だが玄宗朝には存在していたごとくであり、ごくごくの短編ながら、後世の道教史上に重要な地位を占めることとなる経典である。それは、「『老子』の「清浄」の概念を核に、人間の「心」のありかたと、その「心」の修養を通して「道」の真理を体得するための階梯を説いた」ところの、坂内論文で取り上げられている『内観経』『定観経』『清浄心経』などと密接に関連する経典なのであって、「清静」なる概念は『老子』の「清静」に基づくとともに、仏教の「自性清浄心」の「清浄」と一つに重なり合っているという。かく「心」へと収斂する問題関心は、禅仏教と通底するものなのだ。ところが『常清静経』の最も早い注釈である杜光庭注では、明らかに仏教起源の言葉である経本文の

「三毒」が、仏教教理に束縛されることを嫌って、三戸などの道教固有の術語によって解釈し直されているというのは興味深い指摘としなければならない。

秋岡英行「施肩吾初探――道教史におけるその位置」。九世紀の道士である施肩吾の実像を探ったうえ、彼の思想的基盤はあくまで唐代道教の主潮であった重玄派のそれであって、内丹の理論は萌芽的に認められはするものの体系的なものではなく、従って『西山群仙会真記』は彼に仮託されたものに過ぎぬとの説をあらためて確認する。

龜田勝見「四庫全書所収『神仙伝』の資料的価値について」。近年利用できるようになった「四庫全書」本の『神仙伝』、そこに収められているいくらかの伝記を「広漢魏叢書」本の『神仙伝』と比較検討したうえ、四庫本には後世における他の書物からの補完の手が加わっているために第一次資料とすることはできないものの、補完された部分に唐代に存在した『神仙伝』の内容が含まれている可能性を示唆する。ただし、仙伝一つ一つについての慎重な検討が必要であると注意を促す。

以上、四部に分かって収める一九篇の論考の一篇ごとの内容をつまみつつ、いくらか個人的な興味に引きよせながら、本書全体に私なりの筋道をつけてみた。これらの論考が唐代宗教の研究にどのように寄与するのか、いかなる展望を開くものとなるのか、それはもとより読者の判断と評価にゆだねるべき問題である。

今日、学術書の出版は極めて厳しい状況にある。そのような状況のなかにあって、本書の出版を快諾された朋友書店社長の土江洋宇氏に厚く感謝したい。二〇〇〇年の三月末をもって定年退官を迎えるあわただしい私にとって、出版助成金の有無にかかわらず出版を引き受けましょうとの言葉は一層心強いはげましであった。面倒な編集を担当された同社編集部の大西寛氏にも感謝したい。大西氏は、かつて筑摩書房においてかずかずの中国関係の書物の企画と編集に当たられたベテランである。

一九九九年十二月

吉川忠夫

〈補記〉

本書に発表された諸論文のうち、吉川忠夫「唐代巴蜀における仏教と道教」は後に『六朝隋唐文史哲論集Ⅱ――宗教の諸相』(法藏館、二〇二〇年刊)に、神塚淑子「則天武后期の道教」は後に『道教経典の形成と仏教』(名古屋大学出版会、二〇一七年刊)に、船山徹「梁の僧祐撰『薩婆多師資伝』と唐代仏教」は後に『六朝隋唐仏教展開史』(法藏館、二〇一九年刊)に、古勝隆一「賈大隠の『老子述義』」は後に『中国中古の学術』(研文出版、二〇〇六年刊)に、それぞれ収録。

『真誥研究（訳注篇）』まえがき（京都大学人文科学研究所）

本書は、京都大学人文科学研究所における共同研究班「六朝道教の研究」（一九八六年四月から一九九一年三月まで）、および「同（Ⅱ）」（一九九一年四月から一九九六年三月まで。班長はともに吉川忠夫）の成果報告の一部として、『東方学報』第六八冊（一九九六年）から第七一冊（一九九九年）に掲載した「『真誥』訳注稿」をもとに、あらたに注釈語彙索引を附して一冊にまとめたものである。敢えて成果報告の一部と称するのは、本研究班はそもそも『真誥』の会読と訳注の作成を主要な目的とはしたものの、すでに共同研究班員の執筆にかかる論文集として『中国古道教史研究』（同朋舎出版、一九九二年刊）および『六朝道教の研究』（春秋社、一九九八年刊）を刊行しているからである。

周知のごとく、『真誥』は、今日の南京市の東南の茅山を本拠としたいわゆる上清派道教の宗師である陶弘景（四五六―五三六）の編纂にかかり、編纂が完了したのは五世紀の極末のことであったと推想されるが、その内容の中心をなすのは、「真誥なる者は真人口授の誥なり」（『真誥』巻一九・翼真検篇「真誥叙録」）とあるように、東晋の興寧年間（三六三―三六五）を中心に降臨した真人たち、すなわち南岳魏夫人をはじめとする道教の神々たちが、霊媒の楊羲を介して、許謐（一名は穆）と許翽父子に誥授した言葉の記録の集成にほかならない。護軍将軍の長史をつとめたことがあったが故に許長史とよばれる許謐、また丹陽郡から上計掾に推挙されたことがあったが故に許掾とよばれる許翽、この二人こそがいわば『真誥』の主役なのであって、ごく簡約化すれば、神々が楊羲を介して与える誥授によって許謐と許翽を教育し、神仙の世界へと誘い導くというのが『真誥』のメイン・テーマなのである。

ところで、それら誥授の記録は、許翽が太和五年（三七〇）に、ついで許謐が太元元年（三七六）にそれぞれ仙去すると、次第に散佚をはじめ、ある時にはその一部が焼き捨てられることすらあった。かく散佚の運命にあった記録の蒐集と編纂は、陶弘景に先立って、劉宋・南斉の道士の顧歡によって手がけられ、それは『真跡』と名づけられた。『無上秘要』に『真跡経』あるいは『道跡経』として引用されているのがそれである。しかしながら、顧歡による蒐集と編纂に少なからざる不満を感じた陶弘景は、『真跡』を基礎としつつも、江南の各地に散在する誥授の記録のさらに一層の蒐集につとめ、かくして「或いは五紙三紙一紙一片」（「真誥叙録」）と表現されるそれらを、つまりごくごくの断片に至るまでを蒐集し集成してあらたに『真誥』と名づけたのであった。

陶弘景がかくもそれらの蒐集に熱心であったのは、何よりも彼が所依とする上清経典が『真誥』に登場する神々に由来するものであるからであって、そのことを彼は次のように述べている。「伏して上清真経の出世の源を尋ぬるに、晋の哀帝の興寧二年（三六四）、太歳は甲子、紫虚元君・上真司命・南岳魏夫人下降し、弟子の琅琊王司徒公府舎人の楊某（楊羲）に授け、隷字と作《な》して写出して以て護軍長史の句容の許某（許謐）并びに弟（第）三息の上計掾の某某（許翽）に伝えしめしに始まる。二許（許謐と許翽）は又た更めて起写し、修行して得道す。凡そ三君（楊羲と二許）の手書、今、世に見在する者、経伝は大小十余篇、掾の写多し。真受は四十余巻、楊の書多し」（巻一九「真経始末」）。陶弘景をして誥授の記録の蒐集に駆り立てたのは、かかる宗教的情熱もさることながら、さらにまた自ら能書として知られ、書の鑑定にもすぐれた彼が、誥授を書写した楊羲と許氏父子の書跡に魅せられていたからでもあった。とりわけ彼が深く魅せられたのは楊羲の書跡であり、次のように極めて高い評価を与えている。「三君の手跡を按ずるに、楊君の書最も工《たく》みにして今ならず古ならず、大を能くし細を能くす。大較《おおよそ》、郗（郗愔・郗超）の法を祖効すと雖も、筆力規矩は二王（王羲之と王献之）に並ぶ。而るに名の顕われざる者は、当《まさ》に地（門地）微にして、兼ねて二王の抑うる所と為るを以ての故なるべし」（「真誥叙録」）。

『真誥』は運象篇（翼真検篇によれば運題象）、甄命授、協昌期、稽神枢、闡幽微、握真輔、翼真検の七篇をもって構成され、今日のテキストでは、運象篇ないし運題象は四巻、甄命授は四巻、協昌期は二巻、稽神枢は四巻、闡幽微は二巻、握真輔は二巻、翼真検は二巻のあわせて二十巻に分巻されている。七篇をもって構成されるのは『妙法蓮華経』や『荘子』内篇の例にならうものであるという。また三言をもって篇題とするのは緯書の例にならうものであるという。とするならば、第一篇の篇題は翼真検篇の言うところに従って「運題象」とするのが正しいのであろう。これら七篇のうち、神々の誥授は運題象から闡幽微までの五篇であって、握真輔篇には、楊羲と許氏父子による経典や世俗の書物の抄写、彼らの夢の記録、あるいは彼らの尺牘などが集められている。また翼真検篇は、『真誥』全体にわたる解題として陶弘景自らが撰述したものである。『真誥』のテキストの随処には注記が挿入され、それらはがんらい本文に属するものと陶弘景によって施されたものとがあり、本文に属する注記は墨書細字、陶弘景によって施された注記のうち、「三君の手書や経中の雑事」を抄取したものは紫書大字、それ以外のものは朱書細字の区別があったというが、今日のテキストではもはや墨書、紫書、朱書の区別がないのはもとよりのこと、往々にして大字と細字の混同もあるようであって、内容によって判別するよりほかに方法はない。

われわれが共同研究班の会読のテキストとして『真誥』を選んだのは、制作年代の定かではないものが少なくない道教文献の中にあって、『真誥』の内容をなすのが四世紀の中葉における道教の神々の誥授であり、その編纂時期が五世紀の極末と明らかであって、『真誥』を読み解くことは、道教研究にとって、さらにひろげて言えば中国思想史研究にとって、一つの確固たる橋頭堡を築き得ることが間違いないと考えたからである。しかしながら、『真誥』は一人で読み解くにはなかなかに手強いテキストである。『真誥』に語られている教義や道術もさることながら、それらについて語る言葉ないし文章が難解なことに基づくところが大きい。「六朝通行のそれとは異種の文体。そのため、句読を定めかねる場合すらけっして稀ではない。さらにまた特殊な言葉の使用。ある言葉の適確な意味をつきとめるべく他の使用例を検索するのはテキストを読むにあたっての基本的にしてかつ常套的な方法であるが、しばしばの場合、この方法の適用を断念せざるを得ない。恐らくは茅山で神降ろしが行なわれた東晋期の口語・俗語を多くまじえるからであろう。それはあるいは茅山の神降ろしに参加した人たちの言語生活の反映ででもあるのかも知れない」。かつて『中国古道教史研究』の序にこのように記したが、かかるテキストは、道教の専家はもとよりのこと、中国思想、歴史、文学の研究者がそれぞれに知識を総動員し、寄ってたかって格闘するのがふさわしいであろう。共同研究班の参加者は出入りはあったものの、常に二十名前後。隔週に開催される研究会では、担当者が準備した訳注を素材として討議を行なった。訳注を担当したのは、赤松明彦、新井晋司、荒牧典俊、鵜飼光昌、愛宕元、釜谷武志、神塚淑子、龜田勝見、小南一郎、坂内榮夫、都築晶子、礪波護、原田直枝、深澤一幸、船山徹、松村巧、三浦國雄、三浦秀一、南澤良彦、麥谷邦夫、横手裕、吉川忠夫の二十二名である。

本書をまとめるにあたっては、龜田、麥谷、横手、吉川の四人が再度の点検を加え、整理を行なった。注釈語彙の索引は、龜田の協力を得て麥谷が作成し、版下の作成は麥谷がその全てを担当した。

吉川忠夫

〈補記〉

本書は二〇二一年の九月、臨川書店から上下二冊に分冊して復刊された。その下冊末尾には麥谷邦夫氏による「解説」が新たに付されているほか、索引も格段に充実したものになっている。なお「海外道教学訳叢」に、吉川忠夫・麥谷邦夫編、朱越利訳『真誥校註』（中国社会科学出版社、二〇〇六年刊）が収められているが、ただし現代日本語訳の部分を現代中国語訳に置き換える作業はなされていない。

『魏晋清談集』解説（講談社「中国の古典」）

一　『世説新語』――真実をうがつ

魏晋の時代は愛すべき人物をすくなからず生んだ。愛すべきというのは、かれらの言葉ないしは行動が、われわれの心に感動と快感をもたらすからである。感動と快感をもたらす言葉、それらはもとよりのこと、行動もまた、語り伝えられたという意味において、「清談」とよんでよいであろう。

愛すべき魏晋時代人の人物像は、『三国志』や『晋書』などの正史のなかに伝えられた。中国の正史は、司馬遷の『史記』の伝統をついで、個人の伝記である列伝を重要な柱として構成されるが、それら列伝のなかに伝えられた。そしてまた、『隋書』の経籍志が子部の小説家類に分類する『世説新語』によって伝えられた。明代に『世説新語』のテキストを校刊した袁褧《えんけい》は、それにそえた序文につぎのようにいう。「世に江左は清談に善しと言う。今、（世説）新語を閲《けみ》するに、信《まこと》なるかな其のこれを言えるや」。江左とは江南。ここでは晋王朝が江南に遷った東晋時代をいい、東晋時代の人物こそ『世説新語』の中心をしめるからである。

『世説新語』は、五世紀、南朝宋の臨川王劉義慶《りゅうぎけい》によって撰述された。宋は東晋を継いだ王朝である。がんらいはただ『世説』とよばれたらしく、『南史』劉義慶伝にも、『隋書』経籍志にも、そのように記されている。劉義慶の撰述といっても、つとに魯迅の『中国小説史略』が想像しているように、実際は、劉義慶をパトロンとしてかれの王府につどった文人たちの手になったものであろう。そしてまた、かならずしもすべてがあらたに書き下ろされたものではなかったであろう。同一人にたいする呼称がはなはだしく一定していないこと、たとえば東晋の謝安《しゃあん》のことを「謝安」「謝公」「謝安石」「謝太傅」などとさまざまに記していることは、下敷きになった書物が数種類にわたって存在したであろうことを想像させる。なかでも、現在ではごくわずかの佚文が伝わるだけにすぎないが、東晋の裴啓《はいけい》が撰述した『語林』は種本のなかの有力なものであったらしい。あわせて一一三〇条。そのうちのごく少数が前漢時代にかかわるのをのぞいて、圧倒的部分は後漢および魏晋の名士たちの逸事逸聞を内容とし、謝霊運《しゃれいうん》のごとく、劉義慶の同時代人の話もわずかながら含まれる。『世説』という書名それ自体が、語り伝えられ、書き伝えられた世間話を意味するであろうが、かく逸事逸聞を内容とするだけに、一条が一〇〇字をこえることはむしろまれであって、わずか一〇字前後で一条が完結することもめずらしくない。たとえば、

劉尹云、清風朗月、輒思玄度。

劉尹《りゅういん》（劉惔《りゅうたん》）の言葉。「清風朗月のたびに玄度《げんど》（許詢《きょじゅん》）のことがしのばれる」。（言語篇）

謝公称藍田、掇皮皆真。

謝公《しゃこう》（謝安《しゃあん》）は藍田《らんでん》（王述《おうじゅつ》）をこうたたえた。「一皮むけばすべて本物だ」。（賞誉篇）

といったごとくである。

このように、『世説新語』は瑣事瑣語の集成である。瑣事瑣語の集成ではあるけれども、しかし右の例にもみられるとおり、許詢なり王述なりの人となりをさながらに髣髴させる劉惔や謝安の言葉は警抜である。一〇語にも満たぬ言葉によって表現しえているだけにいっそう警抜であるとしなければならない。何人《なんぴと》の言語であれ、何人の行為であれ、片々たる瑣事瑣語であるにもかかわらず、いな瑣事瑣語であるがゆえにかえっていっそう珠玉のごとくきらきらひかるものを、『世説新語』は丹念に採集した。人間の真実にせまる何ものかがそこに表現されていると考えたためであろう。そしてそのさい、人間の多様に分岐する言語や行為が、まことに多様なるがままに取り上げられたのであった。

そのことは、あわせて三六をかぞえる篇名についてもうかがいうるように思う。さいしょにおかれるのは、『論語』先進篇に「徳行は顔淵《がんえん》、閔子騫《びんしけん》、冉伯牛《ぜんはくぎゅう》、仲弓《ちゅうきゅう》。言語は宰我《さいが》、子貢《しこう》。政事は冉有《ぜんゆう》、季路《きろ》。文学は子游《しゆう》、子夏《しか》」とあるのにもとづく徳行、言語、政事、文学の四篇であり、それ以下、方正、雅量、識鑒、賞誉、品藻、規箴云々といささかかたくるしい篇名がつづくが、しかしそのおわりにいたっては、仮譎《かけつ》（インチキ）、黜免《ちゅつめん》（くびきり）、倹嗇《けんしょく》（けちんぼ）、汰侈《たいし》（贅沢）、忿狷《ふんけん》（癇癪もち）、讒険《ざんけん》（いけず）、尤悔《ゆうかい》（やるせなや）、紕漏《びろう》（すかたん）、惑溺《わくでき》（首ったけ）、仇隙《きゅうげき》（仲たがい）などなどと、一見してなかなかにすさまじく、反道徳的ですらある。たとえば倹嗇篇の一条はつぎのようだ。

——王戎《おうじゅう》のところではみごとな李《すもも》がとれた。いつも売りにだしたが、種子を手にいれられては元も子もないと、しじゅうきりで核《さね》をほじっていた。

けちんぼも、ここまで徹底すればむしろほほえましい。おまけに、右の話の主人公の王戎が、西晋時代の大官であっただけでなく、かの有名な「竹林の七賢」の一人だったといえば、人はいかなる思いをいだくであろうか。このように、ひとり王戎についてみただけでも、『世説新語』が一面的な人間観察をいかに峻拒しているか、その一端をうかがうことができる。けちをもし悪徳とよぶとするならば、悪徳もまた人間の真実であるにちがいない。しかも、悪徳を悪徳そのものとしてえがくのであって、悪徳を反面教師としてえがこうとするお説教臭は微塵もない。『世説新語』はそのような立場に立つ。


本書「魏晋清談集」には、『世説新語』を中心として、当時の清談のすぐれたものを集めた。

二　魏晋の時代——単眼から複眼へ

魏晋は、古代帝国の漢王朝が崩壊したその荒廃のなかから立ちあらわれた時代である。

前二世紀、漢の武帝が儒教を王朝の正統教学として採用して以後、儒教は漢帝国に政治理論を提供し、儒教に根拠をおく礼教、名教は人々の日常生活のすみずみにまで浸透した。漢代においては、儒教こそがすべての価値の源泉であった。儒教の徳を体現し実践することが人々の理想であった。たとえば前漢の劉向《りゅうきょう》の『説苑《ぜいえん》』。『説苑』も人間の行為をいくつかの類型に分けて記述するが、君道、臣術、建本、立節、貴徳、復恩、政理、尊賢、正諫、敬慎云々とつづく二〇の篇名はいかにも儒教的なかたくるしさ、気まじめさを感じさせる。

だが、二世紀の中葉にいたって、漢帝国の支配にしだいに亀裂が生じ、ついに三世紀のはじめ、帝国が最終的に崩壊してあらたな時代をむかえると、文化の情況も一変する。ごく単純化していえば、漢帝国の崩壊にともなう政治力の弛緩、まさしくその事実が、人々をして政治と一体化していた儒教、それ以外のものへの興味の目をひらかせたといってよい。

魏晋の人々のなかには、漢代的礼教ないし名教にたいして果敢に批判の太刀をあびせるものもあらわれた。たとえば、「竹林の七賢」のなかの領袖の位置にたつ阮籍《げんせき》は、その戦列の先頭にたってたたかった人物であった。阮籍は規範としての礼教をあくまで排斥し、人間の自然と感情、それにもとづく行動をたいせつにした。かれは「名教の罪人」とよばれることさえあったけれども、しかしたんなる破壊主義者であったのではない。深い反省に根ざした行動は、それ自体のうちに創造的なものがはらまれていた。

もっとも、このあらたな時代においても、おおむねの人々にとって、儒教は依然として基礎的な教養であり、人間形成のうえにおおきな力をもちつづけたけれども、その性格に漢代とはことなるすくなからざる変容の生じたことに注意しなければならない。漢代における儒教の政治教学としての性格は後景に退き、人間主義とでもよぶべき立場から反省が加えられ、解釈が行なわれる。かくして、儒教は人間の学となるであろう。学問それ自体として自立する道がひらかれるであろう。いささか唐突ながら、儒教が、一種の遊戯というべき談論の対象となるのもそのことと無関係ではあるまい。また文学や芸術を儒教的鑑戒主義から解きはなち、文学や芸術それ自体の意義をみとめる道もひらかれるであろう。魏晋時代の幕を開いた魏の武帝曹操《そうそう》は、武人であり政治家であるとともに、すぐれた詩人でもあった。その子の魏の文帝曹丕《そうひ》は、「文を論ず」という文章に、「文章は経国の大業にして、不朽の盛事なり」と述べ、文学のもつ偉大な力と不滅性をたたえた。そしてまた魏晋人は道家の思想に注目する。道家の思想の反政治主義や自然主義にひかれたからであろう。道家の思想の流行のもとに、老荘道家の哲学にもとづく儒教解釈さえ行なわれる。また仏教の本格的な受容がはじまるのも、この時代のことである。仏典を読んだ殷浩《いんこう》が、「道理はここにもあるとにらんだぞ」といったという話を『世説新語』文学篇が伝えているのは、まことに印象的である。仏教によって、過去の中国人が知ることのなかった永遠の問題にたいする開示をあたえられたことであろう。このようにして、儒教はもはやすべての価値の源泉とはなりえない。人間と世界を見る目が単眼から複眼にかわったのである。『世説新語』はそのような立場を示している。

ところで、魏晋の社会のにない手は、後漢時代からしだいに形成され、やがて魏晋において地位をきずいたところの貴族であった。『世説新語』に登場するおよそ六五〇名の人物も、おおむねがそれらの人たちであり、また一一三〇条にのぼる話のおおむねは、貴族社交界で語り伝えられたものであったろう。そのことは、人間主義とよぶべき立場にも一定の限界をもたらす。とともにそのことは、『世説新語』に『世説新語』としての特色と精彩をもたらす。貴族はいかにも貴族らしく、かれらの関心は、挙措や言語にはじまって心ばせにいたるまで、およそ人間のありかたにかかわるすべてのことがらをいかにして美しく洗練されたものにしたてあげるか、そのことにもっぱらむけられたのであった。野暮はあくまで切りすてられるべきであり、野暮をいかように切りすてるか、そのことに人々の興味は集まった。

――桓南郡《かんなんぐん》（桓玄《かんげん》）は気のきかぬおとこにであうと、いつもむかっ腹をたてた。「君は哀《あい》さんのところの梨を手にいれても、煮て食うてあいじゃろう」。（軽詆篇）

「哀さんのところの梨――哀家梨」とは、口に入れたとたんにとろりととける美味な梨だという。野暮が切りすてられる反面、たっとばれるのは、気品や機智やユーモアやしゃれっ気など、要するに片々たる言葉や行動のうちにこそかえってよく表現されるであろう高度の洗練性であった。そのような高度の洗練性を意味する「清」は、魏晋人の愛用の言葉であった。

三　『世説新語』の評価

『世説新語』の撰述からおよそ一世紀、梁の劉孝標《りゅうこうひょう》がこの書物に注釈をほどこした。劉孝標の注は四一四種にのぼる書物を引用し、まことに精審をきわめる。沈家本《しんかほん》『世説注所引書目』、参照。劉孝標は『世説新語』の種本となったであろうものとの比較考証のうえ、しばしば『世説新語』の誤りを指摘している。そして、唐代の史評家である劉知幾《りゅうちき》は、その『史通』において『世説新語』にたいするまことに手きびしい批判を加え、むしろ劉孝標の注をたかく評価する。かれは劉孝標ほどの才智見識にめぐまれたものが、「委巷《いこう》（民間）の小説」、「流俗の短書」、劉知幾は『世説新語』をそのようにさげすんでいるのだが、そのようなものにたいして興味をもち、労力をついやしたのはまったく無駄なことであったと惜しんでいる（補注篇）。またつぎのようにも述べている。

——宋の臨川王劉義慶は世説新語を著わし、上は前漢、後漢、三国時代から西晋、東晋時代までのことを述べた。劉孝標が注釈をほどこしてそのまちがいを指摘し、偽跡《ぎせき》は明らかとなって言いつくろうことはできぬのだが、わが唐朝が晋代史（晋書）を編集するにあたって、多くこの書物に取材した。かくて劉義慶の妄言をとりあげ、劉孝標の正説にたがっている。（雑説篇中）

いったい、『世説新語』の「偽跡」、劉義慶の「妄言」とはいかなるものなのか。劉孝標の「正説」とはいかなるものなのか。一例をあげればこうだ。『世説新語』容止篇につぎの一条がある。

——何平叔《かへいしゅく》（何晏《かあん》）はスマートで、顔の肌はぬけるように白かった。魏の明帝は白粉をつけているのではないかと疑い、暑い夏のさかりに、あつあつの湯麵《たんめん》を供した。食べおわると、どっと汗がふきだし、朱《あか》いハンケチでぬぐったところ、肌の色はいっそうあざやかとなった。

肌の白さと朱《あか》いハンケチ。白と朱の色彩の対照にこの話の妙味はあるが、劉孝標は注釈として、『魏略』からつぎの記事を引く。「晏は性として自ら喜び（ナルシスト）、動静に粉白《おしろい》をば手より去らず、行歩するに影を顧みる」。そのうえで、つぎのような按語をそえる。「この記事によるならば、何晏の妖麗はほんらい外飾によるものであった。しかも、何晏は母親が曹操の妾となったためにはやくから宮中で養われ、明帝といっしょに育ったのだから、明帝がことさらためしてみる必要はなかったであろう」。

だが、「身《み》も蓋《ふた》もないとはまさしくこのようなことをいうのではあるまいか。われわれは『世説新語』をいちがいに「偽跡」、「妄言」としりぞけることができるであろうか。何晏と魏の明帝に関する事実関係は、なるほど劉孝標の指摘するとおりであるかも知れぬ。しかし、この逸話のもつ鮮やかな印象は、まぎれもなく魏晋のものである。かくこれを一例として、『世説新語』は時代のエトスを伝える点ですぐれた「正説」であった。すぐれた歴史書であった。明末清初の人、銭謙益《せんけんえき》は、梁慎可《りょうしんか》の『玉剣尊聞《ぎょくけんそんぶん》』に寄せた序につぎのようにいう。「余は少《わか》くして世説を読む。嘗《こころ》みに窃《ひそ》かに論じて曰わく、臨川王は史家の巧人なり。遷固《せんこ》の史法を変じてこれを為す者なり。臨川は善《よ》く遷固を師とする者なり。史家を変じて説家と為す。其の法は奇」(『牧斎有学集』巻一四「玉剣尊聞序」)。遷固とは司馬遷と班固。司馬遷の『史記』と班固の『漢書』の紀伝体による成功を、臨川王劉義慶の『世説新語』は「説家」、すなわち小説家流の手法によってかちとったというのである。劉孝標の注釈にあまた引かれている文章、それをもし『世説新語』のネタとよぶならば、『世説新語』がそれにどのような加工をほどこしているのか、そのことを明らかにするところにこそ、銭謙益が「奇」と評した『世説新語』の手法の成功の秘密を解く鍵がひそんでいるように思われる。

四　本書の構成

本書『魏晋清談集』に選ばれた文章の八割か九割は『世説新語』のものである。のこりは、主として『後漢書』、『三国志』とその注、『晋書』、そして『世説新語』の注から選んだ。『後漢書』は劉義慶の同時代人である南朝宋の范曄《はんよう》の撰。『三国志』はそれにさきだつ西晋の陳寿《ちんじゅ》の撰。その注はやはり南朝宋の裴松之《はいしょうし》によって書かれた。『晋書』は唐の太宗御撰と銘うたれるが、実際は唐初における数人の史官による編纂である。『後漢書』、『三国志』、『晋書』いずれも正史であること、いうまでもない。そのほか、正史の『宋書』、『魏書』、『南史』、および『文選《もんぜん》』の注から一条ずつ選んだ。

選ばれた文章は、第一部「清談がつづる魏晋小史」、第二部「人間、この複雑なるもの」の構成のもとに排列し、それぞれを数章に分かった。第一部、第二部ともいくらか後漢時代のものを含む。また彼此参照の便宜のため、全条にわたって通し番号を付した。魏晋時代の歴史が概観できるように第一部を設けたが、もとより一条一条についても味読していただきたい。また第二部について、魏晋人の人間の多様性にたいする興味がどのようなものであったのかを理解していただけるならば幸いである。第二部の第一章を「竹林の七賢」にあてたのは、この有名なグループのなかにもさまざまのタイプの人間が含まれ、しかも一人の人物の性向と行動にもおおきな振幅がみとめられるところから、魏晋人の人間の多様性にたいする興味を理解するうえにうってつけだと考えたからである。

正史は中華書局の標点本をテキストとしたが、いくらか句読を改めたところがある。また『世説新語』のテキストには、一九六二年、中華書局刊の影宋本を原則として用いた。原本はわが国の尊経閣に蔵せられる。『世説新語』関係の文献は、井波律子『中国人の機智――『世説新語』を中心として』(中公新書、一九八三年刊)の巻末に付された「主要参考文献」にゆずる。井波さんの著書は、『世説新語』の機智の構造を解明した好著である。なお、井波さんの著書が発表されて以後、中国から『世説新語』の注釈二種が出版された。

（一）余嘉錫《よかしゃく》『世説新語箋疏』（中華書局、一九八三年刊）。余嘉錫氏の遺稿を周祖謨《しゅうそぼ》氏と余淑宜《よしゅくぎ》女史の二人が整理されたもの。先人の説の博捜につとめ、周氏の前言にも述べられているように、とりわけ史実の考証に力がそそがれている。

（二）徐震堮《じょしんがく》『世説新語校箋』（中華書局、一九八四年刊。中国古典文学叢書）。余嘉錫氏の著書にくらべて簡にして要、附録の「世説新語詞語簡釈」も参考になる。

V 三余余録――『中外日報』社説から

無位の真人

井筒俊彦氏の「禅的意識のフィールド構造」（『思想』一九八八年八月号）を読んだ。

南泉和尚の一株花、百丈和尚の野鴨子、趙州和尚の庭前柏樹子など、おなじみの禅の公案がつぎつぎに取りあげられ、それらに一貫した論理構造の伏在することが見事に解き明かされている。その最後に取りあげられているのは臨済の有名な言葉、「赤肉団上に一無位の真人有り、常に汝等諸人の面門より出入す」であって、「真人」が「無位」であると言われているのは何故かと問い、井筒氏は「それ自体は絶対無限定（無固着的）であるSEEの、フィールド的自由無礙な柔軟性を、それは意味している」と述べている。SEEは「見る」という意味の英語の大文字表記。井筒氏がこの単語を用いるのは、南泉の一株花の話から論が展開されているからだ。南泉和尚が弟子の陸亘《りくこう》の質問に対して、庭前に咲く花を指さし、「時の人、此の一株の花を見ること夢の如くに相い似たり」と答えた話である。井筒氏によれば、大文字表記のSEEは小文字seeで表記される「日常的、感覚知覚」、その「奥に伏在して、全体の認識機構を支配している」ところのものであって、禅者が「心」とか「心法（心のリアリティ）」とか呼んでいるのがそれであるという。

井筒氏の論旨を、限られた紙幅で十全に紹介するのはなかなか難しい。今ここでは、臨済が用いた「真人」がいかなる歴史を有する言葉であり概念であるのか、それが「無位」と形容されていることにいかなる意味があるのか、それらのことを少し別の角度から考えてみよう。

そもそも「真人」の「真」の文字が儒教の古典である五経には現われず、「始めて老荘の書に見ゆ」と看破したのは、清朝考証学の開山とされる顧炎武《こえんぶ》であった。従って、「真人」なる言葉も、またその概念も、本来的に道家のものなのであり、『老子』にこそ現われないものの、『荘子』からの挙例にはことかかない。たとえば大宗師篇に、「真人有って而《しか》る後に真知有り」と述べたうえ、真人のありようが「高きに登るも慄《おそ》れず、水に入るも濡れず、火に入るも熱《や》けず」などと、さまざまの角度から描写されている。このように、真人は一種の神通力を備えた存在としてイメージされていたのである。そして後世、老荘道家の思想を一つの有力な拠りどころとする宗教として道教が成立すると、真人は道教の神々である神仙（仙人）を意味するようになった。中国最初の本格的な字書である後漢の許慎《きょしん》の『説文解字』によれば、「真（眞）」の文字はそもそも仙人昇天の象形であるというが、真人は神仙一般というよりも、神仙の中の一つのランクを意味することがしばしばであった。成書の時期が『説文解字』とおなじく後漢時代に求められる道教経典の『太平経』には、神人・真人・仙人・道人・聖人・賢人・・・・というランクづけが見られる。つまり、真人は神仙の一つのランクとして、神人の下位、仙人の上位に位置づけられているのである。時代が下って五世紀の人物である顧歓《こかん》も、「仙は変じて真と成り、真は変じて神と成る。或いは之れを聖と謂う。各々九品有り」と述べている（『南斉書』高逸伝)。神人(あるいは聖人)・真人・仙人の階位を設けたうえ、それぞれをさらに九等に分ける神仙二十七品説であるが、このような神仙二十七品説に関する記載は、唐初に制作された道教百科全書とでもいうべき『道教義枢』や『三洞珠嚢』にもあり、ひろく行なわれていたことを知る。

仏教が中国に輸入されると、「真人」は阿羅漢《アルハット》の訳語として用いられた。時として仏が真人とよばれることもあったけれども、仏はむしろ聖人とよばれるのがより一般的であった。阿羅漢の訳語として「真人」が選びとられた時、本来その言葉にともなう神仙のイメージのもとに阿羅漢が理解されることがなかったかどうか。他の例として、たとえば涅槃《ニルヴァーナ》がいったん「無為」と訳されると、中国古来の無為の哲学によって涅槃が理解されたという、そのような現象がみられたことを思うからである。

臨済が「無位の真人」という表現を用いた背景には、以上に述べたような歴史が存したのであるが、真人を「無位」と措定したところにこそ禅者としての真骨頂を認めなければなるまい。道教の真人は神仙の中の一つのランクであった。仏教の真人である阿羅漢も、四果の最高位であるにせよ、修行者の四つのランクの中に位置づけられるものであった。両者はいずれも「有位」の存在であった。それが「無位」とよばれた時、たしかに井筒氏が言われるように、絶対無限定な存在に変わったのである。

(一九八八年八月二十二日)

訓読もまた一つの翻訳

小島憲之先生から『日本文学における漢語表現』（岩波書店）の恵貺を忝くする。読後の印象は新鮮にして強烈、各ページから鋭い言語感覚が伝わる。

第一章「漢和辞典の周辺」に置かれたつぎの文章こそ、本書全体にわたる宣言とみなしてよいであろう。「多年にわたって語例を集め、標出語をあまた収める辞書類に、たまたま捜し求めようとする漢語が発見できないときは、その語が果してほかに存在しないのかどうか、まず疑いが起る。つまりその語は、日本人の造語した漢語、すなわち「和製漢語」とみなすのが、学界の一部の安直な傾向となっている。なかには『佩文韻府』をひらかず、「諸橋辞典ニナイノダカラ・・・」と安心する者の少なくないのは、あまりにも漢語を軽んずるというよりほかはない。しかし辞書は、人の作るもの、網の目を洩れることは当然である」。『佩文韻府』は清代康熙朝勅撰の一大辞書であり、「諸橋辞典」とは、もとより諸橋轍次氏の『大漢和辞典』のことである。

かくして、小島先生が本領とされる『万葉集』その他の上代文学、それらはもとよりのこと、むしろ幕末明治の都市繁昌記、あるいは森鷗外の文学を重要な素材として、それらに現われる漢語の素性が、中国の古今の書物の博捜によって洗い出される。このような一見迂遠と思われる方法こそが文学の正しい読みに到るための王道である、というのが先生の揺るぎない確信なのだ。あつかわれるのは、漢語の中国から日本への移入の問題だけにはとどまらない。それとは反対に、わが東海散士『佳人之奇遇』の梁啓超《りょうけいちょう》訳、黄遵憲《こうじゅんけん》の『日本雑事詩』、あるいは解放後のものでは周作人《チョウツウオーレン》氏の『古事記』の抄訳、楊烈《ヤンリエー》氏の『万葉集』の翻訳を素材として、日本から中国への言葉の移入にも議論は及ぶ。私は礼状におよそつぎのようにしたためた。「私の関心致します文化受容の問題はもとよりのこと、あくまで言葉に執心されながら、一つの歴史的世界が見事に説き明かされている、そのように拝読致しましたが、決して邪道の読みではありますまい」。

ところで、「誤読は誰でもする」と題された第六章に、『手紙の歴史』（岩波書店）から、書儀『杜家立成雑書要略』をあつかった箇所が俎上にのぼせられている。迂闊にも知らなかったのだが、これはちとひど過ぎる。句読と訓読はまったくのでたらめ、でたらめの句読と訓読に基づく現代語訳は当然のこととして噴飯もの、世の中を惑わすのもいい加減にしてほしい、と言いたくなるほどの出来の悪さだ。

先生の尻馬に乗るわけではないけれども、私自身の最近の経験を一つ記そう。素材は岩波講座『東洋思想』のある巻に収められたある論文。そこに『後漢書』儒林伝からの引用として、劉寛《りゅうかん》なる人物が「少《わか》くして欧陽尚書に京氏の易を学び・・・・」とあるのは誤り。そもそも儒林伝の文章ではなく、列伝一五・劉寛伝の注に引かれている謝承《しゃしょう》『後漢書』の文章であり、「欧陽尚書と京氏易を学び・・・・」と読むべきである。筆者は、劉寛が尚書の官にあった欧陽某から京氏易を学んだとでも解したのであろうが、そうではない。欧陽氏スクールの『尚書』すなわち書経の学問と京氏スクールの易経を学んだとの意味である。

誤読は誰でもする！　しかしながら、である。その論文のいくつかの訓読文を読み進むうちに、おやおやこれは誰かのリズムだぞ、そうだ、ほかでもない私がかつて試みた訓読ではないか、と直感したのであった。しかもそれらは、論文の筋を運ぶうえに是非とも必要な小道具として私なりの苦労のもとに配置した訓読文であったから、同様の筋立ての中に置かれていることに、いささかの驚きなしにはすまされない。もっとも私の訓読文と送り仮名などにごくごく若干の違いは認められる。それにまた、訓読文は原文の漢文なしにはあり得ない。従って、アプリオテイトを主張しようなどとの気持ちは毛頭ない。訓読は原漢文に即してなされるのだから、訓読文が相い似るのは自然な現象ではあろう。だがそれにしても、偶然の一致と言ってすませるには、あまりにもよく似ている。

訓読も一つの翻訳であることは動かしがたい事実である。訓読書き下し文には、訓読者それぞれの独自のリズムが息づく。「書き下し文に改める場合に、よほど慎重にしない限り、おのずと原文を誤読して歪曲したものも生れて来よう」。「書き下し文に、作者の息吹きを伝える句読をほどこすにはよほどの慎重さを要する。句読はその本文に対する解釈のひとつでもある」。小島先生の著書一四三ページと一四四ページに見える言葉である。今後の私自身の戒めともしなければなるまい。

（一九八八年十月三日）

『顧亭林と王山史』

一日、二日の読書の糧とすべく書架から取りだしたのは、趙儷生《チャオリーション》著『顧亭林与王山史（顧亭林と王山史）』。斉魯書社、一九八六年十二月刊。二四二ページ。定価は二・二〇元。日本円に換算すれば一〇〇円ほどのはずだが、日本の書店を介しての価格は七七〇円。中国書の奥付の慣行によって、総字数は一四万一千字、初版印刷部数は千五百部と分かる。表紙題字は張舜徽《チャンシュウンホウイ》、扉頁題字は繆鉞《ミアオユエー》とある。華中師範大学と四川大学の両大家であり、繆鉞先生とは、一九七九年の春、成都の杜甫草堂で拝顔の栄に浴したことがある。著者の趙儷生氏のことはよく知らないが、甘粛省の蘭州におられるらしい。

現在の中国は瞠目すべき文運隆盛にある。いわゆる文革の時代には、われわれの手もとに届く中国の出版物はまことに寥々たる有様であったが、今や応接に暇あらず、研究者の誰しもが書架と財布がいつかパンク状態になる恐怖にとりつかれながら、それでもさもしい性の故か、新しい出版物の購入に余念がない。いつの日か目を通す機会もあろうかと、とりあえず買っとく、積んどくの類の書物がふえるのは自然の勢い。『顧亭林と王山史』も私の専門とはかけ離れたその類の書物の一冊であり、その類の書物をひもとく時間に恵まれることは、それこそまことに至福と形容してもよいほどのものである。乱読の楽しみ、と言うには少しためらいがあるけれども、どんな書物にも必ず大なり小なりの発見があるものだとは、私の敬愛する某先生の言葉である。

表題の一方の主である顧亭林とは顧炎武《こえんぶ》（一六一三―一六八二）のこと。顧炎武は清朝考証学の鼻祖とされるが、この大学者の学問には、学問のための学問とでも言うべき考証の学、ただそれのみに跼蹐せぬ経世済民の大理想が貫く。また一方の主である王山史とは、顧炎武の密友であった王弘《おうこう》撰《せん》（一六二二―一七〇二）のことである。顧炎武は江蘇省崑山の人。明王朝の亡国を経験した顧炎武は、満州族の清王朝に仕えることなく明の遺臣としての一生を貫き、順治十四年（一六五七）に四十五歳となってから後の二十五年に及ぶ後半生は、江南の地を離れて、もっぱら山東省、河北省、山西省、陝西省などの華北の各地における学術研究と調査活動に費やされた。そして康熙十六年（一六七七）、六十五歳の時に陝西省華陰の王弘撰を訪れ、その地に寓居を定めたことから二人の交遊が始まる。

王弘撰ももとより学者であり、詩文を善くし、金石書画にも造詣が深かった。顧炎武の著作の一つである『金石文字記』には、しばしば「王弘撰曰わく」の語をさしはさむ。五十九歳の王弘撰が妾を納れようとした時には、そんな年甲斐もないことはよすのがよろしい、と優しくたしなめてもいる。王弘撰は顧炎武のことを、「古の所謂《いわゆ》る義士、時に合わずして遊を以て隠となす者なり」と評する。時代と合わず、漂泊の旅に隠者の生き方を託する者との意である。顧炎武が亡くなると、王弘撰は万感の思いをこめて、自分の書斎を読易廬から顧廬と改名した。

趙氏の著書は「顧亭林新伝」と「王山史年譜」の二部に大きく分かれ、さらに付録として幾篇かの文章を収める。たとえば『書経』洪範篇の「無偏無頗、遵王之義」の句の韻をそろえるべく、唐の玄宗は勅令によって「頗po」を「陂pi」と改めさせたが、実は余計な改竄であり、古韻では「義」の音は「o」、従って「頗」と「義」そのままで押韻するとの証明が顧炎武の代表的著作『音学五書』にあることを教えられた。そして何よりも私の心緒をくすぐったのは、最後に置かれた付録、「清初関中学者故里訪問小記」の一文であった。顧炎武が「関中の三友」と称した李顒《りぎょう》、李《り》因篤《いんとく》、それに王弘撰、これら三人の故郷である周至、富平、華陰の三県探訪記であり、一九八四年の四月三日と六日と七日になされたこの探訪にあたって、西北大学、陝西省社会科学院、陝西師範大学からそれぞれ車が差し向けられている。この時、著者の趙儷生氏は西安に滞在しておられたわけだ。

実は私も、あたかも一九八四年のその当時、四月を中にはさむ三月二十日から五月十一日までの間、西安に滞在していたのであった。しかも、陝西師範大学はともかくとして、西北大学と陝西省社会科学院には一方ならぬお世話にあずかっていた。宿舎としていたのは西北大学の賓館であり、車の提供を受けたこともある。ひょっとして、西北大学の校庭かどこかで趙氏とすれ違ったこともあったかも知れぬ。

これは、趙氏の著書の本題とはなんら関係のない私事である。しかし、このようなごくつまらぬ発見？も、やはり読書の一つの楽しみではあろう。そして、西安滞在にあたってご高配にあずかり、現在は西北大学校長の要職にあられる張豈之《チャンチイジ》先生にも『顧炎武』（中華書局、一九八二年刊）の著作があったことを思い出す。それにはつぎの一文がある。「学術思想上、王弘撰は顧炎武の影響を深く受けた。顧炎武もはなはだ彼を尊敬し、学を好んで倦《う》まず、朋友に篤《あつ》きこと、吾は山史《し》に如かざるなり、と言っている」。引用の原文は、顧炎武の「広師」と題された文章にある。

（一九八八年十月十七日）

今年の一冊

本屋さんが届けてくれた書物の中から取りだした一冊は、『陳寅恪魏晋南北朝史講演録』。万縄楠《ワンショナン》整理、黄山書社、一九八七年四月刊。一九四七年から四八年にかけての北京の清華大学歴史研究所における講義ノートに基づき、北京大学の周一良《チョウイーリアン》、王永興《ワンユンシン》両教授の校閲を経ているという。一九四七、四八年といえば中国の解放直前のことであり、前言において万縄楠氏が、当時北京は北平とよばれていたとわざわざことわっているのは、四十年前の過去に思いを馳せてのことであろう。万縄楠氏の名は『魏晋南北朝史論稿』の著者として知るところ。安徽師範大学の教授であると聞く。

陳寅恪《チェンインチュエー》氏（一八九〇―一九六九）は二十世紀の中国史学界を代表する巨人の一人である。平凡社の『大百科事典』を参考にしてその経歴を紹介すれば、江西省修水県の客家の出身。変法派官僚の家庭に生まれ、ベルリン、パリ、ハーバードの各大学に学んだ。一九二六年以後、清華大学、西南聯合大学、中山大学の教授を歴任。最初は東洋諸言語と仏教学を修めたが、後にはもっぱら魏晋南北朝史と隋唐史に専心するようになった。

今日の中国史学界において、陳氏の学統を継ぐ学者、学統を継がぬまでもその学風を景仰する学者はすこぶる多い。万縄楠氏はもとより陳氏の学生である。王永興氏はかつて親しく陳氏の助手をつとめた三人の中の一人である。周一良氏も燕京大学の研究生であった頃、わざわざ清華大学まで陳氏の魏晋南北朝史の講義を聴講に出かけられたとは、『史学史研究』一九八八年第三期掲載のインタビュー記事の伝えるところである。

私は『講演録』を貪るように読んだ。私の新発見ではないかとひそかにほくそ笑んでいたことが、すでに陳氏の考えの中にあるのを知ってがっかりすることもある。通史ではないけれども、三世紀から六世紀、つまり漢と唐の統一王朝の間にはさまれた分裂の時代である魏晋南北朝の社会、経済、文化の諸方面にわたる関鍵の問題が見事に剔抉されている。その一、二を紹介するならば、胡族と漢族との融合はこの時代のきわだった社会現象であったが、胡漢の別は血統（種族）の問題としてよりも文化の問題としてとらえるべきだというのが陳氏の基本的な考え方である。あるいはまた、この時代の重要な文化現象である仏教受容の問題についてもしばしば言及し、「仏教三題」と題する一章も設けられているのだが、私がとりわけ目を洗われる思いがしたのは、「格義」に関する陳氏の解釈であった。

『高僧伝』によると、西晋の沙門の竺法雅《じくほうが》は、まだよく仏典に通暁せぬ弟子たちを教育するため、「経中の事数を以て外書に擬配して生解の例を為し」、このような方法を格義とよんだという。経中の事数とは、五陰とか四諦とか十二因縁とか、要するに仏典中にあらわれる数字のついたターム、いわゆる法数のこと。外書とは中国の書物である外典のことである。つまり、仏典中の中国人にはなじみの薄いタームを外典のタームにひきあてて説明する方法がとられたのであって、たとえば仏教の五戒を中国の五常（仁・義・礼・智・信）にひきあてることは、この時代にしばしば行なわれた。そこまでは凡庸の私にも理解できる。しかし、「生解」とは一体何のことなのか。これまで納得のゆく説明が得られぬことにいらだちを感じていたのだが、ようやくにして陳氏の解釈に接することができた。陳氏の言うところでは、「生解」とはこの時代の中国古典解釈学でしばしば用いられた「子注」、すなわち本文と同義異文の文章を注釈としてそえる方法のことであり、「生」と「子」、「解」と「注」とは互訓の文字であるという。われわれは、陳氏のこの解釈を正解としてよいであろう。

『陳寅恪魏晋南北朝史講演録』は一年の終り近くにめぐり合った一冊だったが、私は充実した読書の時間を満喫することができた。整理にあたられた万縄楠氏の労を多としたい。

（一九八八年十二月九日）

『孔子』

井上靖氏の小説『孔子』が大変な評判のようだ。刊行から現在に至るまで、絶えずベストセラーの上位を占めているらしい。私が購った一本の奥付には、「平成元年九月十日発行、平成元年十一月十五日八刷」とあるが、その後も引きつづいて版を重ねているのであろう。

孔子の死後三十三年、井上氏によって蔫薑《えんきょう》と命名された架空の一弟子が、孔子研究会会員のさまざまの質問に答えて孔子の人柄を語り、孔子の哲学を語りあかす趣向である。蔫薑とは、「ひね生薑《しょうが》」とか「萎《しお》れ生薑」とかといった意味だという。蔫薑の思い出話は、孔子が母国の魯を離れ、今日の河南省に存在した陳や蔡などの諸国を、子路《しろ》、顔回《がんかい》、子貢《しこう》の三人の弟子たちとともに放浪の旅をつづけた十四年間を中心として進められ、蔡国生まれの蔫薑は、孔子たちの放浪の旅の途中で、「下働きの家僕といった格好」で孔門の一員に加わったことになっている。今では蔫薑は魯の都の郊外の山深い里で隠者まがいの生活を送っており、魯の都の孔子研究会の会員がおしかけて来るのだが、蔫薑が語る言葉のなかに、井上氏自身の孔子観が託されていると考えてよいであろう。

小説『孔子』の執筆のために、一九八一年から一九八八年の間、井上氏は六回にわたって中国へ取材旅行に出かけている。日中文化交流協会の会長でもある氏が、中国側のさまざまの便宜供与に恵まれたであろうことは想像に難くないが、すでに高齢に達せられた氏の執心に感心せざるを得ない。なかでも氏が執心を示すのは、かつて存在した負函《ふかん》なる町の調査旅行であった。蔡の国が呉によって滅ぼされた後、呉のライバルであった楚が蔡の遺民を招致してあらたに建設したのが負函の町であるという。負函は、そこを居城とする楚の重臣の葉公子高《しょうしこう》のもとで孔子とその弟子たちが放浪の旅の最後の日々を送ったところであるが、孔子はその地で、ひそかに希望を託していた楚の昭王の葬送を見送ると、「帰らんか、帰らんか」と、ついに母国の魯へ引きあげることを決意する。負函の町は現在の河南省の最南端、淮河ぞいの信陽の郊外に存在したという。

蔫薑と孔子研究会会員との対論には、今日のわれわれが『論語』の言葉として知っている有名な文句や、あるいはまた孔子哲学の中心テーマである「仁」や「天命」が取りあげられ、たとえば「仁」について、井上氏は蔫薑につぎのように語らせている。

――仁とは、すべての人間が倖せに生きてゆくための、人間の人間に対する考え方であります。〝まこと〟、〝まごころ〟、〝人の道〟、――、いろいろ、どのようにも名付けられましょうが、要するに、人間はお互いに相手を労《いたわ》る優しい心を持ち、そしてお互いに援け合って、この生きにくい乱れに乱れた世を、やはりこの世に生れて来てよかった、と思うように生きようではないか。そういう考え方が〝仁〟であります。

右の文章のなかの「乱れに乱れた世」、ないしは「紊れに紊れた世」という表現は、小説『孔子』

に畳句（リフレイン）のようにして繰り返し用いられている。「この紊れに紊れた世から眼をほかに逸らせてはいけない。どんなことがあっても、人間が生き犇いているこの現世から足を外してはいけない」。「子（孔子）は五十歳の時、この紊れに紊れた世の中を、自分の周辺から少しずつでもよくして行こうというお考えを、はっきりと天から与えられた使命として自覚され、改めてそれを御自分に課せられたかと思います」。

たしかに、孔子が生きたのは「乱れに乱れた世」であった。蔫蕓の生国である蔡も、あるいは古い文化の伝統を誇った衛の国も、強大国によって力ずくで亡ぼされてしまう時代であった。小説『孔子』から、この「乱れに乱れた世」の現実がそれほど生々しく浮かびあがってこないのは残念であるが、しかし誰しも、つぎの言葉にはほのぼのとしたものを感じるに違いない。

――いかに世が乱れに乱れようと、人間から、故里というものだけは、奪《と》り上げてはならない。若し奪り上げてしまったら、当然、替りのものを返さなければならぬ。それが政治というものである。

（一九九〇年二月十四日）

『日本学者研究中国史論著選訳』

五月二十九日、京都の京大会館において、北京大学、中華書局、河合文化教育研究所の共催にかかる「『日本学者研究中国史論著選訳』出版慶祝学術討論会」が開かれた。『日本学者研究中国史論著選訳』（以下、『選訳』と略称）全十巻刊行の完結を記念するシンポジウムである。

『選訳』には、中国史に関する日本人学者の代表的な論文が、(一)通論、(二)専論、附戦後日本の中国史論争、(三)上古秦漢、(四)六朝隋唐、(五)五代宋元、(六)明清、(七)思想宗教、(八)法律制度、(九)民族交通、(十)科学技術と、時代別、分野別の巻立てのもとに中国語に翻訳のうえ収載されているのであって、このように日本人の中国史研究の成果が本家の中国に系統的に紹介されるのははじめてのことである。選ばれた学者の総数は九九人、それに対して収載論文の総数が一五〇篇であるのは、一人で数篇の論文が選ばれている場合があるからである。

『選訳』のそもそもの仕掛人は北京大学歴史系教授の劉俊文《リウチュインウエン》氏であった。一九八九年の十月に日本学術振興会の招きによって来日され、京都に滞在された劉教授から『選訳』の計画について聞かされた私は、所詮は実現の見こみのない夢物語に終るであろうとたかをくくっていた。ところが劉教授は滞日期間中、四百余種の日本語の論文著書を精力的に通読するとともに、三十余ヵ所の研究機関、百人をこす研究者を訪問してわが国の中国史学界の状況に精通され、計画は次第に具体化していったのである。しかもその間、名古屋の河合文化教育研究所から資金面の援助の約束もとりつけられた。かくして劉教授主編のもとに北京の中華書局が出版事業を担当、一九九二年七月の第一回配本から一九九三年十一月の最終回配本まで、まことに驚嘆すべき短時日の間に全十巻刊行の実現をみたのであった。翻訳には、中国本土はもとよりのこと、香港、台湾在住の各位、さらに中国人留学生があたられたと聞く。

シンポジウムでは、京大助教授夫馬進氏が「近十年来、明清史研究の新潮流」、劉俊文氏が「中日史学交流芻議」、創価大学教授池田温氏が「日本の中国前近代史研究——過去と現在」とそれぞれ題して基調報告を行なわれたが、それに先立って開かれた座談会における中華書局歴史編集室主任張《チャン》忱石《チェンシー》氏の苦労話がとりわけ印象的であった。

翻訳は「信」すなわち正確であること、「達」すなわち意味がよく通ずるようにつとめ、原典引用のチェック、さまざまの水準の翻訳原稿の調整を厳格に行ない、そのため仕事量は平均ノルマの三倍にも達したという。

ともかく、『選訳』第一巻に論文が収められている白鳥庫吉、内藤湖南、桑原隲蔵を筆頭として、二十世紀初頭以来のわが国の中国史研究の成果が、各巻およそ四千部の発行部数をもって中国にひろく紹介されたことは喜ばしいかぎりである。ここではひとまず周一良《チョウイーリアン》北京大学教授が第一巻に寄せられた「序言」の言葉を引いておこう。周教授は今年（一九九四年）三月十二日の本欄「鎮悪」でも紹介した中国史学界の老大家。『選訳』出版の顧問の一人であり、シンポジウムにも参加された。「諸家（日本の中国史研究者）の論述のあるものの角度と視点は新鮮であり、あるものの結論は創見に富み、あるものの考証は深遠厳密で特色があり、あるもののテーマは先人がめったに扱わなかったものであり、あるものの領域は一般に無視されてきたものである」。

今回の『選訳』に論文が収載された中国史研究者の年齢の下限は一九三八年生まれの五十六歳。そのため『選訳』とは別個に、より若い研究者の論文の選訳として、『日本中青年学者論中国史』全三巻が間もなく出版されるとのことである。さらにまた論文ではない単行本の翻訳シリーズとして、『日本東洋史学名著訳叢』全三十巻の出版計画もあると聞く。

（一九九四年六月九日）

〈補記〉

私の論文は、『日本学者研究中国史論著選訳』第七冊「思想宗教」の巻に、「六朝士大夫の精神生活」（岩波講座『世界歴史』5、一九七〇年。中訳名「六朝士大夫的精神生活」）、「静室考」（『東方学報』五九冊、一九八七年。中訳名「静室考」）の二篇が収められている。

『中日の古代都城と文物交流の研究』

王維坤《ワンウェイクゥン》氏の『中日の古代都城と文物交流の研究』が八月に出版された。同志社国際主義教育委員会刊、三一八ページ。著者の王氏は西北大学文博学院考古教研室の少壮教授。一九九四年十月に同志社大学から文学博士の学位を授与された博士論文である。一九八六年四月から二年間、京都の同志社大学に留学した王氏は森浩一教授に師事して修士学位を取得、さらに一九九二年十月に同志社大学の客員研究員として再来日すると、日本語で博士論文を書き上げたのであった。刻苦の精神に満ちた王氏の日本留学と博士号取得のことは、『人民日報』にも大きく取り上げられたと聞く。

考古遺物・遺跡と文献資料との総合を一貫した研究方法とする本書は、本書全体のテーマに関わる中日両国の研究史を概観した「中日の古代都城と文物交流に関する研究史」を第一章として、第二章「日本の平城京と中国の古代都城の比較研究」、第三章「中国の唐三彩と日本の奈良三彩の研究」、第四章「日本正倉院収蔵の鍍金鹿文三足銀盤と唐代文化」、第五章「日本の考古学的発見からみた孔子の学説の東伝とその影響」のあわせて五章をもって構成され、そして最後に、論文を書き上げるまでの経緯を語り、また各章の論点を要約した終章が置かれている。

本書全体を通して、王氏が最も会心の作とするのは、わが国の平城京のモデルが三国曹魏の鄴北城でもなく、北魏の洛陽城でもなく、東魏・北斉の鄴南城でもなく、あるいはまた隋・唐の洛陽城でもなく、何よりも隋・唐の長安城にほかならぬことを十五項目にわたって検討を加えている第二章であるように察せられる。隋・唐の長安城、それは今日の西安市であって、王氏が所属する西北大学はほかならぬ西安に存在する。かく本書の白眉とすべきは第二章なのであろうが、考古学にはまったくの素人の私が興味深く読んだのは、日本古代史上における儒教の意義をテーマとする第五章であった。

「一九八九年、私は日本古代都城の模倣原型が中国都城であることを研究するに際して、藤原京・平城京の遺跡から出土したいくつかの木簡と陶器における墨書も、孔子の学説の東伝と密接な関係があるということを発見した」。「新しく発見された考古学資料は孔子の思想が日本の飛鳥・奈良・平安時代の文化に対して大きな影響を与えていたことをはっきりと示しているのであり、現在見るところでは、文献方面からの研究だけではだめである」。王氏がこのように語っている第五章では、『古事記』や『日本書紀』の文献資料の記事、『東大寺献物帳・納物』のなかに「孝経一巻」と見えることなどについて述べたうえ、藤原京遺跡その他から出土した木簡や土師器に『論語』の文句が書きつけられていることが紹介されている。これらは当時の下層の役人や工人の墨書習書にほかならず、かくして、儒教が下層の庶民に受容されたのは江戸時代に始まるとする金谷治氏の説に対して、「私の初歩的な研究によると、（儒教が）民間に普及したのは江戸時代まで降らないようであり、奈良時代にさかのぼるはずである」と、いささかの異議が唱えられている。

王維坤氏は、一九八四年の春、私がおよそ五十日間にわたって西安に滞在し、西北大学のお世話にあずかった時以来の旧知である。それからすでに十三年の歳月が経過したけれども、当時はまだ西北大学の助手であった王氏の案内によって、大明宮や玄武門をはじめとする唐代長安城のかずかずの遺跡を訪れたことは、今もなおなつかしい記憶として心にとどめられている。王氏が博士号を取得し、博士論文が出版されたことを、私は心から喜びたい。王氏の著書は、京都の朋友書店を窓口として一般にも市販されるとのことである。

（一九九七年九月十六日）

〈補記〉
『三余録』に収めた「W君とM君のこと」（一九八八年五月三十一日）のW君、また「耀県」（一九九二年十一月十八日）のW君、いずれもともに王維坤氏のことである。

『啓功書話』

啓功《チイクン》氏の『啓功書話』を楽しく読んだ。大野修作訳、二玄社刊、二一〇ページ。

啓功氏は現代中国を代表する書家の一人であり、中国語法や音韻学の学者としても令名が高い。原題の「論書絶句一百種」、また訳書にそえられた「詩でたどる書の流れ」という副題からも察せられるように、「漢晋の簡牘《かんとく》」を第一話として、書作品ないしは書家を取り上げて七言絶句にうたい、それにつづけて随筆風の小文をつづり、あわせて百話をもって構成されている。掉尾を飾る第九七話から第一〇〇話までの四話は「自題書冊詩」と題され、啓功氏ご本人をテーマとする。どの話も、文人啓功氏の風雅を行間にしのぶことができるばかりか、訳書では、大野氏によって漢詩が訓読され、その大意が示され、折々に注が施されているのがありがたい。ためしに、唐の柳公権《りゅうこうけん》をあつかった第四八話を見てみよう。

啓功氏は第一〇〇話の「自題書冊詩（四）」に、「先ず趙董《ちょうとう》を摹《も》し後に欧陽《おうよう》、晩に誠懸《せいけん》を愛し竟《つい》に体は芳《かんば》し」とうたっている。趙は元の趙孟頫《ちょうもうふ》、董は明の董其昌《とうきしょう》、欧陽は唐の欧陽詢《おうようじゅん》、そして誠懸というのこそ柳公権の字《あざな》なのであって、柳公権の作品は氏の学書の基礎を形成したものなのであった。

「勁媚《けいび》虚《むな》しく従う筆正しの論、更に心正しきを将《もっ》て愚人を哄《わら》う。碑に書するに試みに問う心何《いず》くに在りや、閹《えん》に諛《へつら》い僧に諛い禁軍を頌《しょう》す」。

大野氏の解釈によるこの詩の大意は、「勁媚とされる柳公権の書は自らの「筆正し」の論には従っていないし、「心正し」というに至っては一層、人をばかにしている。碑を書くに際してその心はどこにあったのか。宦官《かんがん》や僧におもねり禁軍を称賛するとは」。『旧唐書』柳公権伝に、「公権は初め王（王羲之）の書を学び、遍《あまね》く近代の筆法を閲《けみ》し、体勢は勁媚にして自ずから一家を成す」とある。勁媚とは、力強い筆法の中にもなまめかしい美しさが備わることを言うのであろう。『旧唐書』はまた、柳公権が天子の穆宗に対して、「用筆は心に在り、心正しければ則ち筆正し」と答えたことを伝えているのだが、それにもかかわらず、閹すなわち宦官におもねり、僧におもねり、禁軍を称えているのはどうしたことか、というわけである。

「閹に諛い」、また「禁軍を頌す」というのは、柳公権書の「神策軍碑」を指してのこと。唐の武宗が神策軍の軍営に行幸し、閲兵したことを内容とする「神策軍碑」は、柳公権の最もすぐれた書跡とされるもの。神策軍は唐王朝の禁軍であるが、当時、その実権は宦官の仇士良《きゅうしりょう》に握られていた。「僧に諛い」というのは、やはり柳公権書で端甫《たんぽ》なる僧を碑主とするところの「玄秘塔碑」を指してのこと。「玄秘塔碑」は、今では西安碑林の第二室に立つが、端甫は「左街僧録・内供奉・一教談論・引駕大徳・安国寺上座・賜紫（衣）」という実に長ったらしい肩書を備え、禁中に自由に出入りすることを許されていた怪僧である。

啓功氏の詩はこのようにうたうのであり、そしてその詩にそえられている小文ではつぎのように論じている。「そもそも神策軍は宦官に操られ、悪評が史書にはっきりと書かれているし、玄秘塔主の僧端甫は、邪悪さを奸臣に比せられているのに、柳公権は一々そのために碑を書いた。筆を下す時、心は肺腑の間にあったのか、あるいは肘や腋の後にあったのか。だが、その書はもちろん勁媚豊腴《ほうゆ》で、芸苑において長くその地位を保っている。筆下の美悪と心中の邪正とが、もともと無関係であるのは明々白々である。私がこのように論ずるのは、心正しい者は書が必ず善くないと言っているのではないし、まして書の善い者は心が必ず正しくないと言っているのでもない。もちろん心正しくして書の善い者は世間に多いが、心が正しくなくて書が一層善くない者も、数えきれないほどいるのである」。なかなか陰翳に富んだ文章としなければならない。

各話にそえられている図版も目を楽しませてくれる。それらの図版に釈文が付されておればもっとよかったろうに、と惜しまれる。「訳者あとがき」で大野氏が述べているように、「本書は内容のレベルが高く、詩と解説の表現にも容易に見破れない工夫がこらされていて極めてしゃれている」のであり、それと格闘された大野氏の訳業に賞賛を送ることを私は惜しまない。

しかしところで、たとえば第二〇話「北魏・張孟龍碑（五）」に、「銘石は荘厳　簡札は遒《つよ》し、方円水乳　探究を費やせり」とうたわれているのを、大野氏が「碑版の書は荘厳さを、書簡は遒麗《しゅうれい》さを貴ぶ。それら方（角ばった筆勢）と円（丸みのある筆勢）には水と乳のごとく別々に探究の時間が費やされた」と解釈しているのはどうであろうか。「水乳」は、『臨済録』に「同体にして分かたざること、「水乳の合するが如し」とあるように、物が和合することの譬えとして用いられる仏語なのであって、ここの場合も、方と円とを融合し和合させるのに探究の時間が費やされた、との意味なのではあるまいか。啓功氏が仏学にも造詣の深いことは、その詩のあちこちにうかがわれるのだ。

（一九九七年十月四日）

『葛兆光自選集』

一九九七年三月十三日の本欄に紹介した『中国禅思想史――六世紀から九世紀まで』の著者である葛兆光《ゴオチャオクワン》氏が、現在、京都大学文学部の客員教授として日本に滞在中である。一昨年の短期間の訪日とは異なり、今回の日本滞在は半年に及ぶとのこと。過日、私のところをも訪ねて下さり、上記の『中国禅思想史』と、近著の『葛兆光自選集』を贈られた。葛氏の研究の窓口は広く、四月から始める京大文学部の授業では、湖北省から近年発見された戦国時代の竹簡文書について話す予定であることなど、話題はあれやこれやの方面に及んだ。ここでは恵与されてさっそく一読した『自選集』の内容を紹介することとしよう。

同書は「跨世紀学人文存」シリーズの一冊。「跨世紀」とは、二十世紀から二十一世紀に跨ってとの意味。一九九七年九月、広西師範大学出版社刊、二三五ページ。収められているのは、附篇まで含めて、中国宗教史に関する文章十二篇。「私はまだ自分を総括する時ではなく、読者に私の学術研究の歴史をお目にかけることよりも、私の近年の学術研究を見てもらいたいと考え、私の近年来の各種の論文をいくつか選ぶこととした」。このように「自序」に述べられているのは、葛氏が一九五〇年生まれのまだ若い世代に属する学者であるからだ。

『自選集』の最初に置かれているのは、「中国宗教史研究について」との副題がそえられた「文献、理論及び研究者」。この文章では、宗教史研究における出土文物と文献史料、フィールド調査の三者を結合した「三重証拠法」とよぶ方法論が提唱されている。出土文物と文献史料とを活用して互いに発明し合わせる「二重証拠法」を提唱し、実際の学問研究において大きな成果をあげたのは二十世紀初めの碩学王国維《ワングオウェイ》であったが、葛氏はそれに加えてフィールド調査の重要性を強調するのだ。

つづく「文献、思想と闡釈」の「闡釈」とは、ある立場に基づく解釈というほどの意味であり、「意味づけ」とでも訳すべきか。胡適《フーシー》と鈴木大拙に対する批判をもって始まるこの文章は、そもそも『中国禅思想史』の「導言」として執筆されたもの。また「荷沢宗考」の一文も、『中国禅思想史』の第四章「荷沢宗の再点検」の前半部と重なる。

「道教と中国民間倫理」ならびに「仏教倫理と中国民間生活」では、マックス・ウェーバーの『プロテスタンティズムの倫理と資本主義の精神』および『中国の宗教』の有効性が検証される。ここには、道観や仏教寺院の参詣者からの聞き書きなど、フィールド調査も活用されているのだが、それはともかく、ウェーバーの所論が全面的に肯定されているわけではないものの、後者の文章はつぎのように結ばれている。「ウェーバーの（提起した）問題は、われわれに宗教と社会との間の密接な関係に注目させ、精神世界の宗教がなんと経済の発展に対してかくも大きな意味を有していることを明らかにさせたのである」。

明末の天主教の到来にともなう中国の伝統的な宇宙観の動揺について語る「天崩地裂」、十九世紀末、二十世紀初に日本から輸入された近代ヨーロッパ流の仏教学、とりわけ唯識学が中国の思想界に与えた衝撃について語る「西潮は東瀛より来る」、一九二〇年から一九三〇年の十年間にわたって釈太虚によって刊行された仏教月刊誌『海潮音』と仏教新運動について語る「十年海潮音」。いずれも清新な文章である。また「日本の道教研究印象記」。近五十年来の日本の道教研究の動向をこれほどみごとに描き出した文章が、わが国をも含めてほかにあるだろうか。

附篇の最後に置かれている「三十年代仏教研究史についての随想」と副題された文章からは、一九三〇年の仏教史研究の黄金時代とは比ぶべきもない現状に対する葛氏の苦悶の声が伝わってくるのだが、『自選集』に収められた文章はどれもみな読みごたえがあり、紋切り型の論調の氾濫にいささか辟易していた数年前とはまったく異なった時代の到来が実感される。

（一九九八年三月十七日）

〈補記〉

『中国禅思想史』を取り上げた拙文は『三余続録』に収録ずみ。

道教史への意欲的な挑戦

「中国学芸叢書」の一冊として書き下ろされた小林正美氏の『中国の道教』（創文社、一九九八年七月刊）はすこぶる意欲的な書物である。意欲的と評するのは、これまで漠然と受け入れられてきた常識に対して果敢な挑戦が試みられているからだ。とりわけ、いわゆる「道教」の成立を五世紀中葉のこととするのは、われわれの常識に通棒を喰らわすものだ。

たとえば一九三四年に著わされた許地山《シュイティーシャン》氏の『道教史』。この書物はどういうわけか上編が刊行されただけで、下編はついに発表されぬままに終ったのだが、それはともかくとして、「道教前史」と題されたその上編はつぎの言葉をもって結ばれている。「三張と二葛が世に現われるに至って、道教は具体的な宗教として成立する」。三張とは二、三世紀の後漢の張陵《ちょうりょう》、張衡《ちょうこう》、張魯《ちょうろ》の三人であって、天師道ないし五斗米道の祖師たち。二葛とは三世紀の三国呉の葛玄《かつげん》と四世紀の東晋の葛洪《かっこう》の二人。しかし、このような常識が小林氏によって覆されるのだ。

すなわち小林氏は、序章の「『道教』の構造」において、「『道教』という語が仏教と対比される、特定の宗教を指す名称として用いられる例は、劉宋・泰始三年（四六七）頃に著わされた顧歓（四二〇―四八三）の「夷夏論」に見られる」と指摘し、この道教という宗教名を作ったのは、顧歓あるいは陸修静（四〇六―四七七）などの道士であったと述べている。

　そのうえで、「これまで『道教』とされてきた後漢の張陵の五斗米道や張角《ちょうかく》の太平道、三国呉の左《さ》慈《じ》に始まる葛氏道、或いは東晋の二許（許謐《きょひつ》・許翽《きょかい》）に始まる上清派は『道教』とは言えない。そこで本書では、これらの道流を『神仙道』と呼ぶことにする」と述べ、第一章「神仙道の形成」、第二章「『道教』の成立」、第三章「『道教』の歴史」へと議論を進めるのだ。張角の太平道とは、五斗米道（天師道）とほとんど時代を同じくしながら、五斗米道が今日の四川省や陝西省西南部を勢力圏としたのに対して、東方の沿海地域に教線を伸ばした教団。また葛氏道の「葛」とは、すなわち二葛のことにほかならない。そして「道流」という言葉が、小林氏のいわゆる「道教」成立以前の「神仙道」の諸流派を指すものとして用いられているのである。

　小林氏は「あとがき」において、「資料を読みながら一歩一歩構築してきた本書の『道教』の世界はそう簡単には崩れないであろう」と自信のほどを語っている。たしかに、本書が大変な労作であることを認めるのにやぶさかではない。だがしかし、氏の考えはあまりにも厳密に過ぎ、それ故にいささか窮屈なのではあるまいか、との感をどうしてもぬぐうことができない。と言うのも、七世紀の唐初に書かれた『隋書』地理志に、梁州の漢中の風俗がつぎのように叙されているのを思うからだ。梁州はそれこそ四川省と陝西省西南部の地域であって、漢中はそのなかでも五斗米道第三代の張魯が根拠地とした陝西省西南部。

——漢中の人は・・・・好んで鬼神を祀り、尤《はなは》だ忌諱《きき》（タブー）多し。家人に死有れば、輒《すなわ》ち其の故宅を離る。道教を崇重し、猶お張魯の風あり。

この記事では「道教」と「張魯」とが一つに結び合わされているのであり、唐初の人々も五斗米道を道教と認識する、われわれと同様の常識を有していたことを有力に証するのではあるまいか。

（一九九九年七月二十二日）

新資料駆使した竺沙氏の諸論考

竺沙雅章氏の近著『宋元仏教文化史研究』（汲古書院、二〇〇〇年八月刊）を読んだ。六〇三ページの大冊であり、氏の前著『中国仏教社会史研究』（同朋舎、一九八二年刊）以後に著わされた諸論文が、第一部「宋元仏教の北流とその影響」、第二部「宋元版大蔵経の系譜」、第三部「宋代の社会と宗教」の構成のもとに配列されている。

竺沙氏は自分の目ざす学問を前著のタイトルともなっている「仏教社会史」であると言い、それが仏教教理史でもなく社会史一般でもない学際的な分野のものであるために肩身の狭い思いをしてきたが、そのような思いがふっきれる契機となったのは、一九七六年から七七年にかけての最初の中国旅行であったと述懐している。「どの都市でも、もっとも古い建築物となると、きまって仏教の寺塔であった。革命の聖地延安でも、明代の仏塔が山上から街を見下ろしていた。・・・この建物だけが数百年も千年以上も残ったのは、土地の人々の信仰に支えられてきたからではないのか、たとい人々に特別の信仰心がなかったにしても、彼らはいつもこの建物を見ながらの生活があったはずだ」（第三部第四章「宋代仏教社会史について」）。

近著においても、その第三部にはいかにも仏教社会史の名にふさわしい諸論考が集められている。しかし、近著はそれだけではない。すなわち第一部と第二部の眼目は、着実な文献学と書誌学の手法に基づいて近年発見の新資料や石刻資料を縦横に駆使し、宋、遼、金、元の中国近世仏教にかかわる諸問題を闡明することにあるのだ。新発見資料のなかでも最たるものは、一九七四年に十一世紀遼代の創建にかかる応県の仏宮寺木塔の釈迦像胎内から発見された数種の仏教関係文物であって、それらのなかには、これまで文献についてのみ存在が知られるだけで「幻の大蔵経」とされてきた遼代制作の「契丹蔵」数巻の実物が含まれていたのであった。

早くから「契丹蔵」に関心を寄せ、論文をものしていた著者は、新発見の報告に接して「大きな驚きであった」と述べている。そして、「この世にその経巻が存在していないことを前提にして論じた（以前の）拙稿は、もはや無用になったかと思われた」と述べている。だが、「しかし」としてそれにつづくのは、つぎのような自信の言葉なのだ。「しかし報告を読んでみると、拙稿を修正するところは少なく、むしろ筆者の推論を補足し確認するものの方が多かった」（第二部第三章「『開宝蔵』と『契丹蔵』」）。

かくして近著では、「契丹蔵」をはじめとする新発見の資料が存分に利用され、第一部において慈恩宗（法相宗）や華厳宗などの教学仏教の動静が探究されているのは、宋代以後の仏教をもっぱら禅と浄土だけで片づけてきた従来の教科書的な理解に反省を促すものである。また第二部においては、宋の「開宝蔵」から元の「普寧蔵」に至るまでの数種の大蔵経をただ時代順に並べることを排し、版本の形態に即して、(一)「開宝蔵」の系統、(二)新発見の「契丹蔵」の系統、(三)「普寧蔵」をその一つとするところの江南の大蔵経の系統、の三種に分類すべきことが提唱されている。

第二部はとりわけ近著の白眉であり、書誌学に明るい著者の独壇場と称すべきであって、「版本学者は仏典を敬遠しがちであり、仏典研究者は版本学に関心がうすいため、仏典の版本学的研究は進まなかった」と述べているのは、これまた著者の抱負の存するところを示す自信の言葉にほかならない。と同時に著者は、そのような仏典の版本学的な研究が若い人々によって次第に行なわれるようになった最近の動向を喜んでいる(第二部第三章ならびに同第一章「漢訳大蔵経の歴史」)。本書に収められた諸論考こそが、そのような若い人々の先達の役目を果たしてきたのである。

著者の竺沙氏を知る方は多いであろうが、念のため奥付の略歴の一部を写す。「京都大学人文科学研究所助手、助教授、同文学部助教授、教授を経て、一九九三年定年退職、京都大学名誉教授となる。一九九三年から二〇〇〇年三月まで大谷大学教授」。

(二〇〇〇年十月十九日)

創造性に富んだ唐代の思想文化

これまでにも折にふれてあちらこちらの章に目を通してはいたものの、西脇常記氏の『唐代の思想と文化』をおそまきながら通読した。おそまきながらと言うのは、すでに一年が経過した二〇〇〇年十月の刊行だからだ。創文社の「東洋学叢書」の一冊である。

本書のタイトルは、一見そっけなくて茫洋としたものに感じられる。だが通読しおえて、なるほどこのタイトルが本書の内容にふさわしいものであることを納得した。新鮮な視点と手法によって、儒仏道の三教を通貫し、さらにはまた文学をも視野の中に収めつつ、唐代の「思想と文化」に通底するものをトータルにとらえようとする文章が盛られているからだ。「従来、漢以来の訓詁注釈学と総合的体系的な宋学との谷間とされてきた唐代の思想が、果たして言われるごとき貧困なものであったのかどうか」。この言葉に、本書が目指さんとするところが明らかに示されている。著者は従来の中国思想史研究がかかえていた課題に挑戦し、その欠落を埋めるべき成果のかずかずが、第一部「劉知幾と『史通』」、第二部「中唐の思想」、第三部「習俗」、第四部「遺言」の四部構成のもとに本書に盛られている。

劉知幾《りゅうちき》の『史通』は、従来の歴史書を縦横に論評した書物。著者の最初の学術論文は『史通』をあつかったものであり、また東海大学出版会から『史通』の訳注を世に問うている専門家であるから、『史通』に関する論文三篇が第一部として配されているのはいかにもふさわしい。

権徳輿《けんとくよ》、陸羽《りくう》、劉禹錫《りゅううしゃく》の三人を中心に取り上げる第二部は、とりわけ本書の白眉と称すべきであろう。権徳輿はいわば中唐時代の士大夫社会のネット・ワークの要に位置していた人物であり、また道士や禅僧との関係も密接であった。陸羽は『茶経』の撰者として知られ、当時の風尚であった「風狂」ないし「風顚《ふうてん》」を一身に体現した人物であった。そして劉禹錫は文学者であり、哲学者である。たとえば著者は、権徳輿周辺の士大夫の学問を論じてこう述べている。「彼ら士大夫の学問は、漢唐の学とも呼ばれる経書の訓詁注釈の域をすでに越えていた。学問は凡人から聖人への最も有力な原動力となった。凡人が聖人になり得るということは、社会的には中小層の出身でも政治的に活躍出来ることを意味し、個人的には人格の陶冶を意味した」。権徳輿は、いわゆる禅師たちだけではなく、多くの士大夫たちをも強力な磁場の中に巻きこんだ馬祖道一《どういつ》の禅にもじきじきに参じたことがあるのだが、著者はその禅を、「聖凡一体観を説いて現実に生きる人間そのものを問題にした」と評している。中唐時代の精神世界の状況は、これらの論述に的確に映し出されている。

第三部では、西方の埋葬法である火葬、水葬、土葬、林葬が中国においてどのように受容されたか、あるいは受容されなかったかが検討され、また舎利《しゃり》信仰の問題があつかわれる。第一部、第二部とは趣を異にするようにも思われるが、仏舎利信仰に代わって高僧舎利信仰が次第に盛んとなる事実を指摘し、そのうえでつぎのように述べられているのを読むならば、問題があらためて第二部と重なることを了解する。「自らの覚悟によって仏陀の遷化と同様の臨終を迎えた高僧の舎利を崇める高僧舎利信仰へ、さらには、それを信仰者側の悟りの契機として、自らの精神の血肉として行こうとする立場への推移には、時代の精神の歩みというものが、はっきりと方向づけられている」。

第四部で韓愈《かんゆ》が自ら遺言を残し、また思想上のつながりの極めて強い弟子の皇甫湜《こうほしょく》に自らの「神道碑」と「墓誌銘」の制作を依頼した行為に「自らの強い意志」を見いだしているのも、やはりそれもまた中唐時代の精神の表徴とすべきものであるからにほかならない。

爽やかな読後感。本書を得たことによって、唐代が思想史上の谷間であるどころか、可能性と創造性に富む極めて内容豊かな時代であることが明らかにされたことを著者とともに慶びたい。

（二〇〇一年十月六日）

考古学的発掘と古代伝承の復権

「昔から新しい学問は、おおむね新しい発見によって始まっている」。二十世紀の碩学の王国維《ワングオウェイ》がこのように述べてからすでに八十年。（補注）最近数十年来の中国における考古学的発掘の成果はまことに瞠目《どうもく》に値するが、それら考古学的発掘の成果として、これまで知られることのなかった古文献も少なからず発見され、古代中国思想史研究に大きな衝撃をもたらしている。

すなわち一九七二年に山東省臨沂《りんき》県の銀雀山漢墓から発見された竹簡資料、一九七三年に湖南省長沙市の馬王堆漢墓から発見された絹布に文字を記したところの帛書資料、一九九三年に湖北省荊門市の郭店から発見された戦国時代楚の竹簡資料、さらに一九九四年に上海博物館が香港の骨董商から購入した同じく戦国時代楚の竹簡資料、等々。上海博物館が購入した竹簡も、そもそもはどうやら郭店の近くから出土したものであるらしい。浅野裕一・湯浅邦弘編『諸子百家〈再発見〉――掘り起こされる古代中国思想』（岩波書店、二〇〇四年八月刊）は、これらの新出土資料が従来の古代中国思想史研究の書きかえを迫っている状況を手際よく教えてくれる。

たとえば兵家の孫氏の著作に関して、『史記』列伝や『漢書』芸文志は春秋時代末の呉の孫武《そんぶ》のものと、戦国時代中期の斉の孫臏《そんぴん》のものの二種類が存在することを伝えているのだが、伝世の『孫子』十三篇が果たしてどちらのものなのか、これまで学界ではさまざまに論じられ、傾向としては孫武著作説は劣勢、後人偽作説ないしは孫臏著作説が優勢を占めるに至っていたのである。ところが、銀雀山から発見された竹簡資料の中に、伝世の『孫子』と一致するものと、それとは系統を異にするものの二種類が含まれており、前者が孫武のもの、後者が孫臏のものと認定され、『史記』と『漢書』の伝承の正しいことが裏づけられたのであった。

従来の研究では、伝承をその触れこみのままに信用する信古派の立場と、伝承に疑いの目を向ける疑古派の立場とが共存し、得てして文献成立の時代を引き下げる傾向を有する疑古派がむしろ信古派を圧倒する勢いなのであった。

たとえば道家の文献の白眉である『老子』。『老子』の著者とされる老子について、『史記』の孔子世家や老子列伝は、孔子がそのもとを訪れて礼について質問をしたと伝えているのだが、疑古派に属する学者たちによって、『老子』成書の年代は最も早く見積もっても孟子の活動時期（前三二〇—前二九〇）の後、最も遅ければそれから百年ほど後の漢初とされていた。馬王堆発見の帛書中に二種類の『老子』テキストが存在したものの、馬王堆は漢初に造営された墓であるため、疑古派の主張をくつがえすまでには至らなかった。ところが、郭店楚墓からも『老子』テキストが発見されたことによって、疑古派は決定的なダメージを与えられることとなったのである。それと言うのも、副葬品の紀年資料その他から判断して、郭店楚墓造営の上限は前三一六年、下限は前二七八年とされたからである。

浅野氏はこう述べている。「『老子』と重なる文章を記す文献が、前三〇〇年頃の墓から出土した事実は、『老子』の来歴がかなり古く、孟子以前に『老子』が存在していた可能性を強く主張する」。また、湯浅氏はこう述べている。「『史記』に記された老子伝承をそのまま信ずることはできないとしても、『老子』の形成については、これまでの見方を大幅に修正する必要があろう。中国の思想史は本当に孔子から始まったのか。本当に孔子の思想がまずあって、その後、『老子』をはじめとする諸子百家の思想が反儒家を旗頭に登場してきたのか。出土資料は、そうした大きな疑問を突きつけている」。

そして私が何よりも興味深く読んだのは、浅野氏が結論としてつぎのように述べていることだ。「近年の考古学的発見は、我々を限りなく学問的に批判され葬り去られたはずの古代伝承の側に引き寄せる」。

（二〇〇四年十月十九日）

（補注）

ここで「八十年」と言っているのは、もとより二〇〇四年時点でのこと。王国維の発言は、一九二五年の六月に清華学校学生会の要請に応じて行なった講演の筆録、「最近二三十年中中国新発見之学問」（『静庵文集続編』）に見える。

西安周辺の史跡探訪への指南書

愛宕元氏の翻訳にかかる『遊城南記／訪古遊記』（京都大学学術出版会、二〇〇四年十月刊）を楽しく読んだ。古の長安、現在の陝西省西安市近郊の歴史遺跡に関する書物である。

『遊城南記』は北宋の張礼《ちょうれい》が、元祐元年（一〇八六）の閏二月、友人の陳明微《ちんめいび》とともに七日間にわたって長安城南郊の唐代の史跡を探訪した記録であり、本文にあわせて張礼本人の注と撰者不明の続注とが付されている。また『訪古遊記』は明の趙崡《ちょうかん》の撰。万暦四十六年（一六一八）に完成した石刻題跋集『石墨鐫華《せきぼくせんか》』に付載されている文章であって、「終南に遊ぶ」「九嵕《きゅうそう》に遊ぶ」「城南に遊ぶ」の三部から成る。「終南に遊ぶ」は西安西方の全真教の聖地である楼観台に関しての記録。「九嵕に遊ぶ」は西安の西北に存在する唐の太宗の昭陵とその陪葬墓に関しての記録。『城南に遊ぶ』が対象とするところは張礼の『遊城南記』と重なる。

訳者の愛宕氏は中国歴史地理の専家。一九七八年以来、何度も西安を訪れている氏にとって、これらの二書に登場する史跡はすべて知悉するところであり、文献史料とともに実際の見聞に基づいて施された注釈はすこぶる詳密、読者にとって親切で丁寧なガイド役を果たしてくれる。史跡の位置を確認するために、氏は新鋭機器のＧＰＳ（衛星利用測位システム）をも携行されているらしい。写真と地図がふんだんに盛られているのもありがたい。

とはいえ、私なりの意見を申し述べたい点がまったくないわけではない。とりあえず『訪古遊記』にかぎってそのいくつかを記すならば、二〇二ページ「村人は山中に水路を穿って村の畑に引き、（そのおかげで）一畝当たり一鍾もの収穫が得られるのだと言う」と訳されている注に、「一畝は約五・八アール、一鍾は約五〇リットル。これは普通の畑の数倍の収穫量に相当する」とあるだけだが、『史記』河渠書に「収（収穫）は皆な畝ごとに一鍾」とあるのを示されるべきでなかったか。

二三六ページ「山林も光影が紫翠色に照り映え、南方浙江の山陰地方を旅するのと全く同じようであった」と訳されているところ、五世紀に著わされた『世説新語』の言語篇に「山陰道上を行けば、山川自ずから相い映発し、人をして応接に暇あらざらしむ」とあるのを注として示してほしかった。

二四六ページ「寺僧が紅い帽子に金龍紋様の紅袍をまとった像を持ち出してきて、これは承塵意からもらったもので、この寺の修理に力ぞえした金代から元代にかけての高官の像だと言う」と訳されている原文は、「寺僧又出一像紗帽金龍紅袍云得之承塵意是金元達官修寺者像也」。この一文はまさに「寺僧は又た一像の紗帽金龍紅袍なるを出し、之れを承塵より得たりと云う。意《おも》うに是れは金元の達官の寺を修せし者の像ならん」と訓読されるべきであろう。氏の訳文は承塵意を一つづきとし、承塵意があたかも人名のごとくに受け取れるのだが、「承塵」とは屋根裏のこと。従って、「寺僧が紅い帽子に金龍紋様の紅袍をまとった像を持ち出してきて、屋根裏から見つかったものだとのこと。恐らくこれはこの寺の修理に力ぞえした金代から元代にかけての高官の像なのであろう」とでも訳すべきであろう。

これら注文をつけた箇所は、本書のちょっとした瑕瑾にしか過ぎない。「解説」に記されているように、読者は「これら両書（『遊城南記』と『訪古遊記』）を合わせ読み、さらに訳者の実地観察で得られた知見をも加えることによって、十一世紀後半、十七世紀前半、そして二十世紀末から二十一世紀初にかけての三時代の唐代遺跡、及びそれを取り囲む歴史景観の変遷を克明にたどることが出来る」のである。

そしてこれらの両書を読みおえて、私にはあれやこれやとなつかしい記憶がよみがえる。一九七九年には昭陵を、一九八二年には楼観台を訪れた。また一九八四年、いくらか長期間にわたって西安に滞在した時には、何度か苦い経験も味わった。唐代の大宮人の遊宴の場所であった曲江の地を確かめるべく、一日にわずか数便という郊外バスを大雁塔の前で待ったのだが、一度目は満員通過、二度目は予定の時刻になってもさっぱりやって来ないという有様。空海ゆかりの青龍寺を訪れようとした時にも、汚泥と牛糞に足を取られそうになって辟易し、ついに断念したのであった。

（二〇〇四年十二月十四日）

原著から三十年、邦訳刊行を喜ぶ

オーバーマイヤー著・林原文子監訳『中国民間仏教教派の研究』（研文出版、二〇〇五年二月刊）を読んだ。著者のオ氏はブリティシュ・コロンビア大学名誉教授。

著者は本書の主題である「教派（セクト）」を「個人の救済に重点をおく自発的な成立集団であって、起源的には自発的ながら、社会的立場を確立済みの規模の大きな成立宗教に対する反動として起こってきたもの」と定義したうえ、「成立宗教が社会的地位を確立し、次第に硬直化してエリート信徒中心に運営されるようになると、内部に教派を形成しようとする傾向が出てくる。教派は本質的に、救済をより直接的、より個人的なものとして保ちたいという一般信徒の願いから生まれる」と述べている。ここで「成立宗教」と呼ばれているのは、さしあたっては伝統的にして正統を標榜する仏教のことであり、それとは異なって著者のもっぱらの関心が向けられるのは、中国近世の宋代以後に起こった「民間仏教教派」、すなわち弥勒信仰集団、白蓮教、白雲宗、羅教（無為教）等々である。

本書の立場は極めて鮮明で一貫していると言ってよい。その立場とは、民間仏教諸教派を往々にして混同されがちであった反乱集団や秘密結社と切り離し、あくまでもどこまでも純粋に宗教的な動機に根ざす運動母胎であったことを明らかにしようとする点に存する。著者は、かかる立場をC・K・ヤング氏の『中国社会の宗教』から多大の示唆を受けたことを「序説」において告白しているのだが、つぎのような文章を本書のあちこちから容易に拾い出すことができるのだ。「教派の宗教を、反乱のためのイデオロギー上の隠れ蓑にすぎなかったとする考えはいただけない。この解釈では教派の生命力が平和な時代においても衰えなかった事実が説明できないうえ、まったく反乱を起こさなかった集団も多いという事実とも矛盾するからである」、「教派は、既存の宗教の伝統に基づいて行動する点で、農民反乱には分類できないし、秘密ではなかったゆえに、秘密結社とはいえない」、「農民蜂起に宗教的色彩があったとしても、終末論を奉じて戦う教派とは同じものではない」等々。

従来の研究が、ともすれば諸教派と反乱集団とをごっちゃにしがちであったのは、諸教派の運動に敵意を抱き、敵意を抱かないまでも疑いの目を向ける為政者側の報告（著者の言葉によれば「役所の史料」）に惑わされることが少なくなかったからであろう。かくして「結論」の章においても、「これまで述べた事柄から、民間仏教教派と、中国の帝政史上に頻発したさまざまな民衆の抵抗運動とを区別することが可能になるはずである」と繰り返されている。そしてそこにはさまれているつぎの文章を前にして、私は思わず足をとめるのだ。「大乗仏教の伝統をくむ民間教派は、在俗のままの信仰を肯定し、それが社会的な表現をとったものであった。・・・大乗仏教が内包する社会的形態が十分に開花したのは、日本においてであった」。著者の念頭にあるのは、もとより親鸞に起源する教派のことなのである。

巻末の参考文献リストについて明らかなように、日本人、中国人、欧米人の諸研究が縦横に参照され、注も至って詳細綿密。しかしそれでも至らぬ点や誤りがあれば、訳者による補注がそえられているのは良心的である。

本書が世に問われたのは三十年近くも昔の一九七六年のことなのだが、訳者が「出版後、日を経て訳書を上梓」することに踏み切られたのは、「原著の英文が難解なためもあってか、その高度な内容にもかかわらず研究成果が日本の学界で十分に生かされていない憾みがあり」、そのことを残念に思われてのことであったという。そのような訳者の思いは裏切られることはないであろう。

（二〇〇五年四月二日）

シンポの記録を読み返す楽しみ

『中国宗教文献研究国際シンポジウム報告書』に目を通す機会を得た。副題は「漢字文化の全き継承と発展のために」。昨二〇〇四年の十一月十八日から二十一日の四日間にわたって、京都大学人文科学研究所の主催のもとに京大時計台記念館で行なわれたシンポジウムにおける内外二十六人の発表者全員の報告論文集であり、シンポジウムの時と同様に、中国語、英語、日本語の二十六編の論文が「仏教文献」「景教・マニ教・イスラム教文献」「道教文献」「中国宗教文献情報学」の四部構成のもとに収載されている。

仏教と道教とはわれわれにとってそれ相応になじみの深い対象だが、それに加えて景教、マニ教、イスラム教が取り上げられているのは新鮮な企画だし、また「中国宗教文献情報学」が一つの柱として立てられているのは、近年めざましい電子テキストの開発普及に見合ってのことなのだ。シンポジウムの参会者は毎日百人を超えたという。シンポジウムすべてに参加することのできなかった者にとって、その記録が一冊にまとめられたのはありがたい。

『報告書』を全般にわたって紹介するのは手に余る。今はひとまず、仏教関係の論文数篇を取り上げよう。冒頭の方広錩《ファングワンチャン》（上海師範大学）の「論漢文大蔵経的定義、分期与其特点（漢文大蔵経の定義と分期とその特長について）」につづいて置かれている辛嶋静志（創価大学国際仏教学高等研究所）「『仏典漢語詞典』の構想」は、漢訳仏典中の「経」の語が必ずしもすべて経典を意味するわけではなく、「仏の教え、教説」の意味で使用されている場合が往々にしてあることを指摘したうえ、「仏教思想を研究するにせよ、仏教思想史を研究するにせよ、文献を正確に読まずしては、砂上の楼閣を築くに終わる」と述べている。至極当然のことながら、研究者たることを自負される方々にとっては、肝に銘ずべき刺激的な言葉であるに違いない。辛嶋氏は、漢訳仏典の漢語に梵本、パーリ本、チベット本の対応語を併記した『仏典漢語詞典』の編纂を構想されているという。

唐の義浄《ぎじょう》の『南海寄帰内法伝』に「洛州無影」とある一条を取り上げる王邦維《ワンバンウェイ》氏（北京大学）の論文は、読んでなかなかに楽しい。「洛州無影」とは、洛州では夏至の日の正午に影がなくなるということなのだが、では果たして洛州とはどこなのか。高楠順次郎の英訳本『内法伝』は中インドのこととしているのだそうだが、根拠薄弱。王氏は二〇〇四年六月二十一日、つまり農暦の夏至の日に洛陽東南の登封市告成鎮の古観星台を訪れ、その地が北回帰線よりも北に位置するにもかかわらず、正午ごろに影がなくなる現象を実見し、洛州とは洛陽のことにほかならぬと断定する。観星台がうまく影がなくなる仕掛けに作られているのだという。登封市は古の陽城。そこは古来、「地中――大地の中央――」と考えられ、日影の観測が行なわれてきた土地なのである。

船山徹（京都大学人文科学研究所）「経典の偽作と編輯」は、漢文で記された仏典を（一）インド撰述のものを漢語に翻訳したいわゆる漢訳経典、（二）中国人の撰述にかかるいわゆる疑経、このように二分するだけの従来の分類では不充分であり、それに加えて（三）翻訳ではあるが純然たる翻訳ではなく、中国で編輯が加えられた中国編輯経典、そのような一類を設けるべきことを提案している。疑経であることが明らかな『遺教三昧経』の諸テキストを丁寧に検討したうえ、漢訳経典とされる『舎利弗問経』に『遺教三昧経』から借用した一段の存することを例証として論じられたものであり、説得性に富む。新たな視点を提供する貴重な提案としなければならない。

（二〇〇五年五月三日）

〈補記〉

王邦維氏の論文、拙著『六朝精神史研究』（同朋舎出版、一九八四年刊）に収めた「中土辺土の論争」の第二節「天竺中土説の成立」をあわせて参照されたい。

亡き福永光司氏の論文集刊行を喜ぶ

今年（二〇〇五年）の七月、岩波書店から故福永光司氏の論文集『魏晋思想史研究』が刊行された。

福永氏は二〇〇一年十二月に八十三歳をもって逝去されたのだが、氏が三十歳代の後半に世に問われた『荘子』の訳注が江湖の士に広く受け入れられたこと、また晩年には道教研究に全精力を傾注され、中国本土の道教だけではなく、道教と日本文化に関するさまざまの著作をものされたことは、人々のよく知るところであろう。今回刊行された書物には、一九五〇年代と六〇年代に、氏が学術雑誌等に発表された論文十二篇が三部構成で編まれている。対象とするのは、三—五世紀中国の思想家たち。

第一部に収められているのは、老荘思想の切り口から『論語』に斬新な注釈を施した三国魏の何晏、それに『荘子』の注釈を著わした西晋の郭象をあつかう文章であって、郭象の思想に対して、「先秦から漢魏を経て西晋に至る本来的な（仏教思想と交渉をもつ以前の）シナ思想が、本来的なシナ思想として展開した一応の完結を示すもの」との評価が与えられている。

中国の知識人、思想家たちが仏教の思想と本格的に取り組み始めるのは四世紀の東晋時代以後のこと。かくして第二部には、中国における儒仏道三教交渉の最も初期の思想家である東晋の孫綽を筆頭に、支遁、僧肇、慧遠、郗超、それに劉宋の謝霊運たち、すなわち仏教と深いかかわりをもった人物が取り上げられ、彼らが仏教の思想を受容する際、多かれ少なかれ老荘思想を、とりわけその頂点を極めた郭象の老荘思想を基礎としたことが明らかにされる。ともかく第二部に集められているのは、「シナ仏教の仏教史的研究に対して、シナ仏教のシナ思想史的研究の立場が存在しなければならない」との信念のもとに執筆された論文なのだ。

そして、とりわけ読みごたえがあるのは第三部であり、恐らくは連作の意図のもとに執筆されたと思われる「阮籍における懼れと慰め」、「嵆康における自我の問題」、「陶淵明の『真』について」の三篇が収められている。周知のように、阮籍と嵆康はいわゆる「竹林の七賢」グループの領袖格の人物であり、「鋭い感受性の持ち主」であった阮籍、それに「強烈な自我と個性の持ち主」であった嵆康、魏晋交代期の「暗くて険しい」時代に際会したこの二人が、老荘思想を根底としつつ真の自己のあり方を追求して懸命に生きた姿が、二人の諸作品についての執拗にして丁寧な分析を通してまざまざと描き出される。さらにまた東晋末の個性豊かな詩人として有名な陶淵明。陶淵明が少なからず阮籍と嵆康の思想を受け継ぎつつ独自の詩境を開拓したことが述べられる。

魏晋思想史の研究には、老荘道家の思想と仏教の思想についての深い理解を不可欠とする。福永氏には『荘子』の注釈だけではなく『老子』の注釈もあり、氏の研究生活の出発点となる卒業論文のテーマからして、そもそも「荘周の遊について」というものであった。かく老荘思想研究の第一人者であった氏は、さらに『肇論』、『慧遠文集』、『弘明集』等を会読する京大人文科学研究所の共同研究班の主要メンバーとして仏教思想についての研鑽を積まれたのであり、氏ならでは書かれようのない諸論文が本書には満載されているのだ。

興膳宏氏の執筆にかかる「解説」が、「願わくは、著者が中年期の精魂をこめたこれらの諸論が、次代の魏晋思想史研究そして中国思想史研究の礎石とならんことを」と結んでいるのを、筆者もまたともに願いとしたい。

（二〇〇五年八月三十日）

子路の死と覆醢

ごく最近、井波律子さんの『トリックスター群像』（筑摩書房、二〇〇七年一月刊）を楽しく読んだ。序章冒頭の説明にあるように、トリックスターとは「道化者、悪戯者、ペテン師、詐欺師等々の要素を合わせもち、ときには老獪かつ狡猾なトリックを駆使して、既成の秩序に揺さぶりをかけ攪乱する存在」のこと。「中国古典小説の世界」との副題がそえられている本書が主題としてあつかうのは、中国の五大長篇小説、すなわち『三国志演義』『西遊記』『水滸伝』『金瓶梅』『紅楼夢』であって、井波さんはそれらの小説の中で、「それぞれトリックスターがいかなる役割を果たしているかを検討し、トリックスター像の変遷を通じて、中国古典小説の流れをたどり直してみたい」と抱負を語っている。本書執筆のために、これら五大小説を原文で通読したという。

ところで主題からははずれるのだが、『論語』にもトリックスターが存在すること、すなわち孔子の弟子の仲由《ちゅうゆう》（字は子路）がその役割を演じているのだと序章に語られているのは、なるほどとうなずかせる指摘である。

孔子の弟子となる以前の子路のいでたちは、雄鶏の冠に豚皮をあしらった剣といった派手なもの。

そんな子路が、「もともと奔放不羈《ほんぽうふき》の男伊達、遊俠の徒だったとおぼしい」と評されているのはもっともなことである。子路は孔子学団には似つかわしくないほどに元気がよく、痛快極まりない男だった。恐らく彼は孔子のボディーガード、あるいは孔子学団の用心棒のような存在であったのであろう。「吾の由を得て自《よ》り、悪言を耳に聞かず（仲由が弟子入りしてからというもの、私に対する世間の悪口は聞かれなくなった）」との孔子の言葉が何よりもそのことを物語っている。

『漢書』の地理志は子路を衛の国の人物であるとして、そもそも衛の土地柄はつぎのようなものだと記述している。衛はおよそ現在の山東省西南部から河南省東北部にかけての地域。「衛の土地には男女密会の場所が多く、男女のデートはひっきりなし、卑猥な俗曲が生まれた。世間では鄭衛の音楽と呼んでいる。周代の末には子路や夏育《かいく》が現われ、人民は彼らを慕っている。それ故、その土地の風俗は剛毅勇壮で、気っぷのよさを尊ぶのである」。子路と併称されている夏育は、千鈞（一鈞は七六八グラム）の重さのものを持ち上げることができたと言い伝えられる怪力のレスラーだ。

子路の最期も、いかにもその人物にふさわしい壮絶なものであった。そのころ、子路は衛の大夫の孔悝《こうかい》の領地の宰、いわば執事のような役目にあり、『漢書』地理志が彼を衛の人としているのはそのためなのだが、孔悝が内乱を計画したものの窮地に追いこまれるや、「其の食（俸禄）を食《は》む者は其の難を避けず」、そのように言い、主人の救出に駆けつける。だが多勢に無勢、敵が斬ってかかると、「君子は死すとも冠をば免《ぬ》がず」と見えを切り、冠の紐をしっかりと結びなおしたうえで斬り殺された。暴れ者の子路とはいえ、孔子学団に籍を置く君子としてのプライドをあくまで失うことはなかったのである。
子路が殺されたと聞いた孔子は、「嗟乎《ああ》、由《ゆう》や死せり」と深く嘆いた。そして彼の遺骸が切り刻まれて塩漬けにされたことを知るに及んで、「醢《かい》を覆《くつがえ》す」ように命じた。醢とは塩辛のことであって、家の甕《かめ》に蓄えられている塩辛をすべてぶちまけるように命じたのである。そのことを伝える『礼記《らいき》』檀弓《だんぐう》篇の注には、「之れを覆し棄つるは、食らうに忍びざればなり」とあり、後世、「覆醢《ふくかい》」は師弟間の深い情誼を示す言葉となった。

（二〇〇七年二月二十四日）

仏教経典漢訳は偉大な知的冒険

京都大学人文科学研究所七十五周年の記念行事として、二〇〇四年十一月に開催された「中国宗教文献研究国際シンポジウム」の報告論文を収載する『中国宗教文献研究』（臨川書店、二〇〇七年二月刊）に接した。当研究所は故塚本善隆氏の中国仏教研究に代表される中国宗教史研究の伝統を有する。

このシンポジウムのことは、およそ二年前の二〇〇五年五月三日の本欄「シンポの記録を読み返す楽しみ」に取り上げたことがあり、その時点ですでに非売品の報告書が公表されていたのだが、当初の報告書では日本語、英語、中国語そのままに登載されていた諸論文が、このたび英語と中国語のものも日本語に翻訳されたうえ、第一部「仏教文献」、第二部「道教文献」、第三部「景教・マニ教・イスラム教文献」の構成のもとに、あわせて二十一篇の論文が装いを新たにして刊行されたのである。ただし、シンポジウムの際には一つの柱として立てられていた「中国宗教文献情報学」に関する五篇の論文は今回刊行の本書では省かれている。

仏教の分野の主要なテーマは、中国宗教文献に関するシンポジウムなのだから当然のこととして漢文仏典である。高田時雄氏の前言には、「近代の仏教研究においては漢文仏典が等閑視されてきた感を免れないが、最近では漢文仏典独自の価値を再認識する傾向が非常に強くなりつつある」と述べられている。

二年前の本欄でも、辛嶋静志氏の「『仏典漢語詞典』の構想」、船山徹氏の「経典の偽作と編輯――『遺教三昧経』と『舎利弗問経』」の二篇の論文を紹介したのだが、そのほか榎本文雄氏の「仏教研究における漢訳仏典の有用性――『雑阿含経』を中心に」には、漢訳仏典のインド仏教研究にとっての有用性が、インド語原典もチベット訳なども現存しないテキストの場合、漢訳仏典は現存する唯一の資料にほかならない、等々の四点に整理されている。漢訳仏典の訳出に関する記録から、原テキストのインドにおける成立年代を推測する重要な情報が得られることもあるという。

あるいはまた、「仏教経典の中国語への翻訳の歴史が、人類の数ある知的冒険の中でももっとも偉大なもののひとつだと言ったとしても、さほど大げさな誇張ではなかろう」、このように述べるジャン・ノエル・ロベール氏の「『法華経』における竺法護《じくほうご》の翻訳の方法――第三章「譬喩品」を中心として」。竺法護は三世紀西晋時代の沙門。月支から中国西辺の敦煌郡に移住した家庭に生を受けた彼は、八歳で出家した後、一大発奮のうえ、師匠について西域に赴き、大量の梵文テキストを中国にもたらし帰って翻訳に専念した。『正法華経』、すなわち今日もっとも広く読まれている鳩摩羅什《くまらじゅう》訳の『法華経』に先行する『法華経』もその一つなのであった。

『高僧伝』竺法護伝は、彼が「外国の異言三十六種」に通じたと伝えているのだが、しかしロベール氏によれば、彼のサンスクリット理解力ははなはだ欠如しており、不必要な挿入句が多く見られるという。それにもかかわらず、つぎのような評価が与えられているのはまことに興味深いこととしなければならない。「不必要な挿入句は、しばしば宗教的な誇張法や修辞上の潤色となっているため、結果としてそれは、言うなれば『法華経』よりも『法華経』らしい字句で飾りたてられた経典を産み出した。すなわち言語学上の不正確さがテキストの増飾によって埋め合わされるのである」。およそ一世紀後の道安《どうあん》が、竺法護の翻訳を「宏達欣暢（闊達でのびのびしている）」と評しているのも、そのようなことを意味しているのであろうか。

（二〇〇七年三月十七日）

『史記』と『漢書』

大木康氏の『「史記」と「漢書」』（岩波書店）を読んだ。「書物誕生——あたらしい古典入門」シリーズの第一回配本として刊行された二冊のうちの一冊である。

司馬遷《しばせん》の『史記』は五帝の筆頭である黄帝に始まり、司馬遷が生きた前漢の武帝に至るまでの歴史をつづる通史。後漢の班固《はんこ》の『漢書』は『史記』の紀伝体のスタイルを襲いつつ前漢一代の歴史を対象とする断代史。大木氏の表現を使うならば、「常に歴代正史の両横綱の位置を占め」た二書であるが、当然のことながら、どちらに軍配を上げるかは人によってそれぞれに異なった。たとえば「京都シナ学」の礎を築いた両巨頭の内藤湖南と狩野直喜。内藤が『支那史学史』において『史記』を「空前絶後の書」とほとんど手放しで絶賛しているのに対して、狩野は『史記』よりも『漢書』の文章が優れるのを愛したと聞く。また時代によって人々の好尚に偏向が見られた。今日でこそ『史記』の人気が『漢書』を圧倒するけれども、しかしすべての時代を通じてそうであったわけではない。

『史記』と『漢書』が後世の人々によってどのように受容されたのか。大木氏はそのことにも周到な目配りをしているのだが、氏が明らかにしているように、早い時代においては、すなわち後漢から唐初の時代においては、『史記』よりもむしろ『漢書』が好んで読まれたのであった。そのことを端的に物語るのは、『漢書』の注釈がすでにして『漢書』が著わされた後漢の時代から書き始められ、その後もさまざまの注釈がつぎつぎに書き継がれ、「漢書学」の名でよばれるほどの『漢書』研究のブームすらあった事実である。現在においても最も権威ある注釈として尊敬される唐初の顔師古《がんしこ》（五八一―六四五）の『漢書』注は、それら過去の業績の堆積をふまえて成ったものにほかならない。

かく司馬遷の『史記』よりも班固の『漢書』がよく読まれた時代のものとして、大木氏は取り上げてはおられないけれども、三世紀末の西晋の人である張輔《ちょうほ》の文章がある。その文章は「世人は司馬遷と班固を論評して、おおむね班固の方が優れていると考えているが、私は間違いだと思う」と書き起こされ、そのうえで二人の優劣をつぎのように論じているのだ。

――司馬遷は三千年の歴史を叙述するのに五十万言、班固は二百年の歴史を叙述するのに八十万言を費やしており、班固は簡潔さでかなわない。及ばざる第一点である。優れた史書の記事たるや、善は勧奨とするに足り、悪は鑑戒とするに足るものだ。人間として常識的な事柄、ありきたりのつまらぬ事柄などをすみずみまで書く必要はない。及ばざる第二点である。晁錯《ちょうそ》をこきおろして忠臣の道を傷つけた。及ばざる第三点である。司馬遷は創造であるのに対して、班固はそれに寄りかかっているのだから、難易のほどはいよいよもって同じではない。

晁錯は前漢の景帝時代の政治家。中央集権を強化すべく諸侯の領地を削る政策を断行したために呉楚七国の乱を招き、死刑に処された。「司馬遷は創造であるのに対して」云々は、『漢書』の前漢初期の歴史に関する部分が『史記』の記事をおおむねそのまま襲っていることをいう。ともあれ、張輔の文章のねらいは世人の常識を覆そうとする点に存するのであって、当時の常識では、『史記』よりも『漢書』に人気があったことを裏書きするまた一つの証左となし得るであろう。

『史記』の本格的な注釈の出現は、『漢書』の注釈に比べてずっと時代が下った。徐広《じょこう》の『音義』、またそれをふまえた裴駰《はいいん》の『集解』がそれであるが、徐広は東晋、裴駰は劉宋、ともに五世紀の人物である。大木氏は、「裴駰が徐広の『史記音義』を見ていたことはたしかである」とひかえめに述べておられるけれども、裴駰の『集解』は徐広の説を全面的に取り入れ、それを増広敷衍して成ったものとするのが正しい。さらにまた裴駰からかなりの時が経過した唐の玄宗の時代に、司馬貞の『索隠』と張守節の『正義』の二種が『史記』の注釈として著わされ、かくして大木氏が言われるように、中唐の文人の韓愈《かんゆ》（七六八—八二四）に至って『史記』の評価は一気に高まったのであった。

（二〇〇八年十二月十三日）

朱子と官僚特権

三浦國雄氏の『朱子伝』（平凡社ライブラリー、二〇一〇年刊）を読んだ。朱子、すなわち南宋の朱《しゅ》熹《き》（一一三〇—一二〇〇）は、恐らく過去の中国が生んだ最大の哲学者であり、いわゆる朱子学が、中国本土はもとよりのこと、朝鮮や日本やベトナムなどの東アジア世界に与えた深甚な影響力は巨大なマグマにもたとえられるであろう。

かくも偉大な朱子。だが三浦氏の著書はそのような朱子を聖化することを忌避し、矛盾を抱えこんだ一人の人間として描きあげることを抱負とする。今ここにその詳細を伝えることができないのは残念だが、いくらか本書の本題からはずれるものの、つぎの事実を知って驚いた。

それと言うのも、朱子は二十二歳で泉州同安県主簿に就任してから七十歳で退官するまでの四十八年間、一貫して官僚でありつづけたものの、しかしそのうち外任（地方勤務）は合計九年、内任（中央勤務）はたったの四十日だけであり、それ以外の約四十年は祠《し》禄《ろく》官《かん》として過ごしたというのである。祠禄官については、三浦氏の著書に、簡単な説明として「職務に従事せずとも給料がもらえる官」とあり、やや詳しくはつぎのように説明されている。「名目上は各地の道観（道教の寺院）などの管理

（提挙・主管）がその任務であるが、実際には任地に赴任せずとも俸給がもらえる、宋代に始まった官吏の優遇ポストである」。朱子は同安県の職務を離れると、早速に母親の奉養を理由に祠禄官を請求して認められたのをはじめとして、以後も再三にわたって祠禄官を得ているのであり、もっぱら家にあって読書と著述と弟子の教育に明け暮れる、そのような生活を保障したのは、「祠禄の官によるわずかな俸給と門生からの謝礼であった」という。

祠禄官は宋代に始まった制度であるが、それに先立つ時代にも祠禄官に似た制度がなかったわけではない。唐代の分司東都の官がそれである。分司東都の官とは、長安の中央政府のいわば出張所として東都洛陽に設けられた分司東都台の役人のことであって、それは恩給暮らしとでもいうべき気楽な勤めなのであった。

分司東都の官としての生活を存分に享受したのは、われわれにもなじみの深い中唐の詩人の白居易《はくきょい》であった。前後あわせて三度にわたって分司東都の官を拝命した彼は、「禄俸は優饒《ゆうじょう》にして官は卑《いや》しからず、就中《なかんずく》閑適なるは是れ分司」（「閑適」）とか、「貧窮なれば心は苦しくして多く興無く、富貴なれば身は忙《あわただ》しくして自由ならず。唯だ分司の官の恰《あたか》も好き有り、閑遊　老ゆと雖も未だ休《や》む能わず」（「勉閑遊」）などと、そのありがたさをうたっている。

そして初めて分司東都の官を得た長慶四年（八二四）、五十三歳の時に賦したずばり「分司」を詩題とする七言詩。「散帙《さんちつ》の留司殊《こと》に味わい有り、最も宜《よろ》し拙を病む不才の身には。行香《こうこう》と拝表《はいひょう》とを公事と為し、碧洛《へきらく》と青嵩《せいすう》とを主人に当つ・・・」。「散帙」とは決まった職務のない閑職。「留司」は分司東都に同じ。「行香」は唐朝歴代の天子の忌日に寺院で行なわれる焼香の儀式。「拝表」は奏章を上呈することだが、白居易のまたの詩に「一月一回同《とも》に拝表す」（「拝表早出贈皇甫賓客」）とうたわれているように、どうやら一月に一度行なうだけでよかったらしい。ともかく、職務といえば「行香」の儀式に参列することと一月に一度きり行なう「拝表」だけ、「碧洛」すなわちエメラルド色の水をたたえて流れる洛水、それと「青嵩」すなわち青々と天空にそびえる嵩山とがここ洛陽の主人公というわけである。

今日の年金生活者にとっては、なんとも鷹揚な夢のような制度。だが祠禄官にせよ、分司東都の官にせよ、それらは旧中国社会のごく一握りの士大夫官僚だけが享受できる特権にしか過ぎなかった。

（二〇一〇年十月七日）

悟りと言葉

入矢義高氏の『求道と悦楽――中国の禅と詩』が装いを新たにして岩波現代文庫の一冊に加えられた。著者生前の一九八三年に刊行されたものに六篇の文章が増補され、衣川賢次氏の「解説」が付されている。

中国の俗語文献を読み解く該博な知識に基づいて、俗語でつづられる禅文献に立ち向かい、文献として残されたものに禅者の肉声を聞き分け、その内実に深く切りこまれた入矢氏。かくして衣川氏の「解説」に言うように、「神秘的直覚や棒喝のみが強調される参禅から距離をおき、文字にそくして理解するという中国文献学の方法による近代的な禅学が生まれることとなった」のである。

『求道と悦楽』で繰り返し取り上げられ論じられているのは、唐代の禅僧である鏡清《きょうしょう》和尚のつぎの言葉である。「出身は猶《な》お易《やす》かるべきも、脱体に道《い》うことは還《かえ》って難し」。悟りを得ることはまだ易しいが、自分が得た悟りをそれさながらに言葉で表現することはかえって難しい、というのである。「出身猶可易、脱体道還難」。五言詩の平仄にかなった鏡清のこの言葉の意味するところを、入矢氏はつぎのように説く。「「禅は言語・文字を超えたものだ」という体験至上主義にアグラをかいたままでは、ほんものの禅ではない。その言葉を超えたものを言葉に定着させるという至難のわざをくぐりぬけずに、ただ「以心伝心」「不立文字」を唱えているだけでは話にならぬ、と鏡清和尚は戒めているわけである」。

中国の古典である『易経』に、「書は言を尽くさず（文字に書かれたものは言いたいことを述べ尽くせない）」と言うのにつづいて、「言は意を尽くさず」（繋辞伝）とある。言葉は心に思うことを言い尽くすことができないというのだ。また『荘子』に、「意を得て言を忘る」（外物篇）という言葉もある。「言は意を尽くさず」とはいわば言語不信の表明であり、「不立文字」がしばしば禅の立場であるかのごとくに言われるのは、それこそ『易経』のこの言葉にアグラをかいたものなのではないか。「以心伝心」は『荘子』の「意を得て言を忘る」に通じる立場であろう。

禅文献と格闘し、言葉のもつ重みが血肉とすら化していた入矢氏は、鏡清の言葉をずしりと受けとめられたのだ。ここで敢えて「ずしりと」という表現を用いるのは、それが入矢氏が好んで用いられた言葉であったことを思うからである。

（二〇一二年四月十日　原題「言葉を超えたものを言葉へと定着させる」）

信仰と一線画した陳国符氏の道教学

中国から届いた『世界宗教研究』の最新号（二〇一三年第六期）に、蓋建民《ホーチエンミン》・楊子路《ヤンヅールー》両氏の「陳国符先生学術年譜」が掲載されている。陳国符《チェングオフー》氏（一九一四―二〇〇〇）は前世紀を代表する傑出した道教学者であって、『道蔵源流考』『道蔵源流続考』等があつかう対象は極めて多岐にわたり、道教研究者ならば誰しもが参照する書物である。

陳氏はそもそも化学の研究者であり、浙江大学化工系を卒業後、ドイツのダルムシュタット大学に留学。だが第二次世界大戦の戦火が広がると、一九四二年、二十八歳の陳氏は留学を打ちきり、雲南省の昆明に帰り着いた。

かねてから、化学とともに道教にもなみなみならぬ関心を有していた陳氏は、昆明において道教の大蔵経である道蔵の閲読を精力的に開始し、『道蔵源流考』の初稿が書き上げられる。当時、昆明には日中戦争の難を避けた北京大学、清華大学、南開大学の三大学協同にかかる西南聯合大学が存在し、著名な学者が多数集まっていたのだが、その地で陳氏は言語学者として令名を馳せる羅常培《ルオチャンペイ》の注目を得る。その後、一九四九年、『道蔵源流考』が初めて印行されるに当たって序を寄せた羅常培は、資料を博捜して根源を究める陳氏の研究を、「源を究め本を探り、括挙して遺《のこ》す無く」、「其の功力の勤、蒐討《しゅうとう》の富、実に此れに前《さき》んじて未だ睹《み》ざる所なり」と絶賛している。

陳氏の学問の基本姿勢がどのようなものであったのか、そのことをよく伝えるのは「年譜」の一九六三年十二月の記事である。

――『道蔵源流考』増訂版、中華書局から出版。出版に先だって傅彬然《フービンラン》先生（中華書局編集哲学組長）が原稿を中国道教協会の陳攖寧《チェンインニン》会長に送って査閲を求めたところ、陳攖寧会長は道教にとって都合の悪いことがらを削るように希望した。先生はこう表明した。「私が書物を著わすのは道士とは立場を異にし、学者として道教を研究するのであって、目的はその科学的な是非を求めることであり、信仰を論証するためではない。だから、意見は受けいれられない」。傅彬然先生も賛同し、本書は先生の考えのままに出版された。

解放後、天津大学に籍を置くこととなった陳氏のもとには、文革中にも、一九七二年に長野県蓼科において開催された「第二回道教研究国際会議」をその一つとして、海外からの招請があいついだが、いずれにも出席することはかなわなかった。当時、陳氏には「ブルジョワ階級の反動学術権威」とのレッテルが貼られていたからである。

（二〇一四年二月二十五日）

初出一覧

Ⅰ　解説解題

内藤湖南『支那史学史　1・2』解説（平凡社東洋文庫、一九九二年）
　附　『史記』びいきの内藤湖南と『漢書』びいきの狩野君山（『書論』三九号　特集「京都学派とその周辺」、二〇一三年）
　附　湖南と『真誥』（内藤湖南先生顕彰会『湖南』二一号、二〇〇一年）
宮崎市定『史記を語る』解説（岩波文庫、一九九六年）
　附　『史記』の魅力（『国語通信』二五九号・特集「中国古典との出会い」、筑摩書房、一九八三年）
『漢書』五行志　解説（平凡社東洋文庫『漢書五行志』、一九八六年）
井波律子『読切り三国志』解説（ちくま文庫、一九九二年）
『世説新語』雑記（東書高校通信『国語』一一五号、東京書籍、一九七三年）
『高僧伝』解説（岩波文庫『高僧伝』第一冊、二〇〇九年）
　附　『高僧伝』から『続高僧伝』へ（岩波書店『図書』二〇一一年二月号）
「笑道論」訳注・解題（京都大学人文科学研究所『東方学報　京都』六〇冊、一九八八年）
杏雨書屋蔵『毛詩正義』単疏本解題（武田科学振興財団杏雨書屋影印『毛詩正義』全十七冊、二〇一一年）

Ⅱ 書評

小倉芳彦訳『春秋左氏伝　上・中・下』（岩波文庫、一九八八―八九年）（『サンケイ新聞』、一九八九年七月十二日）
村上嘉實『六朝思想史研究』（平楽寺書店、一九七四年）（『東洋史研究』三四巻一号、一九七五年六月）
小林正美『六朝道教史研究』（創文社、一九九〇年）（『東方宗教』七八号、一九九一年十一月）
大淵忍爾『初期の道教――道教史の研究　其の一』（創文社、一九九一年）（『東方宗教』八〇号、一九九二年十一月）
三浦國雄『中国人のトポス――洞窟・風水・壺中天』（平凡社選書、一九八八年）（『思想』七八二号、一九八九年八月）
川合康三『中国の自伝文学』（創文社中国学芸叢書、一九九六年）（『中国文学報』五四冊、一九九七年四月）
西脇常記『唐代の思想と文化』（創文社、二〇〇〇年）（『東洋史研究』六〇巻三号、二〇〇一年十二月）
林屋辰三郎『近世伝統文化論』（創元社、一九七四年）（京都大学人文科学研究所『人文』一一号、一九七四年）
飛鳥井雅道『近代の潮流』（講談社現代新書「新書日本史」7）（京都大学人文科学研究所『人文』一六号、一九七七年）
伊藤清司『死者の棲む楽園――古代中国の死生観』（角川選書）（『東方』二〇七号、一九九八年五月）

Ⅲ　学界動向

一九六四年の歴史学界（魏晋南北朝史）――回顧と展望（『史学雑誌』七四編五号、一九六五年五月）
一九七三年の歴史学界（魏晋南北朝史）――回顧と展望（『史学雑誌』八三編五号、一九七四年五月）

Ⅳ　編著序文

「浄住子浄行法門」語彙索引稿　前言（一九七九年一月）
『中国古道教史研究』序（同朋舎出版、一九九二年二月）
『六朝道教の研究』序（春秋社、一九九八年二月）
『唐代の宗教』序（朋友書店、二〇〇〇年七月）
『真誥研究（訳注篇）』まえがき（京都大学人文科学研究所、二〇〇〇年三月）
『魏晋清談集』解説（講談社「中国の古典」シリーズ、一九八六年七月）

Ⅴ　三余余録――『中外日報』社説から

無位の真人（一九八八年八月二十二日）
訓読もまた一つの翻訳（一九八八年十月三日）
『顧亭林と王山史』（一九八八年十月十七日）
今年の一冊（一九八八年十二月九日）

※題名下の年月日は『中外日報』の掲載日を示す。

『孔子』（一九九〇年二月十四日）
『日本学者研究中国史論著選訳』（一九九四年六月十九日）
『中日の古代都城と文物交流の研究』（一九九七年九月十六日）
『啓功書話』（一九九七年十月四日）
『葛兆光自選集』（一九九八年三月十七日）
道教史への意欲的な挑戦（一九九九年七月二十二日）
新資料駆使した竺沙氏の諸論考（二〇〇〇年十月十九日）
創造性に富んだ唐代の思想文化（二〇〇一年十月六日）
考古学的発掘と古代伝承の復権（二〇〇四年十月十九日）
西安周辺の史跡探訪への指南書（二〇〇四年十二月十四日）
原著から三十年、邦訳刊行を喜ぶ（二〇〇五年四月二日）
シンポの記録を読み返す楽しみ（二〇〇五年五月三日）
亡き福永光司氏の論文集刊行を喜ぶ（二〇〇五年八月三十日）
子路の死と覆醢（二〇〇七年二月二十四日）
仏教経典漢訳は偉大な知的冒険（二〇〇七年三月十七日）
『史記』と『漢書』（二〇〇八年十二月十三日）
朱子と官僚特権（二〇一〇年十月七日）
悟りと言葉（原題「言葉を超えたものを言葉へと定着させる」）（二〇一二年四月十日）

信仰と一線画した陳国符氏の道教学（二〇一四年二月二十五日）

吉川忠夫（よしかわ　ただお）
1937 年、京都市生まれ。京都大学文学部史学科卒業、同大学院文学研究科博士課程単位取得退学。東海大学文学部専任講師、京都大学教養部助教授を経て、京都大学人文科学研究所助教授、同教授。2000 年、停年退官、京都大学名誉教授。花園大学客員教授、龍谷大学文学部教授を経て、同大学客員教授。日本学士院会員。〔主著〕『劉裕』（人物往来社。後に中公文庫、法蔵館文庫）、『王羲之――六朝貴族の世界』（清水新書、清水書院。増補して岩波現代文庫。後に清水書院「新・人と歴史 拡大版」）、『侯景の乱始末記――南朝貴族社会の命運』（中公新書。後に増補して志学社選書）、『六朝精神史研究』（同朋舎出版）、『中国古代人の夢と死』（平凡社選書）、『魏晋清談集』（講談社）、『書と道教の周辺』（平凡社）、『中国人の宗教意識』（中国学芸叢書、創文社）、『読書雑志――中国の史書と宗教をめぐる十二章』（岩波書店）、『顔真卿伝――時事はただ天のみぞ知る』『六朝隋唐文史哲論集Ⅰ――人・家・学術』『六朝隋唐文史哲論集Ⅱ――宗教の諸相』『三余続録』（いずれも法藏館）、訳書に『訓注 後漢書』全 11 冊（岩波書店）、『高僧伝』全 4 冊（船山徹氏との共訳、岩波文庫）など。

読《ど》書《く》漫《しょ》筆《まんぴつ》

二〇二三年二月一〇日　初版第一刷発行

著　者　吉川忠夫
発行者　西村明高
発行所　株式会社 法藏館
京都市下京区正面通烏丸東入
郵便番号　六〇〇－八一五三
電話　〇七五－三四三－〇〇三〇（編集）
〇七五－三四三－五六五六（営業）

装　幀　森　華
印刷・製本　中村印刷株式会社

ISBN 978-4-8318-7763-5　C0022

顔真卿伝　時事はただ天のみぞ知る	吉川忠夫著	二、三〇〇円
三余続録	吉川忠夫著	二、三〇〇円
劉　裕　江南の英雄 宋の武帝【法藏館文庫】	吉川忠夫著	一、〇〇〇円
六朝隋唐文史哲論集Ⅰ　人・家・学術	吉川忠夫著	一〇、五〇〇円
六朝隋唐文史哲論集Ⅱ　宗教の諸相	吉川忠夫著	一一、五〇〇円
敦煌から奈良・京都へ	礪波　護著	二、五〇〇円
鏡鑑としての中国の歴史	礪波　護著	二、五〇〇円
文物に現れた北朝隋唐の仏教【法藏館文庫】	礪波　護著	一、二〇〇円
六朝隋唐仏教展開史	船山　徹著	八、〇〇〇円
婆藪槃豆伝　インド仏教思想家ヴァスバンドゥの伝記	船山　徹著	二、五〇〇円
中国中古の学術と社会	古勝隆一著	五、〇〇〇円
中国注疏講義　経書の巻	古勝隆一著	一、八〇〇円
中国の水の思想	蜂屋邦夫著	二、〇〇〇円
中国の水の物語　神話と歴史	蜂屋邦夫著	一、四〇〇円